U0959041

21 世纪高等院校教材

工 程 化 学

（第三版）

徐甲强　邢彦军　周义锋　主编

科学出版社

北　京

内 容 简 介

本书是在获得上海市优秀教材二等奖的《工程化学》(第二版)的基础上修订而成,针对非化类专业化学课程教学时数少以及卓越工程师计划强调实际应用能力的特点,浓缩化学的基本原理和应用,强调理论联系实际、学科交叉,强化了化学在工程科学上的应用。全书分为三大部分,共 10 章。第 1 章和第 2 章,重点论述化学的基本原理及其平衡过程的应用;第 3 章到第 5 章,侧重从物质结构的角度讨论物质的性能;第 6 章到第 10 章,介绍化学在能源、机械工程材料、信息和环境工程领域的应用以及危险化学品的安全管理。

本书可作为高等学校非化学化工专业以及卓越工程师计划专业化学基础课程的教材以及工程技术人员的参考书。

图书在版编目(CIP)数据

工程化学/徐甲强,邢彦军,周义锋主编.—3 版.—北京:科学出版社,2013

21 世纪高等院校教材

ISBN 978-7-03-035912-4

Ⅰ.①工… Ⅱ.①徐… ②邢… ③周… Ⅲ.①工程化学-高等学校-教材 Ⅳ.①TQ02

中国版本图书馆 CIP 数据核字(2012)第 258187 号

责任编辑:赵晓霞 / 责任校对:郑金红
责任印制:霍 兵 / 封面设计:迷底书装

科学出版社 出版
北京东黄城根北街 16 号
邮政编码:100717
http://www.sciencep.com

三河市骏杰印刷有限公司印刷
科学出版社发行 各地新华书店经销

*

1999 年 1 月第 一 版 上海大学出版社
2010 年 4 月第 二 版 开本:720×1000 1/16
2013 年 1 月第 三 版 印张:15 3/4 插页:1
2025 年 7 月第二十二次印刷 字数:347 000

定价:45.00 元

(如有印装质量问题,我社负责调换)

第三版前言

在人类发展的历史长河中，化学作为一门核心、实用、创造性科学，是立德树人和人才培养的重要组成部分，已经为人类认识物质世界和推动社会发展作出了巨大的贡献。无论是高新技术的创新发展还是重大社会问题的解决几乎都离不开化学家的参与和智慧。

“工程化学”是“普通化学”教学改革的成果，是高等学校非化学化工类各专业培养现代工程技术和管理人才的必修基础课。1999 年以来，由于教学学时的限制，许多学校取消了“普通化学”课程，有的缩减学时将课程改为“工程化学”。随着科学技术的发展、社会的进步以及我国经济的繁荣，许多与化学相关的学科得到了迅速发展，如材料科学、环境科学、生命科学、安全科学、海洋科学等；许多社会问题的产生与解决，特别是中华民族伟大复兴面临的卡脖子关键技术和材料的突破都需要化学家的参与；纳米技术、基因工程和集成电路与先进芯片技术等高科技领域都离不开化学；理工科学生和走上管理岗位的工程管理人员都需要一定的化学教育背景。作为自然科学核心学科之一的化学学科正日益受到人们的重视。那些没有受过化学教育的理工科学生尤其是各种管理人员也日益感受到化学知识的匮乏。因此，对理工科学生进行化学教育是必要的，也是必需的。近年来，教育部在全国实施卓越工程师培养计划和新工科教育，为了强化实际应用能力的培养，不少专业又将“工程化学”增设为必修课程，原来开设“无机化学”课程的工科专业也将“无机化学”课程改为“工程化学”。但既要照顾到知识的普及，又不能增加更多的学时，目前还很难做到两全。因此，对工程化学课程进行必要的改革，使学生在有限的学时内对化学的地位、重要性、知识体系和应用价值等有一个清楚的认识，同时让学生清楚化学在我们身边是非常有必要的。

上海大学顺应非化学化工类化学教育改革的潮流，从 1988 年以来，一直致力于“工程化学”课程的改革，是国内从事工程化学教学改革最早的单位之一。1996～1998 年编者承担了上海市教委的“工程化学课程建设”课题，1999～2000 年主持了上海大学的“工程化学课程建设”教改课题，并取得了一批教学成果，如由上海大学出版社出版了《工程化学》和《工程化学实验》两本教材，受到学生和社会的好评，教学改革的成果获得上海市教学成果三等奖；2010 年由科学出版社出版的《工程化学》(第二版)获得上海市优秀教材二等奖。应上海大学、东华大学、上海应用技术学院等校卓越工程师人才培养的需要，在科学出版社的组织下我们对第二版教材进行了大量修改。本书的编写具有如下特点：

(1) 根据上海大学三学期制的特点，教学内容“少而精”的原则，特别适合 30～40 学时的教学安排，并尽量做到深入浅出、理论联系实际。

(2) 根据学生的要求，本书配套有《工程化学实验》和《工程化学学习指导》等相关教材，便于组织教学和学生自学。

（3）根据卓越工程师培养要求，本书强化了电化学及其应用章节，增加了危险化学品管理章节内容，适合不同学科的学生选修，也便于因材施教，体现了灵活性。

（4）不但注重化学基本原理的学习，更加强调化学知识的实际应用。既避免了一味强调化学的系统性而使教材篇幅过大，内容粗糙乏味，又避免了只强调应用而破坏了化学知识的系统性。为此，本书分化学基本原理、物质结构与性能、化学应用三部分，把相关知识集中讲授，在注重化学知识系统性的同时，避免篇幅过大，让学生觉得学习化学无从下手。

（5）注重化学原理对高科技领域的推动和运用。近年来，不同学科间的交叉、渗透越来越紧密，科学技术的许多新成就中几乎都包含着化学的最新成果。例如，纳米科技、生命科学、信息技术等都依赖于化学的参与和进步。因此在化学应用方面编入了许多最新的化学研究成果。

本书共 10 章。第 1 章由上海大学包新华和刘洪江编写；第 2、10 章由上海应用技术学院周义锋编写；第 3 章由上海大学董晓雯、王晓红编写；第 4 章由上海大学程知萱编写；第 5 章由东华大学邢彦军编写；第 6 章由上海大学向群编写；第 7 章由上海大学赵宏滨编写；第 8 章由上海大学徐甲强编写；第 9 章由上海大学钱群编写；书后附录由上海大学冯利整理核对。全书经潘庆谊教授审阅，由徐甲强统稿。

上海大学无机化学教研室的全体老师尤其是编写过第二版教材的金永林老师为本书的编写和出版提出了不少的建议和帮助，在此向他们表示诚挚的谢意。

由于编者水平和能力有限，本书疏漏和不妥之处在所难免，敬请各位同行批评指正。

编　者

2023 年 6 月

第二版前言

在人类发展的历史长河中，化学作为一门核心科学，为人类认识物质世界和人类的文明进步作出了巨大的贡献。无论是高新技术的创新发展还是重大社会问题的解决几乎都离不开化学家的智慧和参与。

工程化学是普通化学教学改革的成果，是高等学校非化学化工类各专业培养现代工程技术和管理人才的必修基础课。1999 年以来，受到教学学时的限制，许多学校取消了普通化学课程，有的缩减学时将普通化学课程改为工程化学。随着科学技术的发展、社会的进步，许多与化学相关的学科得到了迅速发展，如材料科学、环境科学、生命科学、海洋科学等；许多社会问题的产生与解决都需要化学家的参与；纳米技术、基因工程和信息技术等高科技领域都离不开化学；理工科学生与走上管理岗位的工程管理人员都需要一定的化学教育背景。作为自然科学核心之一的化学正日益受到人们的重视。因此，对理工科学生进行化学教育是必要的，也是必需的。近年来，一些取消普通化学或工程化学课程的院校和专业，重新恢复了化学教育。但既要做到知识的普及，又不能增加学时，我们必须对工程化学课程进行改革，这样才能使学生在有限的学时内对化学的地位、重要性、知识体系和应用等有清楚的认识。

上海大学顺应非化学化工类专业化学教育改革的趋势，从 1988 年以来，一直致力于工程化学课程的改革，是国内从事工程化学教学改革最早的单位之一。1996～1998 年编者承担了上海市教委的“工程化学课程建设”课题，1999～2000 年主持了上海大学的“工程化学课程建设”教改课题，取得了一系列教学成果。例如，由上海大学出版社出版了《工程化学》和《工程化学实验》两本教材，受到学生和社会的好评，教学改革的成果获上海市教学成果三等奖。依据《工程化学》使用过程中得到的反馈信息，以及全国工程化学师资培训班和有关教学研讨会上获得的建议，结合化学与相关学科交叉渗透的新知识，在科学出版社的支持下我们重新编写了教材。本书的编写具有如下特点：

(1) 教学内容注重“少而精”的原则，特点适合 30～40 学时的教学安排。尽量做到深入浅出，理论联系实际，便于学生自学，并激发学生的学习兴趣。

(2) 注重化学基本原理的学习，强调化学知识的实际应用。避免一味强调化学学科的系统性而使教材篇幅过大，内容粗糙乏味，或者只强调应用而破坏了化学知识的系统性。为此，本书分为化学基本原理、物质结构与性能、化学的应用三部分，把相关知识集中讲授，在注重化学知识的系统性的同时，又不至于篇幅过大。

(3) 注重化学原理在高科技领域中的运用。近年来，不同学科之间的交叉和渗透越来越多，科学技术的许多新成就中几乎都包含着化学的最新成果。例如，纳米科技、生命科学、信息技术等都有化学的参与。因此，在化学应用方面编入了许多最新的化学研究成果。

本书分 3 篇，共 9 章。第 1 章由上海大学包新华编写；第 2 章由上海大学程知萱编写；第 3 章由上海大学董晓雯编写；第 4 章由上海大学金永林编写；第 5 章由上海大学向群编写；第 6 章由兰州理工大学王毅编写；第 7 章 1～4 节由上海大学赵宏滨编写，5～6节及附表由上海大学钱群编写；第 8 章由上海大学徐甲强编写；第 9 章由兰州理工大学冯辉霞编写。全书经上海大学潘庆谊教授审阅，由徐甲强统稿。

上海大学无机化学教研室的全体老师尤其是钱群老师为本书的编写和出版提供了许多建议和帮助，在此向他们表示诚挚的谢意。

由于编者水平和能力有限，错误和不妥之处在所难免，敬请各位同行批评指正。

编　者

2009 年 12 月

目　　录

第 1 章　化学反应的调控与应用

化学反应是化学研究的中心内容。化学工作者在研究一个特定化学反应时，最关心的问题主要有下面四个方面：

(1) 这个化学反应能否自发进行？除了进行化学实验之外，能不能从理论上加以判断？这就要研究反应自发性的理论根据，即反应判据或反应方向问题。这一问题主要涉及化学反应的能量关系。

(2) 如果反应能够进行，就要知道反应能进行到什么程度？反应物转变为产物的最大限度是多少？这就要研究该反应中的质量关系，其中很重要的是要研究反应限度或化学平衡问题。

(3) 化学反应进行的速率如何？反应的历程(反应的中间步骤)是怎样的？如果反应本质上是能够进行的，但实际进行反应的速率很慢，就需要去寻找适当的催化剂，以加快反应的速率。

(4) 进一步了解物质的结构和性能之间的关系，深入探讨化学反应的本质。

前两个问题属于化学热力学的研究范畴，速率问题属于化学动力学的研究范畴，最后一个问题属于物质结构的研究范畴。

本章主要讨论前三个问题，即化学反应的方向、限度和速率；并在此基础上探讨化学平衡的应用。

1.1　化学反应的基本概念与常用术语

1.1.1　系统和环境

热力学通常从宏观的角度研究化学问题，为了研究方便总是习惯于把研究对象与周围环境区分开来。被划作研究对象的这一部分称为系统；而系统以外，与系统密切相关的部分称为环境。例如，如果我们要研究 NaCl 溶液与 $AgNO_3$ 溶液之间的反应，就把溶液看作系统，而溶液周围的其他东西如烧杯及其上方的空气等看作环境。

根据系统与环境的关系，热力学的系统分为以下三种情况。

(1) 敞开系统：系统与环境之间既有物质交换又有能量交换。

(2) 封闭系统：系统与环境之间没有物质交换，只有能量交换。

(3) 孤立系统：系统和环境之间既没有物质交换，也没有能量交换。

在化学反应和化工工程中，我们通常遇到的是封闭系统。

1.1.2　过程和途径

当系统的状态发生变化时，我们把这种变化称为过程，完成这个过程的具体步骤则称为途径。热力学上经常遇到的过程主要有下列几种：

(1) 等压过程——系统的压力始终恒定不变($\Delta p=0$)。在敞口容器中进行的反应，可看作等压过程，因系统始终经受相同的大气压力。

(2)等容过程——系统的体积始终恒定不变($\Delta V=0$)。在容积不变的密闭容器中进行的过程，就是等容过程，也称恒容过程。

(3)等温过程——系统温度始终恒定不变($\Delta T=0$)的过程。

1.1.3 状态和状态函数

一个系统的状态是由一系列物理量所确定的。例如，用来表明气体状态的物理量有压力、体积、温度和各组分的物质的量等。当这些物理量都有确定值时，我们就说该气体系统处于一定的状态。如果其中一个物理量发生改变，则系统的状态随之而变。我们把这些决定系统状态的物理量称为状态函数。

乍看起来，要确定一个系统的状态，似乎要先确定所有的状态函数。其实不然。由于状态函数之间彼此是相互关联，相互制约的，通常只要知道其中几个状态函数，其余的状态函数也就随之而定了。例如，确定某一气体的状态，只需在压力、体积、温度和物质的量这四个状态函数中确定任意三个，因为第四个状态函数可以通过气体状态方程式($pV=nRT$)来确定。

状态函数具有如下性质：

(1) 系统的一种状态函数代表系统的一种性质，对于每一种状态它都有确定的值，而与系统形成的途径无关。例如，现有一杯温度为 300K 的水，300K 是该系统状态函数 T 的一个确定值，不管这杯水是由冷水加热而来还是由沸水冷却而来，结果都是 300K。

(2) 当系统的状态发生变化时，状态函数也随之改变，并且其变化值只与系统的始态和终态有关，与变化的途径无关。例如，把 25℃的水升温至 35℃，可以通过如下的途径达到：直接升温至 35℃；先冷却至 0℃然后升温至 35℃等，但其状态函数(温度 T)的改变量却相同，即 $\Delta T=T(\text{终态})-T(\text{始态})=10℃$。这是因为状态一定时，状态函数就有一个确定值；始态和终态一定时，状态函数的改变量只有唯一的数值。

1.1.4 热和功

系统能量的改变可以由许多方式来实现，从大的方面看共有三种，热、功和辐射。热力学仅考虑前两种能量变化。

当两个温度不同的物体相互接触时，热的要变冷，冷的要变热，在两者之间发生了能量的交换。这种由于温差而引起的能量传递称为热，用符号 Q 表示，单位为 J 或 kJ。通常规定，系统从环境吸收热，Q 为正值，即 $Q>0$；系统向环境释放热，Q 为负值，即$Q<0$。

在热力学中，系统和环境之间除了热以外，其他各种被传递的能量都称为功，用符号 W 表示，单位为 J 或 kJ。并规定：系统对环境做功，W 为负值，即 $W<0$；环境对系统

做功，W 为正值，即 $W>0$。功有多种形式，通常分为体积功和非体积功两大类。由于系统体积变化反抗外力所做的功称为体积功，其他功如电功、表面功等都称为非体积功。

当系统反抗外界压力而发生体积变化时，就产生体积功，如图 1.1。若活塞的位置从 $l_1 \rightarrow l_2$ 位移了 $\Delta l(\Delta l=l_2-l_1)$ 的距离，则筒内气体反抗恒定外压膨胀做功，系统失功：

$$W=-F\Delta l=-p\times S(l_2-l_1)=-p\times(Sl_2-Sl_1)$$
$$=-p\times(V_2-V_1)=-p\times\Delta V \qquad (1\text{-}1)$$

应该特别强调的是，热和功都是在系统和环境之间被传递的能量，它们只在系统发生变化时才表现出来。没有过程，系统的状态没有变化，系统和环境之间无法交换能量，也就没有功和热。由此可见，功和热不是状态函数。

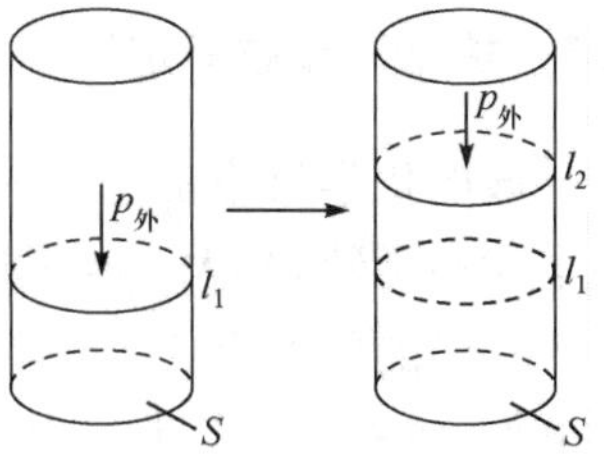

图 1.1　由活塞运动所产生的体积功

在一般情况下，化学反应中系统只做体积功。因此，本章下面的讨论都局限于系统只做体积功的情况。

1.1.5　热力学能

热力学系统内部的能量称为热力学能，用符号 U 表示，单位为 J(或 kJ)。它包括系统内部分子的能量(平动能、振动能、转动能等)，分子间的势能，分子内原子、电子的能量等。热力学能是系统内部能量的总和，它是系统本身的性质，由系统的状态决定，系统的状态一定，它具有确定的值，也就是说热力学能是系统的状态函数。当系统从一种状态变化到另一种状态时，热力学能的增量 ΔU 只与系统的始态和终态有关而与变化的途径无关。

由于物质结构的复杂性和内部相互作用的多样性，至今无法知道系统热力学能的绝对值。但当系统状态发生改变时，系统和环境有能量的交换，即有功和热的传递，据此可确定系统热力学能的变化值。

1.2　化学反应的能量关系

1.2.1　热力学第一定律

“自然界中一切物质都具有能量，能量有各种不同的形式，它能从一种形式转化为另一种形式，从一个物体传递给另一个物体，而在传递和转化的过程中能量的总值不变。”这就是众所周知的能量守恒和转化定律。将其应用到热力学系统，就得到了热力学第一定律，即在孤立系统中，能量的形式可以转化，但能量的总值不变。

由热力学第一定律可知，若一封闭系统由状态Ⅰ变化到状态Ⅱ，则其热力学能 U 的改变量就等于在系统变化过程中，系统和环境之间传递的热量和所做功的代数和，即

$$\Delta U=Q+W \qquad (1\text{-}2)$$

式(1-2)是热力学第一定律的数学表达式，给出了系统的热力学能、热和功之间相互转化的数量关系。在应用式(1-2)时，要特别注意每个物理量的符号规定及意义。

例如，在某一变化中，系统放出热量 50J，环境对系统做功 30J，则系统热力学能变化为

$$Q=-50\text{J} \qquad W=+30\text{J}$$

$$\Delta U=Q+W=[(-50)+(+30)]\text{J}=-20\text{J}$$

系统热力学能净减少 20J。

1.2.2 热化学和赫斯定律

一般的化学反应都是在等压之下进行的，等压下的化学反应热称为焓变 ΔH。它是一个状态函数，其大小与反应物采取什么途径而变成产物无关，只与反应物(始态)和产物(终态)的状态有关。

例如，将在 100℃ 和 101.3kPa 气压下的 1mol 液态水 $H_2O(l)$ 转化成 100℃ 和 101.3kPa 下的气态水 $H_2O(g)$，这个过程吸收了 $40.6\text{kJ}\cdot\text{mol}^{-1}$ 的热，因而可以把反应方程式写成：

$$H_2O(l)\longrightarrow H_2O(g) \quad \Delta H=+40.6\text{kJ}\cdot\text{mol}^{-1}$$

以上形式书写的方程式把物质变化和能量变化包括在一起，称为热化学方程式。上式表示 1mol $H_2O(l)$ 转化成 1mol 水蒸气 $H_2O(g)$ 吸收了 40.6kJ 的热。

这个过程只要始态和终态不变，它的 ΔH 就永远是 $+40.6\text{kJ}\cdot\text{mol}^{-1}$。甚至可以把变化的途径作很大改变，如先把 1mol H_2O 分解成气态氢和氧，然后使单质氢和氧再化合，生成在 100℃ 和 101.3kPa 下的 $H_2O(g)$。这些过程中焓的净变化仍不变，仍然是 $+40.6\text{kJ}\cdot\text{mol}^{-1}$。因此可以把一个总的变化看成是一系列化学反应的净结果。全过程的净 ΔH 值是中间各过程焓变化的总和。这就是赫斯定律，它是能量守恒的一种特殊表现形式。

赫斯定律有着广泛的应用。利用一些反应热的数据，就可以计算出另一些反应的反应热。尤其是不易直接准确测定或根本不能直接测定的反应热，常可利用赫斯定律来进行计算。例如，C 和 O_2 反应生成 CO 的反应热很难准确测定，因为在反应过程中不可避免地会有一些 CO_2 生成。但是 C 和 O_2 反应生成 CO_2 以及 CO 和 O_2 反应生成 CO_2 的反应热可以准确测定，因而可以利用赫斯定律把生成 CO 的反应热计算出来。例如，已知：

① $C(s)+O_2(g)=\!=\!=CO_2(g) \qquad \Delta_r H_m^{\ominus}(1)=-393.5\text{kJ}\cdot\text{mol}^{-1}$

② $CO(g)+1/2O_2(g)=\!=\!=CO_2(g) \qquad \Delta_r H_m^{\ominus}(2)=-283.0\text{kJ}\cdot\text{mol}^{-1}$

求 ③ $C(s)+1/2O_2(g)=\!=\!=CO(g)$ 的 $\Delta_r H_m^{\ominus}(3)$。

这三个反应的关系如图 1.2 所示。按照反应箭头的方向，可选择($C+O_2$)和 CO_2 分别作为反应的始态和终态，从始态到终态就有两种不同的途径：①和③+②。这两种途径总的焓变应当相等。

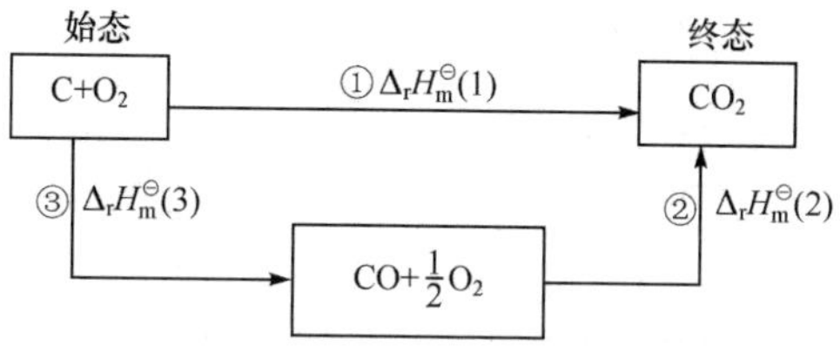

图 1.2　由 $C+O_2$ 变成 CO_2 的两种途径

$$\Delta_r H_m^\ominus(1)=\Delta_r H_m^\ominus(2)+\Delta_r H_m^\ominus(3)$$

$$\Delta_r H_m^\ominus(3)=\Delta_r H_m^\ominus(1)-\Delta_r H_m^\ominus(2)$$

$$=[-393.5-(-283.0)]\text{kJ}\cdot\text{mol}^{-1}=-110.5\text{kJ}\cdot\text{mol}^{-1}$$

因此，为了求某个反应的焓变，可以设计一些中间辅助反应，而不必考虑这些中间反应是否真实发生。

1.2.3　热力学的标准状态与生成焓

同一系统在不同的状态时，其性质是不同的。在热力学中，为了研究的方便，对物质规定了标准状态，简称标准态。物质的标准状态是指在 1×10^5Pa 的压力和某一指定温度下物质的物理状态。对具体系统而言：

(1) 气体物质的标准态是指该物质的物理状态为气态，并且气体的压力(或在混合气体中的分压)值为 1×10^5Pa(100kPa)。热力学将 1×10^5Pa(100kPa)规定为标准压力，用符号 $p^\ominus$表示。

(2) 溶液的标准状态是指在标准压力下($p=p^\ominus$)，溶液浓度 $c=1\text{mol}\cdot\text{L}^{-1}$时的状态。热力学用 $c^\ominus$表示标准浓度，即 $c^\ominus=1\text{mol}\cdot\text{L}^{-1}$。

(3) 液体和固体的标准态是指处于一个标准压力下纯物质的物理状态。

在热力学的有关计算中，要注明其状态，如标准态下的焓变记为 $\Delta H^\ominus(T)$。

一类特殊的热化学方程式是从单质生成一种化合物的热化学方程式。与这类化学反应相联系的热效应称为该化合物的生成焓。用符号 $\Delta_f H$ 来表示，下标“f”表示生成(formation)。热力学规定：在给定温度和标准态下，由元素的稳定单质生成 1mol 某物质时的热效应称为该物质的标准摩尔生成焓，用 $\Delta_f H_m^\ominus(T)$表示。标准摩尔生成焓的单位是 $\text{kJ}\cdot\text{mol}^{-1}$。化学手册数据常用的选定温度为 298.15K(25℃)。按照定义，稳定单质的 $\Delta_f H_m^\ominus$ 为零。例如

$$C(\text{石墨})+O_2(g)=\!=\!=CO_2(g)\quad \Delta_r H_m^\ominus=\Delta_f H_m^\ominus(CO_2,g)=-393.5\text{kJ}\cdot\text{mol}^{-1}$$

$$H_2(g)+1/2O_2(g)=\!=\!=H_2O(l)\quad \Delta_r H_m^\ominus=\Delta_f H_m^\ominus(H_2O,l)=-285.8\text{kJ}\cdot\text{mol}^{-1}$$

由此可见，物质的标准生成焓只是一种特殊的焓变，它是以稳定单质的标准摩尔生成焓是零为标准的一个相对值。

有了 $\Delta_f H_m^\ominus$ 之后，可以很方便地计算许多反应的热效应。对于任意一个在等温等压下进行的化学反应来说，都可以将其途径设计成：

(1) 单质$\longrightarrow$生成物。

(2) 单质⟶反应物⟶生成物。

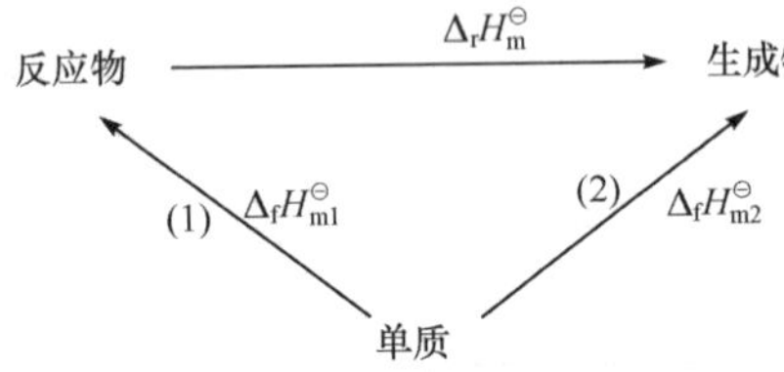

其中 $\Delta_r H_{m1}^\ominus = \sum \nu_i \Delta_f H_m^\ominus$(反应物)；$\Delta_r H_{m2}^\ominus = \sum \nu_i \Delta_f H_m^\ominus$(生成物)。由赫斯定律得

$$\Delta_r H_{m2}^\ominus = \Delta_r H_{m1}^\ominus + \Delta_r H_m^\ominus$$

所以 $$\Delta_r H_m^\ominus = \sum \nu_i \Delta_f H_m^\ominus(\text{生成物}) - \sum \nu_i \Delta_f H_m^\ominus(\text{反应物}) \tag{1-3}$$

式(1-3)表示,任意一个在标准态下进行的化学反应的热效应 $\Delta_r H_m^\ominus$ 等于生成物的标准摩尔生成焓之和减去反应物的标准摩尔生成焓之和。式中 ν_i 表示各物质在反应式中的计量数。请注意,在这里 ν_i 都取正值。

【例 1.1】 计算 298.15K 标准态下反应 $2Al(s)+Fe_2O_3(s)=\!=\!=Al_2O_3(s)+2Fe(s)$的 $\Delta_r H_m^\ominus$。

解 查表,得各化合物的 $\Delta_f H_m^\ominus$ 如下:

	$Al(s)$	+	$Fe_2O_3(s)$	══	$Al_2O_3(s)$	+	$Fe(s)$
$\Delta_f H_m^\ominus/(kJ\cdot mol^{-1})$	0		−824.2		−1676		0

应用标准摩尔反应热计算式:

$$\Delta_r H_m^\ominus = \sum \nu_i \Delta_f H_m^\ominus(\text{生成物}) - \sum \nu_i \Delta_f H_m^\ominus(\text{反应物})$$

$$\begin{aligned}\Delta_r H_m^\ominus &= \Delta_f H_m^\ominus(Al_2O_3, s) + 2\Delta_f H_m^\ominus(Fe, s) - [\Delta_f H_m^\ominus(Fe_2O_3, s) + 2\Delta_f H_m^\ominus(Al, s)]\\ &= (-1676 kJ\cdot mol^{-1}) - (-824.2 kJ\cdot mol^{-1})\\ &= -851.8 kJ\cdot mol^{-1}\end{aligned}$$

该反应放出大量的热,能使系统温度迅速提高,是快速焊接和表面涂层制备中常用的铝热反应。

1.2.4 键能

化学反应从本质上说都是原子或原子团的重新排列和组合。反应过程就是旧键断开和新键形成的过程,其中的能量变化,就是反应过程中产生热效应的根本原因。

在标准态下,将 1mol 的气态分子 AB 的化学键断开,成为气态的中性原子 A 和 B 时所吸收的热量称为键能(又称键焓)。用符号 $\Delta_b H_m^\ominus$ 表示标准键能。若已知各种类型化学键的键能,就可根据反应过程中键变化的情况来估算反应的焓变。

$$\Delta_r H_m^\ominus = \sum \nu_i \Delta_b H_m^\ominus(\text{反应物}) - \sum \nu_i \Delta_b H_m^\ominus(\text{生成物}) \tag{1-4}$$

下面举例说明。

【例 1.2】 试由键能估计下列反应的焓变:

$$CH_3—CH_3(g) =\!=\!= CH_2=CH_2(g) + H_2(g)$$

解 反应物中有 1 个 C—C 键,6 个 C—H 键(这些键要断开需吸热);生成物中有 1 个 C═C 键,4 个 C—H 键,1 个 H—H 键(这些键要形成,要放热)。所以

$$\begin{aligned}\Delta_r H_m^\ominus &= [\Delta_b H_m^\ominus(\text{C—C}) + 6\Delta_b H_m^\ominus(\text{C—H})] - [\Delta_b H_m^\ominus(\text{C=C}) + 4\Delta_b H_m^\ominus(\text{C—H}) + \Delta_b H_m^\ominus(\text{H—H})] \\ &= [(331 + 6\times415) - (620 + 4\times415 + 436)]\text{kJ} \cdot \text{mol}^{-1} \\ &= 105\text{kJ} \cdot \text{mol}^{-1}\end{aligned}$$

如果把该数值与由生成焓计算所得的数值($137\text{kJ} \cdot \text{mol}^{-1}$)比较一下，可以看出由键能计算所得的数值准确度并不高。这是由键能数据本身的局限性所决定的。但是对于那些缺少有关生成焓数据的反应，由键能来估计反应的焓变还是有意义的。

1.3　化学反应的自发性及其判据

化学反应的方向是人们最关心的问题之一。只有可能发生的反应，才好研究如何进一步实现这个反应并加快反应速度，提高产率。对于一个根本不可能发生的反应，就没有进一步研究的必要。

1.3.1　化学反应的自发性

自然界发生的过程都有一定的方向性。例如，铁在潮湿的空气中生锈；水自高处向低处流动；热从高温物体传向低温物体等。这种在一定条件下不需外力做功就能自动进行的过程称为自发过程(若为化学过程则称为自发反应)；反之称为非自发过程。这里需要指出的是，自发过程并不意味着进行很快的过程，如 N_2 与 H_2 作用生成 NH_3 是自发过程，但反应在低温无催化剂时反应极慢。另外，非自发反应不是一定不能发生的反应，只是说在一定条件下，无外力做功时不发生反应，要使非自发过程得以进行，外界必须做功。例如，欲使水从低处输送到高处，可借助水泵做机械功来实现。又如，常温下水虽然不能自发地分解为氢气和氧气，但是可以通过电解强行使水分解。

若能预言一个化学反应的自发性，将会给人类研究和利用化学反应带来极大的帮助。为此，化学家们进行了大量的工作。19 世纪中叶，在热化学发展的基础上，贝特洛(Berthelot)曾提出一个经验规则："在没有外界能量的参与下，化学反应总是朝着放热更多的方向进行。"可见，这个规则把反应热与化学反应进行的方向联系起来。例如

$$3\text{Fe(s)} + 2\text{O}_2\text{(g)} = \text{Fe}_3\text{O}_4\text{(s)} \qquad \Delta_r H_m^\ominus = -1118.4\text{kJ} \cdot \text{mol}^{-1}$$

$$\text{C(s)} + \text{O}_2\text{(g)} = \text{CO}_2\text{(g)} \qquad \Delta_r H_m^\ominus = -393.5\text{kJ} \cdot \text{mol}^{-1}$$

但是，也有不少与贝特洛规则相矛盾的例子。例如

$$\text{NH}_4\text{Cl(s)} \xrightarrow{>621\text{K}} \text{NH}_3\text{(g)} + \text{HCl(g)} \qquad \Delta_r H_m^\ominus = 176.91\text{kJ} \cdot \text{mol}^{-1}$$

$$\text{CaCO}_3\text{(s)} \xrightarrow{1173\text{K}, 101.3\text{kPa}} \text{CaO(s)} + \text{CO}_2\text{(g)} \qquad \Delta_r H_m^\ominus = 178.5\text{kJ} \cdot \text{mol}^{-1}$$

仔细研究这些反例可以发现，它们的共同特征是：化学反应导致了系统内分子热运动混乱度的增加。由此可见，仅把焓变作为化学反应自发性的普遍判据是不准确、不全面的。因为除了反应焓变以外，系统混乱度的增加和温度的改变，也是许多化学和物理过程自发进行的影响因素。

1.3.2 熵

1. 熵的含义

系统的混乱度就是对这些微观运动形态的形象描述。当系统处于一定的宏观状态时，它所拥有的微观状态总数是一定的。这意味着系统的混乱度应该与系统的某一状态函数相对应，并且其间存在某种关系。在热力学中，这个状态函数称为熵，以符号 S 表示，单位是 $J \cdot K^{-1}$。系统的混乱度越低，熵就越小；混乱度越高，熵值就越大。

与焓变不同，物质的熵可以得到其绝对值。20 世纪初，人们根据一系列实验现象加上科学推测，得到热力学第三定律：在 0K 时，任何物质的完美晶体的熵值为零。通过实验和计算可以得到物质的绝对熵。在标准态和指定温度下，1mol 纯物质的熵值称为物质的标准摩尔熵，用符号 $S_m^\ominus$ 表示，单位 $J \cdot mol^{-1} \cdot K^{-1}$。一般热力学数据表和书后附录给出的都是 298.15K 时物质的标准摩尔熵值。由熵的数值及熵的意义可知，物质的熵有如下的变化规律：

(1) 物质的熵值随温度的升高而增大。例如，CS_2 (l) 在 161K 时，$S_m^\ominus = 103J \cdot mol^{-1} \cdot K^{-1}$，而在 298.15K 时，$S_m^\ominus = 150J \cdot mol^{-1} \cdot K^{-1}$。

(2) 对于同一物质，气态熵值大于液态熵值，而液态熵值又大于固态熵值。例如，298.15K 时，H_2O 的气态、液态、固态 $S_m^\ominus$ 分别为 $188.7J \cdot mol^{-1} \cdot K^{-1}$、$69.9J \cdot mol^{-1} \cdot K^{-1}$ 和 $39.3J \cdot mol^{-1} \cdot K^{-1}$。

(3) 对于摩尔质量相同的物质，结构越复杂，$S_m^\ominus$ 越大。例如，298.15K 时，C_2H_4(g) 的 $S_m^\ominus = 219.4J \cdot mol^{-1} \cdot K^{-1}$，$N_2$(g) 的 $S_m^\ominus = 192J \cdot mol^{-1} \cdot K^{-1}$。

2. 熵变的计算

既然熵和焓一样是系统的一个状态函数，则熵变计算应遵循热化学定律。在计算时，应注意物质在反应式中的计量数。化学反应的标准摩尔熵变有如下计算公式：

$$\Delta_r S_m^\ominus(298K) = \sum \nu_i S_m^\ominus(\text{产物}) - \sum \nu_i S_m^\ominus(\text{反应物}) \qquad (1\text{-}5)$$

$\Delta_r S_m^\ominus > 0$，是熵增反应，有利于反应自发进行；$\Delta_r S_m^\ominus < 0$，是熵减反应，不利于反应的自发进行。

【例 1.3】 计算 $CaCO_3$ 分解反应的 $\Delta_r S_m^\ominus(298.15)$。

解

$$CaCO_3(s) \xrightarrow{1173K,\ 101.3kPa} CaO(s) + CO_2(g)$$

$$\begin{aligned}\Delta_r S_m^\ominus(298.15K) &= S_m^\ominus(CO_2, g) + S_m^\ominus(CaO, s) - S_m^\ominus(CaCO_3, s)\\ &= 213.6J \cdot mol^{-1} \cdot K^{-1} + 39.7J \cdot mol^{-1} \cdot K^{-1} - 92.9J \cdot mol^{-1} \cdot K^{-1}\\ &= 160.4J \cdot mol^{-1} \cdot K^{-1}\end{aligned}$$

【例 1.4】 计算反应 $CaO(s) + SO_3(g) = CaSO_4(s)$ 的 $\Delta_r S_m^\ominus(298.15)$。

解

$$\begin{aligned}\Delta_r S_m^\ominus(298.15K) &= S_m^\ominus(CaSO_4, s) - S_m^\ominus(CaO, s) - S_m^\ominus(SO_3, g)\\ &= 107J \cdot mol^{-1} \cdot K^{-1} - 39.7J \cdot mol^{-1} \cdot K^{-1} - 256.6J \cdot mol^{-1} \cdot K^{-1}\\ &= -189.3J \cdot mol^{-1} \cdot K^{-1}\end{aligned}$$

利用物质标准熵值的变化规律，可初步估计一个反应的熵变情况。

(1) 气体分子数增加的反应 $\Delta_r S_m^\ominus>0$，即熵增过程，如例 1.3。

(2) 气体分子数减少的反应 $\Delta_r S_m^\ominus<0$，即熵减过程，如例 1.4。

(3) 不涉及气体分子数变化过程，熵值变化较小。但液体物质(或溶质的粒子数)增多，为熵增过程；固态熔化，晶体溶解均为熵增过程。

尽管物质的熵值随温度升高而增加，但对于一个反应来说，温度升高时，产物和反应物的熵值增加程度相近，熵变不十分显著，在一般的计算中可作近似处理。

1.3.3 吉布斯函数

1. 化学反应方向的判据

从前面的讨论可以知道，化学反应的方向既与反应的焓变有关，又与反应的熵变有关。要讨论反应的自发性，就需要一个新的函数，它既能综合系统的焓和熵两个状态函数，又能作为反应自发性的判据。美国物理学家吉布斯(Gibbs)于 1876 年提出用自由能来综合熵和焓，其定义为

$$G=H-TS$$

由定义可知，吉布斯自由能与焓一样无法确定其绝对值，只能得到其变化值 ΔG。G 是状态函数，具有状态函数的性质，在计算时符合热化学定律。化学反应的吉布斯自由能变用 $\Delta_r G$ 表示。反应在标准态下进行 1mol 反应，则其吉布斯自由能变称为标准摩尔吉布斯自由能变，记为 $\Delta_r G_m^\ominus(T)$。

经热力学推导，在等温等压且不做非体积功的条件下，吉布斯自由能变 $\Delta G=\Delta H-T\Delta S$，这就是判断化学反应自发性的判据，也是唯一的判据。

(1) 如果 $\Delta_r G_m<0$，这个反应可以自发进行。

(2) 如果 $\Delta_r G_m>0$，这个反应不能自发进行，但其逆过程可以自发进行。

(3) 如果 $\Delta_r G_m=0$，则反应处于平衡状态。

根据热力学原理，使用 $\Delta_r G_m$ 判据有三个先决条件。

(1) 反应系统必须是封闭系统。反应过程中系统与环境之间不得有物质的交换，如不加入反应物或取走生成物等。

(2) $\Delta_r G_m$ 只给出了某温度、压力条件下(而且要求始态各物质温度、压力与终态相等)反应的可能性，未必能说明其他温度、压力条件下反应的可能性。例如，反应 $2SO_2(g)+O_2(g)=\!=\!=2SO_3(g)$ 在 298.15K、标准态下 $\Delta_r G_m^\ominus(298K)<0$，反应自发向右进行；而在 723K 和 $p(SO_3)=1.0\times10^8Pa$、$p(SO_2)=p(O_2)=1.0\times10^4Pa$ 的非标准态下，$\Delta_r G_m(723K)>0$，反应不能自发向右进行。

(3) 反应系统必须不做非体积功[或者不受外界(如“场”)的影响]，否则，判据将不适用。例如，$2NaCl(s)\longrightarrow 2Na(s)+Cl_2(g)$，$\Delta_r G_m>0$，按热力学原理此反应是不能自发进行的，但如果采用电解的方法(环境对系统做电功)，则可以强制其向右进行。

2. 标准摩尔吉布斯自由能变的计算

1）利用物质的标准摩尔生成吉布斯自由能计算 $\Delta_r G_m^{\ominus}(298.15K)$

在标准态下，由最稳定的纯态单质生成单位物质的量的某物质时的吉布斯自由能变称为该物质的标准摩尔生成吉布斯自由能（以 $\Delta_f G_m^{\ominus}$ 表示）。根据此定义不难理解，任何最稳定的纯态单质（如石墨、银、钢、氢气等）在任何温度下的标准摩尔生成吉布斯自由能均为零。

反应的吉布斯自由能变（$\Delta_r G_m$）与反应焓变（$\Delta_r H_m$）、熵变（$\Delta_r S_m$）的计算原则相同，即与反应的始态和终态有关，与反应的具体途径无关。在标准态下，反应的标准摩尔吉布斯自由能变（$\Delta_r G_m^{\ominus}$）可按下式计算：

$$\Delta_r G_m^{\ominus} = \sum \nu_i \Delta G_m^{\ominus}(\text{生成物}) - \sum \nu_i \Delta G_m^{\ominus}(\text{反应物}) \tag{1-6}$$

【例 1.5】 计算标准态 298.15K 时，生产水煤气反应的 $\Delta_r G_m^{\ominus}(298.15K)$，并说明在该条件下，反应自发进行的方向。

解 写出配平的反应式

$$C(\text{石墨}) + H_2O(g) = CO(g) + H_2(g)$$

$$\begin{aligned}\Delta_r G_m^{\ominus} &= \Delta_f G_m^{\ominus}(CO,g) + \Delta_f G_m^{\ominus}(H_2,g) + \Delta_f G_m^{\ominus}(H_2O,g) + \Delta_f G_m^{\ominus}(C,\text{石墨})\\ &= (-137.2kJ\cdot mol^{-1}) - (-228.6kJ\cdot mol^{-1})\\ &= 91.4kJ\cdot mol^{-1} > 0\end{aligned}$$

标准态、298.15K 时，该反应正向不能自发进行，实际生产过程是在高温条件下进行的。这一事实也说明，温度对吉布斯自由能变影响也比较大。

2）任意温度下 $\Delta_r G_m^{\ominus}(T)$ 的求算

由于温度对焓变和熵变的影响较小，通常可认为 $\Delta_r H_m^{\ominus}(T) \approx \Delta_r H_m^{\ominus}(298.15K)$、$\Delta_r S_m^{\ominus}(T) \approx \Delta_r S_m^{\ominus}(298.15K)$，这样任一温度 T 时的标准摩尔吉布斯自由能变可以按下式作近似计算：

$$\Delta_r G_m^{\ominus}(T) = \Delta_r H_m^{\ominus}(T) - T\Delta_r S_m^{\ominus}(T) \approx \Delta_r H_m^{\ominus}(298.15K) - T\Delta_r S_m^{\ominus}(298.15K) \tag{1-7}$$

【例 1.6】 (1) 在 298.15K、标准压力下，碳酸钙能否分解为氧化钙和二氧化碳？

(2) 在 1000K、标准压力下，碳酸钙能否分解为氧化钙和二氧化碳？

(3) 在标准压力、什么温度下，碳酸钙分解反应能自发进行？

解 由附录 5 查得

	$CaCO_3(s)$ =	$CaO(s)$ +	$CO_2(g)$
$\Delta_f G_m^{\ominus}/(kJ\cdot mol^{-1})$	−1128.79	−604.03	−394.359
$\Delta_f H_m^{\ominus}/(kJ\cdot mol^{-1})$	−1206.92	−635.09	−393.509
$S_m^{\ominus}/(J\cdot mol^{-1}\cdot K^{-1})$	92.9	39.75	213.74

(1) $$\begin{aligned}\Delta_r G_m^{\ominus}(298.15K) &= \sum \nu_i \Delta_f G_m^{\ominus}(\text{生成物}) - \sum \nu_i \Delta_f G_m^{\ominus}(\text{反应物})\\ &= [(-394.359kJ\cdot mol^{-1}) + (-604.03kJ\cdot mol^{-1})] - (-1128.79kJ\cdot mol^{-1})\\ &= 130.40kJ\cdot mol^{-1}\end{aligned}$$

由于 $\Delta_r G_m^{\ominus}(298.15K) > 0$，故在 298.15K、标准态下碳酸钙不会自发分解。

(2) $\Delta_r H_m^{\ominus}(298.15K) = \sum \nu_i \Delta_f H_m^{\ominus}(\text{生成物}) - \sum \nu_i \Delta_f H_m^{\ominus}(\text{反应物})$

$= (-393.509kJ \cdot mol^{-1}) + (-635.09kJ \cdot mol^{-1}) - (-1206.92kJ \cdot mol^{-1})$

$= 178.32kJ \cdot mol^{-1}$

$\Delta_r S_m^{\ominus}(298.15K) = \sum \nu_i \Delta_f S_m^{\ominus}(\text{生成物}) - \sum \nu_i \Delta_f S_m^{\ominus}(\text{反应物})$

$= 213.74J \cdot mol^{-1} \cdot K^{-1} + 39.75J \cdot mol^{-1} \cdot K^{-1} - 92.9J \cdot mol^{-1} \cdot K^{-1}$

$= 160.6J \cdot mol^{-1} \cdot K^{-1}$

$\Delta_r G_m^{\ominus}(1000K) \approx \Delta_r H_m^{\ominus}(298.15K) - 1000 \times \Delta_r S_m^{\ominus}(298.15K)$

$= 178.32kJ \cdot mol^{-1} - 1000K \times 160.6 \times 10^{-3} kJ \cdot mol^{-1} \cdot K^{-1}$

$= 17.72kJ \cdot mol^{-1}$

由于 $\Delta_r G_m^{\ominus}(1000K) > 0$，故在 1000K 时碳酸钙仍不会自发分解。

(3) 由 $\Delta_r G_m^{\ominus}(T) \approx \Delta_r H_m^{\ominus}(298.15K) - T\Delta_r S_m^{\ominus}(298.15K)$，求出 $\Delta_r G_m^{\ominus}(T) = 0$ 时的温度 T，该温度称为转变温度，即碳酸钙的分解温度。

$$T = \frac{\Delta_r H_m^{\ominus}(298.15)}{\Delta_r S_m^{\ominus}(298.15)} = \frac{178.32 \times 10^3 J \cdot mol^{-1}}{160.6J \cdot mol^{-1} \cdot K^{-1}} = 1110.34K$$

所以，在温度高于 1110.34K 时，碳酸钙分解反应能自发进行。

1.4　化学反应的限度及其转化率提高

有些化学反应在给定的条件下可以进行到底，但有些化学反应在给定的条件下只能进行到一定限度。在给定的条件下，一个反应究竟有多少反应物可以转化为产物？外界条件如温度、压力等对于反应进行的限度有什么影响？这些都属于化学平衡问题。下面将讨论化学平衡以及化学平衡移动的条件。

1.4.1　可逆反应与化学平衡

在一定条件下，既能向正方向(按反应方程式自左向右)进行又能向逆方向(按反应方程式自右向左)进行的反应为可逆反应。例如

$$CO(g) + H_2O(g) \rightleftharpoons H_2(g) + CO_2(g)$$

在高温下 CO 与 H_2O 能反应生成 H_2 和 CO_2，同时 H_2 与 CO_2 也能反应生成 CO 和 H_2O。对这样的反应，在强调可逆时，在反应式中常用“$\rightleftharpoons$”代替等号。

可以认为几乎所有反应都是可逆的，只是有些反应在人们已知的条件下逆反应进行的程度极为微小，以致可以忽略。这样的反应通常称为不可逆反应。例如，$KClO_3$ 加热分解：

$$2KClO_3 \xrightarrow{MnO_2,\triangle} 2KCl + 3O_2$$

虽然可逆反应普遍存在，但是各种化学反应的可逆程度差别甚大。那么，怎样量度一个化学反应的可逆程度呢？

在可逆反应中，随着反应的进行，反应物浓度逐渐减小，正反应速率逐渐减慢，生成物浓度逐渐增多，逆反应速率逐渐增大。如此，反应进行到一定程度，正反应速率和逆

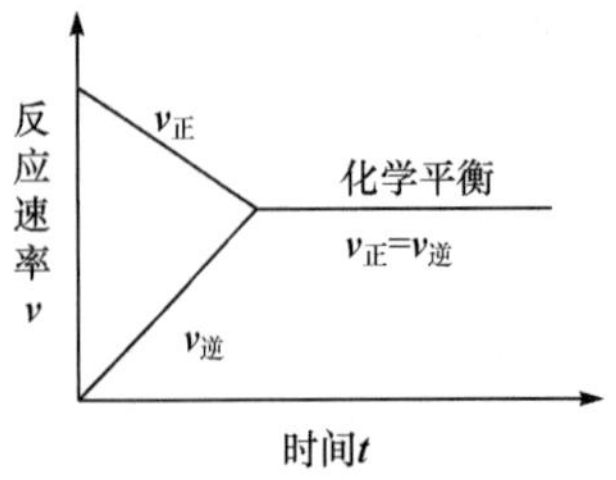

图 1.3 可逆反应的反应速率变化示意图

反应速率相等。反应物和生成物浓度不再随时间而改变，即达到了平衡状态(图 1.3)。我们把正、逆反应速率相等时的状态称为化学平衡状态。一定条件下，平衡状态是该条件下反应进行的最大限度。

化学平衡具有以下特征：

(1) 化学平衡状态最主要的特征是可逆反应的正、逆反应速率相等($v_{正}=v_{逆}$)。因此可逆反应达到平衡后，只要外界条件不变，反应体系中各物质的量将不随时间而变。

(2) 化学平衡是一种动态平衡。反应体系达到平衡后，反应似乎是“终止”了，但实际上正反应和逆反应始终都在进行着，只是由于 $v_{正}=v_{逆}$，单位时间内各物质(生成物或反应物)的生成量和消耗量相等，所以总的结果各物质的浓度都保持不变，反应物与生成物处于动态平衡。

(3) 化学平衡是有条件的。化学平衡只能在一定的外界条件下才能保持，当外界条件改变时，原平衡就会被破坏，随后在新的条件下建立起新的平衡。

1.4.2 标准平衡常数

1. 标准平衡常数

前面谈到，$\Delta_r G_m^\ominus$ 能用来判断化学反应在标准态下能否自发进行，但是通常遇到的反应体系都是非标准态，处于标准态的反应体系是极罕见的。对于非标准态，应该用 $\Delta_r G_m$ 来判断反应的方向。那么，$\Delta_r G_m$ 如何求算呢?

对任一化学反应

$$aA+bB \longrightarrow nC+mD$$

根据热力学推导，反应摩尔吉布斯自由能变有如下关系式：

$$\Delta_r G_m = \Delta_r G_m^\ominus + RT\ln J \tag{1-8}$$

此式称为化学反应等温式，式中 J 为反应商。

对于气体反应

$$J=\frac{(p_C/p^\ominus)^n \cdot (p_D/p^\ominus)^m}{(p_A/p^\ominus)^a \cdot (p_B/p^\ominus)^b} \tag{1-9}$$

对于水溶液中(离子)反应

$$J=\frac{(c_C/c^\ominus)^n \cdot (c_D/c^\ominus)^m}{(c_A/c^\ominus)^a \cdot (c_B/c^\ominus)^b} \tag{1-10}$$

若体系处于平衡状态，$\Delta_r G_m=0$，并且反应商 J 项中各气体物质的分压或各溶质的浓度均指平衡分压或平衡浓度，即 $J=K^\ominus$。这时，有

$$\Delta_r G_m^\ominus + RT\ln K^\ominus = 0$$

得

$$\Delta_r G_m^\ominus = -RT\ln K^\ominus \tag{1-11}$$

式(1-11)中的 $K^\ominus$ 称为标准平衡常数，式(1-11)反映了标准平衡常数 $K^\ominus$ 与 $\Delta_r G_m^\ominus$、T 之

间的关系。对于可逆反应：

$$S^{2-}(aq)+2H_2O(l)\rightleftharpoons H_2S(g)+2OH^-(aq)$$

标准平衡常数($K^{\ominus}$)的表达式规定为

$$K^{\ominus}=\frac{(p_{H_2S}/p^{\ominus})\cdot(c_{OH^-}/c^{\ominus})^2}{(c_{S^{2-}}/c^{\ominus})}$$

平衡常数表达式中，每种溶质的平衡浓度均应除以标准浓度，每种气体物质的平衡分压均应除以标准压力。按照新国标(GB3102.8—93)的说法，$K^{\ominus}$的量纲为一。

有关平衡常数的几点说明：

(1) 由于标准平衡常数可从热力学函数计算得到，所以在平衡常数计算中，多采用标准平衡常数。

(2) 利用平衡常数表达式计算平衡常数时，固体、纯液体或稀溶液中溶剂的“浓度项”不必列出。例如

$$Cr_2O_7^{2-}(aq)+3H_2O\rightleftharpoons 2CrO_4^{2-}+2H_3O^+$$

$$K^{\ominus}=\frac{(c_{CrO_4^{2-}}/c^{\ominus})^2\cdot(c_{H_3O^+}/c^{\ominus})^2}{(c_{Cr_2O_7^{2-}}/c^{\ominus})}$$

$$C(s)+2H_2O(g)\rightleftharpoons CO_2(g)+2H_2(g)$$

$$K^{\ominus}=\frac{(p_{CO_2}/p^{\ominus})\cdot(p_{H_2}/p^{\ominus})^2}{(p_{H_2O}/p^{\ominus})^2}$$

(3) 平衡常数值与温度及反应式的书写形式有关，但不随浓度、压力而变。例如

$$2SO_2(g)+O_2(g)\rightleftharpoons 2SO_3(g)\qquad K_1^{\ominus}=\frac{(p_{SO_3}/p^{\ominus})^2}{(p_{SO_2}/p^{\ominus})^2\cdot(p_{O_2}/p^{\ominus})}$$

$$SO_2(g)+\frac{1}{2}O_2(g)\rightleftharpoons SO_3(g)\qquad K_2^{\ominus}=\frac{(p_{SO_3}/p^{\ominus})}{(p_{SO_2}/p^{\ominus})\cdot(p_{O_2}/p^{\ominus})^{\frac{1}{2}}}$$

$$2SO_3(g)\rightleftharpoons 2SO_2(g)+O_2(g)\qquad K_3^{\ominus}=\frac{(p_{SO_2}/p^{\ominus})^2\cdot(p_{O_2}/p^{\ominus})}{(p_{SO_3}/p^{\ominus})^2}$$

显然　　$K_1^{\ominus}=(K_2^{\ominus})^2=1/K_3^{\ominus}$

2. 多重平衡规则

通常遇到的化学平衡系统中，往往同时存在多个化学平衡，并且相互联系，有的物质同时参加多个化学反应，这种一个系统中同时存在几个相互关联平衡的现象称为多重平衡。

系统中的平衡不是独立存在的，而是相互联系的。如果某个反应可以由几个反应相加(或相减)得到，则该反应的平衡常数等于几个反应平衡常数之积(或商)。这种关系称为多重平衡规则。应用多重平衡规则，可以由若干个已知反应的平衡常数求得某个反应的平衡常数，而无需通过实验测定。

在处理多重平衡系统时应注意以下几点：

(1) 计算多重平衡常数时应注意，如方程式计量数有变动，对应的标准平衡常数应有方次的变动。例如

① $Mg(OH)_2(s) \rightleftharpoons Mg^{2+} + 2OH^-$ $K_1^\ominus$

② $NH_3 + H_2O \rightleftharpoons NH_4^+ + OH^-$ $K_2^\ominus$

③ $Mg(OH)_2(s) + 2NH_4^+ \rightleftharpoons Mg^{2+} + 2NH_3 + 2H_2O$ $K_3^\ominus$

上面三个平衡的关系为

反应③＝反应①－2×反应②

则标准平衡常数关系为

$$K_3^\ominus = K_1^\ominus/(K_2^\ominus)^2$$

(2) 多重平衡中，有些物质同时参加多个化学平衡，但由于是在一个系统中，每种物质的浓度或分压只有一个值，同时满足各平衡式。

1.4.3 依据平衡常数的计算

平衡常数可以用来求算反应体系中有关物质的浓度和某一反应物的平衡转化率(又称理论转化率)，以及从理论上计算欲达到一定转化率所需的合理原料配比等问题。某一反应物的平衡转化率是指化学反应达平衡后，该反应物转化为生成物，从理论上能达到的最大转化率(以 α 表示)：

$$\alpha = \frac{\text{某反应物已转化的量}}{\text{反应开始时该反应物的总量}} \times 100\% \tag{1-12}$$

若反应前后体积不变，又可表示为

$$\alpha = \frac{\text{某反应物起始浓度}-\text{某反应物平衡浓度}}{\text{反应物起始浓度}} \times 100\% \tag{1-13}$$

转化率越大，表示正反应进行程度越大。转化率与平衡常数有所不同，转化率与反应体系的起始状态有关，而且必须明确是指出反应物中的哪种物质的转化率。

【例 1.7】 763.8K 时，反应 $H_2(g)+I_2(g) \rightleftharpoons 2HI(g)$ 的 $K_c=45.7$。

(1) 如果反应开始时 H_2 和 I_2 的浓度均为 $1.00mol \cdot L^{-1}$，求反应达平衡时各物质的平衡浓度及 I_2 的平衡转化率。

(2) 假定平衡时要求有 90% I_2 转化为 HI，则开始时 I_2 和 H_2 应按怎样的浓度比混合？

解 (1) 设达平衡时 $c(HI)=x mol \cdot L^{-1}$

	$H_2(g)$	+	$I_2(g)$	$\rightleftharpoons$	$2HI(g)$
始态浓度/$(mol \cdot L^{-1})$	1.00		1.00		0
变化浓度/$(mol \cdot L^{-1})$	$-\frac{x}{2}$		$-\frac{x}{2}$		$+x$
平衡浓度/$(mol \cdot L^{-1})$	$1.00-\frac{x}{2}$		$1.00-\frac{x}{2}$		x

则

$$K_c = \frac{c_{HI}^2}{c_{H_2} \cdot c_{I_2}} = \frac{x^2}{\left(1.00-\frac{x}{2}\right)\left(1.00-\frac{x}{2}\right)} = 45.7$$

$$x=1.54$$

所以平衡时各物质的浓度为

$$c(H_2)=c(I_2)=(1.00-1.54/2)mol\cdot L^{-1}=0.23mol\cdot L^{-1}$$

$$c(HI)=1.54mol\cdot L^{-1}$$

I_2 的平衡转化率

$$\alpha=(0.77/1.00)\times100\%=77\%$$

(2) 设开始时 $c(H_2)=x mol\cdot L^{-1}$，$c(I_2)=y mol\cdot L^{-1}$

	$H_2(g)$	+	$I_2(g)$	$\rightleftharpoons$	$2HI(g)$
始态浓度/($mol\cdot L^{-1}$)	x		y		0
平衡浓度/($mol\cdot L^{-1}$)	$x-0.90y$		$y-0.90y$		$1.8y$

则

$$K_c=\frac{c_{HI}^2}{c_{H_2}\cdot c_{I_2}}$$

因为温度不变，故 K_c 值仍为 45.7，则

$$K_c=\frac{(1.8y)^2}{(x-0.90y)(y-0.90y)}=45.7$$

$$x/y=1.6/1.0$$

所以当开始时 H_2 和 I_2 的浓度若以 1.6∶1.0 混合，I_2 的平衡转化率可达 90%。

1.4.4　化学平衡的移动

化学平衡是在一定条件下，正、逆反应速率相等时的一种动态平衡，一旦维持平衡的条件改变，反应将向新条件下的另一平衡态转化，把这种由于条件改变，化学反应从一个平衡态转化到另一平衡态的过程称为化学平衡的移动。影响化学平衡的外界因素有浓度、温度和压力等。

1. 浓度对化学平衡的影响

对于任一化学反应，达到平衡态时，$J=K^\ominus$。在温度不变的情况下，改变系统内物质的浓度，反应商 J 随之改变，$J\neq K^\ominus$，化学平衡发生移动，其移动的方向由 J 与 $K^\ominus$ 的相对大小决定，等温条件下，$K^\ominus$ 不变，改变系统内物质浓度，有如下变化：

增加反应物浓度或减小产物浓度，J 变小，即 $J<K^\ominus$，平衡正向移动。

增加产物浓度或减小反应物浓度，J 变大，即 $J>K^\ominus$，平衡逆向移动。

掌握浓度对化学平衡移动的影响规律，对化工生产及化学实验有很大的指导意义。工业上经常利用增加价廉或易得原料的用量来提高另一反应物的转化率。例如，在合成氨反应中，加大 N_2 的用量以提高 H_2 的转化率。在 $CO(g)+H_2O(g)\rightleftharpoons H_2(g)+CO_2(g)$ 的反应中，增加水蒸气的用量使 CO 得到充分的利用。在实验室中，也经常利用浓度对平衡的影响来控制反应条件。例如，$BiCl_3$ 易水解，其反应为 $BiCl_3+H_2O\rightleftharpoons BiOCl\downarrow+2HCl$，在配制 $BiCl_3$ 试剂时，为防止水解，先将 $BiCl_3$ 固体溶于盐酸溶液中后，再稀释到所需浓度。又如，在分离 AgCl 和 AgBr 沉淀时，为保证 AgCl 溶解而 AgBr 不溶解，选用饱和 $(NH_4)_2CO_3$ 作溶剂，而不用氨水。

2. 压力对化学平衡的影响

压力的变化对没有气体参加的反应几乎没有影响。这里仅讨论有气体参加的化学平衡受压力的影响情况。结论如下：

(1) 对反应方程式两边气体分子总数不等的反应($\Delta n\neq 0$)。压缩体积或增加体系总压力，反应均向气体分子总数减少的方向移动；增大体积或降低体系总压力，反应均向气体分子总数增多的方向移动。

(2) 对反应方程式两边气体分子总数相等的反应($\Delta n=0$)。由于体系总压力的改变，同等程度地改变反应物和生成物的分压，故对平衡不发生影响。

(3) 与反应体系无关的气体(指不参加反应的气体)的引入，对化学平衡是否有影响，要视反应具体条件而定：等温、等容条件下，对化学平衡无影响；等温、等压条件下，无关气体的引入，反应体系体积的增大，造成各组分气体分压的减小，化学平衡向气体分子总数增加的方向移动。

综上所述：增大系统的总压力，平衡向气体分子数少的一方移动；减少系统总压力，平衡向气体分子数多的一方移动；对于反应前后气体分子数相等的反应，压力改变不能使平衡发生移动。

压力对平衡的影响在化工生产及化学实验中得到应用。例如，$N_2(g)+3H_2(g)\rightleftharpoons 2NH_3(g)$反应是气体分子数减小的反应，为提高 NH_3 的产率，工业生产中采取了高压的反应条件。

3. 温度对化学平衡的影响

温度对化学平衡的影响与前面两个因素有着本质的区别，温度的影响是通过改变标准平衡常数使 $J\neq K^\ominus$，从而使平衡发生移动。

由 $\Delta_r G_m^\ominus=-RT\ln K^\ominus$，$\Delta_r G_m^\ominus=\Delta_r H_m^\ominus-T\Delta_r S_m^\ominus$ 得

$$-RT\ln K^\ominus=\Delta_r H_m^\ominus-T\Delta_r S_m^\ominus$$

即

$$\ln K^\ominus=-\frac{\Delta_r H_m^\ominus}{RT}+\frac{\Delta_r S_m^\ominus}{R} \tag{1-14}$$

温度变化时 $K^\ominus$ 也变化

$$\ln K_1^\ominus=-\frac{\Delta_r H_m^\ominus}{RT_1}+\frac{\Delta_r S_m^\ominus}{R}$$

$$\ln K_2^\ominus=-\frac{\Delta_r H_m^\ominus}{RT_2}+\frac{\Delta_r S_m^\ominus}{R}$$

两式合并得

$$\ln\frac{K_2^\ominus}{K_1^\ominus}=\frac{\Delta_r H_m^\ominus}{R}\left(\frac{T_2-T_1}{T_2 T_1}\right) \tag{1-15}$$

由式(1-15)可以看出温度改变对平衡的影响：

如 $\Delta_r H_m^\ominus>0$，升高温度($T_2>T_1$)时，$K_2^\ominus>K_1^\ominus$，即吸热反应，标准平衡常数随温度

升高而增大，这时 $J<K^{\ominus}$，平衡正向移动（吸热方向）。

如 $\Delta_r H_m^{\ominus}<0$，升高温度（$T_2>T_1$）时，$K_2^{\ominus}>K_1^{\ominus}$，即放热反应，标准平衡常数随温度升高而减小，这时 $J>K^{\ominus}$，平衡逆向移动（吸热方向）。

由上可知，升高温度，平衡向吸热的方向移动。同样可分析得到，降低温度，平衡向放热的方向移动。

【例 1.8】 已知反应：$2SO_2(g)+O_2(g) \rightleftharpoons 2SO_3(g)$ 在 298.15K 时的平衡常数 $K^{\ominus}=6.8\times10^{24}$，$\Delta_r H_m^{\ominus}(298.15K)=-197.78kJ\cdot mol^{-1}$，求 723K 时 $K^{\ominus}$ 值（近似计算，不查热力学数据），并说明此反应是放热反应还是吸热反应。

解 根据公式

$$\ln\frac{K_2^{\ominus}}{K_1^{\ominus}}=\frac{\Delta_r H_m^{\ominus}}{R}\left(\frac{T_2-T_1}{T_2T_1}\right)$$

已知：$T_1=298.15K$，$K_1^{\ominus}=K^{\ominus}(298.15K)=6.8\times10^{24}$，$\Delta_r H_m^{\ominus}(298.15K)=-197.78kJ\cdot mol^{-1}$，$T_2=723K$，$R=8.314J\cdot mol^{-1}\cdot K^{-1}$，则

$$\ln\frac{K^{\ominus}(723K)}{6.8\times10^{24}}=\frac{-197.78\times10^3 J\cdot mol^{-1}}{8.314J\cdot mol^{-1}\cdot K^{-1}}\left(\frac{723-298.15}{298.15\times723}\right)=-46.9$$

$$K^{\ominus}(723K)=2.95\times10^4$$

$$K^{\ominus}(723K)=2.95\times10^4<K^{\ominus}(298.15K)$$

表明温度升高平衡向逆方向（吸热方向）移动，其正反应为放热反应。

4. 催化剂和化学平衡

对于任一确定的可逆反应来说，由于反应前后催化剂的化学组成、质量不变，因此无论是否使用催化剂，反应的始态、终态都是一样的，即催化剂的加入不会影响化学平衡状态。但催化剂加入尚未达到平衡的可逆反应体系中，则可在不改变温度的条件下，改变到达平衡的时间，这无疑有利于提高生产效率。

综合上述各种因素对化学平衡的影响，1884 年勒夏特列（Le Chatelier）归纳总结出了一条关于平衡移动的普遍规律：当体系达到平衡后，若改变平衡状态的任一条件（如浓度、压力、温度），平衡就向着能减弱其改变的方向移动。这条规律称为勒夏特列原理。此原理既适用于化学平衡体系，也适用于物理平衡体系。但值得注意的是，平衡移动原理只适用于已达平衡的体系，而不适用于非平衡体系。

1.5 化学平衡的应用

我们已经学习了如何利用化学热力学判断化学反应的方向和进行的程度，也了解了影响化学平衡移动的因素。这对我们初步判断某个化学反应的应用价值是非常必要的。本节将在此基础上，运用化学平衡理论解释酸碱平衡、沉淀溶解平衡、配位平衡等平衡体系中的规律，探讨平衡体系的控制及其在水质分析、环境污染与防治、材料合成与制备等领域的应用前景。

1.5.1 酸碱溶液中 pH 的计算与控制

依据电解质在水溶液中的解离程度通常把其分为强电解质和弱电解质两种。在水溶液中完全解离的电解质称为强电解质，如强酸、强碱和大部分无机盐。而在水溶液中部分解离的电解质称为弱电解质，如弱酸和弱碱等。

1. 酸碱的概念

阿伦尼乌斯(Arrhenius)酸碱理论认为：酸和碱是电解质，它们在水溶液中会解离。凡是在水溶液中能解离出 H^+ 一种阳离子的物质就称为酸，能解离出 OH^- 一种阴离子的物质就称为碱。酸碱的中和反应生成盐和水。凡是在水中发生全部解离的酸(碱)称为强酸(碱)，如 HCl、H_2SO_4、NaOH 等；在水中发生部分解离的酸(碱)称为弱酸(碱)，如 HAc、NH_3 等。

根据一个酸(或碱)分子或离子能解离出的 H^+(或 OH^-)的个数，可把酸(或碱)划分为一元酸(或一元碱)和多元酸(或多元碱)。能解离出一个 H^+ 的酸称为一元酸，而能解离出两个或以上 H^+ 的酸称为多元酸；能与一个 H^+ 结合的碱称为一元碱，能与多个 H^+ 结合的碱称为多元碱。

阿伦尼乌斯酸碱理论有一定的局限性。众所周知，氨水是碱，但却不是直接给出 OH^- 的物质。丹麦化学家布朗斯台德(Brönsted)提出的质子酸碱理论解决了这个问题。该理论认为：酸是能释放出质子(H^+)的物质；碱是能与质子结合的物质。酸碱反应就是质子转移的反应。酸给出质子变成相应的碱，碱结合质子变成相应的酸。这种质子酸碱相互依存、相互转化的关系称为酸碱共轭关系。例如

$$\text{酸} \rightleftharpoons \text{质子} + \text{碱}$$

$$HCl \rightleftharpoons H^+ + Cl^-$$

$$NH_4^+ \rightleftharpoons H^+ + NH_3$$

其中，质子酸失去一个质子生成的质子碱称为这个质子酸的共轭碱，反之亦然。例如，HCl 和 Cl^-，NH_4^+ 和 NH_3 互为共轭酸碱。

有些物质既能给出质子，也可以接受质子，这些物质称为酸碱两性物质。例如

$$H_2O \rightleftharpoons H^+ + OH^-$$

$$H_2O + H^+ \rightleftharpoons H_3O^+$$

$$H_2PO_4^- \rightleftharpoons H^+ + HPO_4^{2-}$$

$$H_2PO_4^- + H^+ \rightleftharpoons H_3PO_4$$

其中的 H_2O 和 $H_2PO_4^-$ 称为酸碱两性物质，H_2O 与 OH^-，H_3O^+ 与 H_2O，H_3PO_4 与 $H_2PO_4^-$，$H_2PO_4^-$ 与 HPO_4^{2-} 互为共轭酸碱。

2. 一元弱酸、弱碱的解离平衡

1) 一元弱酸、弱碱的解离平衡

在一元弱酸的水溶液中，一个弱酸分子 HA 解离给出一个 H^+ 和一个 A^-，同时溶

液中的 H^+ 和 A^- 又可重新结合生成弱酸分子 HA，这是一个可逆反应，当这两个可逆反应的速率相等时，反应就达到了动态平衡，称之为一元弱酸的解离平衡，可用下式表示：

$$HA \rightleftharpoons H^+ + A^-$$

此时，平衡常数表达式如下：

$$K_a^\ominus = \frac{[c(H^+)/c^\ominus] \times [c(A^-)/c^\ominus]}{[c(HA)/c^\ominus]} \tag{1-16a}$$

式(1-16a)中常数 $K_a^\ominus$ 称为弱酸 HA 的解离平衡常数，$K_a^\ominus$ 的大小表示弱酸 HA 的解离能力大小，可以用来衡量弱酸的相对强弱。式(1-16a)简写为

$$K_a^\ominus = \frac{[c(H^+)] \times [c(A^-)]}{[c(HA)]} \tag{1-16b}$$

式(1-16b)中，$[c(H^+)]$、$[c(A^-)]$和$[c(HA)]$分别表示氢离子、弱酸根离子(弱碱)和弱酸的相对浓度。弱酸的解离常数可以借助酸度计测定溶液的 pH，然后通过计算来确定。如果已知弱酸的解离常数 $K_a^\ominus$，就可以计算一定浓度的弱酸溶液的平衡组成。

【例 1.9】 已知甲酸的 $K_a^\ominus = 1.8\times10^{-4}$，乙酸的 $K_a^\ominus = 1.8\times10^{-5}$，通过计算比较 $0.10\text{mol}\cdot\text{L}^{-1}$ 甲酸和乙酸的酸性强弱。

解　设甲酸解离产生的$[H^+]$为 $x\text{mol}\cdot\text{L}^{-1}$

	HCOOH(aq) ⇌	H^+(aq) +	$HCOO^-$(aq)
起始浓度/$(\text{mol}\cdot\text{L}^{-1})$	0.10	0	0
平衡浓度/$(\text{mol}\cdot\text{L}^{-1})$	$0.10-x$	x	x

$$K_a^\ominus = \frac{[H^+]\cdot[HCOO^-]}{[HCOOH]} = \frac{x\cdot x}{0.10-x} = 1.8\times10^{-4}$$

当 $c_0/K_a^\ominus > 500$ 时，$0.10-x\approx0.10$，则

$$[H^+] = x \approx \sqrt{0.10\times1.8\times10^{-4}} = 4.2\times10^{-3}\text{mol}\cdot\text{L}^{-1}$$

设乙酸解离产生的$[H^+]$为 $y\text{mol}\cdot\text{L}^{-1}$

	HAc(aq) ⇌	H^+(aq) +	Ac^-(aq)
起始浓度/$(\text{mol}\cdot\text{L}^{-1})$	0.10	0	0
平衡浓度/$(\text{mol}\cdot\text{L}^{-1})$	$0.10-y$	y	y

$$K_a^\ominus = \frac{[H^+]\cdot[Ac^-]}{[HAc]} = \frac{y\cdot y}{0.10-y} = 1.8\times10^{-5}$$

当 $c_0/K_a^\ominus > 500$ 时，$0.10-y\approx0.10$，则

$$[H^+] = y \approx \sqrt{0.10\times1.8\times10^{-5}} = 1.3\times10^{-3}\text{mol}\cdot\text{L}^{-1}$$

甲酸解离产生的$[H^+]$比乙酸的多，所以甲酸的酸性比乙酸强。

在一元弱碱的水溶液中，同样存在着这个可逆反应，当这个可逆反应的速率相等时，反应达到了动态平衡，称为一元弱碱的解离平衡，可用下式表示：

$$BOH \rightleftharpoons B^+ + OH^-$$

解离平衡常数 $K_b^\ominus$ 的表达式如下：

$$K_b^\ominus = \frac{[c(B^+)] \times [c(OH^-)]}{[c(BOH)]} \tag{1-17}$$

2）解离度和稀释定律

弱电解质在水溶液中达成解离平衡后，已解离的弱电解质分子数和弱电解质分子总数之比称为解离度，用符号 α 表示。实际应用时常以已解离的那部分弱电解质浓度的百分数来表示：

$$\alpha=\frac{\text{已经解离的弱电解质浓度}}{\text{解离前的弱电解质浓度}}\times 100\% \tag{1-18}$$

解离度和解离常数都能反映弱电解质解离能力的大小。在温度、浓度相同的条件下，解离度越小，弱电解质的解离能力越小，则该弱电解质相对较弱。解离度不仅与温度有关，而且还随弱电解质浓度的改变而改变，因此解离常数的应用比解离度更广泛。

解离度和解离常数之间有一定的关系，当 $c_0/K_a^\ominus>500$ 或 $\alpha<5\%$时，$1-\alpha\approx 1$ 时，经推导知：

$$\alpha=\sqrt{\frac{K_a^\ominus}{c_0^\ominus}} \tag{1-19}$$

式(1-19)称为稀释定律。因为在一定温度下，$K_a^\ominus$ 保持不变，当溶液被稀释时，则解离度 α 会增大。

3. 多元弱酸的解离平衡

多元弱酸（或弱碱）在水溶液中的解离是分步进行的，以 H_2S 为例，其解离过程可分为两步。

一级解离 $H_2S \rightleftharpoons H^+ + HS^-$ $K_{a1,H_2S}^\ominus=8.91\times10^{-8}$

二级解离 $HS^- \rightleftharpoons H^+ + S^{2-}$ $K_{a2,H_2S}^\ominus=1.0\times10^{-19}$

可见 $K_{a1,H_2S}^\ominus \gg K_{a2,H_2S}^\ominus$，故酸的强度 $H_2S \gg HS^-$。

总反应式

$$H_2S \rightleftharpoons 2H^+ + S^{2-} \qquad K_a^\ominus=K_{a1,H_2S}^\ominus\times K_{a2,H_2S}^\ominus$$

对于多元弱酸（或弱碱）的解离，由于 $K_{a1}^\ominus \gg K_{a2}^\ominus$（或 $K_{b1}^\ominus \gg K_{b2}^\ominus$），溶液中的 H^+（或 OH^-）主要由第一步解离产生，第二步解离出的 H^+（或 OH^-）在计算中可忽略。因此对于多元弱酸（或弱碱）溶液，计算 H^+（或 OH^-）浓度时，常忽略它的二级解离，只考虑它的一级解离。

【例 1.10】 室温下饱和 H_2S 水溶液的浓度为 $0.10\text{mol}\cdot\text{L}^{-1}$，求溶液中各物质的浓度（忽略水的解离 $K_{a1}^\ominus \gg K_w^\ominus$）。已知 $K_{a1}^\ominus=8.91\times10^{-8}$，$K_{a2}^\ominus=1.0\times10^{-19}$。

解	H_2S	$\rightleftharpoons$	H^+	+	HS^-
平衡浓度/$(\text{mol}\cdot\text{L}^{-1})$	$0.10-x$		$x+y$		$x-y$
	HS^-	$\rightleftharpoons$	H^+	+	S^{2-}
平衡浓度/$(\text{mol}\cdot\text{L}^{-1})$	$x-y$		$x+y$		y

近似处理：

$$c/K_{a1}^\ominus=0.100/(8.91\times10^{-8})\gg 500 \quad 0.10-x\approx 0.10$$

$$K_{a1}^\ominus \gg K_{a2}^\ominus$$

所以

$$x \gg y$$

则

$$x+y \approx x, x-y \approx x$$

由一级解离反应平衡时可得

$$K_{a1}=\frac{[H^+]\times[HS^-]}{[H_2S]}=\frac{x^2}{0.10}$$

$$[H^+]=x=\sqrt{8.91\times10^{-8}\times0.10}=9.4\times10^{-5}(mol \cdot L^{-1})$$

由二级解离反应平衡时可得

$$K_{a2}=\frac{[H^+]\times[S^{2-}]}{[HS^-]}$$

$$[H^+]\approx[HS^-]$$

$$[S^{2-}]=K_{a2}^{\ominus}=1.0\times10^{-19} mol \cdot L^{-1}$$

$$[H_2S]=0.10 mol \cdot L^{-1}$$

小结：

(1) 多元弱酸的解离是分步进行的，一般 $K_{a1}^{\ominus} \gg K_{a2}^{\ominus}$ 时可以认为溶液中的 H^+ 主要来自于弱酸的第一步解离，计算[H^+]或 pH 时，可只考虑第一步解离。

(2) 对于二元弱酸，当 $K_{a1}^{\ominus} \gg K_{a2}^{\ominus}$ 时，c(酸根离子)$\approx K_{a2}^{\ominus}$，而与弱酸的初始浓度无关。例如，对于 H_2S，$[S^{2-}]\approx K_{a2}^{\ominus}$，但 $[H^+]\neq 2[S^{2-}]$。

(3) 对于二元弱酸，若 c(弱酸)一定时，c(酸根离子)与 $[H^+]^2$ 成反比。

4. 同离子效应和缓冲溶液

1) 同离子效应

与所有化学平衡一样，弱酸(或弱碱)在水溶液中的解离平衡会随着温度、浓度等条件的改变而发生移动。若在已处于解离平衡的弱酸(或弱碱)的水溶液中，加入含有相同离子的电解质时，则原先的平衡就会被破坏，平衡会朝着降低这种离子浓度的方向移动，直到建立新的动态平衡。

例如，在乙酸溶液中存在解离平衡：$HAc \rightleftharpoons H^+ + Ac^-$。当向该溶液中加入 NaAc 时，由于 NaAc 为强电解质，发生完全解离，提供大量的 Ac^-，致使溶液中 Ac^- 浓度增加，则 HAc 的解离平衡向左移动，降低了 Ac^- 的浓度，结果降低了 HAc 的解离度。

同样，在氨水溶液中存在解离平衡：$NH_3 \cdot H_2O \rightleftharpoons NH_4^+ + OH^-$。如果向氨水溶液中加入 NH_4Cl 时，则 NH_4^+ 浓度增加，NH_3 的解离平衡会向左移动，以降低 NH_4^+ 的增加量，结果降低了 NH_3 的解离度。这种在弱酸(或弱碱)溶液中，加入与弱酸(或弱碱)解离后具有相同离子的易溶强电解质，使弱酸(或弱碱)的解离度降低的现象称为同离子效应。

【例 1.11】 在 $0.10 mol \cdot L^{-1}$ 的 HAc 溶液中，加入 $NH_4Ac(s)$，使 NH_4Ac 的浓度为 $0.10 mol \cdot L^{-1}$。计算该溶液的 pH 和 HAc 的解离度。

解

$$HAc(aq) \rightleftharpoons H^+(aq) + Ac^-(aq)$$

起始浓度/$(mol \cdot L^{-1})$　　0.10　　0　　0.10

平衡浓度/$(mol \cdot L^{-1})$　　$0.10-x$　　x　　$0.10+x$

$$K_a^{\ominus}=\frac{[H^+]\cdot[Ac^-]}{[HAc]}=\frac{x\cdot(0.10+x)}{0.10-x}=1.75\times10^{-5}$$

由于同离子作用　　$0.10\pm x\approx0.10$

所以　　$c(H^+)=x=1.75\times10^{-5}mol\cdot L^{-1}$

$$pH=4.76$$

$$\alpha=\frac{c(H^+)}{c_0(HAc)}=\frac{1.75\times10^{-5}}{0.10}\times100\%=0.018\%$$

比较 $0.10mol\cdot L^{-1}$ HAc 溶液：pH=2.88，α=1.3%，HAc 的解离度下降了 72 倍。

同离子效应不仅具有理论意义，而且具有十分重要的实际意义。在生产实践中，可利用同离子效应调节溶液的酸碱性，控制弱酸溶液中的酸根离子浓度。

2）缓冲溶液

缓冲溶液是一种能抵抗外来少量强酸、强碱或稍加稀释而使溶液 pH 基本保持不变的溶液。通常是由弱酸(或弱碱)和其盐组成的混合溶液。例如，HAc 和 NaAc、NH_3 和 NH_4Cl 等混合溶液。

现以 HAc-NaAc 缓冲溶液为例，分析其缓冲原理。HAc 是弱酸，在溶液中会发生解离：$HAc(aq)\rightleftharpoons H^+(aq)+Ac^-(aq)$，根据平衡常数表达式可知，$[H^+]=K_a^{\ominus}\times\frac{[HAc]}{[Ac^-]}$。由于 HAc 的解离度很小，溶液中主要是以 HAc 分子形式存在，Ac^- 的浓度很低。NaAc 是强电解质，在溶液中全部解离成 Na^+ 和 Ac^-，由于同离子效应，加入 NaAc 后使 HAc 解离平衡向左移动，使 HAc 的解离度减小，$c(HAc)$ 增大。所以，在 HAc-NaAc 混合溶液中，存在着大量的 HAc 和 Ac^-。当溶液中加入少量的强酸，如 HCl，则增加了溶液的 $c(H^+)$。假设不发生其他反应，溶液的 pH 应该减小。但是由于 $c(H^+)$ 增加，抗酸成分即共轭碱 Ac^- 会与增加的 H^+ 结合成 HAc，使平衡左移，向生成共轭酸 HAc 分子的方向移动，直至建立新的平衡。因 $c(H^+)$ 少量，$c(HAc)$ 略有增加，$c(Ac^-)$ 略有减少，$[HAc]/[Ac^-]$ 变化不大，因此，溶液的 pH 没有明显的降低。同样，在溶液中加入少量的强碱，如 NaOH，则发生反应：$HAc(aq)+OH^-(aq)\rightleftharpoons H_2O(aq)+Ac^-(aq)$，因 $c(OH^-)$ 少量，$c(Ac^-)$ 略有增加，$c(HAc)$ 略有减少，$[HAc]/[Ac^-]$ 变化不大。因此溶液中 $c(H^+)$ 或 pH 基本不变。将溶液稍加稀释时，由于 $c(NaAc)$，$c(HAc)$ 同步变稀，$[HAc]/[Ac^-]$ 基本不变。所以溶液的 pH 不发生变化。

在弱酸及其共轭碱组成的缓冲体系中

$$HA(aq)\rightleftharpoons H^+(aq)+A^-(aq) \tag{1-20}$$

起始浓度/$(mol \cdot L^{-1})$　　$c(HA)$　　0　　$c(A^-)$

平衡浓度/$(mol \cdot L^{-1})$　　$c(HA)-x$　　x　　$c(A^-)+x$

由于缓冲体系中存在同离子效应，抑制了弱酸的解离，所以 x 很小，平衡时：$c_{HA}-x\approx c_{HA}$，$c_{NaA}+x\approx c_{NaA}$，代入式(1-20)的平衡常数表达式，可得

$$[H^+]=K_a^{\ominus}\times\frac{c(HA)}{c(A^-)} \tag{1-21a}$$

等式两边分别取负对数，即得

$$pH=pK_a^{\ominus}-\lg\frac{c_{HA}}{c_{NaA}} \tag{1-21b}$$

5. 水解平衡

盐溶液有的显中性，有的却显酸性或碱性。这些盐既不含氢离子，又不含氢氧根离子，为什么在水中会呈现不同的酸碱性呢？

这是由于盐与水发生了水解反应。组成盐的阳离子和阴离子分别与水解离出来的 OH^- 和 H^+ 反应，得到两种或两种以上新的化合物，从而导致溶液中的$[H^+]$和$[OH^-]$发生相对变化，使溶液显示不同的酸碱性。

1) 强酸弱碱盐的水解

以 NH_4Cl 为例，NH_4Cl 在水中完全解离为 NH_4^+ 和 Cl^-，而 NH_4^+ 能与水解离出来的 OH^- 结合成为弱碱 $NH_3\cdot H_2O$ 分子，因此在 NH_4Cl 水溶液中，同时存在着下列平衡：

$$NH_4Cl \rightleftharpoons NH_4^+ + Cl^-$$
$$H_2O \rightleftharpoons OH^- + H^+$$
$$NH_4^+ + OH^- \rightleftharpoons NH_3\cdot H_2O$$

NH_4^+ 与 OH^- 结合生成弱碱 $NH_3\cdot H_2O$ 分子，使水的解离平衡向右移动。随着 $NH_3\cdot H_2O$分子的不断生成，H^+浓度不断增大，当溶液中 H_2O 和 $NH_3\cdot H_2O$ 建立新的平衡时，溶液中$[H^+]>[OH^-]$，所以 NH_4Cl 溶液呈酸性，即溶液的 $pH<7$。

水解反应方程式实质上可看作下列两个平衡相加：

反应(1) $NH_4^+ + OH^- \rightleftharpoons NH_3\cdot H_2O$ $K_1^{\ominus}=1/K_b^{\ominus}$

反应(2) $H_2O \rightleftharpoons OH^- + H^+$ $K_2^{\ominus}=K_w^{\ominus}$

总反应 $NH_4^+ + H_2O \rightleftharpoons NH_3\cdot H_2O + H^+$

$$K_h^{\ominus}=\frac{[NH_3\cdot H_2O][H^+]}{[NH_4^+]}=K_1^{\ominus}\times K_2^{\ominus}=\frac{K_w^{\ominus}}{K_b^{\ominus}} \tag{1-22}$$

$K_h^{\ominus}$ 称为水解常数。

强酸弱碱盐的水解实质是盐中阳离子的水解。水解常数 $K_h^{\ominus}$ 越大，相应盐的水解趋势越大，水溶液的酸性就越强。

2) 强碱弱酸盐的水解

以 NaAc 为例，NaAc 在水中完全解离为 Na^+ 和 Ac^-，而 Ac^- 能与水解离出来的 H^+ 结合成为弱酸 HAc 分子，因此在 NaAc 水溶液中，同样也存在着平衡：

$$NaAc \rightleftharpoons Na^+ + Ac^-$$
$$H_2O \rightleftharpoons OH^- + H^+$$
$$Ac^- + H^+ \rightleftharpoons HAc$$

Ac^-与H^+结合生成弱酸 HAc 分子，使水的解离平衡向右移动。随着 HAc 分子的不断生成，OH^- 浓度不断增大，当溶液中 H_2O 和 NaAc 建立新的平衡时，溶液中$[OH^-]>[H^+]$，所以 NaAc 溶液呈碱性，即溶液的 pH>7。

运用强酸弱碱盐相同的方法处理，可知强碱弱酸盐水解的总方程式为

$$Ac^- + H_2O \rightleftharpoons HAc + OH^-$$

同样可得到：

$$K_h^{\ominus} = \frac{[HAc][OH^-]}{[Ac^-]} = \frac{K_w^{\ominus}}{K_a^{\ominus}}$$

强碱弱酸盐的水解实质是盐中阴离子的水解。水解常数 $K_h^{\ominus}$ 越大，即相应盐的水解趋势越大，水溶液的碱性就越强。

3）弱酸弱碱盐的水解

以 NH_4Ac 为例，NH_4Ac 在水中解离成 NH_4^+ 和 Ac^-，分别与水解离出来的 OH^- 和 H^+结合成弱碱 NH_4OH 分子和弱酸 HAc 分子，使水的解离平衡强烈地向右移动。

$$NH_4Ac \rightleftharpoons NH_4^+ + Ac^-$$

$$H_2O \rightleftharpoons OH^- + H^+$$

$$NH_4^+ + OH^- \rightleftharpoons NH_3 \cdot H_2O$$

$$Ac^- + H^+ \rightleftharpoons HAc$$

即弱酸弱碱盐水解的总方程式为

$$H_2O + NH_4^+ + Ac^- = NH_3 \cdot H_2O + HAc$$

同样可得到：

$$K_h^{\ominus} = \frac{K_w^{\ominus}}{K_a^{\ominus} \cdot K_b^{\ominus}}$$

弱酸弱碱盐的水溶液的酸碱性，取决于酸和碱的相对强弱（$K_a^{\ominus}$ 和 $K_b^{\ominus}$ 的大小）。如果 $K_a^{\ominus}$ 和 $K_b^{\ominus}$ 相近，则溶液中$[H^+]$和$[OH^-]$接近相等，溶液呈中性。NH_4Ac 就是属于这种情况。如果 $K_a^{\ominus} > K_b^{\ominus}$，则溶液中$[H^+]>[OH^-]$，则溶液呈酸性，如 $HCOONH_4$ 溶液；如果 $K_a^{\ominus} < K_b^{\ominus}$，则溶液中$[H^+]<[OH^-]$，则溶液呈碱性，如 NH_4CN 溶液。

4）影响盐类水解的因素及应用

盐类水解程度的大小除可用水解常数（$K_h^{\ominus}$）表示外，还可用水解度（h）表示。

$$h = \frac{\text{已水解盐的浓度}}{\text{盐的初始浓度}} \times 100\% \tag{1-23}$$

盐类水解程度的大小，主要取决于水解离子（即盐）的本性，当水解产物——弱酸或弱碱越弱，即 $K_a^{\ominus}$ 或 $K_b^{\ominus}$ 越小，则 $K_h^{\ominus}$ 或 h 越大；当水解产物是难溶性的沉淀或易挥发的气体，则水解程度增大，甚至完全水解。例如，Al_2S_3、$SnCl_2$、$SbCl_3$、$Bi(NO_3)_3$ 等物质的水解，就是完全水解的典型例子。水解反应为

$$Al_2S_3 + 6H_2O \longrightarrow 2Al(OH)_3 + 3H_2S$$

$$SnCl_2 + H_2O \longrightarrow Sn(OH)Cl + HCl$$

$$SbCl_3 + H_2O \longrightarrow SbOCl + 2HCl$$

$$Bi(NO_3)_3 + H_2O \longrightarrow BiONO_3 + 2HNO_3$$

其次，水解反应还受浓度、温度、酸度等外界条件的影响。

一般而言，盐溶液浓度越小，温度越高，盐的水解程度越大；降低（或升高）溶液的 pH，可增大负离子（或正离子）的水解程度。

通过控制水解的方法可以制备粒径均匀的氧化物和硫化物纳米材料。常用的方法有恒温水解法、微波水解法、超声水解法、水热法和溶剂热法等。

1.5.2　沉淀的生成与溶解

溶解沉淀平衡是指某种难溶的强电解质固体在水溶液中与其组分离子间建立的平衡。所谓难溶的强电解质，就是这样一类固体，其在水中的溶解度非常小，但一旦溶解，则溶解在水中的这部分电解质会完全电离。例如，$BaSO_4$ 属难溶的强电解质，在其水溶液中只存在 Ba^{2+} 和 SO_4^{2-}，没有溶解的 $BaSO_4$ 分子。$BaSO_4$ 固体与溶液中的 Ba^{2+} 和 SO_4^{2-} 间存在着下列平衡关系：

$$BaSO_4(s) \rightleftharpoons Ba^{2+}(aq) + SO_4^{2-}(aq)$$

这就是溶解沉淀平衡。

1. 溶度积与溶解度

1）溶度积

在一定温度下，难溶强电解质 M_mA_n 在水中溶解并达到饱和状态时，固体和溶解在水中的相关离子间就达到了溶解沉淀平衡，该平衡也称多相离子平衡。难溶电解质 M_mA_n 与其饱和溶液间的溶解沉淀平衡为

$$M_mA_n(s) \rightleftharpoons mM^{n+} + nA^{m-}$$

根据化学平衡原理：

$$K = \frac{[M^{n+}]^m \cdot [A^{m-}]^n}{[M_mA_n(s)]} \tag{1-24a}$$

式中，$[M_mA_n(s)]$为常数，可以并入常数项 K 中，得到

$$K^{\ominus}_{sp,M_mA_n} = [M^{n+}]^m \cdot [A^{m-}]^n \tag{1-24b}$$

式(1-24b)表明：在难溶强电解质的饱和溶液中，温度一定时，各离子相对浓度幂次方的乘积为一常数，称为溶度积常数，简称溶度积，用符号 $K^{\ominus}_{sp}$表示。

附表 3 列出了一部分难溶电解质的溶度积。溶度积的大小取决于难溶电解质的本性，一般随温度的升高而稍微增大。

2）溶解度

溶解度是指在一定温度下，难溶电解质饱和溶液的浓度。标准溶度积常数与溶解度之间存在着简单的定量关系，它们之间可以进行换算。

在一定温度下，难溶电解质 M_mA_n 与其饱和溶液间的溶解沉淀平衡：

$$M_mA_n(s) \rightleftharpoons mM^{n+} + nA^{m-}$$

如果该温度下 $M_mA_n(s)$ 在水中的溶解度为 $s\,mol \cdot L^{-1}$，则 $[M^{n+}]=m\times s$，$[A^{m-}]=n\times s$。难溶电解质 M_mA_n 的标准溶度积常数与溶解度之间的关系为

$$K^{\ominus}_{sp,M_mA_n}=[M^{n+}]^m\cdot[A^{m-}]^n=(m\times s)^m\cdot(n\times s)^n=m^m n^n s^{m+n} \tag{1-25}$$

对相同类型的难溶强电解质，其溶度积越大，溶解度也越大，因此可根据溶度积的大小来直接比较溶解度的相对大小。但对不同类型的难溶电解质，必须要通过计算来进行比较。

必须指出，溶解度和溶度积之间的换算是比较复杂的。上述换算只适用于基本上不水解的难溶强电解质，且在溶液中不存在难溶电解质的分子或离子对的情况。

2. 沉淀的生成与溶解

把平衡移动原理应用到难溶电解质沉淀与溶解平衡体系，则可归纳出难溶电解质沉淀的生成与溶解的普遍规律。

例如，在温度一定的难溶电解质的溶液中，根据沉淀溶解平衡表达式：

$$M_mA_n(s)\rightleftharpoons mM^{n+}+nA^{m-}$$

溶液中相关离子相对浓度幂次方乘积 Q_c（简称离子积）为

$$[M^{n+}]^m\cdot[A^{m-}]^n=Q_c \tag{1-26}$$

(1) 当 $Q_c<K^{\ominus}_{sp,M_mA_n}$，溶液未饱和，无沉淀析出。

(2) 当 $Q_c=K^{\ominus}_{sp,M_mA_n}$，溶液饱和，沉淀既不析出，也不溶解。

(3) 当 $Q_c>K^{\ominus}_{sp,M_mA_n}$，溶液过饱和，有沉淀析出。

以上三条关于沉淀与溶解的规律称为溶度积规则。应用这个规则可判断沉淀的生成与溶解。

1) 沉淀的生成

根据溶度积规则，在难溶强电解质溶液中，如果离子积(Q_c)大于该难溶强电解质的溶度积时，则有沉淀生成。所以 $Q_c>K^{\ominus}_{sp,M_mA_n}$ 是沉淀生成的必要条件。

【例 1.12】 将 20mL 0.010mol · L^{-1} $BaCl_2$ 溶液与等体积 0.040mol · L^{-1} Na_2SO_4 溶液混合，能否产生 $BaSO_4$ 沉淀？

解 查表得：$K^{\ominus}_{sp,BaSO_4}=1.1\times10^{-10}$。两种溶液刚混合时，$Ba^{2+}$ 和 SO_4^{2-} 的浓度分别为

$$c(Ba^{2+})=\frac{0.010mol\cdot L^{-1}\times20mL}{40mL}=5.0\times10^{-3}mol\cdot L^{-1}$$

$$c(SO_4^{2-})=\frac{0.040mol\cdot L^{-1}\times20mL}{40mL}=2.0\times10^{-2}mol\cdot L^{-1}$$

$$Q_c=[Ba^{2+}][SO_4^{2-}]=(5.0\times10^{-3})\times(2.0\times10^{-2})=1.0\times10^{-4}$$

由于 $Q_c>K^{\ominus}_{sp,BaSO_4}$，溶液过饱和，有 $BaSO_4$ 沉淀析出。

2) 沉淀的溶解

根据溶度积规则，在难溶强电解质溶液中，$Q_c<K^{\ominus}_{sp,M_mA_n}$ 是沉淀溶解的必要条件。采用一定的方法，使离子积(Q_c)小于该难溶强电解质的溶度积时，则沉淀就会发生溶解。常用的方法有以下几种。

(1) 生成弱电解质。采用酸、碱或某些盐(如铵盐)与难溶电解质的正离子或负离子结合生成弱酸、弱碱或水等弱电解质的方法。

如难溶电解质($CaCO_3$)溶于盐酸。在含有 $CaCO_3$ 固体的饱和溶液中，存在着固体 $CaCO_3$ 和解离出来的 Ca^{2+}、CO_3^{2-} 之间的沉淀溶解平衡。当加入盐酸后，溶液中的 CO_3^{2-} 和 H^+结合生成弱酸 H_2CO_3，H_2CO_3 不稳定，分解为 CO_2 和 H_2O，其反应如下：

$$CaCO_3 + 2HCl \xlongequal{} CaCl_2 + CO_2 + H_2O$$

这样，溶液中的 CO_3^{2-} 浓度降低，导致$[Ca^{2+}][CO_3^{2-}] < K^{\ominus}_{sp,CaCO_3}$，这样 $CaCO_3$ 沉淀会向溶解方向移动。

又如，难溶电解质 $Mg(OH)_2$ 溶于铵盐。

$$Mg(OH)_2 + 2NH_4Cl \xlongequal{} MgCl_2 + 2NH_3 \cdot H_2O$$

溶解反应进行的难易程度取决于难溶电解质的溶度积和生成的弱电解质的解离常数。溶度积越大，反应越易进行。例如，$Mg(OH)_2$，$Mn(OH)_2$ 的溶度积较大，能溶于铵盐；而 $Fe(OH)_3$，$Al(OH)_3$ 不能溶于铵盐，但能溶于盐酸，原因是在盐酸溶液中，OH^- 和 H^+结合生成更难解离的弱电解质 H_2O，从而大大降低了溶液中的 OH^- 浓度，使$[Fe^{3+}][OH^-]^3 < K^{\ominus}_{sp,Fe(OH)_3}$，而使难溶氢氧化物溶解。

(2) 发生氧化还原反应。采用氧化剂或还原剂与难溶电解质的某个离子发生氧化还原反应，从而降低离子的浓度，使难溶电解质溶解。例如，CuS 难溶于非氧化性稀酸，但易溶于具有氧化性的硝酸，其溶解过程如下：

$$3CuS + 8HNO_3 \xlongequal{} 3Cu(NO_3)_2 + 3S + 2NO + 4H_2O$$

由于 S^{2-}被 HNO_3 氧化为 S，S^{2-} 浓度降低，$c(Cu^{2+}) \cdot c(S^{2-}) < K^{\ominus}_{sp}(CuS)$，故 CuS 沉淀被溶解。

(3) 生成配离子。此法的原理是通过加入配位剂，使难溶电解质的组分离子形成稳定的配离子，由于降低了难溶电解质组分离子的浓度，难溶电解质溶解。例如，AgCl 易溶于氨水，其溶解过程如下：

$$AgCl + 2NH_3 \cdot H_2O \xlongequal{} [Ag(NH_3)_2]Cl + 2H_2O$$

加入氨水后，体系中 Ag^+ 与 NH_3 结合形成稳定的配离子$[Ag(NH_3)_2]^+$，降低了 Ag^+ 浓度使 $c(Ag^+) \cdot c(Cl^-) < K^{\ominus}_{sp,AgCl}$，故 AgCl 沉淀被溶解。

(4) 沉淀的转化。借助于某一试剂的作用，把一种难溶电解质转化为另一种难溶电解质的过程，称为沉淀的转化。例如，在 $PbSO_4$ 的沉淀中，加入 Na_2CO_3 溶液后生成了一种新的沉淀 $PbCO_3$：

$$PbSO_4(s) + CO_3^{2-} \xlongequal{} PbCO_3(s) + SO_4^{2-}$$

该反应的平衡常数：

$$K^{\ominus} = \frac{[SO_4^{2-}]}{[CO_3^{2-}]} = \frac{K^{\ominus}_{sp,\,PbSO_4}}{K^{\ominus}_{sp,\,PbCO_3}} = \frac{1.6 \times 10^{-8}}{7.4 \times 10^{-14}} = 2.2 \times 10^5$$

计算表明，上述沉淀转化反应向右进行的趋势很大。

一般来说，类型相同的难溶电解质，沉淀转化程度的大小取决于两种难溶电解质溶度积的相对大小，溶度积较大的难溶电解质容易转化为溶度积较小的难溶电解质。两种难溶电解质的溶度积相差越大，沉淀转化越完全。

1.5.3 配合物的生成与解离

当我们向硫酸铜溶液中滴加氨水时，开始溶液中会有浅蓝色的$[Cu(OH)]_2SO_4$沉淀生成。继续加入氨水，浅蓝色的沉淀会逐渐溶解，溶液的颜色转为绛蓝色。若在此溶液中加入大量的乙醇，就能得到绛蓝色晶体。经分析证明该晶体为$[Cu(NH_3)_4]SO_4$。

$$CuSO_4 \xrightarrow{H_2O} Cu^{2+} + SO_4^{2-} \xrightarrow{NH_3 \cdot H_2O(少量)} [Cu(OH)]_2SO_4$$

$$\xrightarrow{NH_3 \cdot H_2O(大量)} [Cu(NH_3)_4]SO_4$$

这个看似复盐的产物，经分析与复盐具有本质的区别。

在水溶液中，任何复盐都会完全解离成其组分离子。例如，由K_2SO_4和$Al_2(SO_4)_3$生成的复盐明矾$KAl(SO_4)_2$，反应式如下：

$$KAl(SO_4)_2 \xrightarrow{H_2O} K^+ + Al^{3+} + 2SO_4^{2-}$$

因此，明矾的水溶液在组成上与K_2SO_4和$Al_2(SO_4)_3$混合物的水溶液是完全相同的，这就是复盐的特征。但是，$[Cu(NH_3)_4]SO_4$的水溶液并不是$CuSO_4$和氨水溶液的简单加和。这可以通过实验证实：向绛蓝色的$[Cu(NH_3)_4]SO_4$溶液中滴加$BaCl_2$溶液，即产生白色的$BaSO_4$沉淀。这就说明在$[Cu(NH_3)_4]SO_4$水溶液中SO_4^{2-}是完全以自由离子的形式存在的。而向$[Cu(NH_3)_4]SO_4$溶液中滴加NaOH溶液，却不会出现浅蓝色的$Cu(OH)_2$沉淀，加热此溶液也不会检测到有氨气逸出。这说明在$[Cu(NH_3)_4]SO_4$水溶液中，Cu^{2+}和NH_3分子不是以简单的形式存在的，它们之间发生了化学反应，生成了一种新的物质，其反应的本质为

$$Cu^{2+} + 4NH_3(大量) \longrightarrow [Cu(NH_3)_4]^{2+}$$

Cu^{2+}和NH_3分子间不是通过经典的共价键结合的，而是形成了一种完全新型的化学键，即配位键。这种由配位键结合形成的化合物称为配位化合物(coordination compound)。它是由一定数目的可以提供孤电子对的离子或分子(统称配位体)和能接受孤电子对的离子或原子(统称中心原子)通过配位键相结合形成的具有一定空间结构的化合物。

1. 配合物的组成

配合物由中心离子、配位体和外界组成。中心离子是配合物的核心部分，它位于配离子(或分子)的中心，一般都是带正电荷的，具有空的价电子轨道的阳离子，尤以过渡金属离子居多，如$[Cu(NH_3)_4]SO_4$中的Cu^{2+}；也有一部分是以金属原子及高氧化态的非金属离子，如$[Ni(CO)_4]$中的Ni原子和$[SiF_6]^{2-}$中的Si(Ⅳ)。配位体是在配离子中与中心离子配合的离子(或分子)，一般都是含有孤电子对的分子或阴离子，如$[Cu(NH_3)_4]SO_4$中的NH_3，还有CO、OH^-、CN^-、X^-(卤素阴离子)等。其中直接与中心离子结合的原子称为配位原子，如NH_3中的N、CO中C、OH^-中O、CN^-中C等。一个配位体可以含有一个或一个以上的配位原子。根据含配位原子数目

的不同，可将配位体分为单齿配位体和多齿配位体。常见的单齿配位体有 $:F^-$、$:Cl^-$、$:Br^-$、$:I^-$、$:OH^-$、$:CN^-$、$H_2O:$、$:NH_3$、$:SCN^-$、$:CO$ 等。多齿配位体如乙二胺 $H_2\ddot{N}—CH_2—CH_2—\ddot{N}H_2$（缩写为 en）、草酸根（$C_2O_4^{2-}$）$\ddot{O}OC—CO\ddot{O}$ 等。

与中心离子直接成键的配位原子的数目，称为该中心离子的配位数。一般中心离子的配位数为 2、4、6、8。中心离子和配位体组成了配合物的内界，在配合物的化学式中一般用方括号表示内界，方括号以外的部分称为外界。例如，在 $[Cu(NH_3)_4]SO_4$ 中，四个 NH_3 和一个 Cu^{2+} 组成了内界，一个 SO_4^{2-} 为外界；在 $K_3[Fe(CN)_6]$ 中，一个 Fe^{3+} 和六个 CN^- 组成了内界，三个 K^+ 为外界。

2. 配合物的命名

配合物的命名与无机物命名的规则是相同的，如果配合物中阳离子是配离子，外界是一个简单的酸根，则内界与外界之间称为某化某，如 NaCl 称为氯化钠，$[Co(NH_3)_6]Cl_3$ 称为三氯化六氨合钴（Ⅲ）。如果酸根是一个复杂的阴离子或者是配离子，则称为某酸某。例如，Na_2SO_4 称为硫酸钠，$K_2[PtCl_6]$ 称为六氯合铂（Ⅳ）酸钾。

内界的命名具体规则如下：

(1) 先命名配位体，再命名中心离子，配位体和中心离子之间用“合”字连接，配位体的数目用中文数字（一、二、三等）表示，中心离子的氧化值用罗马数字加括号表示。具体格式为

中文数字-配位体-合-中心离子（罗马数字）

(2) 若内界中含有两种以上的配位体，则不同配位体之间用圆点“·”隔开。配位体命名的顺序：先离子后分子，先无机后有机，先简单后复杂。

(3) 同类配位体的名称，按配位原子元素符号的英文字母顺序排列。

下面列举一些配合物命名的实例：

分子式	配合物的名称
$K[Co(NO_2)_4(NH_3)_2]$	四硝基·二氨合钴（Ⅲ）酸钾
$[Ag(S_2O_3)_2]^{3-}$	二硫代硫酸根合银（Ⅰ）离子
$[Co(NH_3)_5H_2O]Cl_3$	三氯化五氨·一水合钴（Ⅲ）
$NH_4[Cr(NCS)_4(NH_3)_2]$	四异硫氰酸根·二氨合铬（Ⅲ）酸铵
$H_2[SiF_6]$	六氟合硅（Ⅳ）酸
$[PtCl_2(en)]$	二氯·乙二胺合铂（Ⅱ）
$[PtNH_2(NH_3)_3]^-$	氨基·三氨合铂（Ⅱ）配离子

3. 配合物的生成与解离

在硫酸铜溶液中加入大量氨水，则发生配位反应，生成绛蓝色 $[Cu(NH_3)_4]SO_4$ 溶液。反应如下：

$$CuSO_4 + 4NH_3(\text{大量}) \longrightarrow [Cu(NH_3)_4]SO_4$$

对于这种可溶性的配合物，内界和外界可完全解离：

$$[Cu(NH_3)_4]SO_4 = [Cu(NH_3)_4]^{2+} + SO_4^{2-}$$

内界则发生部分解离，同时，解离产生的中心离子和配位体又会结合生成配离子，当解离反应和配位反应的速率相等时，达到了平衡状态，称为配位解离平衡(又称配位平衡)。

$$[Cu(NH_3)_4]^{2+} \underset{\text{配位}}{\overset{\text{解离}}{\rightleftharpoons}} Cu^{2+} + 4NH_3$$

对任一配位解离平衡：$ML_n \rightleftharpoons M + nL$，均具有化学平衡的一切特点。其平衡常数表达式为

$$K^{\ominus}_{\text{不稳}} = \frac{[M]\cdot[L]^n}{[ML_n]} \tag{1-27}$$

这个平衡常数称为配离子的不稳定常数(或解离常数)，通常用 $K^{\ominus}_{\text{不稳}}$(或 $K^{\ominus}_{d}$)来表示。其数值越大，说明解离的倾向越大，配离子越不稳定。

配合物的不稳定常数，是以配离子的解离为基础的。通常也有以配离子的形成为基础的，得到的是配离子的稳定常数(或形成常数)，用 $K^{\ominus}_{\text{稳}}$ 来表示：

$$M + nL \rightleftharpoons ML_n$$

$$K^{\ominus}_{\text{稳}} = \frac{[ML_n]}{[M]\cdot[L]^n} \tag{1-28}$$

$K^{\ominus}_{\text{稳}}$ 值越大，说明生成配离子的倾向越大，而解离的倾向则越小，配离子越稳定。

事实上，稳定常数和不稳定常数是从两个不同的角度来讨论同一个问题。显然，任何配离子的稳定常数与其不稳定常数互为倒数关系，即 $K^{\ominus}_{\text{稳}} = \dfrac{1}{K^{\ominus}_{\text{不稳}}}$。

因此，对于任何配合物，只需用一种常数来表示它在水溶液中的稳定性即可。一些常见配离子的稳定常数见附表 4。利用配离子的稳定常数 $K^{\ominus}_{\text{稳}}$ 可以进行有关计算。

【例 1.13】 在 50mL 2.0mol·L^{-1} 乙二胺(en)中，假如加入 50mL 0.20mol·L^{-1} Ni^{2+} 溶液，求溶液中 Ni^{2+} 浓度，已知 $K^{\ominus}_{\text{稳},[Ni(en)_3]^{2+}} = 2.14\times10^{18}$。

解 乙二胺(en)和 Ni^{2+} 混合后，应先考虑混合后造成的稀释作用。溶液中乙二胺(en)的浓度为

$$\frac{2.0\text{mol}\cdot\text{L}^{-1}\times 50\text{mL}}{(50+50)\text{mL}} = 1.0\text{mol}\cdot\text{L}^{-1}$$

Ni^{2+} 的浓度为

$$\frac{0.20\text{mol}\cdot\text{L}^{-1}\times 50\text{mL}}{(50+50)\text{mL}} = 0.10\text{mol}\cdot\text{L}^{-1}$$

由于 $K^{\ominus}_{\text{稳},[Ni(en)_3]^{2+}}$ 很大，所以 Ni^{2+} 因有过量乙二胺(en)存在而完全生成$[Ni(en)_3]^{2+}$，那么溶液中$[Ni(en)_3]^{2+}$的浓度为 0.10mol·L^{-1}，剩余 en 的浓度为 1.0－3×0.10＝0.70(mol·L^{-1})。由于$[Ni(en)_3]^{2+}$在溶液中存在着解离平衡，接着就得考虑溶液中各组分之间的平衡关系。

设平衡时溶液中 Ni^{2+} 浓度为 $x$mol·L^{-1}。写出配合平衡方程式

	Ni^{2+}	+ 3en ═	$[Ni(en)_3]^{2+}$
开始浓度/(mol·L^{-1})	0.10	1.0	0
反应后浓度/(mol·L^{-1})	0	1.0－3×0.10	0.10
平衡浓度/(mol·L^{-1})	x	$0.7+3x$	$0.10-x$

$$K^{\ominus}_{稳,[Ni(en)_3]^{2+}}=\frac{[Ni(en)_3{}^{2+}]}{[Ni^{2+}][en]^3}$$

$$2.14\times10^{18}=\frac{0.10-x}{x(0.7+3x)^3}$$

因为 $K^{\ominus}_{稳,[Ni(en)_3]^{2+}}$ 很大，x 很小，可以将 $0.1-x\approx0.1$，$0.7+3x\approx0.7$，则

$$x=0.1/(2.14\times10^{18}\times0.7^3)=1.36\times10^{-19}(mol\cdot L^{-1})$$

1.6　化学反应的速率及其控制

自然界中化学反应种类繁多，化学反应速率也千差万别。有些进行得很快，几乎在瞬间完成，如火药爆炸、酸碱中和等。有些却很慢，如在常温下，氢和氧化合成水的反应，从宏观上几乎察觉不出来；又如，煤、石油在地壳内的形成历时几十万年。

1.6.1　化学反应速率及其表示法

一个化学反应开始后，反应物的数量随时间的流逝而不断降低，生成物的数量却不断增加。化学反应进行的快慢程度，可以用反应物物质的量随时间不断降低来表示，也可用生成物物质的量随时间不断增加来表示。所谓化学反应速率(v)指在一定条件下，某化学反应的反应物转变为生成物的速率。对于均匀体系的恒容反应，习惯用单位时间内反应物浓度的减少或生成物浓度的增加来表示，而且习惯取正值。浓度单位通常用 $mol\cdot L^{-1}$，时间单位视反应快慢，可分别用秒(s)、分(min)或小时(h)等表示。这样，化学反应速率的单位可为 $mol\cdot L^{-1}\cdot s^{-1}$、$mol\cdot L^{-1}\cdot min^{-1}$、$mol\cdot L^{-1}\cdot h^{-1}$等。例如，在给定条件下，合成氨反应：

	N_2 +	$3H_2$ ⟶	$2NH_3$
起始浓度/($mol\cdot L^{-1}$)	2.0	3.0	0
2s 后浓度/($mol\cdot L^{-1}$)	1.8	2.4	0.4

若用生成物 NH_3 的浓度变化来表示反应速率，则

$$\bar{v}(NH_3)=\frac{\Delta c(NH_3)}{\Delta t}=\frac{(0.4-0)mol\cdot L^{-1}}{(2-0)s}=0.2mol\cdot L^{-1}\cdot s^{-1}$$

若用反应物 N_2、H_2 的浓度变化来表示，则

$$\bar{v}(N_2)=-\frac{\Delta c(N_2)}{\Delta t}=-\frac{(1.8-2.0)mol\cdot L^{-1}}{(2-0)s}=0.1mol\cdot L^{-1}\cdot s^{-1}$$

$$\bar{v}(H_2)=-\frac{\Delta c(H_2)}{\Delta t}=-\frac{(2.4-3.0)mol\cdot L^{-1}}{(2-0)s}=0.3mol\cdot L^{-1}\cdot s^{-1}$$

式中，Δt 为反应的时间；$\Delta c(NH_3)$、$\Delta c(N_2)$、$\Delta c(H_2)$分别为 Δt 时间内生成物 NH_3 和反应物 N_2、H_2 浓度的变化。

以上介绍的是在 Δt 时间内的平均速率。某瞬间($\Delta t\rightarrow0$)的反应速率，称为瞬时速率。例如

$$v(NH_3)=\lim_{\Delta t\to 0}\frac{\Delta c(NH_3)}{\Delta t}=\frac{dc(NH_3)}{dt} \tag{1-29}$$

可见,同一反应的反应速率,用不同物质的浓度变化来表示反应速率,其数值是不一样的。显然,在这里 $\bar{v}(N_2):\bar{v}(H_2):\bar{v}(NH_3)=1:3:2$,它们之间的比值为反应方程式中相应物质分子式前的化学计量数的比值。上述反应的反应速率(v)与用不同物质的浓度变化来表示的反应速率的关系如下:

$$v=\frac{v(N_2)}{1}=\frac{v(H_2)}{3}=\frac{v(NH_3)}{2}$$

显然,一个反应就只有一个反应速率值,但与计量数有关,所以在表示反应速率时,必须写明相应的化学计量方程式。

1.6.2 影响化学反应速率的因素

化学反应速率的大小,首先取决于反应物的本性。例如,无机物之间的反应一般比有机物之间的快得多;对于无机物之间的反应来说,分子之间进行的反应一般较慢,而溶液中离子之间进行的反应一般较快。除了反应物的本性外,反应速率还与反应物的浓度(或压力)、温度和催化剂等因素有关。

1. 浓度对反应速率的影响

大量的实验事实证明,在一定温度下,增加反应物的浓度可以增大反应速率。例如,物质在纯 O_2 中燃烧要比在空气中燃烧快,因为空气中 O_2 的含量是 21%。

讨论反应物浓度与反应速率之间的定量关系,要先从基元反应、非基元反应等问题谈起。

1) 基元反应与非基元反应

化学反应式只告诉我们反应物和最后的生成物,并没有告诉我们反应是如何进行的。例如,反应:

① $2NO+2H_2 \longrightarrow N_2+2H_2O$

经研究,发现它实际上要经过以下三步才完成:

② $2NO \longrightarrow N_2O_2$ (快)

③ $N_2O_2+H_2 \longrightarrow N_2O+H_2O$ (慢)

④ $N_2O+H_2 \longrightarrow N_2+H_2O$ (快)

我们把反应物分子一步直接转化为生成物分子的反应称为基元反应。上述反应②、③、④均为基元反应,而需要多步(包括 2 步)才能转化为产物的反应称为非基元反应。反应①则是非基元反应。

2) 质量作用定律——基元反应的速率方程

基元反应的反应速率与反应物浓度之间的关系比较简单,对此,人们在大量实验的基础上总结出一条规律:在一定温度下,基元反应的反应速率与反应物浓度幂的乘积成正比,浓度幂指数等于基元反应中各反应物的化学计量数,这一规律称为质量作用定律。

对一般的基元反应

$$aA+bB \longrightarrow nC+mD$$

反应速率与反应物浓度间的定量关系为

$$v=kc^a(A)\cdot c^b(B) \tag{1-30}$$

式(1-30)称为速率方程式，又称质量作用定律的表示式。$c(A)$和$c(B)$分别表示反应物 A 和 B 的浓度，单位为 $mol \cdot L^{-1}$。比例常数 k 称为速率常数，其意义是在给定温度下，反应物的浓度都等于单位浓度时的反应速率，所以又称比速率常数。不同的反应有不同的 k 值；同一反应的 k 值随温度和催化剂等而变。

浓度的指数 a 和 b，分别称为 A 或 B 的分反应级数，即该反应对 A 来说为 a 级，对 B 来说为 b 级。而指数之和称为该反应的级数。例如，$a+b=1$，称为一级反应；$a+b=2$，称为二级反应；$a+b=3$，称为三级反应。四级及四级以上的反应不存在，但是可以有零级或分数级反应。

关于速率方程式的几点说明：

(1) 稀溶液中有溶剂参与的反应，其速率方程中不必列出溶剂的浓度。因为在稀溶液中，溶剂量很大，在整个反应过程中，溶剂量变化甚微，因此溶剂的浓度可近似地看做常数而合并到速率常数项中。例如，蔗糖稀溶液中. 蔗糖水解为葡萄糖和果糖的反应：

$$\underset{\text{蔗糖}}{C_{12}H_{22}O_{11}}+\underset{\text{溶剂}}{H_2O}\xrightarrow{H^+}\underset{\text{葡萄糖}}{C_6H_{12}O_6}+\underset{\text{果糖}}{C_6H_{12}O_6}$$

根据质量作用定律

$$v=k\cdot c(C_{12}H_{22}O_{11})$$

(2) 若反应物中有固体或纯液体，则固体或纯液体的浓度不必列入方程式。因为固体、纯液体的浓度可视为常数。例如

$$C(s)+O_2(g)\longrightarrow CO_2(g) \qquad v=k\cdot p(O_2)$$

3) 非基元反应的速率方程

通常遇到的化学反应绝大多数是非基元反应，基元反应为数甚少。对于非基元反应，从反应方程式中是不能给出速率方程式的。它必须通过实验获得有关的数据后，经数学处理，求得反应级数，才能确定速率方程式。对于非基元反应

$$aA+bB \longrightarrow nC+mD$$

其速率方程式为

$$v=kc^x(A)\cdot c^y(B)$$

实验测定结果显示，$x\leqslant a$，$y\leqslant b$，且不能同时 $x=a$，$y=b$。

2. 温度对反应速率的影响

温度对反应速率的影响比较复杂，但对大多数化学反应来说，温度升高，反应速率增大。例如，H_2 和 O_2 的化合反应，在常温下反应速率极小，几乎察觉不到有 H_2O 生

成，但当温度升高到873K时，反应速率急剧增大，以至发生爆炸。

1889年瑞典物理化学家阿伦尼乌斯在总结大量实验事实的基础上，提出了反应速率常数与温度的定量关系式：

$$k=Ae^{-\frac{E_a}{RT}} \tag{1-31}$$

式中，E_a 为反应的活化能；R 为摩尔气体常量；A 为指前因子，对指定反应来说为一常数；e为自然对数的底（e=2.718）。将式(1-31)写成自然对数形式：

$$\ln k=-\frac{E_a}{RT}+\ln A \tag{1-32}$$

动力学研究中常常运用式(1-32)计算反应的活化能 E_a。用 $\ln k$ 对 $\frac{1}{T}$ 作图，然后求算所得直线的斜率，即可求得 E_a。

$$斜率=-\frac{E_a}{R}$$

或者根据某一反应在 T_1 时的速率常数 k_1，T_2 时的速率常数 k_2，将式(1-32)整理为

$$\ln k_1=-\frac{E_a}{RT_1}+\ln A \quad ①$$

$$\ln k_2=-\frac{E_a}{RT_2}+\ln A \quad ②$$

②－①得

$$\ln\frac{k_2}{k_1}=\frac{E_a}{R}\left(\frac{T_2-T_1}{T_1T_2}\right) \tag{1-33}$$

利用式(1-33)可计算反应的活化能和不同温度下的速率常数。

【例1.14】 实验测得不同温度下 $S_2O_8^{2-}+3I^- \longrightarrow 2SO_4^{2-}(aq)+I_3^-$ 的反应速率常数如下，试求(1)反应的实验活化能。(2)在298K时的速率常数 k。

T/K	273	283	293	303
k/(mol^{-1}·L·s^{-1})	8.2×10^{-4}	2.0×10^{-3}	4.1×10^{-3}	8.3×10^{-3}

解 (1)由式(1-33)得

$$\ln\frac{k_2}{k_1}=\frac{E_a}{R}\left(\frac{T_2-T_1}{T_1T_2}\right)$$

代入 T_1=273K，$k_1=8.2\times10^{-4}$ mol^{-1}·L·s^{-1}，T_2=293K，$k_2=4.1\times10^{-3}$ mol^{-1}·L·s^{-1}，则

$$\ln\frac{4.1\times10^{-3}}{8.2\times10^{-4}}=\frac{E_a}{8.314}\left(\frac{293-273}{273\times293}\right)$$

$$E_a=53.5\text{kJ}\cdot\text{mol}^{-1}$$

(2)令298K时的速率常数为 k，代入式(1-33)得

$$\ln\frac{k}{8.2\times10^{-4}}=\frac{53.5\times10^3}{8.314}\left(\frac{298-273}{273\times298}\right)$$

$$k=5.9\times10^{-3}\text{mol}^{-1}\cdot\text{L}\cdot\text{s}^{-1}$$

3. 催化剂对反应速率的影响

催化剂是那些能显著改变反应速率，而在反应前后自身组成、质量和化学性质基本不变的物质。其中，能加快反应速率的称为正催化剂；能减慢反应速率的称为负催化剂。例如，合成氨生产中使用的铁，硫酸生产中使用的 V_2O_5，以及促进生物体化学反应的各种酶(如淀粉酶、蛋白酶、脂肪酶等)均为正催化剂；减慢金属腐蚀的缓蚀剂，防止橡胶、塑料老化的防老剂等均为负催化剂。不过通常所说的催化剂一般是指正催化剂。催化剂之所以能显著地增大化学反应速率，是由于催化剂的加入，降低了反应的活化能。严格地说，是催化剂改变了反应的历程，使反应循着活化能较低的过程进行。至于催化剂如何降低活化能的机理，目前还不十分清楚。

催化剂的催化作用具有严格的选择性。有些物质的性质完全不同，却能加速同一反应，化学上非常相似的反应，在承受催化剂作用方面，却没有任何相似之处，如合成氨使用的铁催化剂无助于 SO_2 的氧化。因此，适用于所有反应的"通用催化剂"是没有的。

根据催化剂和反应物所处的状态不同，催化反应可分为均相催化反应和多相催化反应。

1) 均相催化反应

催化剂和反应物处于同一相的反应为均相催化反应。均相催化的原因是催化剂参加了反应，并与反应物先生成一种中间产物，中间产物再转化成生成物。从而改变了反应历程，使活化能降低，反应速率大大加快。例如，I^- 催化 H_2O_2 分解的反应机理：

$$H_2O_2+I^- = IO^- +H_2O$$

$$IO^- +H_2O_2 = H_2O+O_2+I^-$$

总反应即 H_2O_2 的分解反应：

$$2H_2O_2 = 2H_2O+O_2$$

图 1.4 表示 H_2O_2 分解所需活化能关系图。实验证明，无催化剂时，H_2O_2 分解所需活化能为 $75.3kJ \cdot mol^{-1}$，I^- 作催化剂时，反应活化能为 $56.5kJ \cdot mol^{-1}$。正是由于 H_2O_2 这种极易催化分解的特点，H_2O_2 在保存和应用时带来很大不利。

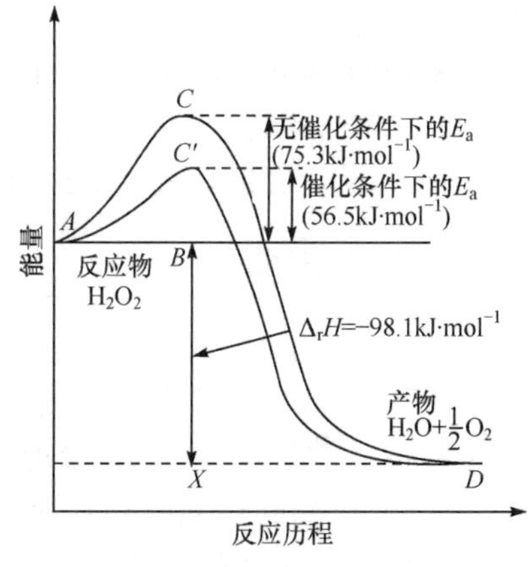

图 1.4 在催化和非催化条件下 H_2O_2 分解的活化能示意图

在实验室中，我们还会遇到这样一种反应，就是不需另加催化剂而自动发生催化作用的催化反应。例如，H_2O_2 中加入 $KMnO_4$ 的酸性溶液，开始几乎观察不到反应的发生，但经过一段时间后，反应速率加快，$KMnO_4$ 的颜色很快褪去，这是由于反应生成的 Mn^{2+} 对反应有催化作用。这类反应称为自(动)催化反应。

2) 非均相催化反应

催化剂与反应物不是处于同一物相的反应称为非均相反应，又称多相催化反应。

通常用催化剂的吸附作用说明。例如,工业上由 N_2 和 H_2 合成 NH_3 的反应:

$$N_2(g)+3H_2(g)=\!=\!=2NH_3(g)$$

反应所需活化能为 $335kJ \cdot mol^{-1}$,反应速率极慢。但在高温(550～600℃)、高压(1×10^4～2×10^4kPa)下,使用铁催化剂,同时加入 Al_2O_3 和 K_2O 作助催化剂。活化能就降低为 $167kJ \cdot mol^{-1}$,反应速率提高了 10^{17} 倍。其催化机理为:首先是气相中的 N_2 被吸附在铁催化剂的表面,使 N_2 的化学键减弱,然后断裂解离为氮原子。气相中的 H_2 同催化剂表面上的氮原子作用,逐步生成═NH、—NH_2 和 NH_3。

由于多相催化与表面吸附有关,所以表面积越大催化效率越高。工业上,催化剂往往制成极细的粉末,有时也将其附着于一些不活泼的多孔物质上,这种多孔物质称为催化剂的载体。常用的无机催化剂载体有硅藻土、高岭土、硅酸、分子筛等。

3) 酶催化反应

酶的催化作用在生物学中有很重要的意义。动植物体内所经历的各种生理的生物化学变化,如消化、新陈代谢、呼吸、光合作用等都与酶的催化作用有着紧密的联系。酶是相对分子质量范围在 10^4～10^6 的蛋白质类化合物。酶的选择性较无机催化剂更为严格。例如,分解蛋白质的酶对于脂肪和碳水化合物并无作用;分解碳水化合物的酶对于脂肪和蛋白质也无作用。蔗糖可水解生成葡萄糖和果糖,用酸催化时,$E_a=107kJ \cdot mol^{-1}$,加热反应速率也不快,但人体内有蔗糖酶催化剂,在蔗糖酶的催化下 E_a 降为 $36kJ \cdot mol^{-1}$,在体温条件下,反应速率也很快,使人体能够很快地充分吸收。

可见,酶的催化作用也是因为降低了反应的活化能。一般认为其机理为:作为底物(或称基质)的反应物分子被酶特殊的活性位置吸附,形成酶-底物配合物,然后底物转化为产物,从酶上释放。人们常把酶比作一把锁,而把底物比作钥匙,当底物的分子结构与活性中心的几何排列相适应时,恰似"锁与钥匙"的搭配(图 1.5)。但同时,这也是造成酶中毒的主要因素之一。当有与反应物分子构型相似的物质存在时,它也可能被酶吸附,使主反应不能进行。从而发生生物体中毒现象。例如,重金属离子对生物体的毒害就可能是重金属离子与酶蛋白中氨基酸上的—SH 基相结合,而使酶失效。酶的结构和作用非常复杂,近年来,一直是生物学家和化学家关注的研究领域。

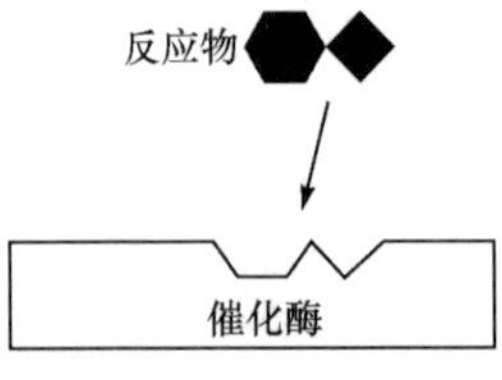

图 1.5　酶催化作用的锁钥模型

催化剂的应用,在现代化学工业生产中占有极为重要的地位。据统计,化工生产中约有 85%的化学反应需要使用催化剂。尤其在当前的大型化工、石油化工中,很多化学反应用于生产都是在找到了优良的催化剂后才付诸实现的。据估计,工业化国家工业生产总值的六分之一与催化过程有关。而在农业生产、环保以及处理原料的工业生产中,生物催化剂——酶也取得了广泛的技术应用,如酶在有机废弃物的堆制处理、各种酿造业、制造高品质的茶叶,以及加速酒的陈化等方面的应用,利用酶的定向作用也可以调节植物的早熟性、抗冻性、耐旱性等。

应当指出的是:催化剂只能催化自发进行的反应,对热力学上不允许的反应是无能为力的。催化剂同等程度地改变正、逆反应速率,不改变反应的平衡位置,只是改变了平衡的到达。这些在学习了热力学基础知识和化学平衡的有关内容,就能深刻领会了。

思考题与习题

1. 化学反应自发进行的判据是什么?如果能够从水中获得氢气,将会极大地缓解能源枯竭的威胁,试分析能否通过正常的热分解法制取氢气,如果不能,现在的氢能源又是如何取得呢?请举例说明。

2. 如果一个化学反应经热力学证明是可以自发进行的,如何判断这个化学反应进行的程度?并举例说明提高反应物转化率的方法。

3. 如果一个化学反应经热力学证明是可以自发进行的,能否表明该反应就是可以利用的?举例说明如何加快化学反应的速率。

4. 依据热力学、动力学和技术经济学的观点,综合分析合成氨的反应条件是如何选择的。

5. 下列说法是否正确?

(1) 质量作用定律适用于任何化学反应。

(2) 反应速率常数取决于反应温度,与反应物的浓度无关。

(3) 放热反应均是自发反应。

(4) 要加热才能进行的反应一定是吸热反应。

(5) $\Delta_r S_m$ 为负值的反应均不能进行。

(6) 冰在室温下自动融化成水,是熵增加起了作用。

6. 已知下列反应的平衡常数:

$$H_2(g)+S(s) \rightleftharpoons H_2S(g) \qquad K_1^{\ominus}$$

$$S(s)+O_2(g) \rightleftharpoons SO_2(g) \qquad K_2^{\ominus}$$

则反应:$H_2(g)+SO_2(g) \rightleftharpoons O_2(g)+H_2S(g)$的平衡常数是下列中的哪一个?

(1) $K_1^{\ominus}-K_2^{\ominus}$　(2) $K_1^{\ominus} \cdot K_2^{\ominus}$　(3) $K_2^{\ominus}/K_1^{\ominus}$　(4) $K_1^{\ominus}/K_2^{\ominus}$

7. 根据平衡移动原理,讨论下列反应:

$$2Cl_2(g)+2H_2O(g) \rightleftharpoons 4HCl(g)+O_2(g) \quad \Delta_r H_m^{\ominus}(298.15K)>0$$

将四种气体混合后,反应达平衡时,若进行下列各项操作,对平衡数值各有何影响(操作项目中没有注明的是指温度不变、体积不变)?

操作项目	平衡数值
(1) 加 O_2	H_2O 的物质的量
(2) 加 O_2	HCl 的物质的量
(3)加 O_2	O_2 的物质的量
(4) 增大容器的体积	H_2O 的物质的量
(5) 减小容器的体积	Cl_2 的物质的量
(6) 减小容器的体积	Cl_2 的分压
(7) 减小容器的体积	$K^{\ominus}$
(8) 升高温度	$K^{\ominus}$
(9) 升高温度	HCl 的分压
(10) 加催化剂	HCl 的物质的量

8. 由二氧化锰制备金属锰可采用下列两种方法：

(1) $MnO_2(s)+2H_2(g) \longrightarrow Mn(s)+2H_2O(g)$

$$\Delta_r H_m^\ominus=36.4kJ \cdot mol^{-1}, \quad \Delta_r S_m^\ominus=95.1J \cdot K^{-1} \cdot mol^{-1}$$

(2) $MnO_2(s)+2C(s) \longrightarrow Mn(s)+2CO(g)$

$$\Delta_r H_m^\ominus=299.0kJ \cdot mol^{-1}, \quad \Delta_r S_m^\ominus=362.9J \cdot K^{-1} \cdot mol^{-1}$$

试通过计算确定以上两个反应在25℃，100KPa下的反应方向。如果考虑工作温度越低越好，则采取哪种方法较好？

9. 应用公式 $\Delta_r G_m^\ominus(T)=\Delta_r H_m^\ominus(T)-T\Delta_r S_m^\ominus(T)$，计算下列反应的 $\Delta_r G_m^\ominus(298.15K)$值，并判断反应在298.15K及标准态下能否自发向右进行。

$$8Al(s)+3Fe_3O_4(s) \longrightarrow 4Al_2O_3(s)+9Fe(s)$$

10. 通过计算说明下列反应：

$$2CuO(s) \longrightarrow Cu_2O(s)+1/2O_2(g)$$

(1) 在常温(298.15K)、标准态下能否自发进行？

(2) 在700K时、标准态下能否自发进行？

11. 将空气中的 $N_2(g)$变成各种含氮的化合物的反应称为固氮反应。根据 $\Delta_f G_m^\ominus$ 计算下列3种固氮反应的 $\Delta_r G_m^\ominus$ 及 $K^\ominus$，并从热力学角度分析选择哪个反应最好。

$$N_2(g)+O_2(g) \longrightarrow 2NO(g)$$

$$2N_2(g)+O_2(g) \longrightarrow 2N_2O(g)$$

$$N_2(g)+3H_2(g) \longrightarrow 2NH_3(g)$$

12. 在749K条件下，在密闭容器中进行下列反应：

$$CO(g)+H_2O(g) = CO_2(g)+H_2(g) \quad K_c=2.6$$

(1) 当 H_2O 与 CO 物质的量之比为1时，CO的转化率为多少？

(2) 当 H_2O 与 CO 物质的量之比为3时，CO的转化率为多少？

(3) 根据计算结果，你能得出什么结论？

13. 用文字说明下列符号的意义。

$$pOH \quad K_w^\ominus \quad K_a^\ominus \quad K_b^\ominus \quad K_{sp,CaF_2}^\ominus \quad K_{稳}^\ominus$$

14. 写出下列有关反应式，并解释反应现象。

(1) $ZnCl_2$ 溶液中加入适量NaOH溶液，再加入过量的NaOH溶液。

(2) $CuSO_4$ 溶液中加入少量氨水，再加过量氨水。

(3) $HgCl_2$ 溶液加入适量KI溶液，再加过量KI溶液。

15. 判断下列说法是否正确。

(1) 配合物由内界和外界两部分组成。 ( )

(2) 只有金属离子才能作为配合物的形成体。 ( )

(3) 配位体的数目就是形成体的配位数。 ( )

(4) 配离子的电荷数等于中心离子的电荷数。 ( )

16. 配合物是怎样组成的(明确内界、外界、中心离子、配位体、配位原子、配位数等概念)？

17. 请用离子反应式说明下列现象：

(1) AgCl固体不能溶于 NH_4Cl 溶液，却能溶于氨水。

(2) 在 $[Cu(NH_3)_4]^{2+}$ 溶液中加入 H_2SO_4，溶液的颜色由绛蓝色变为浅蓝色。

(3) 用KSCN溶液在白纸上写字或画画，干后，喷射 $FeCl_3$ 溶液会出现血红色字或画。

18. 计算 $0.050mol \cdot L^{-1}$ HClO溶液中的 $[H^+]$、$[ClO^-]$ 和HClO的解离度。

19. 奶油腐败变质后分解产物中含有恶臭的丁酸(C_3H_7COOH)。今含有 0.1mol 丁酸的 0.20L 溶液,测得 pH=2.50,求丁酸的解离常数 $K_a^\ominus$。

20. 已知 HAc 的 $pK_a^\ominus=4.75$,$NH_3\cdot H_2O$ 的 $pK_b^\ominus=4.74$,求下列各溶液的 pH。

(1) 0.10mol · L^{-1} HAc　　(2) 0.10mol · L^{-1} $NH_3\cdot H_2O$

(3) 0.15mol · L^{-1} NH_4Cl　　(4) 0.15mol · L^{-1} NaAc

21. 1.0L 0.20mol · L^{-1} HAc 溶液中,要加入多少克无水 NaAc 才能使溶液的 pH=4.20?

22. 在 100mL 0.10mol · L^{-1} 氨水中溶入氯化铵 1.07g 后,溶液的 pH 为多少?在此溶液中再加入 100mL 水后,pH 有何变化?

23. 欲配制 500mL pH 为 9.0 且 NH_4^+ 浓度为 1.0mol · L^{-1} 的 $NH_3\cdot H_2O$-NH_4Cl 缓冲溶液,需要密度为 0.904g · mL^{-1},含 NH_3 26.0%的浓氨水多少立方厘米?固体 NH_4Cl 多少克?

24. 请写出下列各配合物的中心离子、配位体、中心离子氧化数、配位离子的电荷数及配合物的名称。

(1) $[Pt(NH_3)_2(NO_2)Cl]$　　(2) $NH_4[Co(NH_3)_2(NO_2)_4]$

(3) $[Co(NH_3)_3(OH)_3]$　　(4) $[Ni(en)_3]SO_4$

(5) $H_2[Zn(OH)_2Cl_2]$　　(6) $Na_2[CaY]$

25. 写出下列各配合物和配离子的化学式:

(1) 氯化硝基 · 三氨合铂(Ⅱ)　　(2) EDTA 合镁(Ⅱ)酸钠

(3) 硫酸硝基 · 五氨合钴(Ⅲ)　　(4) 三羟基 · 一水 · 一乙二胺合铬(Ⅲ)

(5) 二硫代硫酸根合银(Ⅰ)离子　　(6) 六氰合铁(Ⅱ)酸铁

26. 在 10.0mL 0.10mol · L^{-1} $CuSO_4$ 溶液中加入 10.0mL 6.00mol · L^{-1} $NH_3\cdot H_2O$,计算达到平衡时溶液中 Cu^{2+}、$[Cu(NH_3)_4]^{2+}$ 和 NH_3 的浓度。若在此混合液中加入 0.001mol NaOH 固体,是否有 $Cu(OH)_2$ 沉淀生成?

第 2 章　电化学基础与应用

电化学是研究化学能和电能之间相互转变的一门学科，其中涉及的化学反应类型都是氧化还原反应。根据作用原理的不同，又可将电化学反应分为两大类。一类是系统的吉布斯函数值减少（$\Delta G<0$）的自发进行的氧化还原反应，在反应过程中将化学能转变为电能，如原电池、各类化学电源等。另一类是系统的吉布斯函数值增加（$\Delta G>0$）的非自发进行的氧化还原反应，这类反应需在外加电流作用下使反应发生，即将电能转变为化学能，如电解、电镀、电解加工等。电化学是化学和电学之间的交叉学科，电化学的研究对工业生产和科学研究起着重要的作用。

本章着重讨论电极电势及其应用，利用化学平衡原理，联系反应的吉布斯函数变，讨论氧化还原反应进行的方向、程度、化学能与电能相互转化的基本原理，并根据这些原理阐释和讨论电化学在化学电源、电解技术、金属的腐蚀与防护等方面的应用。

2.1　原电池与电极电势

2.1.1　原电池

氧化还原反应中都要发生电子的转移，但是在通常所进行的氧化还原反应过程中，氧化剂和还原剂直接接触，虽发生反应但无电流产生。只有通过特殊的装置才能使氧化还原反应过程中的电子转移变为定向流动的电流。这种在电化学中利用氧化还原反应将化学能直接转变为电能的装置称为原电池。以锌片和硫酸铜溶液反应为例，它们直接反应时，锌片逐渐溶解而铜逐渐析出，反应过程中仅仅表现为热量的散发而没有电流的产生。如果设计成特定的装置，将氧化反应与还原反应分开进行，就能实现将化学能转变为电能的目的。

1. 原电池的组成

以 Cu-Zn 原电池为例，在图 2.1 中，将 Cu 片和 Zn 片分别插入 $CuSO_4$ 和 $ZnSO_4$ 溶液中，用导线将 Cu 片和 Zn 片相连接，两个盛电解质的烧杯间用盐桥相连。由图可知，原电池一般由以下三部分构成：

1）半电池和电极

$ZnSO_4$ 溶液和 Zn 片，为氧化半电池，其中 Zn^{2+}/Zn 构成一氧化还原电对；$CuSO_4$ 溶液和 Cu 片，为还原半电池，其中 Cu^{2+}/Cu 构成另一氧化还原电对。原电池中给出电子发生氧化反应的电极称为负极，如上述装置中的 Zn 片为负极；接受电子发生还原反应的电极称为正极，如上述装置中的 Cu 片为正极。Cu-Zn 原电池的两极反应和电池反应如下：

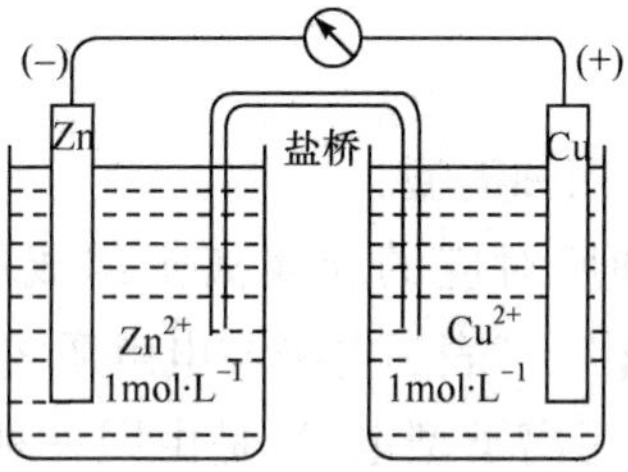

图 2.1　铜锌原电池的结构简图

负极：　$Zn(s) = Zn^{2+}(aq) + 2e^-$　氧化反应

正极：　$Cu^{2+}(aq) + 2e^- = Cu(s)$　还原反应

电池总反应：　$Zn(s) + Cu^{2+}(aq) = Cu(s) + Zn^{2+}(aq)$

若用 Cu 片和 $CuSO_4$ 溶液与 Ag 片和 $AgNO_3$ 溶液组成 Ag-Cu 原电池，由于 Cu 比 Ag 要活泼，反应过程中 Cu 给出电子变为 Cu^{2+}，而 Ag^+ 接受电子变为 Ag，所以 Cu 为负极、Ag 为正极。两极反应和电池总反应分别为

负极：　$Cu(s) = Cu^{2+}(aq) + 2e^-$　氧化反应

正极：　$Ag^+(aq) + e^- = Ag(s)$　还原反应

电池总反应：　$2Ag^+(aq) + Cu(s) = Cu^{2+}(aq) + 2Ag(s)$

从上面的两个原电池反应可以看出，每一个电极反应中都有两类物质：一类是可作为还原剂的物质，称为还原态物质，如上面两个氧化半反应中的 Zn、Cu 等；另一类是可作为氧化剂的物质，称为氧化态物质，如上面两个还原半反应中 Cu^{2+}、Ag^+ 等。氧化态物质与相应的还原态物质构成一个氧化还原电对，并用符号"氧化态/还原态"表示，如上面例子中 Zn^{2+}/Zn、Cu^{2+}/Cu 和 Ag^+/Ag。

通常电极反应可用下列通式表示：

$$\text{氧化态} + ne^- \rightleftharpoons \text{还原态}$$

式中，n 为电极反应中转移电子的化学计量数。

2）盐桥

原电池中的盐桥通常为 U 形管，其中装入含有琼脂的饱和 KCl 溶液，其作用是接通内电路以及电性中和。

在氧化还原反应进行过程中 Zn 氧化成 Zn^{2+}，使 $ZnSO_4$ 溶液因 Zn^{2+} 增加而带正电荷；Cu^{2+} 还原成 Cu 沉积在铜片上，使 $CuSO_4$ 溶液因 Cu^{2+} 减少而带负电荷。这两种电荷都会阻碍原电池反应的继续进行。当有盐桥时，盐桥中的 K^+ 和 Cl^- 分别向 $CuSO_4$ 溶液和 $ZnSO_4$ 溶液扩散，从而保持了溶液的电中性，使电流继续产生。选择盐桥中电解质时要特别注意的是该电解质不应与两个半电池溶液发生化学反应。如果半电池溶液是 $AgNO_3$ 溶液时，盐桥可改用 KNO_3 或 NH_4NO_3。

3）外电路

用一根金属导线把电流计与两个电极连接起来，接通外电路。从电流计的偏向可知氧化还原反应是否进行及电子流动的方向。

2. 原电池的电极种类

原电池的电极主要有以下四种类型。

(1) 金属电极。有金属和所对应的金属离子组成的电极，符号记为 $Zn^{2+} \mid Zn$、$Cu^{2+} \mid Cu$、$Ag^{+} \mid Ag$ 等。其中“|”表示电极与电解质溶液的相界面。

(2) 氧化还原电极。又称为离子型电极，是由同一种金属不同氧化值的离子组成的电极。此类电极需由惰性金属材料和两种氧化值的离子的溶液组成，两种离子为同一相，中间用“,”隔开。符号记为 $Fe^{3+}, Fe^{2+} \mid Pt$、$Sn^{4+}, Sn^{2+} \mid Pt$、$MnO_4^-, Mn^{2+} \mid Pt$ 等。

(3) 非金属电极。由非金属单质及非金属离子组成的电极，因多是气体单质与其离子组成的电极，所以又称为气体电极。通常选择对气体吸附性较强、化学性质稳定的导电材料（Pt、石墨等）做电极。符号记为 $H^+ \mid H_2 \mid Pt$、$OH^- \mid O_2 \mid Pt$、$Cl^- \mid Cl_2 \mid Pt$等。

(4) 金属难溶盐电极。由金属-金属难溶盐组成的电极，如 $AgCl \mid Ag$，$Hg_2Cl_2 \mid Hg$ 等。不过从本质上讲，这类电极还是金属离子及其盐溶液电极，只不过因大量沉淀剂存在，金属离子浓度很小而已。

3. 原电池的符号

原电池的装置可按照一定的规则用符号来表示。按惯例，负极写在左边，正极写在右边，以“‖”表示盐桥，以“|”表示两个相之间的界面。盐桥的两边是半电池组成中的电解质溶液。由于溶液浓度对原电池的电动势有影响，通常在电解质溶液后面以符号(c)表示溶液浓度。例如，Cu-Zn 原电池可表示为

$$(-)Zn \mid Zn^{2+}(c_1) \parallel Cu^{2+}(c_2) \mid Cu(+)$$

同一个 Cu 电极，在 Cu-Zn 原电池中作为正极，这时表示为 $Cu^{2+}(c_2) \mid Cu(+)$。但是在 Ag-Cu 原电池中作为负极，这时表示为$(-)Cu \mid Cu^{2+}(c_2)$。

如果两电对分别是两种不同价态的金属离子和非金属及其离子，电对物质本身不能导电，需引进辅助电极。例如

$$(-)Pt \mid Fe^{2+}(c_1), Fe^{3+}(c_2) \parallel Cl^-(c_3) \mid Cl_2(p_1) \mid Pt(+)$$

Fe^{2+}，Fe^{3+} 均在溶液相中，彼此无界面，只需用逗号分开即可。注意盐桥(‖)两边一定是两种溶液，表示盐桥连接两溶液。电对中的离子要标出浓度，气体要标出分压，因离子浓度或气体分压不同，电极电势不同。

2.1.2 电极电势

原电池作为化学能转变为电能的装置能产生一定的电流，这说明在其正、负极之间存在着电势差。那么电极的电势是如何形成的呢？它与哪些因素有关？电极电势又该如何测定？

1. 双电层理论

1889 年,德国科学家能斯特(Nernst)提出了双电层理论,用来说明产生电极电势的原因和原电池产生电流的机理。

以金属电极为例,当把金属插入其盐溶液时,在金属与其盐溶液的界面上会发生两种不同的过程。一是金属表面的正离子受极性水分子的吸引,有变成溶剂化离子进入溶液而将电子留在金属表面的倾向。金属越活泼,溶液中金属离子浓度越小,上述倾向就越大。二是溶液中的金属离子也有从溶液中沉积到金属表面的倾向。溶液中金属离子浓度越大,金属越不活泼,这种倾向就越大。当溶解与沉积这两个相反过程的速率相等时,即达到动态平衡。

$$\mathrm{M(s)} \underset{\text{沉积}}{\overset{\text{溶解}}{\rightleftharpoons}} \mathrm{M}^{n+}(\mathrm{aq}) + n\mathrm{e}^-$$

如果金属溶解的倾向大于沉积的倾向,则溶入溶液的金属正离子与残留在金属表面的电子相互吸引,形成如图 2.2(a)所示的电极带负电、溶液带正电的双电层结构。如果金属离子沉积的倾向大于金属溶解的倾向,则金属表面带正电,吸引溶液中负离子形成了如图 2.2(b)所示的电极带正电、溶液带负电的双电层结构。

无论形成何种双电层,在金属与其盐溶液之间都产生电势差。这种电势差称为金属电极的平衡电极电势,也称为可逆电极电势,简称电极电势。由于金属的活泼性不同,显然各种金属电极的电极电势是不同的。

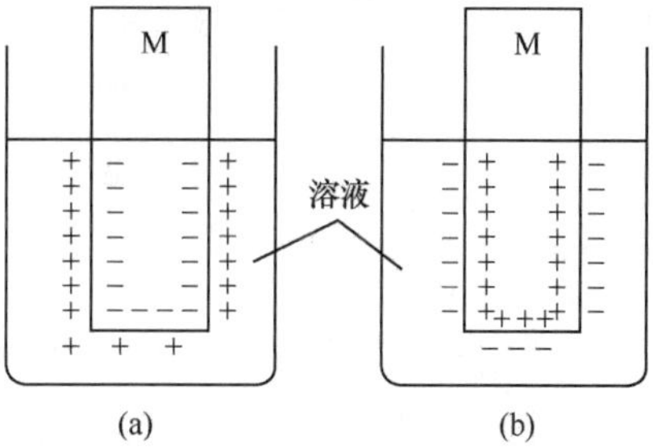

图 2.2　双电层结构示意图

2. 电极电势

电极与溶液形成双电层达到动态平衡时产生的电势差称为电极电势,用符号 $E(\mathrm{M}^{n+}/\mathrm{M})$ 表示。既然电极电势的大小反映了金属得失电子能力的大小,如果能确定电极电势的绝对值,就可以定量地比较金属在溶液中的活泼性。然而迄今为止,人们尚无法测定电极电势的绝对值。因为任何测量仪器的金属导线如果与溶液接通之后,又形成了另一个电极或半电池,其结果,所测得值仍为两个电极所组成的电池的电动势,而不是该电极电势的绝对值。为了对所有电极的电极电势大小做系统的、定量的比较,按照 1953 年国际纯粹和应用化学联合会的建议,采用标准氢电极作为标准电极,规定其电极电势为零,以此来衡量其他电极的电极电势。

1) 标准氢电极

通常选用标准氢电极作为标准参比电极,将其电极电势规定为零(298.15K)。标准氢电极是将镀有一层疏松铂黑的铂片插入氢离子浓度为 1.0mol · L^{-1} 的硫酸溶液中,在 298.15K 时,不断地通入压力为 100kPa 纯氢气流,使铂黑吸附氢气并达到饱和,如图 2.3 所示。被铂黑吸附的 H_2 与溶液中的 H^+ 在 298.15K 时建立如下平衡:

$$2H^+(1mol \cdot L^{-1}) + 2e^- \rightleftharpoons H_2(100kPa)$$

这样，在铂片上吸附的氢气与溶液中的 H^+ 组成电对 H^+/H_2，构成标准氢电极。此时，铂片吸附的氢气与硫酸溶液 H^+ 之间的电极电势称为氢电极的标准电极电势。并规定标准氢电极的电极电势为零，在 E 右上角加“$\ominus$”表示“标准态”，则标准氢电极的电极电势可表示为 $E^\ominus(H^+/H_2)=0.00V$。

2）甘汞电极

在实际测定电极电势的工作中，由于氢电极的制备要求较高，条件不易掌握，而且十分敏感，外界影响因素很大，以致使用时很不方便。因此常采用其他易于制备，使用方便且电极电势稳定的甘汞电极作为参比电极，如图 2.4。

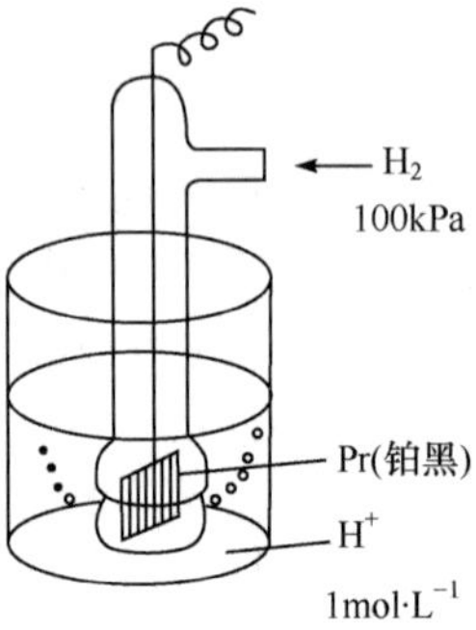

图 2.3　标准氢电极

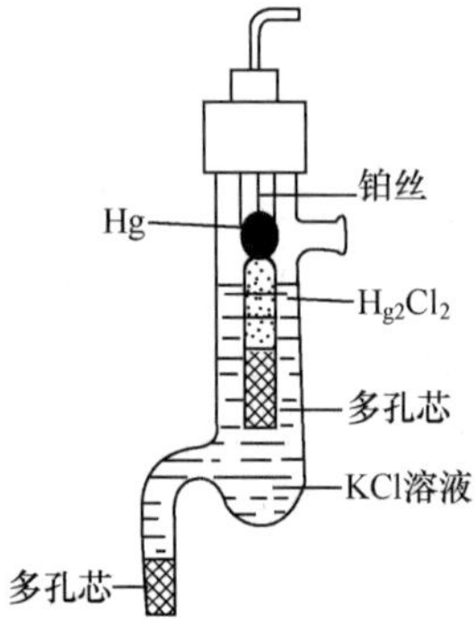

图 2.4　甘汞电极

3）标准电极电势

要测定某电极的标准电极电势，可把该标准态电极与标准氢电极组成原电池，测定该原电池的电动势。由于标准氢电极的电极电势规定为零，通过计算就可确定待测电极的标准电极电势。为了便于比较，必须确定一个电极的标准状态，所谓电极的标准状态是指组成电极的相关离子浓度为 $1mol \cdot L^{-1}$，气体的压力为 100kPa，温度通常取 298.15K。例如，欲测 Zn 电极的标准电极电势，可与标准氢电极组成原电池（图 2.5）：

$$(-)Zn \mid Zn^{2+}(1.0mol \cdot L^{-1}) \parallel H^+(1.0mol \cdot L^{-1}) \mid H_2(100kPa) \mid Pt(+)$$

测定时，通过电流计指针偏转方向，可知电子从 Zn 电极流向氢电极。所以 Zn 电极为负极，氢电极为正极。在 298.15K 时，测得该原电池的标准电动势（$E^\ominus$）为 0.7618V。

$$E^\ominus = E^\ominus(+) - E^\ominus(-) = E^\ominus(H^+/H_2) - E^\ominus(Zn^{2+}/Zn) = 0.7618V$$

因为　$$E^\ominus(H^+/H_2)=0V$$

所以　$$E^\ominus(Zn^{2+}/Zn) = -0.7618V$$

用类似的方法可测得许多电极的标准电极电势，见书后附表 2。此表是按标准电极电势代数值由小到大的顺序排列的。查阅标准电极电势数据时，要与所给条件相符。

4）标准电极电势表

把各氧化还原电对及其对应的 $E^\ominus$ 值按一定顺序排列起来形成的表格称为标准电极

电势表，见附表 2。该表的第一列是氧化还原电对，第二列是电极反应，以还原反应方式表示，即反应物为氧化态，产物为还原态，$M^{n+}+ne^- \rightleftharpoons M$；第三列为标准电极电势值，其数值均为标准氢电极作负极，待测电极为正极时测得（或计算）的电池电动势。有的教材称此表为“标准还原电势表”。

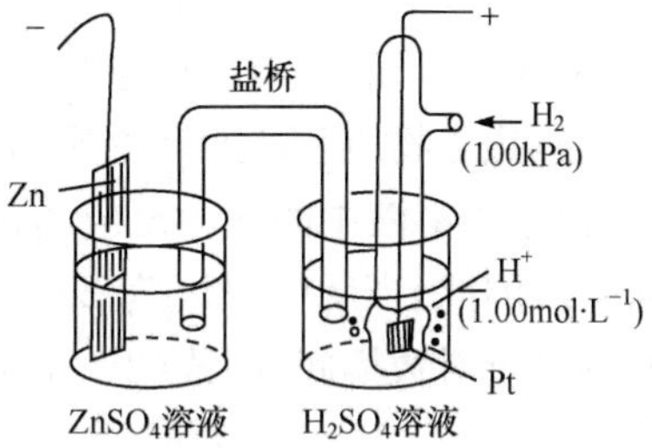

图 2.5　测定标准锌电极电势装置

标准电极电势表在使用中应注意：

只要两个电极的标准电极电势不等，且具有一定的差值，则此两电极即能组成电池，发生氧化还原反应。其方向总是表上端的电极（负极）发生氧化反应，表下端的电极（正极）发还原反应，其电池电动势为下端电极的标准电极电势减去上端电极的标准电极电势。

表中两电对的电极电势数值相差越大，则发生氧化还原反应的趋势越大，电池电动势越高。表中越上边的还原态是越强的还原剂，越下边的氧化态是越强的氧化剂。当然表中给的数据均为标准态的电极电势，若非标准态，还与其离子浓度（更确切是活度）或气体分压有关，但主要还取决于物质本性。

电极电势是强度性质，没有加和性。例如

$$Zn^{2+}+2e^- \rightleftharpoons Zn \qquad E^\ominus=-0.7618V$$

$$1/2Zn^{2+}+e^- \rightleftharpoons 1/2Zn \qquad E^\ominus=-0.7618V$$

$$2Zn^{2+}+4e^- \rightleftharpoons 2Zn \qquad E^\ominus=-0.7618V$$

2.2　电极电势的应用

标准电极电势的代数值是在标准状态下测得的，但实际上许多化学反应并非在标准状态下进行，而且随着反应的进行，溶液的浓度、温度或体系的压力都可能发生变化，这时电极电势的数值也必将随之发生变化。

2.2.1　能斯特方程式

德国科学家能斯特从理论上推导出电池的电动势和电极电势与溶液中离子浓度（或气体分压）、温度的关系。对于一般的化学反应：

$$a\,\text{氧化态}+ne^- \longrightarrow b\,\text{还原态}$$

其电极电势 E 与标准电极电势 $E^\ominus$ 间的关系可用能斯特方程表示为

$$E=E^\ominus+\frac{RT}{nF}\cdot\ln\frac{c(\text{氧化态})^a}{c(\text{还原态})^b} \tag{2-1}$$

式中，E 为电对中离子在某一浓度（气体为某一分压）时的电极电势；$E^\ominus$ 为该电极的标准电极电势；n 为电极反应转移电子的物质的量（mol）；F 为法拉第常量，其值为 96485 $J \cdot V^{-1} \cdot mol^{-1}$；$R$ 为摩尔气体常量，其值为 $8.314J \cdot mol^{-1} \cdot K^{-1}$；$T$ 为热力学温度（K）；c(氧化态)、c(还原态)分别为电对中氧化态物质和还原态物质的浓度（或分压）；a、b 分别为电极反应中氧化态物质和还原态物质的计量系数。

从式中可知，影响电极电势的因素主要有三个：①电极的本性，即标准电极电势 $E^{\ominus}$ 值；②氧化态物质和还原态物质的浓度（或分压）以及溶液的酸度；③反应温度。

由于水溶液中的化学反应通常是在常温下进行的，而且温度对电极电势的影响并不显著，因此，当反应温度为 298.15K 时，将上述三个常数 F、R、T 的值代入式（2-1）中，并进行对数换底，则式（2-1）可简化为

$$E = E^{\ominus} + \frac{0.0592}{n} \cdot \lg \frac{c(\text{氧化态})^a}{c(\text{还原态})^b}$$

在应用能斯特方程式时，应注意以下几点：

(1) 电极反应中各物质的计量系数为其相对浓度或相对分压的指数。

(2) 电极反应中的纯固体或纯液体，不列入能斯特方程式中。

(3) 若在电极反应中有 H^+ 或 OH^- 参加反应，则这些离子的相对浓度应根据反应式计入能斯特方程式中。例如

$$MnO_2(s) + 4H^+(aq) + 2e^- \longrightarrow Mn^{2+}(aq) + 2H_2O$$

$$E(MnO_2/Mn^{2+}) = E^{\ominus}(MnO_2/Mn^{2+}) + \frac{0.0592}{2} \cdot \lg \frac{c(H^+)^4}{c(Mn^{2+})}$$

2.2.2　浓度对电极电势的影响

从能斯特方程可知，对给定电对来讲，E 的大小取决于氧化态物质和还原态物质浓度之比。也就是说，任何能改变 c（氧化态）/c（还原态）比值的途径都可使 E 发生改变。改变离子浓度的途径很多，如配制不同浓度的溶液、加水稀释、加入沉淀剂或配位剂等，因此，浓度对电极电势的影响可表现在以下几个方面。

1. 氧化态物质或还原态物质浓度的改变

【例 2.1】 若 Cu^{2+} 浓度为 0.01mol·L^{-1}，试计算电对 Cu^{2+}/Cu 的电极电势。

解　从附表 2 中查得

$$Cu^{2+}(aq) + 2e^- \longrightarrow Cu(s) \qquad E^{\ominus}(Cu^{2+}/Cu) = 0.3419V$$

$$E(Cu^{2+}/Cu) = E^{\ominus}(Cu^{2+}/Cu) + \frac{0.0592}{2} \cdot \lg c(Cu^{2+})$$

$$= 0.3419 + \frac{0.0592}{2} \cdot \lg(0.01) = 0.2827(V)$$

结果表明，氧化态物质浓度减小时，电极电势的代数值减小，还原态物质的还原性增强，上述电极反应的平衡向左移动。同样，若有还原态物质在该方程式中时，可得出还原态物质浓度减小时，电极电势增加。

2. 稀释溶液改变离子浓度

【例 2.2】 在 298.15K 时，将电极 Pt | Fe^{3+}(1.0mol·L^{-1})，Fe^{2+}(1.0mol·L^{-1})溶液用水稀释

10 倍后，计算电极的电极电势。

解　从附表 2 中查得

$$Fe^{3+}+e^- \longrightarrow Fe^{2+} \qquad E^\ominus(Fe^{3+}/Fe^{2+})=0.771V$$

电极溶液稀释 10 倍后，$c(Fe^{3+})=c(Fe^{2+})=1.0/10=0.1mol \cdot L^{-1}$，代入能斯特方程，得

$$E(Fe^{3+}/Fe^{2+})=E^\ominus(Fe^{3+}/Fe^{2+})+0.0592 \cdot \lg\frac{c(Fe^{3+})}{c(Fe^{2+})}$$

$$=0.771+0.0592\lg\frac{0.1}{0.1}=0.771(V)$$

结果说明，通过稀释电极溶液改变离子浓度，只有当 c(氧化态)/c(还原态)比值发生变化时，其电极电势才能发生相应的变化。对于电极反应 $Fe^{3+}+e^- \longrightarrow Fe^{2+}$，稀释后，$c(Fe^{3+})$和 $c(Fe^{2+})$虽减小，但两者的比值并没有变化，因此，其电极电势基本保持不变。

3. 产生沉淀改变离子浓度

在金属离子溶液中加入相应沉淀剂生成沉淀后，留在溶液中的原金属离子浓度可急剧减小，因此能较多的改变电极的电极电势。

例如，电极反应 $Ag^++e^- \longrightarrow Ag$，$E^\ominus=0.7996V$。向电极溶液中加入 Cl^-，便产生 AgCl 沉淀，留在溶液中的 $c(Ag^+)$急剧减少，可根据 $K_{sp}^\ominus(AgCl)$计算出：

$$c(Ag^+)=K_{sp}^\ominus(AgCl)/c(Cl^-)$$

$$E(Ag^+/Ag)=E^\ominus(Ag^+/Ag)+0.0592\lg c(Ag^+)$$

$$=E^\ominus(Ag^+/Ag)+0.0592[\lg K_{sp}^\ominus(AgCl)/c(Cl^-)]$$

假设达到平衡时，$c(Cl^-)=1.0mol \cdot L^{-1}$，则

$$E(Ag^+/Ag)=E^\ominus(Ag^+/Ag)+0.0592\lg K_{sp}^\ominus(AgCl)$$

$$=0.7996+0.0592\lg 1.77\times10^{-10}$$

$$=0.7996+(-0.5773)=0.2223(V)$$

因 $c(Cl^-)=1.0mol \cdot L^{-1}$，所以计算所得的电极电势就是下列电对的标准电极电势：

$$AgCl(s)+e^- \longrightarrow Ag+Cl^-(aq) \qquad E^\ominus(AgCl/Ag)=0.2223V$$

即电极电势 $E^\ominus(AgCl/Ag)$本质上还是 $E(Ag^+/Ag)$，只是此标准态并非 $c(Ag^+)=1mol \cdot L^{-1}$，而是在 $c(Cl^-)=1.0mol \cdot L^{-1}$时的 $c(Ag^+)$。

4. 酸度对电极电势的影响

如果电极反应中包含 H^+ 或 OH^-，那么，介质的酸度就会对电极电势产生影响。H^+(或 OH^-)离子浓度与电极电势的关系同样可以用能斯特方程表示。例如，重铬酸根在酸性溶液中的电极反应为

$$Cr_2O_7^{2-}+14H^++6e^- \longrightarrow 2Cr^{3+}+7H_2O \qquad E^\ominus=1.36V$$

$$E=E^\ominus(Cr_2O_7^{2-}/Cr^{3+})+\frac{0.0592}{6}\lg\frac{c(Cr_2O_7^{2-})c^{14}(H^+)}{c^2(Cr^{3+})}$$

从上式可见，由于 $c(H^+)$ 的指数是 14，且在不同酸度时 $c(H^+)$ 变化幅度很大，因此介质的酸度对电极电势的影响很大，有时甚至成为控制氧化还原反应方向的决定因素。含氧酸盐和高价金属氧化物的半反应中氧化态一端一般均有 H^+ 参与反应，故这些物质在酸性条件下氧化性强，在中性或碱性时氧化性弱。

【例 2.3】 反应 $MnO_2 + 4HCl \Longrightarrow MnCl_2 + Cl_2(g) + 2H_2O(l)$，在标准状态下，该反应是否可以发生。(2)若 $c(Mn^{2+}) = 1.0 mol \cdot L^{-1}$，$p(Cl_2) = 100kPa$，要使反应发生，HCl 的浓度至少应为多少？已知 $E^\ominus(MnO_2/Mn^{2+}) = 1.23V$，$E^\ominus(Cl_2/Cl^-) = 1.36V$。

解 电极反应为

$$MnO_2(s) + 4H^+(aq) + 2e^- \longrightarrow Mn^{2+}(aq) + 2H_2O(l)$$

$$2Cl^-(aq) - 2e^- \longrightarrow Cl_2(g)$$

(1) 在标准状态下，电动势为

$$E = E^\ominus(MnO_2/Mn^{2+}) - E^\ominus(Cl_2/Cl^-) = 1.23 - 1.36 = -0.13 < 0$$

因此，该反应不能发生。

(2) 要使该反应发生，需使 $E(MnO_2/Mn^{2+}) \geqslant E(Cl_2/Cl^-)$，即

$$E^\ominus(MnO_2/Mn^{2+}) + \frac{0.0592}{2}\lg\frac{c^4(H^+)}{c(Mn^{2+})} \geqslant E^\ominus(Cl_2/Cl^-) + \frac{0.0592}{2}\lg\frac{p(Cl_2)/p^\ominus}{c^2(Cl^-)}$$

设 $c(HCl) = x mol \cdot L^{-1}$ 则

$$E^\ominus(MnO_2/Mn^{2+}) + \frac{0.0592}{2}\lg x^4 \geqslant E^\ominus(Cl_2/Cl^-) + \frac{0.0592}{2}\lg x^{-2}$$

$$\lg x \geqslant [E^\ominus(Cl_2/Cl^-) - E^\ominus(MnO_2/Mn^{2+})] \times \frac{1}{3 \times 0.0592} = (1.36 - 1.23) \times \frac{1}{3 \times 0.0592} = 0.732$$

解得

$$c(HCl) = x \geqslant 5.39 mol \cdot L^{-1}$$

2.2.3 电极电势的应用

电极电势是反映物质性质的一个重要数据，它与氧化还原反应之间的关系极为密切，在电化学中的应用也极为广泛。例如，计算原电池的电动势，判断氧化还原反应进行的方向以及比较氧化剂和还原剂的相对强弱等。

1. 计算原电池的电动势

当电极中的物质均在标准状态时，电池中电极电势代数值大的为正极，代数值小的为负极，原电池的标准电动势为 $E^\ominus = E^\ominus(+) - E^\ominus(-)$；当电极中的物质为非标准状态时，应先用能斯特方程计算出正、负极的电极电势，再由 $E = E(+) - E(-)$ 求算出原电池的电动势。

【例 2.4】 在 298.15K 时，求下列原电池的电动势

$$(-)Ag \mid Ag^+(0.010 mol \cdot L^{-1}) \parallel Fe^{3+}(0.1 mol \cdot L^{-1}), Fe^{2+}(1.0 mol \cdot L^{-1}) \mid Pt(+)$$

解 由所给原电池的符号可知

正极：$Fe^{3+} + e^- \longrightarrow Fe^{2+}$ 还原反应

负极：$Ag - e^- \longrightarrow Ag^+$ 氧化反应

查表得　$E^{\ominus}(Fe^{3+}/Fe^{2+})=0.771V$　　$E^{\ominus}(Ag^{+}/Ag)=0.7996V$

$$E(Fe^{3+}/Fe^{2+})=E^{\ominus}(Fe^{3+}/Fe^{2+})+0.0592\cdot\lg\frac{c(Fe^{3+})}{c(Fe^{2+})}$$
$$=0.771+0.0592\cdot\lg(0.1/1.0)$$
$$=0.7118(V)$$
$$E(Ag^{+}/Ag)=E^{\ominus}(Ag^{+}/Ag)+0.0592\cdot\lg c(Ag^{+})$$
$$=0.7996+0.0592\cdot\lg(0.010)$$
$$=0.6812(V)$$

则　$$E=E(+)-E(-)=0.7118-0.6812=0.0306(V)$$

2. 判断氧化还原反应进行的方向

电池在等温、等压下可逆放电，所做的最大电功 W 等于电池电动势 E 与所通过的电量 Q 的乘积。当电池反应中得失电子物质的量为 n 时，则通过全电路的电量 $Q=nF$，F 为法拉第常量。

$$W=nFE$$

在等温、等压下，电池反应发生过程中，吉布斯自由能(G)的降低等于该电池所做的最大电功，即

$$-\Delta G=W$$

故有

$$\Delta G=-nFE=-nF[E(+)-E(-)] \tag{2-2}$$

由于吉布斯自由能变 ΔG 是判断化学反应自发性的判据。

$\Delta G<0$ 过程自发；

$\Delta G>0$ 过程非自发。

可知，当 $E=E(+)-E(-)>0$ 时，反应自发进行；当 $E=E(+)-E(-)<0$ 时，反应非自发进行。

【例 2.5】 当 $c(Pb^{2+})=0.010mol\cdot L^{-1}$，$c(Sn^{2+})=0.50mol\cdot L^{-1}$时，下述反应能否自发进行？

$$Sn(s)+Pb^{2+}(aq)\longrightarrow Sn^{2+}(aq)+Pb(s)$$

解　从上述反应方程式可知，Sn 是还原剂，可作负极，Pb^{2+} 是氧化剂，可作正极。

查表得：$E^{\ominus}(Pb^{2+}/Pb)=-0.1262V$，$E^{\ominus}(Sn^{2+}/Sn)=-0.1375V$。

$$E(+)=E(Pb^{2+}/Pb)=E^{\ominus}(Pb^{2+}/Pb)+\frac{0.0592}{2}\lg c(Pb^{2+})$$
$$=-0.1262+\frac{0.0592}{2}\lg 0.010$$
$$=-0.1854(V)$$
$$E(-)=E(Sn^{2+}/Sn)=E^{\ominus}(Sn^{2+}/Sn)+\frac{0.0592}{2}\lg c(Sn^{2+})$$
$$=-0.1375+\frac{0.0592}{2}\lg 0.50$$
$$=-0.1464(V)$$

$$E=E(+)-E(-)=-0.1854-(-0.1464)=-0.039\text{V}<0$$

因此，上述反应为非自发反应。相反，其逆反应是自发反应。

3. 比较氧化剂和还原剂的相对强弱

电极电势代数值的大小，反映了电对中氧化态和还原态物质得失电子的倾向，即它们氧化还原能力的强弱。一般来说，标准电极电势 $E^\ominus$ 的代数值越大，电对中的氧化态物质越易得到电子，是越强的氧化剂；对应的还原态物质越难失去电子，是越弱的还原剂。反之，标准电极电势 $E^\ominus$ 的代数值越小，该电对中的还原态物质越易失去电子，是越强的还原剂；对应的氧化态物质越难得到电子，是越弱的氧化剂。

【例 2.6】 在标准状态时，下列电对中，哪种是最强的氧化剂？哪种是最强的还原剂？列出各氧化态物质氧化能力和各还原态物质还原能力的强弱次序。

$$MnO_4^-/Mn^{2+} \qquad Fe^{3+}/Fe^{2+} \qquad I_2/I^-$$

解 查表得各电对的 $E^\ominus$ 值分别为

$$E^\ominus(MnO_4^-/Mn^{2+})=1.507\text{V}, E^\ominus(Fe^{3+}/Fe^{2+})=0.771\text{V}, E^\ominus(I_2/I^-)=0.5355\text{V}$$

比较可知，$E^\ominus(MnO_4^-/Mn^{2+})$的代数值最大，$E^\ominus(I_2/I^-)$的代数值最小，故 MnO_4^- 是最强的氧化剂，I^- 是最强的还原剂。

各氧化态物质氧化能力由强到弱的次序为

$$MnO_4^- > Fe^{3+} > I_2$$

各还原态物质还原能力由强到弱的次序为

$$I^- > Fe^{2+} > Mn^{2+}$$

4. 判断氧化还原反应进行的程度

氧化还原反应进行的程度可用它的标准平衡常数的大小来衡量。$K^\ominus$ 值越大，反应进行越完全。氧化还原反应的平衡常数 $K^\ominus$ 可有组成原电池的标准电动势求得。

已知，$\Delta_r G_m^\ominus=-nFE^\ominus$；$\Delta_r G_m^\ominus=-2.303RT\cdot \lg K^\ominus$。所以

$$-nFE^\ominus=-2.303RT\cdot \lg K^\ominus$$

$$\lg K^\ominus=nFE^\ominus/(2.303RT)$$

当 $T=298.15\text{K}, F=96485\text{J}\cdot\text{V}^{-1}\cdot\text{mol}^{-1}, R=8.314\text{J}\cdot\text{mol}^{-1}\cdot\text{K}^{-1}$时，有

$$\lg K^\ominus=\frac{nE^\ominus}{0.0592} \tag{2-3}$$

从式(2-3)可以看出，在 298.15K 时氧化还原反应的标准平衡常数只与标准电动势有关，而与反应物质的起始浓度（或分压）无关。也就是说，只要知道氧化还原反应所组成的原电池的标准电动势，就可以确定氧化还原反应可能进行的最大限度。

2.3 化学电源

将氧化还原反应释放出来的能量转化成电能的装置称为化学电源，如干电池、铅蓄

电池、氢氧燃料电池等。由于化学电源具有能量转化效率高、性能稳定、工作无噪声、携带方便、工作范围广等优点而被广泛使用。化学电源按其使用特点可分为三大类，即一次电池、二次电池和燃料电池。

2.3.1　一次电池

一次电池也称干电池，属于化学电池。电池中的活性物质用完后，电池即失去效用而不能用简单的方法再生。例如，铜锌电池、锌锰电池、锌汞电池、锂电池等均属于一次电池。

1. 锌锰电池

锌锰电池是民用的主要干电池。其负极是锌皮，正极是插在电池中心的石墨棒和MnO_2，电解液以NH_4Cl为主(也有$ZnCl_2$或者用苛性碱作电解液的)，见图2.6。例如

$$(-)Zn \mid NH_4Cl, ZnCl_2 \mid MnO_2, C(+)$$

负极反应　$Zn - 2e^- \longrightarrow Zn^{2+}$

正极反应　$2MnO_2 + 2NH_4^+ + 2e^- \longrightarrow 2MnO(OH) + 2NH_3$

电池反应　$Zn + 2MnO_2 + 2NH_4^+ \longrightarrow 2MnO(OH) + [Zn(NH_3)_2]^{2+}$

该电池的正常电动势范围在1.45～1.50V，在有效放电期间电压比较稳定。但在低温下放电性能较差。它的优点是携带方便，一般用于普通手电筒和小型器械。缺点是由于其不可逆性，使用时间有限。

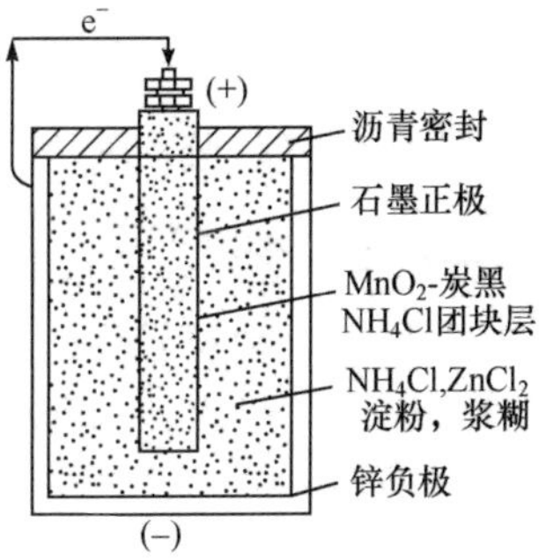

图2.6　锌锰电池

2. 锌汞电池

锌汞电池属于较新型的干电池，电池符号可表示为

$$(-)Zn(s), ZnO(s) \mid KOH(c) \mid HgO(s), Hg(+)$$

负极反应　$Zn + 2OH^- - 2e^- \longrightarrow Zn(OH)_2$

正极反应　$HgO + H_2O + 2e^- \longrightarrow Hg + 2OH^-$

电池反应　$HgO + Zn + H_2O \longrightarrow Zn(OH)_2 + Hg$

锌汞电池的电动势约为1.35V，其成本较高，但可做成体积很小的纽扣电池，适用于需小体积、大容量电池的场所，如计算器，助听器和照相机等。由于汞的毒性较强，污染环境，该类电池已很少使用。

2.3.2　二次电池

二次电池又称蓄电池。电池中的活性物质经过反应后，可以用简单的方法(如通常以反方向的电流充电)使其再生，恢复到放电前的状态，因此电池可以反复使用。常见的有铅酸蓄电池、碱性镉镍蓄电池、银锌蓄电池等。

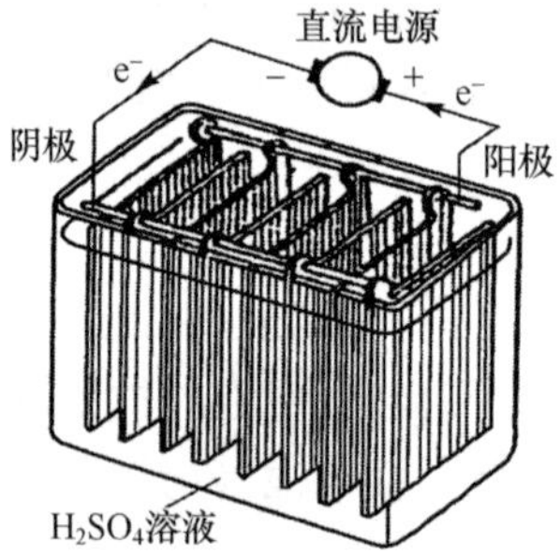

图 2.7 铅酸蓄电池

1. 铅酸蓄电池

通常在汽车、轮船和助动车上使用的电源是铅酸蓄电池，是用量最大，应用最广的一种二次电池。铅酸蓄电池的构造是用含锑 5%～8%的 Pb-Sb 合金铸成栅状极板，在栅板上填满海绵状金属铅作负极，二氧化铅板作正极，正、负极交替排列，然后浸泡在质量分数为 27%～39%的稀硫酸溶液中而构成的，见图 2.7。

电池符号 $(-)Pb \mid H_2SO_4 \mid PbO_2, Pb(+)$

负极反应 $Pb(s) + SO_4^{2-} - 2e^- \longrightarrow PbSO_4$

正极反应 $PbO_2 + SO_4^{2-} + 4H^+ + 2e^- \longrightarrow PbSO_4 + 2H_2O$

电池总反应 $Pb(s) + PbO_2 + 2H_2SO_4 \longrightarrow 2PbSO_4 + 2H_2O$

正常铅酸蓄电池中电解质硫酸的密度一般在 1.25～1.30g · cm^{-3}，理论电压为 2V，电池放电电压降至 1.8V 时，应该停止放电并进行充电，充电反应是放电反应的逆反应。

铅酸蓄电池的优点是价格便宜，使用后电压降低时，还可在不改变物料、装置的条件下进行充电，并可反复使用。缺点是笨重、抗震性差，而且浓硫酸有强腐蚀性。

2. 银锌蓄电池

银锌蓄电池是一种新型的高能蓄电池，它以氧化银为正极，锌为负极，KOH 溶液为电解液，其电池符号为

$$(-)Zn \mid KOH(w=40\%) \mid Ag_2O, Ag(+)$$

负极反应 $Zn + 2OH^- - 2e^- \longrightarrow Zn(OH)_2$

正极反应 $Ag_2O + H_2O + 2e^- \longrightarrow 2Ag + 2OH^-$

电池反应 $Zn + Ag_2O + H_2O \longrightarrow 2Ag + Zn(OH)_2$

银锌蓄电池具有质量轻，体积小，能量大，电流放电长等优点。因此，可作为人造卫星、火箭、潜水艇等的化学电源，充、放电次数可达 100～150 次循环。其缺点是价格昂贵，使用寿命较短(图 2.8)。

2.3.3 燃料电池

燃料电池是一种将燃料的化学能直接转换为电能的装置。燃料电池由燃料(氢、甲烷、肼、烃等)、氧化剂(氧气、氯气等)、电极和电解质溶液组成。燃料电池是引人注目的一种新型电池，它的种类很多，目前研制得比较成功的是氢氧燃料电池。正、负电极用多孔活性炭作为电极导体，负极吸附氢气(燃料)，正极吸附氧气(氧化剂)，氢氧化钾溶液作电解质溶液。燃料(氢气)连续输入负极，空气或氧气同时输入正极，发生氧化还原反应，从而实现化学能向电能的转换(图 2.9)。

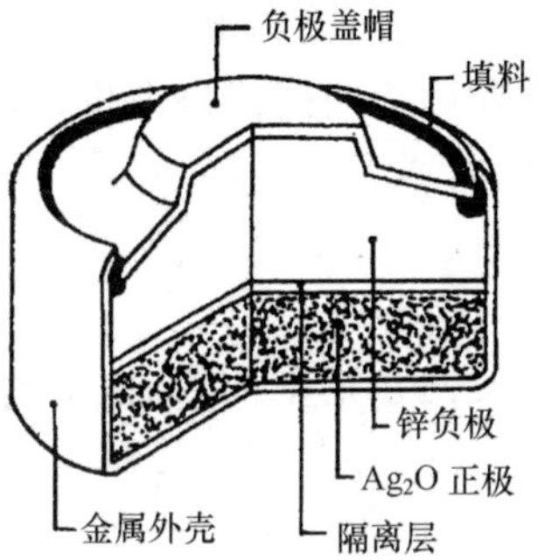

图 2.8　银锌蓄电池

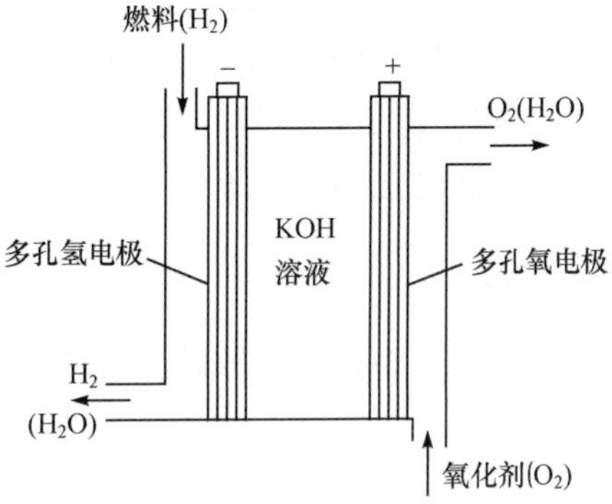

图 2.9　氢氧燃料电池

氢气燃料电池的电池符号为

$$(-)C,H_2 \mid KOH(w=35\%) \mid O_2,C(+)$$

负极反应　$2H_2+4OH^- -4e^- \longrightarrow 4H_2O$

正极反应　$O_2+2H_2O+4e^- \longrightarrow 4OH^-$

电池总反应　$2H_2+O_2 \longrightarrow 2H_2O$

燃料电池最大的优点是能量转换效率很高。其能量利用率可达 80%以上，甚至可接近 100%，而我们熟知的柴油机的能量利用率不超过 40%。另外，燃料电池对大气无污染，电池的容量要比一般化学电源大得多，可以实现大功率供电。从燃料电池的发展来讲，目前已从磷酸型的第一代燃料电池发展到熔融碳酸盐型的第二代和固体电解质型的第三代燃料电池，并正向高温固体电解质的第四代燃料电池开拓。尽管燃料电池的成本很高，至今未能普遍使用，但随着科学技术的发展，其应用的前景将十分广阔。

2.3.4　绿色电池

除燃料电池外，其他新型电池有些已有较大规模的应用，如锂离子电池。有些目前还在深入研究，如钠硫电池、锂-空气电池和全钒液流电池等。这些新型电池与铅蓄电池相比，具有质量轻，体积小、储存能量大以及无污染等优点，称为新一代无污染的绿色电池。

1. 锂离子电池

锂离子电池的负极是由嵌入锂离子的石墨层组成，正极由 $LiCoO_2$ 组成。锂离子电池在充电或放电情况下，使锂离子往返于正、负极之间。外界输入电能(充电)，锂离子由能量较低的正极材料“强迫”迁移到石墨材料的负极层间而形成高能态；进行放电时，锂离子由能量较高的负极材料间脱出，迁回能量较低的正极材料层间，同时通过外电路释放电能。图 2.10 为锂离子电池充电放电示意图，锂离子电池的反应如下：

正极反应　$xLi^+ +Li_{1-x}CoO_2+xe^- \longrightarrow LiCoO_2$

负极反应　$Li_xC_6 \longrightarrow xLi^+ +6C+xe^-$

电池总反应 $Li_xC_6+Li_{1-x}CoO_2 = LiCoO_2+6C$

锂离子电池具有显著的优点：体积小，比能量高，单电池的输出电压高达 4.2V；在 60℃左右的高温条件下仍能保持很好的电性能。它主要用于便携式摄像机、液晶电视机、移动电话机和笔记本电脑等。

2. 钠硫电池

钠硫电池以 β-Al_2O_3 多晶陶瓷作固体电解质，如图 2.11 所示。钠硫电池的反应式如下：

正极反应 $2Na^+ + 2e^- \longrightarrow 2Na$

负极反应 $S_5^{2-} + xS \longrightarrow (x+5)S + 2e^-$

电池总反应 $Na_2S_5 + xS = 2Na + (x+5)S$

钠硫电池作为一种新型高能密度的电池，具有相当高的比能量，是常用的铅蓄电池的 2～3 倍；钠硫电池的优点是结构简单，工作温度低，电池的原材料来源丰富。在车辆驱动和电站储能方面展现了钠硫电池的广阔应用前景。

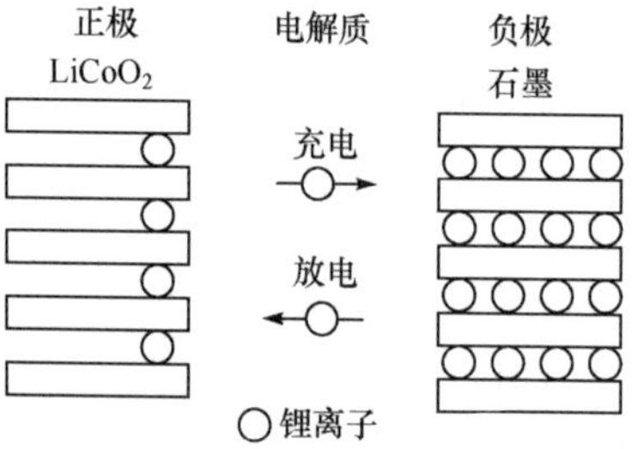

图 2.10 锂离子电池充电放电示意图

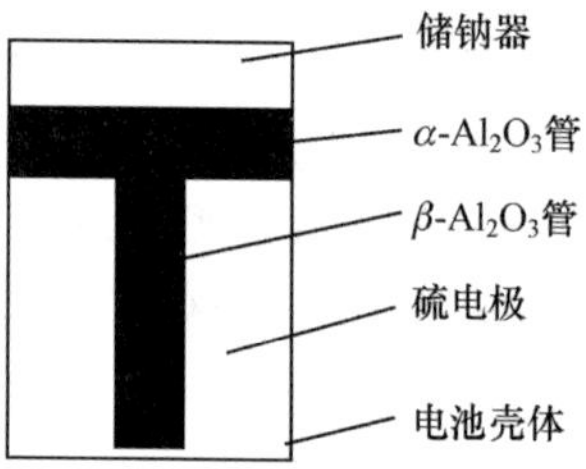

图 2.11 钠硫电池的示意图

2.4 电 解 技 术

一个自发进行的氧化还原反应可以组成原电池产生电流，从而实现化学能到电能的转变。相反，也可以用电流促使一个非自发进行的氧化还原反应（$\Delta_r G_m > 0$）得以进行，完成电能到化学能的转变，实现这种转变的过程就是电解。

2.4.1 电解原理

电解是直流电通过电解液（电解质的溶液或熔融液）而在电极上发生氧化还原反应的化学变化。这种借助于电流引起氧化还原反应的装置，也就是将电能转变为化学能的装置称为电解池。

电解池由电极、电解质溶液和电源组成，电极以导线和直流电源相接。电解池中的两极习惯上称阴极和阳极，与电源负极相连接的电极称为阴极，与电源正极相连接的电极称为阳极。通电时，电子从直流电源的负极沿导线流至电解池的阴极；同时，电子又从电解池的阳极离开，沿导线流回电源的正极。这样在阴极上电子过剩，在阳极上电子缺少。因此，电解质溶液中的正离子移向阴极，从阴极上得到电子，发生还原反应；负离子移向阳极，在阳极上给出电子，发生氧化反应。离子在相应电极上得失电子的过程均称放电。

例如，用金属 Pt 做电极，电解 0.10mol · L^{-1} NaOH(图 2.12)时，H^+ 移向阴极，在阴极上和电子结合进行还原反应而放电生成氢气；OH^- 移向阳极，在阳极上进行氧化反应而放电生成氧气。因此，在电解 NaOH 溶液时，其电解反应可表示为

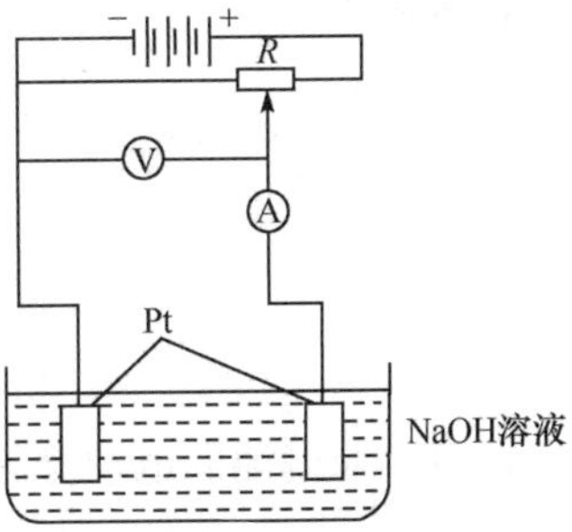

图 2.12　电解 NaOH 溶液

阴极　　$4H^+ + 4e^- = 2H_2\uparrow$

或　　$4H_2O + 4e^- = 2H_2\uparrow + 4OH^-$

阳极　　$4OH^- = 2H_2O + O_2\uparrow + 4e^-$

或　　$2H_2O = O_2\uparrow + 4H^+ + 4e^-$

总反应方程式　　$2H_2O = 2H_2\uparrow + O_2\uparrow$

通过上述电解反应，必然会想到，在电解过程中，实际需要外加电场的电压是多少伏？阴极产物为什么是氢气而不是钠？是否是先由 Na^+ 放电产生 Na，然后再与水作用产生氢气？在下面的讨论中将解决这些问题。

2.4.2　电解电压

电解一个给定的电解质水溶液，外加多大电压才能使电极反应可以顺利进行呢？当电解给定的电解质溶液时，如果逐渐增加电解池的外加电压，最初电压增加，电流增加不大；直到电压增加到一定数值，电流才剧烈地增加(图 2.13)，从而使电解得以顺利进行。电解能顺利进行所必需的最小电压称为实际电解电压，简称电解电压(图 2.13中的 D)。现仍以金属 Pt 作电极，电解 0.10mol · L^{-1}NaOH 溶液为例来说明电解电压产生的原因。

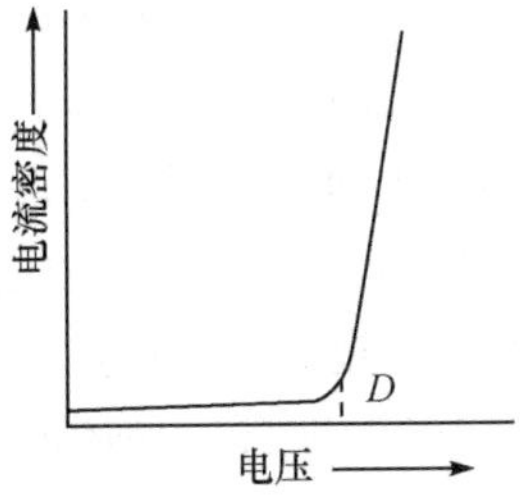

图 2.13　分解电压

电解时，在阴极析出氢气，在阳极析出氧气，而有部分的氢和氧分别吸附在两个 Pt 电极表面，使两个 Pt 电极变成了氢电极和氧电极，从而形成了一个氢氧原电池。

$$(-)Pt \mid H_2 \mid NaOH(0.10mol\cdot L^{-1}) \mid O_2 \mid Pt(+)$$

它的电动势是正极(氧电极)和负极(氢电极)电极电势之差，其数值可以计算如下：在 0.10mol · L^{-1}NaOH 溶液中，$c(OH^-) = 0.10mol\cdot L^{-1}$，$c(H^+) = 1.0\times10^{-13} mol\cdot L^{-1}$，假设 $p(O_2) = p(H_2) = 100kPa$，已知 $E^\ominus(O_2/OH^-) = 0.401V$。

正极反应　　$O_2 + 2H_2O + 4e^- = 4OH^-$

$$E(O_2/OH^-) = E^\ominus(O_2/OH^-) + \frac{0.0592}{n}\lg\frac{[p(O_2/p^\ominus]}{c^4(OH^-)}$$

$$= 0.401 + \frac{0.0592}{4}\lg\frac{1}{(0.10)^4}$$

$$= 0.46(V)$$

负极反应 $$2H_2 = 4H^+ + 4e^-$$

$$E(H^+/H_2) = E^{\ominus}(H^+/H_2) + \frac{0.0592}{n}\lg\frac{c^4(H^+)}{[p(H_2)/p^{\ominus}]^2}$$

$$= 0 + \frac{0.0592}{4}\lg(10^{-13})^4$$

$$= -0.77V$$

此氢氧原电池的电动势为

$$E = E(\text{正极}) - E(\text{负极}) = E(O_2/OH^-) - E(H^+/H_2)$$

$$= -0.46 - (-0.77) = 1.23(V)$$

因为 $E>0$,所以有电流产生,其方向恰好与外加电源输入的电流相反,从而阻止了电解的进行。从理论上讲,外加电压只要稍大于此电动势时,电解就应该能进行。

从上述例子可以看出,电解电压是由于电解产物在电极上形成原电池,产生反向电动势而引起的。此电动势也称为理论电解电压。但实际上,所需外加电压总是比理论电解电压大。如电解 0.10mol · L^{-1}NaOH 溶液,外加电压必须加大到 1.70V 左右(实际分解电压),才能使电解顺利进行。

通常,实际电解电压总是大于理论电解电压,这二者的差值就称为超电势(η)。

$$\eta = E(\text{实际}) - E(\text{理论})$$

2.4.3 电解产物

电解熔融盐时,电解产物的判断比较简单。但是在电解质溶液中,除了电解质的正、负离子外,还有由水解离出来的 H^+ 和 OH^-。因此,在阴极上可能放电的正离子有两种,通常是金属离子和 H^+;在阳极上可能放电的负离子也有两种,通常是酸根离子和 OH^-。究竟是哪一种离子先放电,需要对它们的标准电极电势、溶液中的离子浓度、电极材料等因素进行综合考虑后才能确定。通过前面的介绍我们知道,在阳极上进行的是氧化反应,因此先放电的必定是最容易给出电子的物质;在阴极上进行的是还原反应,先放电的必定是最容易与电子结合的物质。即在阳极上放电的是电极电势代数值小的电对中的还原物质;而在阴极上放电的是电极电势代数值大的电对中的氧化态物质。

虽然影响电解产物的因素很多,而且相当复杂,有时产物只能通过实验确定,但是通常还是可以得出以下几条规律:

(1) 用石墨或铂做电极,电解卤化物、硫化物的溶液时,在阳极上一般得到卤素、硫;电解在金属活动顺序表中位于氢后面的金属盐溶液时,在阴极上一般得到相应的金属。例如,电解 $CuCl_2$ 溶液,阳极上析出的是 Cl_2,而阴极上析出的是 Cu。

(2) 用石墨或铂做电极,电解含氧酸或含氧酸盐溶液时,在阳极上一般得到 O_2 (OH^- 放电);电解活泼金属盐溶液时,在阴极上一般得到 H_2(H^+ 放电)。例如,电解 Na_2SO_4 溶液就是如此。

(3) 电解在金属活动顺序表中位于氢前面而离氢又不太远的金属(如 Zn、Ni、Pb

等)的盐溶液时，在阴极上一般总是得到相应的金属，而用一般金属做阳极进行电解时，一般是阳极溶解。

【例 2.7】 用铜作电极，电解 $CuSO_4$ 水溶液，试指出两电极上的电解产物。

解 $CuSO_4$ 水溶液中同时存在着四种离子，即 Cu^{2+}、SO_4^{2-}、H^+、OH^-。

通电后，Cu^{2+}、H^+ 移向阴极，查表得

$$E^{\ominus}(Cu^{2+}/Cu)=0.3419V \qquad E^{\ominus}(H^+/H_2)=0.00V$$

因为 $E^{\ominus}(Cu^{2+}/Cu)>E^{\ominus}(H^+/H_2)$，$c(Cu^{2+})>c(H^+)$，所以 Cu^{2+} 在阴极得电子析出 Cu，电极反应为

$$Cu^{2+}+2e^- \longrightarrow Cu$$

溶液中的 SO_4^{2-}、OH^- 向阳极移动，除这两种离子在阳极可能发生放电外，铜电极也可能发生氧化反应。查附录得

$$E^{\ominus}(Cu^{2+}/Cu)=0.3419V \qquad E^{\ominus}(O_2/OH^-)=0.401V$$

其中 $E^{\ominus}$代数值小的还原物质为 Cu，首先在阳极失去电子，转变为 Cu^{2+}，发生阳极溶解。即

$$Cu-2e^- \longrightarrow Cu^{2+}$$

总反应为

$$Cu(阳极) \longrightarrow Cu(阴极)$$

2.4.4　电解食盐水

氯化钠在水溶液中以离子的形式存在：

$$NaCl \rightleftharpoons Na^+ + Cl^-$$

水中存在以下平衡：

$$H_2O \rightleftharpoons H^+ + OH^-$$

在外电场作用下 Na^+、H^+ 向阴极移动，Cl^-、OH^- 向阳极移动，由于 Cl^- 的放电在阳极产生 Cl_2，H^+ 的放电在阴极产生 H_2，溶液中的 OH^- 和 Na^+ 结合，生成氢氧化钠。

电解过程的主要反应：

(1) 在阳极(石墨或金属阳极)上发生氧化反应，即

$$2Cl^- - 2e^- \longrightarrow Cl_2\uparrow$$

(2) 在阴极(如铁阴极)上发生还原反应，即

$$2H^+ + 2e^- \longrightarrow H_2\uparrow$$

(3) 总反应为

$$2NaCl + H_2O = Cl_2\uparrow + NaOH + H_2\uparrow$$

2.4.5　电化学技术

电解的应用范围很广，如电解水和氯碱工业、湿法电冶金、电解氧化制取化工产品等；在机械工业和电子工业中广泛应用电解进行机械加工和表面处理；此外，还有电解抛光、阳极氧化等。

1. 电镀

为了防止金属腐蚀，使金属表面美观，增加金属表面的硬度、导电性等，常利用电解原理在金属表面镀上一层其他金属或合金，这种方法称为电镀。

电镀时，把被镀物件与直流电源的负极相连接，成为阴极，而电镀层金属与直流电源的正极相连，成为阳极，用含镀层金属的盐溶液作为电解液(另加一些辅助试剂以改善镀层质量)。当有电流通过时(控制一定的电压和电流密度)，阳极金属发生氧化反应，以离子状态逐渐溶解进入电镀液；电镀液中的金属离子在阴极(被镀工件)表面发生还原反应，从而沉积上一层要镀的金属(图 2.14)。

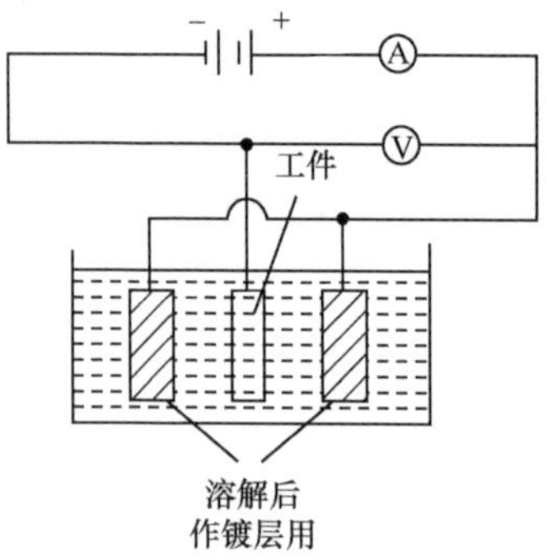

图 2.14　电镀装置示意图

例如，铁制金属零件镀锌，阳极用金属锌，阴极用洁净的铁制金属零件，电解液为氯化锌溶液(另加一些辅助试剂)。通电后，阳极金属锌溶解为 Zn^{2+} 而进入溶液；在阴极，电镀液中的 Zn^{2+} 得到电子成为金属锌而不断在零件表面析出。这样，铁制金属零件表面就镀上了一层金属锌。

电镀的全过程一般分为三部分：镀前表面处理、电镀、镀层的后处理。

镀前表面处理是把附着在金属零件表面的污物清理干净，污物通常是油脂和金属氧化物。油脂一般可用碱除去，金属氧化物一般用盐酸(或稀硫酸)除去。如果污物不彻底除净，镀层与基底金属结合不牢，易脱落。

经过除油、除金属氧化物后，表面洁净的金属零件即可进行电镀。电镀质量的好坏与电镀液的组成、电流密度、电压、温度等因素有关。

金属制件电镀后，有时需要经过钝化或机械抛光处理，方可得到云白色或彩色的钝化膜，这样可大大提高镀层的抗腐蚀性和增加表面美观。

2. 电解抛光

电解抛光是应用电解原理对金属表面进行精加工的过程。电解抛光时，待抛光的工件作为阳极，用铅板作为阴极，含磷酸、硫酸和铬酐(CrO_3)的溶液作电解液。如果工件是钢铁制件，则电解时做阳极的工件被氧化而逐渐溶解。

阳极反应　　$Fe - 2e^- \xlongequal{} Fe^{2+}$

然后 Fe^{2+} 与溶液中的 $Cr_2O_7^{2-}$(铬酐 CrO_3 在酸性溶液中与水作用而成)，发生氧化还原反应：

$$6Fe^{2+} + Cr_2O_7^{2-} + 14H^+ \xlongequal{} 6Fe^{3+} + 2Cr^{3+} + 7H_2O$$

阴极反应　　$2H^+ + 2e^- \xlongequal{} H_2$

$$Cr_2O_7^{2-} + 3H_2 + 8H^+ \xlongequal{} 2Cr^{3+} + 7H_2O$$

阳极生成的 Fe^{3+} 和电解液中的 H_3PO_4、H_2SO_4 等作用生成磷酸盐和硫酸盐：

$$2Fe^{3+}+3HPO_4^{2-} = Fe_2(HPO_4)_3$$
$$2Fe^{3+}+3SO_4^{2-} = Fe_2(SO_4)_3$$

这样使阳极附近盐的浓度不断增加，在工件表面覆盖一层由磷酸盐和硫酸盐形成的黏性薄膜。这层薄膜的导电性差，它在金属凹凸不平的表面上分布也不均匀。凸出部分电流密度大，金属溶解快；凹入部分电流密度小，金属溶解慢。从而使粗糙不平的表面平整而光亮(图 2.15)。

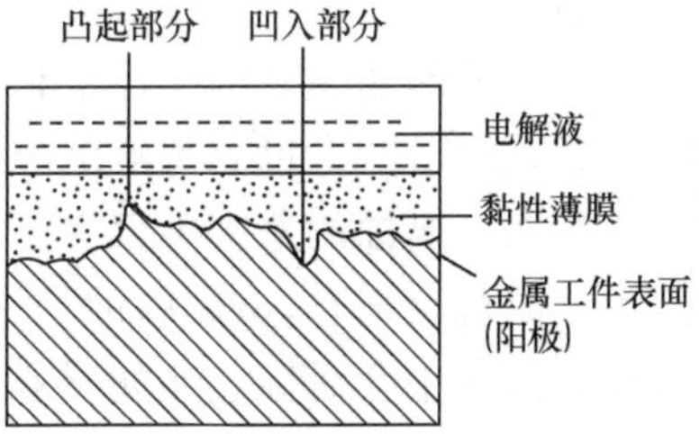

图 2.15　电解抛光形成薄膜示意图

3. 电解加工

电解加工是在电解抛光的基础上发展起来的，它的基本原理与电解抛光相同。电解抛光时阳极工件与阴极制件的距离较大(100mm)，两极间的电解液不流动，通过的电流密度较小，金属溶解速度慢，只能使金属工件表面平整，不能使工件改变原来的形状。电解加工按图 2.16 进行。加工时，工件接直流电源的正极而成为阳极，工件接直流电源负极而成为阴极，两电极间相距 0.1～1mm，两极间隙内充满电解液。接通电源后，阳极工件被逐渐溶解，阴极工件上则有氢气析出。电解加工过程中，工件向工件慢慢给进，具有一定压力的电解液从间隙中流过，把电解产物冲走。图 2.17 为电解加工成型示意图，图中的细竖线表示通过阴极和阳极的电流，竖线的疏密程度表示电流密度的大小。在电解刚开始时，阴极和阳极距离较近(间隙小)的地方通过的电流密度较大，电解液的流速高，工件的溶解速度也较快[图 2.17(a)]。随着阴极工件向阳极工件的给进，工件表面就不断被溶解，电解产物不断被电解液冲走，直至工件表面形成和阴极工作的工件面基本相似的形状[图 2.17(b)]。

电解加工和其他加工方法相比，具有加工范围广，不受金属材料本身的硬度和强度的限制，生产效率高，表面光洁度好等优点。目前正得到越来越多的应用。

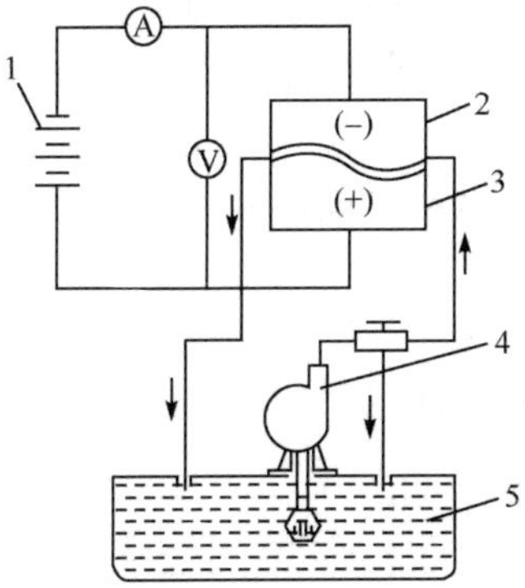

图 2.16　电解加工示意图

1. 直流电源；2. 工件阴极；3. 工件阳极；4. 电解液泵；5. 电解液

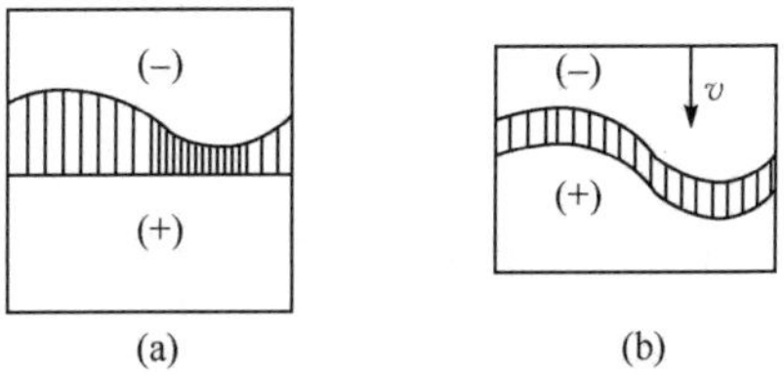

图 2.17　电解加工成型示意图

2.5 金属的腐蚀与防护

当金属和周围的介质接触时，由于发生化学作用或电化学作用而引起的破坏称为金属的腐蚀。

金属腐蚀问题遍及国民经济和国防建设的各个部门，大量的金属构件和装备因腐蚀而报废，据统计，全世界每年由于腐蚀而报废的金属设备和材料，相当于金属产量的20％～30％。腐蚀的危害不仅在于金属本身受损失，更重要的是金属结构遭受破坏。从热力学的观点来看，金属腐蚀是一种自发的趋势，如钢铁在潮湿的空气中会生锈、轮船外壳在海水中会锈蚀。又如，热电厂中锅炉的损坏、地下金属管道的穿孔、化工厂中各种金属容器的损坏、轧钢及金属热处理时氧化层的形成等，都是自发进行的金属腐蚀的例子。

2.5.1 电化学腐蚀

根据金属腐蚀过程的特点不同，金属腐蚀可以分为化学腐蚀和电化学腐蚀两大类。这里我们主要讨论电化学腐蚀。

当金属与电解质溶液接触时，由于发生电化学作用（产生原电池）而引起的腐蚀称为电化学腐蚀。这种金属腐蚀过程中形成的原电池称为腐蚀电池。在腐蚀电池中，把发生氧化反应的电极称为阳极（腐蚀电池的负极），发生还原反应的电极称为阴极（腐蚀电池的正极）。

在电化学腐蚀中，由于阴极反应不同，又分为析氢腐蚀和吸氧腐蚀两大类。

1. 析氢腐蚀

析氢腐蚀通常发生在酸性介质中。在含有较多 CO_2、SO_2 等酸性气体的潮湿空气中，或一些酸化过程中，若介质中 H^+ 浓度较大，就可能发生析氢腐蚀。在这种腐蚀电池中，金属铁成为阳极；钢铁中含有的硅、石墨、Fe_3C 等杂质电极电势大，在介质中成为阴极，他们构成了腐蚀电池，其反应如下：

阳极 $Fe = Fe^{2+} + 2e^-$（铁被腐蚀）

阴极 $2H^+ + 2e^- = H_2\uparrow$

总反应式 $Fe + 2H^+ = Fe^{2+} + H_2\uparrow$

或 $Fe + 2H_2O = Fe(OH)_2 + H_2\uparrow$

由于这类腐蚀过程中有氢气放出，故称为析氢腐蚀。

2. 吸氧腐蚀

在一般工业生产中，钢铁在大气中的腐蚀主要是吸氧腐蚀。在通常情况下，钢铁表面吸附的水膜酸性很弱或者是中性溶液，析氢腐蚀难以发生。这是由于空气中的氧气不断溶解于水膜并扩散到阴极，形成的 O_2/OH^- 电对的电极电势大于形成的 H^+/H_2

电对的电极电势，即 O_2 比 H^+ 更容易得到电子，氧化能力更强。吸氧腐蚀形成的腐蚀电池反应如下：

阳极　　$Fe = Fe^{2+} + 2e^-$（铁被腐蚀）

阴极　　$\frac{1}{2}O_2 + H_2O + 2e^- = 2OH^-$

总反应式　　$Fe + \frac{1}{2}O_2 + H_2O = Fe(OH)_2$

这类腐蚀因过程中消耗氧气，故称为吸氧腐蚀。吸氧腐蚀是钢铁生锈的主要原因。

差异充气腐蚀是吸氧腐蚀的一种。金属表面常因氧气分布不均匀而引起的腐蚀称为差异充气腐蚀。例如，一段插在水中的钢柱（图 2.18），由于接近水面的 x 段溶解的氧气浓度较大（或氧气的压力较大），而插入水中的 y 段溶解氧气浓度较小。根据氧的电极反应：

$$O_2 + 2H_2O + 4e^- = 4OH^-$$

可以写出：

$$E(O_2/OH^-) = E^{\ominus}(O_2/OH^-) + \frac{0.0592}{4}\lg\frac{[p(O_2)/p^{\ominus}]}{c^4(OH^-)}$$

由上可以看出，氧气的压力（或浓度）越大相应的电极电势的代数值也越大。根据原电池的组成规则，电极电势代数值大的作阴极（正极），电极电势代数值小的作阳极（负极）。结果使氧气的分压（或浓度）小的地方的金属作阳极，而氧气的分压（或浓度）大的地方的金属作阴极，组成了一个浓差电池。

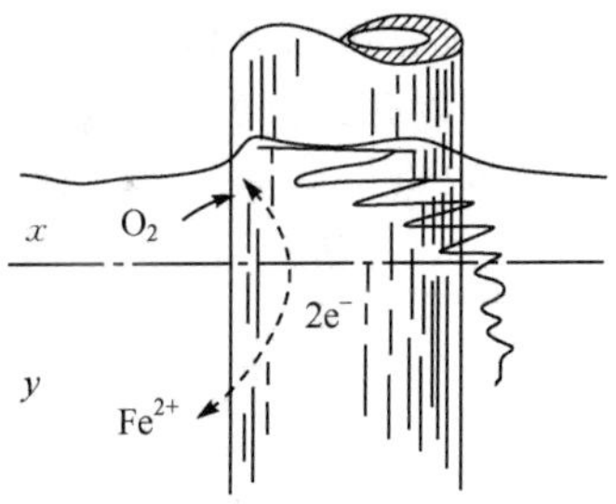

图 2.18　差异充气腐蚀示意图

差异充气腐蚀在工业生产上经常遇到，如金属部件的各种裂缝深处或死角的腐蚀、筛网交叉处的腐蚀、水封式储气罐的腐蚀等。

2.5.2　金属防腐技术

金属材料及金属材料制品的腐蚀会直接或间接产生巨大的经济损失，所以防止金属腐蚀具有重要作用和价值，下面介绍几种常见的金属防腐方法。

1. 选择合适的材料

一般来说，纯金属的耐腐蚀性能要比含有杂质或少量其他元素的金属更好。例如，锆是原子能应用中非常重要的材料，不允许有腐蚀的情况发生，因此，必须使用电弧熔炼的纯锆。但是作为一般用途的材料来讲，纯金属通常价格较贵，而且硬度小、强度低，所以这种纯金属材料一般只在极少数特殊场合使用，大多数情况下使用性能更好的合金材料。

选用材料时还应考虑材料使用时所处的介质种类和条件，如空气的湿度、溶液的浓度、温度等。例如，对接触还原性或非氧化性的酸和水溶液的材料，通常使用镍、铜及其合金。对于氧化性极强的条件，采用钛和钛合金。除了氢氟酸和烧碱溶液外，金属钽几乎对所有介质都具有耐腐蚀性。

不锈钢并不是在所有情况下都不生锈，也并非是最耐腐蚀的材料。它通常是由含铬 11.5%～30%，含镍低于 22%，加上其他少量合金元素所组成的。不锈钢虽然在耐腐蚀方面有着良好的性能，但并不耐所有腐蚀剂。如在含氯化物的介质中，不锈钢还不及普通结构钢耐腐蚀。有大量的腐蚀事故可以归结为对不锈钢选材的不慎之故，实际上不锈钢仅仅是耐蚀牲较高而价格相对较低的一类材料，使用时必须慎重。

一般来说，可以代替金属的非金属材料有五大类：①天然橡胶和合成橡胶；②塑料；③陶瓷；④碳素材料；⑤木材。橡胶和塑料与金属材料相比较，强度和硬度都低得多，但对氯离子和盐酸的耐蚀性却要强得多，对浓硫酸、硝酸等氧化性酸耐蚀性则较差，对有机溶剂的耐蚀性也较差，使用温度一般不能高于 80～90℃。陶瓷的耐蚀和耐热性都很高，但主要缺点是太脆和抗拉强度太低。石墨的耐蚀性、导电性和导热性能都很好，但性脆。木材在强腐蚀性环境中一般不耐蚀。

通过前面的学习我们也应该知道，在设计金属构件时，应注意避免两种电极电势相差很大的金属相接触。例如，铝合金、镁合金不应当和铜、镍、铁等电极电势代数值较大的金属直接连接。当必须把这些不同的金属装配在一起时，应该设法采用隔离层的办法把它们隔开。例如，喷绝缘漆、衬塑料或橡胶垫，或通过适当的金属镀层过渡。若铝合金与钢铁件组合时，则需将铝合金进行阳极氧化处理，而将钢铁镀锌或镀镍后再组装在一起。

2. 在金属材料表面覆盖各种保护层

这种方法的实质是使金属与外部介质隔绝，以阻止金属表面微化学电池反应的发生。这就要求保护层具有高度的连续性和致密性，保护层本身在使用介质中必须是稳定的，保护层与被保护金属必须结合牢固。在生产实际中可以根据金属制件的使用情况，合理地选择各种保护层。

覆盖层是采用化学处理的方法，使金属表面形成一层钝化膜保护层。钝化膜最常见的有氧化膜和磷化膜两种。

钢铁发蓝，也称发黑，其结果是使钢铁表面生成一层蓝黑色的致密的四氧化三铁（Fe_3O_4）薄膜，牢固地与金属表面结合。这种氧化膜对干燥的气体抵抗力强，但在水中和潮湿空气中抵抗力较差。这种氧化膜还有较大的弹性及润滑性，广泛用于机器零件、精密仪器、光学仪器、钟表零件和军械制造中。常用的碱性发蓝工艺是将钢铁零件放入很浓的碱（NaOH）和氧化性（$NaNO_2$，$NaNO_3$）溶液中，在 140～150℃下进行处理，其反应主要是氧化还原反应和水解反应：

$$3Fe + NaNO_2 + 5NaOH \xlongequal{} 3Na_2FeO_2 + NH_3 + H_2O$$

$$6Na_2FeO_2 + NaNO_2 + 5H_2O \xlongequal{} 3Na_2Fe_2O_4 + NH_3 + 7NaOH$$

$$Na_2FeO_2 + Na_2Fe_2O_4 + 2H_2O \xlongequal{} Fe_3O_4\downarrow + 4NaOH$$

钢铁磷化是把钢铁制件放入磷酸盐溶液中进行浸泡，使其表面获得一层灰黑色不溶于水的磷酸盐薄膜（磷化膜）。磷化膜在大气中有较好的耐蚀性，一些磷化膜保护的钢铁零件即使与酸、碱等接触也不受腐蚀。在对钢铁制件进行刷涂或喷塑、喷漆前使其覆盖一层磷化膜，能使涂膜更加牢固。覆有磷化膜的工件易润滑、耐磨损。磷化膜加工工艺简便，成本低廉。常用的磷酸盐是磷酸二氢锰铁盐，俗名马日夫盐。分子式为 $n\mathrm{Fe(H_2PO_4)_2} \cdot m\mathrm{Mn(H_2PO_4)_2}$，简写为 $\mathrm{M(H_2PO_4)_2}$，其中 M 表示二价的锰、铁、锌等金属元素。由于磷酸溶液中存在下列解离平衡：

$$\mathrm{H_3PO_4} \longleftrightarrow \mathrm{H_2PO_4^-} + \mathrm{H^+} \longleftrightarrow \mathrm{HPO_4^{2-}} + 2\mathrm{H^+} \longleftrightarrow \mathrm{PO_4^{3-}} + 3\mathrm{H^+}$$

该酸性溶液中的 Fe^{2+}、Zn^{2+}、Mn^{2+} 等离子与 HPO_4^{2-}、PO_4^{3-} 反应生成复合盐，结晶沉积于金属表面，形成磷化保护膜。其主要反应可用下列通式表示：

$$\mathrm{M^{2+}} + \mathrm{HPO_4^{2-}} = \mathrm{MHPO_4}$$

$$3\mathrm{M^{2+}} + 2\mathrm{PO_4^{3-}} = \mathrm{M_3(PO_4)_2}$$

覆盖层也可以是金属保护层。金属保护层是以另一种金属镀在被保护的金属制品表面上所形成的保护层，镀层应选用耐腐蚀性较好的金属。制备金属保护层可用电镀、电刷镀、喷镀、渗镀、化学镀等方法。

此外，覆盖层还可以是非金属保护层。非金属保护层是以非金属物质，如油漆、塑料等，涂覆在金属表面上形成的保护层。

3. 缓蚀剂法

在腐蚀性介质中，加入少量能减小腐蚀速率的物质来减慢金属腐蚀，这种方法称为缓蚀剂法，所加物质称为缓蚀剂。缓蚀剂的种类繁多，有用于酸性、碱性或中性液体介质中的缓蚀剂，有气相缓蚀剂等。习惯上常根据缓蚀剂的化学组成，把缓蚀剂分为无机的和有机的两类。缓蚀剂按其化学性质可分为两类。

(1) 无机缓蚀剂。如具有氧化性的铬酸钾、重铬酸钾、硝酸钠、亚硝酸钠等，在溶液中能使钢铁钝化，使金属与介质隔开从而减缓腐蚀。其中，亚硝酸钠常用作钢铁零件的短期防蚀，它是防锈水的主要成分。

有些非氧化性的无机缓蚀剂，如 $NaOH$、Na_2CO_3、Na_2SiO_3、Na_3PO_4 等，能与金属表面阳极部分溶解下来的金属离子结合成难溶的产物，覆盖在金属表面上形成保护膜。

(2) 有机缓蚀剂。在酸性介质中，通常使用有机缓蚀剂，如琼脂、糊精、动物胶、六次甲基四胺（俗名乌洛托品）和生物碱等，都能减弱金属在酸性介质中的腐蚀。

缓蚀作用的机理一般认为是，金属刚开始溶解时表面带负电，所以能将缓蚀剂的离子或分子吸附在表面上，形成一层难溶而腐蚀性介质又很难透过的保护膜，增强电极的极化作用，从而阻碍了 H^+ 得电子，大大减少了析氢腐蚀。例如，胺类发生反应：

$$\mathrm{R_3N} + \mathrm{H^+} \longrightarrow [\mathrm{R_3NH}]^+$$

生成的正离子被吸附在金属表面，使腐蚀受到阻碍。

4. 电化学保护法

电化学保护法是将被保护的金属作为腐蚀电池或电解池的阴极，由于腐蚀电池和电解池都是阳极溶解而阴极还原，故不受腐蚀，所以又称阴极保护法。它通常以两种方式来实现，即牺牲阳极保护法和外加电流保护法。

(1) 牺牲阳极保护法。牺牲阳极保护法是用电极电势比被保护金属更低的金属材料做阳极固定在被保护金属上，形成腐蚀原电池而达到保护的目的。一般常用的材料有锌、铝、镁及其合金。例如，在轮船底四周镶嵌锌合金，锌作为阳极受到腐蚀，船体钢铁作为阴极得到保护，如图 2.19 所示。

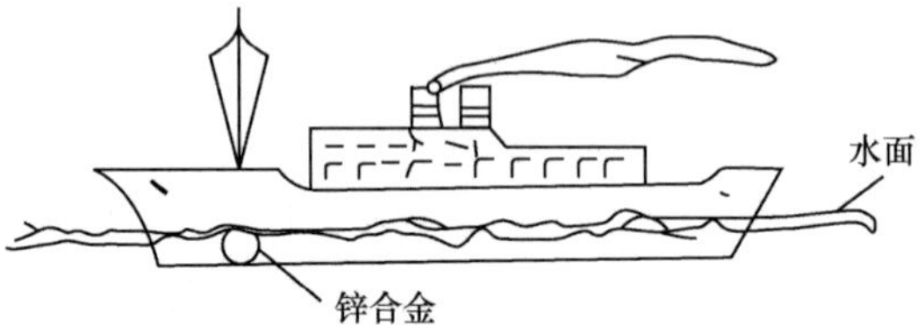

图 2.19　牺牲阳极保护法示意图

(2) 外加电流保护法。它是将被保护金属与外电源的负极相连接，构成电解池的阴极，用一种附加电极与外电源的正极相连，构成电解池的阳极。这样就有如电解池的工作，电子由电源的负极流向被保护金属，它附近的金属离子就可获得电子，使被保护金属得到保护。

思考题与习题

1. 下列说法是否正确？

(1) 电池正极所发生的反应是氧化反应。

(2) $E^{\ominus}$值越大则电对中氧化态物质的氧化能力越强。

(3) $E^{\ominus}$值越小则电对中还原态物质的还原能力越弱。

(4) 电对中氧化态物质的氧化能力越强则还原态物质的还原能力越强。

2. 书写电池符号应遵循哪些规定？

3. 简述电池的种类，并举例说明。

4. 怎样利用电极电势来确定原电池的正、负极并计算原电池的电动势？

5. 标准氢电极，其电极电势规定为零，那么为什么作为参比电极常采用甘汞电极而不用标准氢电极？

6. 由标准锌半电池和标准铜半电池组成原电池：

$$(-)Zn \mid ZnSO_4(1mol\cdot L^{-1}) \parallel CuSO_4(1mol\cdot L^{-1}) \mid Cu(+)$$

(1) 改变下列条件时电池电动势有何影响？

① 增加 $ZnSO_4$ 溶液的浓度；

② 增加 $CuSO_4$ 溶液的浓度；

③ 在 $CuSO_4$ 溶液中通入 H_2S。

(2) 当电池工作 10min 后，其电动势是否发生变化？为什么？

(3) 在电池的工作过程中，锌的溶解与铜的析出，质量上有什么关系？

7. 影响电解产物的主要因素是什么？当电解不同金属的卤化物和含氧酸盐水溶液时，所得的电解产物一般规律如何？

8. 通常金属在大气中的腐蚀是析氢腐蚀还是吸氧腐蚀？分别写出这两种腐蚀的化学反应式。

9. 用标准电极电势解释：

(1) 将铁钉投入 $CuSO_4$ 溶液时，Fe 被氧化为 Fe^{2+} 而不是 Fe^{3+}。

(2) 铁与过量的氯气反应生成 $FeCl_3$ 而不是 $FeCl_2$。

10. 一电对中氧化态或还原态物质发生下列变化时，电极电势将发生怎样的变化？

(1) 还原态物质生成沉淀。

(2) 氧化态物质生成配离子。

(3) 氧化态物质生成弱电解质。

(4) 氧化态物质生成沉淀。

11. 下列物质在一定条件下均可作为氧化剂：$KMnO_4$，$FeCl_3$，H_2O_2，I_2，Cl_2。试根据它们在酸性介质中对应的标准电极电势数据，把上述物质按其氧化能力递增顺序重新排列，并写出它们对应的还原产物。

12. 将下列氧化还原反应设计成原电池，并写出两电极反应。

(1) $2Ag^+ + Fe \longrightarrow Fe^{2+} + 2Ag$

(2) $MnO_4^- + 5Fe^{2+} + 8H^+ \longrightarrow Mn^{2+} + 5Fe^{3+} + 4H_2O$

13. 计算下列原电池的电动势，写出相应的电池反应。

(1) $Zn \mid Zn^{2+}(0.01mol \cdot L^{-1}) \parallel Fe^{2+}(0.001mol \cdot L^{-1}) \mid Fe$

(2) $Pt \mid Fe^{2+}(0.01mol \cdot L^{-1}), Fe^{3+}(0.001mol \cdot L^{-1}) \parallel Cl^-(2.0mol \cdot L^{-1}) \mid Cl_2(p^\ominus) \mid Pt$

14. 铁条放在 $0.01mol \cdot L^{-1}$ 的 $FeSO_4$ 溶液中作为一个半电池，铜条放入 $0.1mol \cdot L^{-1}$ 的 $CuSO_4$ 溶液中作为另一半电池，用盐桥将两个半电池连接起来构成原电池，试求：

(1) 该原电池的电动势。

(2) 该原电池的平衡常数。

15. 已知 $E^\ominus(Cu^{2+}/Cu)=0.3419V$，$E^\ominus(Cu^{2+}/Cu^+)=0.153V$，$K_{sp}^\ominus(CuCl)=1.72\times10^{-7}$，通过计算说明反应 $Cu^{2+}+Cu+2Cl^- = 2CuCl$ 能否自发进行，并求反应的平衡常数 $K^\ominus$。

16. 假定其他离子的浓度为 $1.0mol \cdot L^{-1}$，气体的分压为 $1.00\times10^5 Pa$，欲使下列反应能自发进行，要求 HCl 的最低浓度是多少？已知 $E^\ominus(Cr_2O_7^{2-}/Cr^{3+})=1.33V$，$E^\ominus(Cl_2/Cl^-)=1.36V$，$E^\ominus(MnO_2/Mn^{2+})=1.23V$。

(1) $MnO_2 + HCl \longrightarrow MnCl_2 + Cl_2 + H_2O$

(2) $K_2Cr_2O_7 + HCl \longrightarrow KCl + CrCl_3 + Cl_2 + H_2O$

第 3 章　物质的微观结构及其键合

自然界能够稳定存在的元素不过百种，但是自然界存在的物质以及人工合成的物质却有亿万种，尤其是由碳和氢组成的化合物更是丰富多彩。那么，这些物质的结构如何呢？结构和性质又有什么关系呢？本章将在对核外电子运动规律清晰认识的基础上，讨论原子的结构及其元素周期性、原子的键合、简单分子以及配合物的结构；在对物质微观结构理解的基础上，了解物质结构与其物理和化学性质的关系。

3.1　原子结构和元素周期系

迄今为止，人类已发现了 118 种元素，正是这些元素的原子组成了千千万万种性质不同的物质。物质在性质上的差别是由物质的内部结构不同引起的。在化学变化中，原子核并不发生变化，只是核外电子的运动状态发生变化。因此要了解和掌握物质的性质，尤其是化学性质及其变化规律，首先必须了解物质内部的结构，特别是原子核外电子的运动状态及结构。从物理学中我们已经了解到，微观粒子具有波粒二象性，其运动不能用通常的宏观物体运动的规律来说明。微观粒子的运动需要用量子力学来描述。

3.1.1　核外电子运动状态的量子力学描述

在微观领域里，具有波动性的粒子要用波函数 Ψ 来描述。对于微观粒子的运动，虽然不能同时准确地测出它的位置和动量，但它在某一空间范围内出现的概率可以用统计的方法来描述。波函数就和它描述的粒子在空间某范围出现的概率有关。既然波函数和微观粒子出现空间范围有关，当然它应是 x、y、z 三变量的函数。波函数是一个描述波的数学函数式，量子力学上用来描述核外电子的运动状态。波函数可通过解量子力学的基本方程——薛定谔方程(Schrödinger)求得。

1. *薛定谔方程*

1926 年奥地利物理学家薛定谔建立了著名的微观粒子的波动方程，一般称为薛定谔方程：

$$\frac{\partial^2 \Psi}{\partial x^2}+\frac{\partial^2 \Psi}{\partial y^2}+\frac{\partial^2 \Psi}{\partial z^2}+\frac{8\pi^2 m}{h^2}(E-V)\Psi=0 \tag{3-1}$$

式中，波函数 Ψ 为空间坐标 x、y、z 的函数；E 为体系的总能量；V 为势能，它和被研究粒子的具体处境有关；m 为粒子的质量。这是一个二阶偏微分方程，它的解将是一系列波函数 Ψ 的具体函数表达式，而这些波函数与所描述的粒子运动情况，即在空间某范围内出现的概率密切相关。

从理论上讲，通过解薛定谔方程可以得到波函数，但薛定谔方程的许多解在数学上并不合理，且运算极为复杂，只有满足特定条件的解才有意义。也就是说，为了解薛定谔方程，需引进一组特定的量子数 n、l、m。对应于一组合理的 n、l、m 取值则有一个确定的波函数 Ψ。n、l、m 称为量子数，一个确定的波函数 Ψ 表示一个电子的运动状态。量子力学经常借用经典力学中描述物体运动的"轨道"的概念，把波函数称为"原子轨道"。但是，这里的"原子轨道"和宏观物体的固定轨道概念不同，量子力学中的一个原子轨道是指 n、l、m 三个量子数都具有一定合理取值时的一个波函数 Ψ。

在解薛定谔方程，求解 Ψ 的表达式的同时，还求出了对应于每一个 Ψ 的特有的能量 E 值。

波函数不是一个具体的数值，而是一个描写波的数学函数式。例如，当 $n=1$，$l=0$，$m=0$ 时的波函数可用 $\Psi_{1,0,0}$ 表示。基态氢原子的波函数可表示为

$$\Psi_{1,0,0}=\frac{1}{\sqrt{\pi}}\left(\frac{Z}{a_0}\right)^{\frac{3}{2}}\mathrm{e}^{-\frac{Zr}{a_0}} \tag{3-2}$$

式中，a_0 为原子半径；r 为电子离开原子核的距离。

若设法把各种波函数和空间坐标的关系用图表示出来，还可以得到各种波函数的空间分布图(包括角度分布和径向分布)。图 3.1 为一些原子轨道的角度分布图，由于直接画出波函数的空间图形有困难，图中只是波函数的角度分布图。

图 3.1 中的 s、p、d 的具体含义我们将在后面介绍。本课程不要求了解图 3.1 是怎样画出来的，但从图 3.1 可以看出，波函数在空间位置上有正、负值的区别(s 轨道除外)，但不是电荷的极性，这个概念在讨论共价键的形成时非常重要。

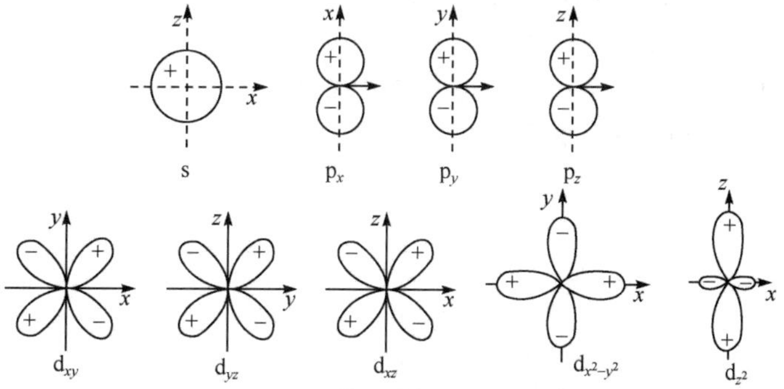

图 3.1　原子轨道的角度分布图

波函数 Ψ 没有明确的物理意义，但波函数绝对值的平方 $|\Psi|^2$ 却有着明确的物理意义。它表示空间某处单位体积内电子出现的概率，即概率密度。$|\Psi|^2$ 的空间图像就是电子云的空间分布图像。为了深刻地理解波函数的物理意义，我们有必要对概率、概率密度、电子云等基本概念作进一步的讨论。

2. 概率密度与电子云

1）电子云的概念

具有波粒二象性的电子并不像宏观物体那样，沿着固定的轨道运动。我们不可能同时准确地测定一个核外电子在某一瞬时所处的位置和运动速度。但是我们能用统计的方法来判断电子在核外空间某一区域内出现机会的多少。这种机会的多少，在数学上称为概率。在电子衍射实验中，电子落在衍射环纹亮环处的机会多，即概率大；而落在暗环处的机会较少，即概率较小。

图 3.2　氢原子的 1s 电子云示意图

氢原子核外的一个电子的运动具有明显的统计性规律。电子经常出现的区域是核外的一个球形空间，如图 3.2 所示。图中离核越近的区域，小黑点越密，表明电子出现的概率越大；离核远些的地方，小黑点较稀，表明电子出现的概率越小。这些密密麻麻的小黑点像一团带负电的云，把原子核包围起来，如同天空中的云雾一样。所以人们就形象化地称它为电子云。

2）概率密度和电子云

电子在空间出现的机会称为概率，在某单位体积内出现的概率则称为概率密度。电子运动的状态由波函数 Ψ 描述，$|\Psi|^2$ 则是电子在核外空间出现的概率密度。所以知道了某个电子的波函数及 $|\Psi|^2$ 就等于知道了这个电子在核外空间各处的概率密度，进而可以知道在某个区域内出现的概率。

电子云也可以表示电子在核外空间的概率密度（图 3.2），小黑点密集的地方表示电子出现的概率密度大，电子出现的概率也大。由此可见电子云就是概率密度的形象化图示，也可以说电子云是 $|\Psi|^2$ 的图像。

图 3.3 给出了各种状态的电子云的角度分布图。电子云的角度分布与原子轨道的角度分布图类似，主要区别有两点：

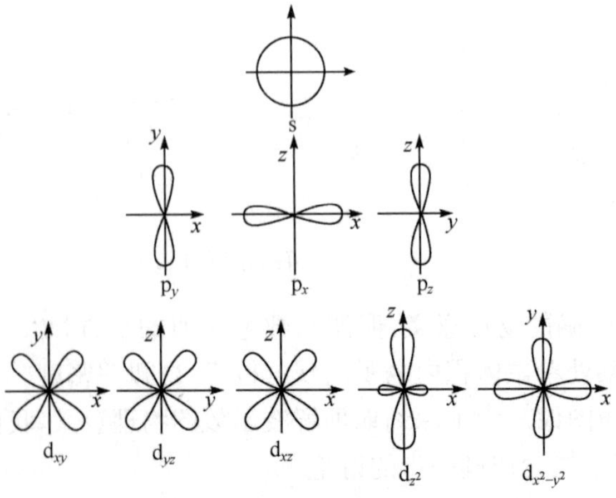

图 3.3　电子云的轮廓图

(1) 电子云的角度分布图比原子轨道的角度分布图要“瘦”一些。这是 Ψ 值小于 1 而 $|\Psi|^2$ 值更小的缘故。

(2) 原子轨道角度分布图上有正、负号之分，而电子云角度分布图上均为正值。这是因为 Ψ 值虽有正有负，但 $|\Psi|^2$ 却都是正值。

3) 四个量子数

我们已经知道，解薛定谔方程求波函数 Ψ 时，引入三个量子数 n,l,m，由这三个量子数所确定的一个解表示一种波函数。除了求解薛定谔方程的过程中直接引入的这三个量子数之外，还有一个描述电子自旋特征的量子数 m_s。这些量子数对所描述电子的能量，原子轨道或电子云的形状和空间伸展方向，以及多电子原子核外电子的排布是非常重要的。下面我们分别讨论这四个量子数。

(1) 主量子数 n。

主量子数 n 的取值为 1,2,3,…,n 等正整数。用它来描述原子中电子出现概率最大区域离核的远近，或者说它决定电子层数的量子数。例如，$n=1$ 代表电子离核最近，属第一电子层；$n=2$ 代表电子离核的距离比第一层稍远，属于第二层，以此类推。n 越大，电子离核的平均距离越远。

在光谱学上常用大写字母 K,L,M,N,O,P 代表 $n=1,2,3,4,5,6$ 等电子层数。

主量子数 n 的另一个重要意义是：n 是决定电子能量高低的重要因素。对单电子原子或离子来说，n 值越大，电子的能量越高。例如，氢原子各电子层电子的能量为

$$E_n=-\frac{13.6}{n^2}\text{eV} \tag{3-3}$$

可见 n 越大，E_n 也越高。但是对于多电子原子来说，由于核外电子的能量除了主要取决于主量子数 n 以外，还同原子轨道或电子云的形状有关。因此，n 值越大电子的能量越高这句话，只有在原子轨道或电子云的形状相同的条件下，才是正确的。

(2) 角量子数 l。

电子绕核运动时，不仅具有一定的能量，而且也具有一定的角动量 M。它的大小同原子轨道或电子云的形状有密切的关系。角量子数 l 的取值为 0,1,2,3,…,$(n-1)$，即 l 的可能取值为从 0 到 $n-1$ 的整数。例如，当 $n=1$ 时，l 只能为 0；而 $n=2$ 时 l 可以为 0，也可以为 1，绝不能为 2。按光谱学上的习惯常用 s,p,d,f,…来表示 $l=0,1,2,3,\cdots$ 所对应的原子轨道或电子云的形状。例如，$l=0$ 的 s 轨道，其轨道或电子云呈球形分布；$l=1$的 p 轨道，其轨道或电子云呈哑铃形分布；$l=2$ 的 d 轨道，其轨道或电子云呈花瓣形分布。

对于单电子体系的氢原子或类氢离子来说，各种状态的电子的能量只与 n 有关。例如，当 n 不同、l 相同时，其能量关系为

$$E_{1s}<E_{2s}<E_{3s}<E_{4s}$$

而当 n 相同、l 不同时，其能量关系为

$$E_{ns}=E_{np}=E_{nd}=E_{nf}$$

但是对于多电子原子来说，由于原子中各电子之间的相互作用，当 n 相同，l 不同时，各种状态的电子的能量也不同。一般主量子数 n 相同时，角量子数 l 越大能量越高。例如

$$E_{4s} < E_{4p} < E_{4d} < E_{4f}$$

因此，角量子数 l 与多电子原子中的电子的能量有关，即多电子原子中电子的能量取决于主量子数 n 和角量子数 l。这样，由不同的 n 和 l 表示的各分层，如 2s、3p、3d、4f 等，其能量必然不同。从能量角度上看，这些分层也常称为能级。

(3) 磁量子数 m。

磁量子数 m 的取值可以为 $0, \pm1, \pm2, \cdots, \pm l$，也就是说 m 的取值和 l 有关，对于给定的 l，有 $2l+1$ 个 m 取值。m 决定角动量在空间的给定方向上的分量的大小，即决定原子轨道或电子云在空间的伸展方向。

l 相同时，虽因 m 不同，原子轨道可能有不同的伸展方向，但并不影响电子的能量，即磁量子数 m 与能量无关。例如，$l=1$ 的 p 轨道，因 m 不同，可能有三种不同取向 p_x、p_y、p_z，但三者的能量通常是相同的。但在外界强磁场的作用下，由于三者的伸展方向不同，角动量在外磁场方向上的分量大小不同，它们会显示出微小的能量差别。这就是线状光谱在磁场中发生分裂的根本原因。

综上所述，n, l, m 一组量子数可以决定一个原子轨道的离核远近、形状、伸展方向以及能级的高低。表 3.1 给出了电子层、分层、原子轨道及运动状态情况。

表 3.1　电子层、分层、原子轨道及运动状态

电子层	量子数	n	1	2	3	$\cdots, n$
	符号		K	L	M	
分层(能级)	量子数	n	1	2	3	$\cdots, n$
		l	0	0,1	0,1,2	$0,1,2,\cdots,(n-1)$
	分层数		1	2	3	n
	符号		1s	2s,2p	3s,3p,3d	ns,np,nd,…
原子轨道(波函数)	量子数	n	1	2	3	$\cdots, n$
		l	0	0,1	0,1,2	$0,1,2,\cdots,(n-1)$
		m	0	$0;0,\pm1$	$0;0,\pm1;0,\pm1,\pm2$	$0,\pm1,\pm2,\cdots,\pm l$
	每层轨道数		1	4	9	n^2
	符号		1s	$2s, 2p_x$ $2p_y, 2p_z$	$3s, 3p_x, 3p_y$; $3p_z, 3d_{xy}, 3d_{yz}$ $3d_{xz}, 3d_{z^2}$ $3d_{x^2-y^2}$	

续表

运动状态	量子数	n	1	2	3	n
		l	0	0,1	0,1,2	$0,1,2,\cdots,(n-1)$
		m	0	0;0,±1	0;0,±1;0,±1,±2	$0,\pm1,\pm2,\cdots,\pm l$
		m_s	$\pm\frac{1}{2}$	$\pm\frac{1}{2};\pm\frac{1}{2}$	$\pm\frac{1}{2};\pm\frac{1}{2};\pm\frac{1}{2}$	$\pm\frac{1}{2}$
	每层状态数		2	8	18	$2n^2$
	符号		$1s^2$	$2s^2,2p^6$	$3s^2,3p^6,3d^{10}$	

(4) 自旋量子数 m_s。

精细光谱分析证明，电子除绕核作高速运动之外，还有自身旋转运动。描述电子自旋运动的量子数称为自旋量子数(m_s)。其可能的取值只有两个，即 $m_s=\pm1/2$。这说明电子的自旋有两种状态，即自旋角动量有两种不同取向，一般用向上和向下的箭头"↑"和"↓"来表示。

3.1.2　基态原子中电子的分布原则

通过以上的讨论，我们已经了解了原子核外电子的运动状态，即原子轨道的形状、能量的高低次序及形成的基本原因等。但是还没有涉及多电子原子核外电子是怎样分布的问题。它们是分布在某一个可能的状态中，还是分布在各种可能的状态中？是优先占据能量较低的原子轨道，还是优先占据能量不同的轨道？光谱实验结果对元素周期律的分析得出了原子核外电子分布的三个原则，即能量最低原理、泡利(Pauli)不相容原理和洪德(Hund)规则。

1. 能量最低原理

能量越低越稳定，这是自然界的一个普遍规律。原子中的电子也是如此，电子在原子中所处的状态总是要尽可能使整个体系的能量最低，这样的体系最稳定。多电子原子在基态时，核外电子总是尽可能分布到能量最低的轨道，待能量最低的轨道填充满后，才依次进入能量较高的轨道，这就是核外电子分布的能量最低原理。

例如，一个基态氢原子或一个基态氦原子，电子就是处于能量最低的 1s 轨道中。但是，多电子原子中的所有电子并不能都处在 1s 轨道中，这里涉及一个原子轨道中最多容纳的电子的数目问题。

2. 泡利不相容原理

泡利不相容原理指出，在同一原子中没有四个量子数完全相同的电子，即每一种运动状态的电子只能有一个或者说每一个原子轨道中最多只能容纳两个自旋不同的电子。

例如，氦原子的 1s 轨道中的两个电子，其中一个电子的四个量子数为 $n=1,l=0,m=0,m_s=1/2$，而另一个电子则为 $n=1,l=0,m=0,m_s=-1/2$，自旋方式必定不同，否则就违反泡利不相容原理。

3. 洪德规则

洪德根据大量光谱实验数据在 1925 年总结出洪德规则，并被后来的量子力学计算证明。洪德规则指出，电子分布到能量相同的等价轨道时，总是先以自旋相同的方向，单独占据能量相同的轨道。或者说，在等价轨道中自旋方向相同的单电子越多，体系就越稳定。

例如，碳原子核外有 6 个电子，从能量最低原理和泡利不相容原理出发，分布在 1s 中 2 个，2s 中 2 个，另外两个电子将处于 2p 轨道中。根据洪德规则，这两个电子不是同时占据 1 个 2p 轨道，而是以自旋相同的方式占据能量相同，但伸展方向不同的两个 2p 轨道。因此，由能量最低原理。泡利不相容原理和洪德规则，碳原子核外 6 个电子的分布形式如图 3.4 所示。

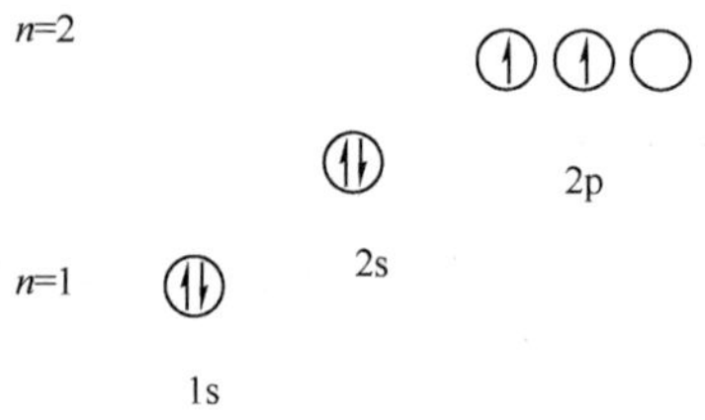

图 3.4　碳原子核外电子的排布

电子按洪德规则分布可使原子体系能量最低。因为当一个轨道中已经占有一个电子时，另一个电子要继续进入而同前一个电子成对，就必须克服它们之间的相互排斥作用，其所需能量称为电子成对能。因此电子成单地分布到等价轨道中，有利于体系能量降低。

还应该指出，作为洪德规则的特例，等价轨道全充满、半充满或全空的状态是比较稳定的。全充满、半充满和全空的结构分别表示如下：

全充满	p^6	d^{10}	f^{14}
半充满	p^3	d^5	f^7
全空	p^0	d^0	f^0

根据核外电子分布的三原则，基本上可以解决核外电子的排布问题。为了便于记忆，将鲍林(Pauling)原子轨道近似能级图中的轨道填充次序用图 3.5 的形式表示出来。

核外电子分布的三原则，只是一般规律。随着原子序数的增大、核外电子数目的增多以及原子中电子之间相互作用的复杂化，核外电子分布的例外现象要多些。因此对于某一具体元素的原子的电子分布情况，要以光谱实验的结果为准。

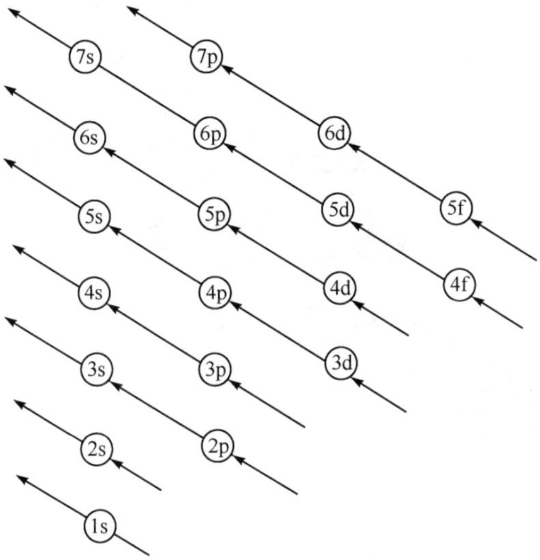

图 3.5　电子填入轨道的次序图

3.1.3　原子的电子层结构

1. 多电子原子的能级

原子的电子层结构与电子的能级密切相关,氢原子的核外只有一个电子,原子的基态和某些激发态的能量只取决于主量子数,与角量子数无关。在多电子原子中,由于电子之间的相互排斥作用,主量子数相同的各轨道产生分裂,因而主量子数相同时各轨道的能量不一定相等。因此多电子原子中各轨道的能量不仅取决于主量子数,还与角量子数有关。

鲍林根据光谱实验的结果,提出了多电子原子中原子轨道的近似能级图,见图 3.6。图中的能级顺序是指价电子层填入电子时各能级能量的相对高低。

多电子原子的近似能级图有如下几个特点:

(1) 近似能级图是按原子轨道的能量高低排列的,而不是按原子轨道离核远近顺序排列的。图 3.6 中,能量相近的能级划为一组,称为能级组,通常共分为 7 个能级组。能量依 1,2,3,…能级组的顺序逐次增加。能级组之间的能量差较大,而能级组内各能级间的能量差较小。例如,1s 为第一能级组;2s,2p 为第二能级组;3s,3p 为第三能级组;4s,3d,4p 为第四能级组;5s,4d,5p 为第五能级组;6s,4f,5d,6p 为第六能级组;7s,5f,6d,7p 为第七能级组。

(2) 在近似能级图中,每个小圆圈代表一个原子轨道。s 分层中有一个圆圈,表示此分层中只有一个原子轨道,p 分层中有三个圆圈,表示此分层中有三个原子轨道。在量子力学中,把能量相同的状态称为简并状态。由于三个 p 轨道能量相同,所以三个 p 轨道是简并轨道,称为等价轨道。所谓等价轨道是指能量相同只是空间取向不同的轨道。

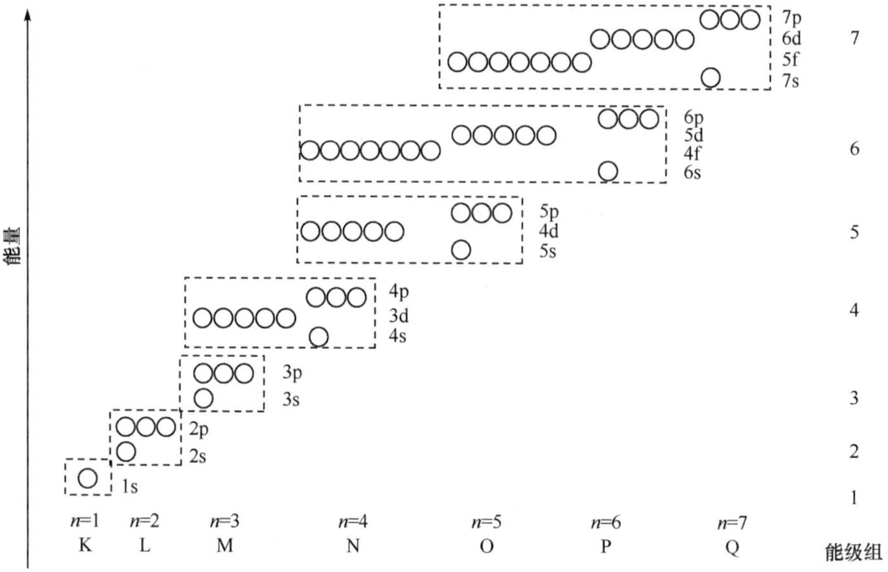

图 3.6　原子轨道的近似能级图

(3) 角量子数 l 相同的能级，其能量次序由主量子数 n 决定，主量子数越大能量越高。例如

$$E_{2p}<E_{3p}<E_{4p}<E_{5p}$$

这是因为 n 越大，电子离核越远，核对电子吸引越弱。

(4) 主量子数 n 相同，角量子数 l 不同的能级，其能量随 l 的增大而升高，即发生能级分裂现象。例如

$$E_{4s}<E_{4p}<E_{4d}<E_{4f}$$

(5) 主量子数 n 和角量子数 l 同时变动时，从图 3.6 中看出，能级的能量次序是比较复杂的。例如

$$E_{4s}<E_{3d}<E_{4p}$$

$$E_{5s}<E_{4d}<E_{5p}$$

$$E_{6s}<E_{4f}<E_{5d}<E_{6p}$$

这种现象称为能级交错。能级交错和(4)中提到的能级分裂现象，都可以通过屏蔽效应和钻穿效应来加以解释，由于篇幅限制，就不在详述，有兴趣的同学可参考无机化学方面的教材阅读理解。

2. 原子的电子层结构与元素的分区

根据核外电子分布的原则和光谱实验的结果，可得周期系中各元素的基态原子的电子层结构，具体请参看相关表格。其中应注意以下几点：

(1) 对于钾原子和钙原子，由于 $E_{3d}>E_{4s}$，因此原子先填入 4s 而不是 3d。例如，20 号元素钙，钙原子的核外电子分布式为 $1s^2 2s^2 2p^6 3s^2 3p^6 4s^2$。为了避免电子结构式书写

过长，通常把内层电子已达到稀有气体结构的部分写成“原子实”，并以稀有气体的元素符号外加方括号表示，如钙的电子分布式可写作[Ar]$4s^2$。

还要注意的是，铬(Cr)原子的原子核外电子分布式不是[Ar]$3d^4 4s^2$，而是[Ar]$3d^5 4s^1$。同样铜(Cu)原子的原子核外电子分布式不是[Ar]$3d^9 4s^2$，而是[Ar]$3d^{10} 4s^1$。这是由于半充满的 d^5 和全充满的 d^{10} 结构比较稳定。

(2) 随着原子序数的增加，$(n-1)$d 和 ns 能级差减小，第五周期元素起，电子的填充有时显得不太规律。例如，44 号元素钌(Ru)原子的电子填充顺序按三个分布原则应该是[Kr]$4d^6 5s^2$，但实际上是[Kr]$4d^7 5s^1$。

(3) 必须指出，核外电子分布规则是概括了大量事实后提出的一般结论。绝大多数原子的核外电子分布与这些规则也是一致的。然而有些元素，特别是第六、第七周期的某些元素，实验测定结果并不能用这些规则圆满地解释。在学习中，必须首先承认实验事实。

根据元素原子的核外电子排布的特点，可将周期表中的元素分为 5 个区。如图 3.7所示。

s 区元素　最后一个电子填充在 s 能级上的元素为 s 区元素。它包括ⅠA 族和ⅡA族元素，其结构特点是 ns^1 和 ns^2。s 区元素属活泼金属。

p 区元素　最后一个电子填充在 p 能级上的元素为 p 区元素。它包括ⅢA～ⅦA 族和零族元素。除 He 以外它们的结构特点是 $ns^2np^{1\sim6}$。p 区元素大部分是非金属。

d 区元素　最后一个电子填充在 d 能级上的元素为 d 区元素。它包括ⅢB～ⅧB 族元素。其结构特点一般是 $(n-1)d^{1\sim9}ns^{1\sim2}$。

ds 区元素　包括ⅠB 族和ⅡB 族元素。其结构特点一般是 $(n-1)d^{10}ns^{1\sim2}$。

通常将 ds 区和 d 区元素合在一起，统称过渡元素。从电子层结构上讲，过渡元素完成了从 d 分层电子填充不完全到电子填充完全的过渡。过渡元素都是金属，也称为过渡金属。

f 区元素　最后一个电子填充在 f 能级上的元素为 f 区元素。它包括镧系元素和锕系元素。其结构特点一般是 $(n-2)f^{1\sim14}(n-1)d^{0\sim2}ns^2$。通常称 f 区元素为内过渡元素。

3.1.4　元素周期系

1. 原子的电子层结构与周期的关系

从原子核外电子排布的规律可知，能级组的划分是导致周期系中各元素划分为周期的原因，元素所在周期数与该元素的原子核外电子的最高能级所在能级组数相一致，也与原子核外电子层数相一致。各周期中元素的数目等于相应能级组中原子轨道所能容纳的电子的总数。各周期与相对应的能级组的关系如表 3.2 所示。

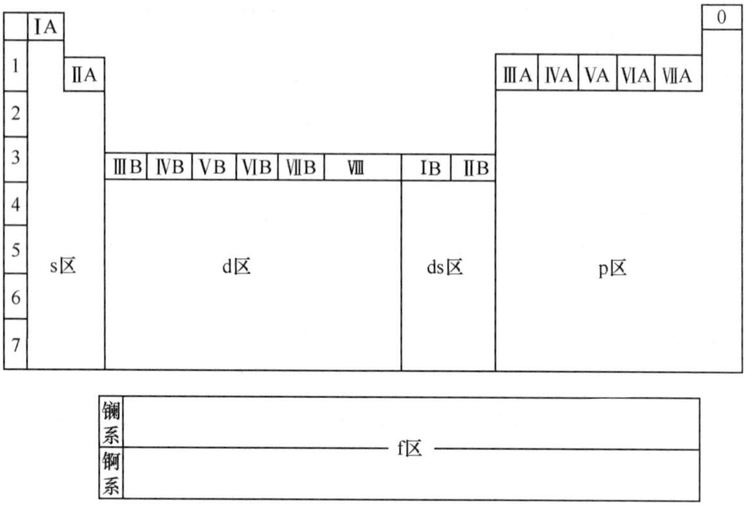

图 3.7　周期表中元素的分区

表 3.2　周期与相对应的能级组的关系

周期	能级组	能级组内各原子轨道	元素数目
1	Ⅰ	1s	2
2	Ⅱ	2s2p	8
3	Ⅲ	3s3p	8
4	Ⅳ	4s3d4p	18
5	Ⅴ	5s4d5p	18
6	Ⅵ	6s4f5d6p	32
7	Ⅶ	7s5f6d	26(未完)

根据原子核外电子分布的规律，还可以预测未来的第八、九周期是有 50 种元素的超长周期。元素周期律的具体表现形式是元素周期表。元素周期表的样式很多，目前使用得最普遍的是长式元素周期表。把元素按原子序数递增的顺序依次排列成表时，每一横行上的元素原子最外层的电子数由 1 增到 8(第一横行除外)，呈现出明显的周期性变化，这就是各周期元素原子的电子层结构重复 $s^1 \sim s^2p^6$ 的变化。所以每一周期元素都是从碱金属开始，以稀有气体元素结束。而每一次重复，都意味着一个新周期的开始，一个旧周期的结束。由于元素的性质主要取决于原子的电子层结构尤其是最外层电子数，故周期表很明确地体现了元素的性质随原子序数递增呈周期性变化的客观规律。

2. 原子的电子层结构与族的关系

按长周期表，把元素划分为 16 个族，8 个主(A)族和 8 个副(B)族。

各主族元素的族数与该族元素原子的最外层电子数相等，也与该族元素的最高化合价相一致。在同一主族中(氧、氟除外)，虽然不同元素的原子的电子层数不相同，但它们最外层电子数目却一样，因此它们彼此之间性质非常相似。例如，碱金属元素的最外电子层结构为 ns^1，易于失去这个电子而形成正离子，因此碱金属都显很强的金属性。又如，卤素原子的最外层电子为 ns^2np^5，易于得到一个电子而形成负离子，因此卤素都显很强的非金属性。

副族元素则不同，一般副族元素的最外层只有 1～2 个电子，显然最外层电子数并不等于副族元素的族数。对于 d 区元素来讲，它的族数通常等于最高能级组中的电子总数。例如，钪的电子结构式为[Ar]$3d^1 4s^2$，属 d 区元素，最高能级组中的电子总数为 3，所以钪元素是第ⅢB 族元素。又如，铁的电子结构式为[Ar]$3d^6 4s^2$，也是 d 区元素，最高能级组中的电子总数为 8，所以铁是第Ⅷ副族元素。若最高能级组中的电子总数大于 8，也属于第Ⅷ族，如钴和镍。

对于 ds 区元素来说，它们的族数等于最外层电子数。例如，铜电子结构式为 $3d^{10} 4s^1$，最外电子层中有一个电子，铜属于第ⅠB 族。

属于 f 区的锕系和镧系元素都属于第ⅢB 族。

原子的电子层结构与元素周期系有着密切的关系。若已知元素的原子序数，便可写出该元素的电子层结构，并能判断出该元素所在的周期和族；反之若已知元素所在的周期和族，也可以推知它的原子序数，并写出其原子的电子结构式。

【例 3.1】 已知某元素的原子序数是 25，写出该元素原子的电子结构式，并指出该元素的名称、符号以及所属的周期和族。

解　根据原子序数为 25，可知该元素的原子核外有 25 个电子，其排布为[Ar]$3d^5 4s^2$，属 d 区过渡元素。最高能级组数为 4，其中有 7 个电子，故该元素是第四周期第ⅦB 族的锰，元素符号为 Mn。

【例 3.2】 已知某元素在周期表中位于第五周期、第ⅥA 族位置上。试写出该元素的基态原子的电子结构式、元素的名称、符号和原子序数。

解　元素位于第五周期，故电子的最高能级组是第五能级组，即 5s4d5p；元素是第ⅥA 族的，故最外层电子数应为 6，故有 $5s^2 5p^4$，这时 4d 一定是全充满的。电子结构式为[Kr]$4d^{10} 5s^2 5p^4$，元素名称是碲，符号 Te。核外共有 52 个电子，原子序数为 52。

3. 元素性质的周期性

由于原子的电子层结构的周期性，与电子层结构有关的元素的基本性质，如原子半径、电离能、电子亲和能、电负性等，也呈现明显的周期性。

1) 原子半径

经常用到的原子半径有三种，分别是共价半径、金属半径和范德华半径。

同种元素的两个原子以共价单键连接时，它们核间距离的一半称为原子的共价半径。金属晶体可以看成是由球状的金属原子堆积而成的，相邻的两个原子核间距离的一半就是该原子的金属半径。当两个原子之间没有形成化学键而只靠分子间作用力互相接近时，两个原子之核间距离的一半称为范德华半径，如稀有气体在低温下形成单原子分子的分子晶体时。

在讨论原子半径的变化规律时，非金属元素采用的是共价半径，金属元素采用的是金属半径，稀有气体元素用范德华半径。周期系中各元素的原子半径如表 3.3 所示。

表 3.3 原子半径(10×10^{-12}m)

ⅠA	ⅡA	ⅢB	ⅣB	ⅤB	ⅥB	ⅦB	Ⅷ			ⅠB	ⅡB	ⅢA	ⅣA	ⅤA	ⅥA	ⅦA	0
H																	He
32																	93
Li	Be											B	C	N	O	F	Ne
123	89											82	77	70	66	64	112
Na	Mg											Al	Si	P	S	Cl	Ar
154	136											118	117	110	104	99	154
K	Ca	Sc	Ti	V	Cr	Mn	Fe	Co	Ni	Cu	Zn	Ca	Ge	As	Se	Br	Kr
203	174	144	132	122	118	117	117	116	115	117	125	126	122	121	117	114	169
Rb	Sr	Y	Zr	Nb	Mo	Tc	Ru	Rh	Pd	Ag	Cd	In	Sn	Sb	Te	I	Xe
216	191	162	145	134	130	127	125	125	128	134	148	144	140	141	137	133	190
Cs	Ba		Hf	Ta	W	Re	Os	Ir	Pt	Au	Hg	Tl	Pb	Bi	Po	At	Rn
235	198		144	134	130	128	126	127	130	134	144	148	147	146	146	145	214

镧系元素

La	Ce	Pr	Nd	Pm	Sm	Eu	Gd	Tb	Dy	Ho	Er	Tm	Yb	Lu
169	165	164	164	163	162	185	162	161	160	158	158	158	170	158

(1) 原子半径在周期中的变化。

在短周期中，从左到右随着原子序数的增加，原子核的电荷数增大，对核外电子的吸引力增强，原子半径逐渐变小，只是最后一个稀有气体的原子半径大幅度增加，这主要是因为稀有气体的原子半径为范德华(van der Waals)半径。在短周期中相邻元素的原子半径的减小幅度平均为 10×10^{-12}m 左右。

长周期中主族元素原子半径的变化情况和短周期相似，但其中的过渡元素半径变化情况则有所不同。过渡元素原子中新增加的电子填充在次外层的 d 轨道上，对于决定原子半径大小的最外层电子来说，新增加的电子对其屏蔽作用较大。增加的核电荷被增加的电子中和掉的成分较大。因此，过渡元素的原子半径从左向右虽然也因核电荷的增大而减小，但减小的幅度却小于短周期，相邻元素原子半径的减小幅度平均为 4×10^{-12}m左右。由于 d^{10} 电子分层对外层电子的斥力较大，对核电荷的屏蔽作用较强，所以电子充满 d 轨道时，原子半径又有所增加，类似的情况在超长周期内过渡元素中也有，如 f^7 和 f^{14} 时，原子半径有所增加。

在超长周期中，内过渡元素原子半径的减小幅度更小，原因是新增加的电子填充在 $(n-2)$f 分层中，有效核电荷增加的更为缓慢。

(2) 镧系收缩。

内过渡元素随着原子序数的增加，原子半径减小的幅度很小，如镧系元素，从镧到

镥半径共减小 11×10^{-12} m，我们把这一现象称为镧系收缩。镧系收缩的存在，使镧系后面的各过渡元素的原子半径都相应缩小，致使第六周期过渡元素的原子半径没因电子层的增加而大于第五周期过渡元素的原子半径。这就决定了 Zr 与 Hf、Nb 与 Ta、Mo 与 W 等在性质上极为相似，分离很困难。镧系各元素之间，原子半径也极相近，故性质相似，分离也非常困难。

(3) 原子半径在同族中的变化。

在同一主族中，从上到下虽然核电荷的增加有使原子半径减小的作用，但电子层的增加是主要的因素，致使从上到下原子半径递增。副族元素的情况和主族有所不同。从上到下本应递增，但由于镧系收缩的影响，第六周期过渡元素的原子半径基本与第五周期过渡元素的原子半径相等。

2) 电离能

原子失去电子变成正离子，要消耗一定的能量以克服核对电子的引力。某元素一个基态的气态原子失去一个电子形成正一价的气态离子时所需要的能量，称为这种元素的第一电离能。常用符号 I_1 表示元素的第一电离能。

从正一价离子再失去一个电子形成正二价离子时，所需要的能量称为元素的第二电离能，元素也可以依次地有第三、第四、……电离能，分别用 I_2、I_3、I_4、…表示。元素的电离能可以从元素的发射光谱实验测得。

元素的第一电离能较为重要，I_1 越小表示元素的原子越容易失去电子，金属性越强。因此，I_1 是衡量元素金属性的一种尺度。元素的第一电离能随着原子序数的增加呈明显的周期性变化，如图 3.8 所示。

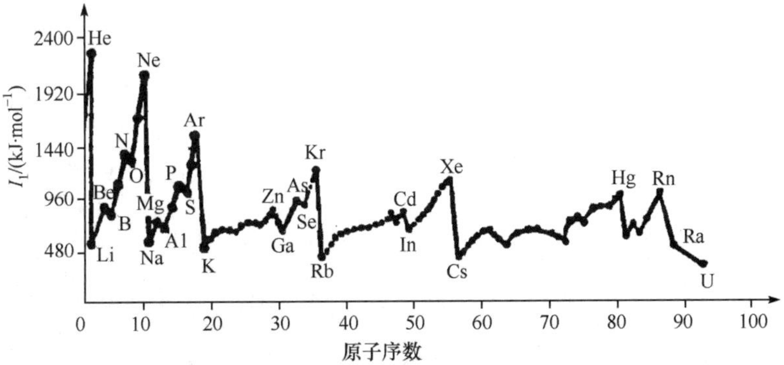

图 3.8 元素第一电离能的周期性变化

电离能的大小主要取决于原子核电荷、原子半径，以及原子的电子层结构。由图 3.8可知，同一主族元素，从上到下随着原子半径的增大，元素的第一电离能依次减小。副族元素的电离能变化幅度较小，而且基本无规则。这是由于它们新增加的电子填入 $(n-1)$d 轨道且 $(n-1)$d 与 ns 轨道能量比较接近。

同一周期中，从左向右元素的第一电离能在总趋势上依次增加，其原因是原子半径依次减小而核电荷依次增大，因而原子核对外层电子的约束力变强。但是有些反常现象，从第二周期看，硼的第一电离能反而比铍的小，氧的第一电离能又比氮的小。这是由于硼的电子结构式为 $1s^2 2s^2 2p^1$，易失去 1 个 p 电子而达到 $2s^2$ 的稳定结构；同样氧的最外层有 $2s^2 2p^4$ 结构，易失去 1 个 p 电子而达到 $2p^3$ 的半充满的稳定结构。

3）电子亲和能

某元素的一个基态的气态原子得到一个电子形成气态负离子时所放出的能量称为该元素的电子亲和能。电子亲和能常用 E 表示，上述亲和能的定义实际上是元素的第一电子亲和能 E_1。与此相类似，可以得到第二电子亲和能 E_2 以及第三电子亲和能 E_3。非金属元素的电子亲和能越大，表示其得电子的倾向越大即变成负离子的可能性越大。一般来说，电子亲和能随原子半径的减小而增大，因为半径小时，核电荷对电子的引力增大。因此，电子亲和能在同周期元素中从左向右呈增加趋势，而同族中从上到下呈减小的趋势。

元素的电子亲和能的数据见表 3.4。电子亲和能难于测得，故表中数据不全，有的是计算值。从表 3.4 看到，第ⅥA 族和第ⅦA 族的第一种元素氧和氟的电子亲和能并非最大，而比同族中第二种元素的要小些。这种现象的出现是因为氧和氟原子半径过小，电子云密度过高，以致当原子结合一个电子形成负离子时，由于电子间的互相排斥使放出的能量减少。而硫和氯原子半径较大，接受电子时，相互之间的排斥力较小，故电子亲和能在同族中是最大的。

表 3.4 元素的电子亲和能（$kJ \cdot mol^{-1}$）

H															He
72.9															(−21)
Li	Be									B	C	N	O	F	Ne
59.8	(−240)									23	122	−58 −800* −1290*	141 −780	322	(−29)
Na	Mg									Al	Si	P	S	Cl	Ar
52.9	(−230)									44	120	74	200.4 −159*	348.7	(−35)
K	Ca	Ti	V	Cr	Fe	Co	Ni	Cu	Zn	Ga	Ge	As	Se	Br	Kr
48.4	(−156)	(37.7)	(90.4)	63	(56.2)	(90.3)	(123.1)	123	(−87)	36	116	77	195 −420*	324.5	(−39)
Rb				Mo					Cb	In	Sn	Sb	Te	I	Xe
46.9				96					(−58)	34	121	101	190.1	295	(−40)
Cs	Ba	Ta		W	Re	Pt	Au			Ti	Pb	Bi	Po	At	Rn
45.5	(−52)	80		50	15	205.3	222.7			50	100	100	(180)	(270)	(−40)
Fr															
44.0															

注：表中带 * 的数据表示估算值。电子亲和能用电子亲和反应焓变的负值表示。

4）元素的电负性

元素的电离能和元素的电子亲和能反映了某元素的原子得失电子的能力，但在形成化合物时，元素的原子经常是既不失去电子，又不得到电子，如碳、氢等元素，电子只是在它们的原子间发生偏移。故只从电离能和电子亲和能的大小来判断元素的金属性及非金属性是有一定局限性的，应该把原子失去电子的难易与原子结合电子的难易统一起来考虑，才能较好地说明在化合物中原子吸引电子能力的大小。通常把原子在分子中吸引电子的能力称为元素的电负性。电负性概念首先是由鲍林在 1932 年提出的，电负性通常用 χ 表示。鲍林指定氟的电负性为 4.0，依此通过对比求出其他元素的电负性，因此电负性是一个相对的数值。表 3.5 列出了元素的电负性数据。

表 3.5　元素的电负性

ⅠA																	0
H 2.1	ⅡA											ⅢA	ⅣA	ⅤA	ⅥA	ⅦA	He
Li 1.0	Be 1.5											B 2.0	C 2.5	N 3.0	O 3.5	F 4.0	Ne
Na 0.9	Mg 1.2	ⅢB	ⅣB	ⅤB	ⅥB	ⅦB	Ⅷ			ⅠB	ⅡB	Al 1.5	Si 1.8	P 2.1	S 2.5	Cl 3.0	Ar
K 0.8	Ca 1.0	Sc 1.3	Ti 1.5	V 1.6	Cr 1.6	Mn 1.5	Fe 1.8	Co 1.9	Ni 1.9	Cu 1.9	Zn 1.6	Ca 1.6	Ge 1.8	As 2.0	Se 2.4	Br 2.8	Kr
Rb 0.8	Sr 1.0	Y 1.2	Zr 1.4	Nb 1.6	Mo 1.8	Tc 1.9	Ru 2.2	Rh 2.2	Pd 2.2	Ag 1.9	Cd 1.7	In 1.7	Sn 1.8	Sb 1.9	Te 2.1	I 2.5	Xe
Cs 0.7	Ba 0.9	La～Lu 1.0～1.2	Hf 1.3	Ta 1.5	W 1.7	Re 1.9	Os 2.2	Ir 2.2	Pt 2.2	Au 2.4	Hg 1.9	Tl 1.8	Pb 1.9	Bi 1.9	Po 2.0	At 2.2	Rn
Fr 0.7	Ra 0.9	Ac～Lr 1.1～1.4															

根据电负性的大小，可以判断元素的金属性和非金属性的强弱。一般说来，非金属的电负性大于金属的电负性。非金属元素的电负性一般在 2.0 以上，而金属的电负性一般在 2.0 以下。应注意的是元素的金属性与非金属性之间并没有严格的界限，因此电负性 2.0 作为金属元素与非金属元素的分界也不是绝对的。

由表 3.5 可以知道，元素的电负性也是呈周期性变化的。主族元素在同一周期中，从左到右电负性递增，元素的非金属性也逐渐增强。在同一主族中，从上到下电负性递减，元素的非金属性依次减弱。但是副族元素的电负性没有明显的变化规律，而且第六周期过渡元素比第五周期过渡元素的电负性大。在周期表中，右上方的元素氟，是电负性最大的元素，而左下方的铯则是电负性最小的元素。氟的非金属性最强，而铯的金属性最强。

3.2 原子的键合与分子中的电子运动

上一节中我们围绕原子中的电子分布与元素性质的一些关系讨论了原子的结构。那么原子又是怎样结合成分子,电子在分子中又是怎样运动的呢?研究表明,分子或晶体中的原子绝不是简单地堆砌在一起的,而是存在强烈的相互作用,化学上把这种分子或晶体中原子(或离子)的强烈相互作用力称为化学键。化学键通常包括离子键、共价键和金属键。本节将主要讨论分子结构的现代价键理论,对晶体结构的讨论,请参考本书相关章节。

3.2.1 现代价键理论

1927年海特勒(Heitler)和伦敦(London)首次应用量子力学处理了两个氢原子为什么能稳定地结合形成氢分子的问题,许多化学家相继发展了这一科学成果,从而建立了现代价键理论,揭示了共价键的本质。

1. 共价键的价键理论

价键理论,简称VB法。它假定分子是由原子组成的,原子在未结合成键前含有未成对的电子。这些未成对的电子,如果自旋是相反的话,可以两两偶合构成“电子对”,每一对电子的偶合就形成一个共价键。价键理论的基本论点如下。

1) 共价键的本质

以H_2分子为例说明形成共价键的本质,海特勒和伦敦用量子力学处理氢分子时,得到了分子的能量(E)与核间距离(R)的关系曲线,如图3.9所示。如果A、B两个氢原子的成单电子自旋方向相反,当这两个原子相互接近时,A原子的电子不但受A原子核的吸引,而且也要受到B原子核的吸引;同理B原子的电子也同时受到B原子核和A原子核的吸引。整个体系的能量要比两个氢原子单独存在时低,在核间距离达到平衡距离$R_0=87\times10^{-12}$ m(实验值约为74×10^{-12} m)时,体系能量达到最低点。如果两个原子进一步靠近,由于核之间的斥力逐渐增大又会使体系能量升高。这说明两个氢原子在平衡距离R_0处形成了稳定的化学键,这种状态称为氢分子的基态,如图3.9中的E_S。如果两个氢原子的电子自旋平行,它们相互靠近时,将会产生相互排斥作用,使体系能量高于两个单独存在的氢原子能量之和,它们靠得越近能量越高,说明它们不能形成稳定的H_2分子,如图3.9中的E_A。这种不稳定的状态称为氢分子的排斥态。

2) 成键原理

根据量子力学理论处理氢分子成键的方法,1930年鲍林和斯莱脱(Slater)等人又进一步建立了近代价键理论。

(1) 电子配对原理。A、B两个原子各有一个自旋相反的未成对的电子,它们可以互相配对形成稳定的共价单键,这对电子为两个原子所共有。如果A、B各有两个或三

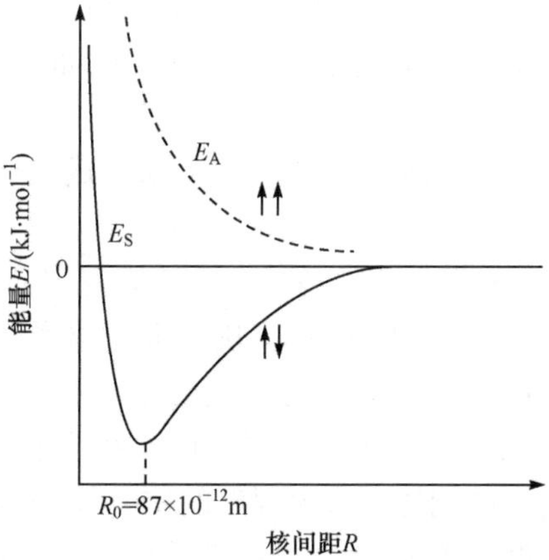

图 3.9　氢分子的能量与核间距的关系曲线

E_A:推斥态的能量曲线;E_S:基态的能量曲线

个未成对的电子,则自旋相反的单电子可两两配对形成共价双键或叁键。

(2) 原子轨道最大重叠原理。键合原子间形成化学键时,成键电子的原子轨道一定要发生重叠,从而使键合原子中间形成电子云较密集的区域(图 3.10)。原子轨道重叠部分越大,两核间电子概率密度越大,所形成的共价键也越牢固,分子也越稳定。因此,成键时成键电子的原子轨道尽可能按最大程度的重叠方式进行,即要遵循原子轨道最大重叠原理。根据量子力学原理,成键的原子轨道重叠部分波函数中的符号(正或负)必须相同。

综上所述,价键理论认为共价键是通过自旋相反的电子配对和原子轨道的最大重叠而形成。

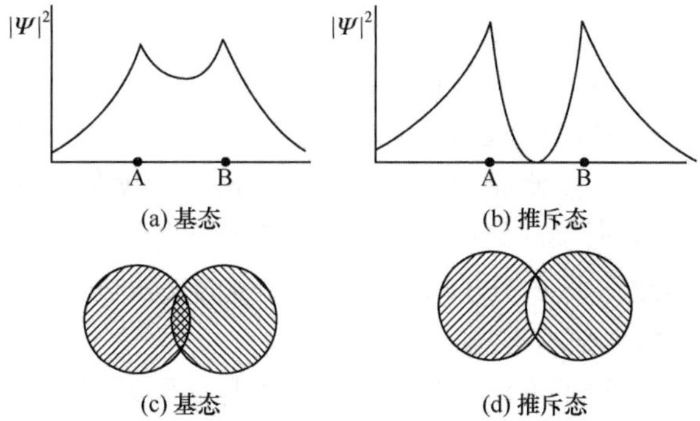

图 3.10　H_2 分子的两种状态的$|\Psi|^2$ 和原子轨道重叠的示意图

3) 共价键的特点

共价键具有如下的特点:

(1) 共价键的饱和性。共价键的形成条件之一是原子中必须有成单电子,而且成单电子的自旋方向必须相反。由于一个原子的一个成单电子只能与另一个成单电子配对，形成一个共价单键，因此一个原子有几个成单的电子(包括激发后形成的单电子)便可与几个自旋相反的成单电子配对成键。例如，氮原子最外层有三个成单的 2p 电子，它只能同三个氢原子的 1s 电子配对形成三个共价单键，结合为 NH_3 分子，所以共价键有饱和性。所谓饱和性是指每个原子成键的总数或以单键连接的原子数目是一定的。

(2) 共价键的方向性。根据原子轨道最大重叠原理，在形成共价键时，原子间总是尽可能沿着原子轨道最大重叠的方向成键。轨道重叠越多，电子在两核间的概率密度越大，形成的共价键也就越稳定。由于原子轨道在空间有一定取向，除了 s 轨道呈球形对称之外，p、d、f 轨道在空间都有一定的伸展方向。在形成共价键时，除了 s 轨道和 s 轨道之间可以在任何方向上都能达到最大程度的重叠外，p、d、f 原子轨道，只有沿着一定的方向才能发生最大程度的重叠，因此共价键是有方向性的。

例如，在形成氯化氢分子时，氢原子的 1s 电子与氯原子的一个未成对的 $2p_x$ 电子形成一个共价键，但 s 电子只有沿着 p_x 轨道的对称轴(如 x 轴)方向才能发生最大程度的重叠，即如图 3.11(a)，才能形成稳定的共价键，而图 3.11(b)和图 3.11(c)表示原子轨道不重叠或很少重叠。

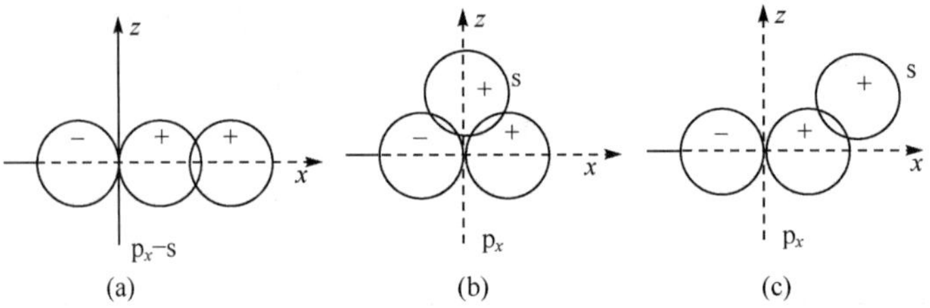

图 3.11　氯化氢分子的成键示意图

又如，在形成 H_2S 分子时，因为硫原子的最外层电子结构为 $3s^2 3p_x^1 3p_y^1 3p_z^2$，两个 3s 电子和 $3p_z$ 电子都已成对，另外两个成单电子分布在 $3p_x$ 和 $3p_y$。当两个氢原子与一个硫原子结合成 H_2S 分子时，两个氢原子的 1s 轨道，只有分别沿 x 轴和 y 轴方向接近硫原子的 $3p_x$ 和 $3p_y$ 轨道，才能使原子轨道之间发生最大程度的重叠。如图 3.12 所示，才能形成稳定的共价键，所以说共价键是有方向性的。由于 p_x、p_y 轨道互相垂直，对称轴间的夹角为 90°，因此在 H_2S 分子中两个 S—H 键的夹角也应近似等于 90°。实际测定两个 S—H 键间夹角为 92°。

由此可见，所谓共价键的方向性是指一个原子与周围原子形成共价键时有一定的角度。共价键具有方向性的原因是原子轨道(p，d，f)有一定的方向性，共价键的方向性决定分子的空间构型，因而影响分子的性质(如极性等)。

(3) 共价键的键型。由于原子轨道重叠的情况不同，可以形成不同类型的共价键。例如，两个原子都含有成单的 s 和 p 电子，当它们沿 x 轴接近时，这些原子轨道之间可以有两种成键方式：一种是沿键轴的方向以“头碰头”的方式发生轨道重叠，如 s-s(H_2 分子中的键)、p_x-s(如 HCl 分子中的键)、p_x-p_x(如 Cl_2 分子中的键)等，轨道重叠部分是

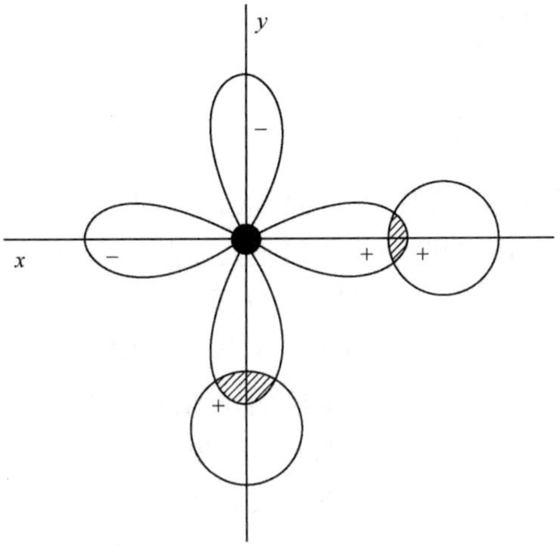

图 3.12　H_2S 分子的形成示意图

沿着键轴呈圆柱形分布的，这种键称为 σ 键，如图 3.13(a)；另一种是原子轨道以“肩并肩”的方式发生轨道重叠，如 p_x-p_x、p_y-p_y，轨道重叠部分对通过一个键轴的平面(这个平面上概率密度几乎为零)具有镜面反对称性，这种键称为 π 键，如图 3.13(b)。

例如，在氮分子的结构中，就含有一个 σ 键和两个 π 键，氮原子的电子层结构为 $1s^2 2s^2 2p_x^1 p_y^1 p_z^1$，当两个氮原子相化合时，如果两个 N 原子的 p_x 轨道沿 x 轴方向“头碰头”重叠(形成一个 σ 键)，而两个 N 原子 p_y-p_y 和 p_z-p_z 轨道就不能再沿轴向“头碰头”重叠了，而只能以相互平行或“肩并肩”方式重叠，即形成两个 π 键，如图 3.14 所示。

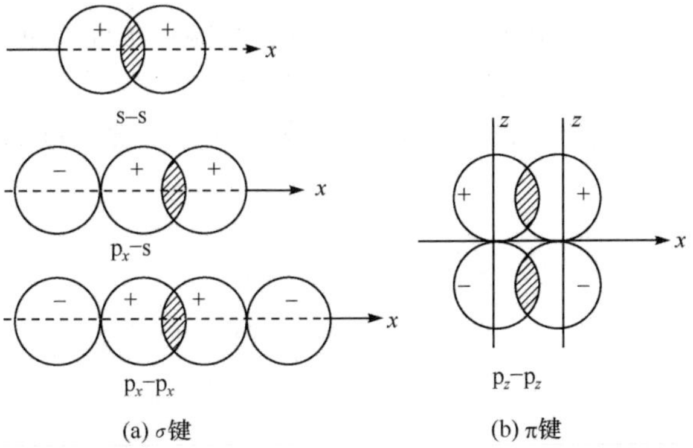

图 3.13　σ 键和 π 键示意图

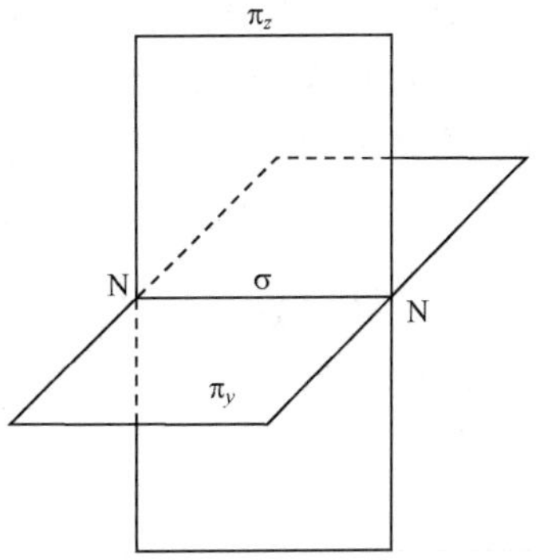

图 3.14　氮分子结构示意图

综上所述，σ 键的特点是：两个原子的成键轨道沿键轴的方向以“头碰头”的方式重叠；原子轨道重叠部分沿着键轴呈圆柱对称。由于成键轨道在轴向上重叠，故形成键时原子轨道发生最大程度的重叠，所以 σ 键的键能大、稳定性高。π 键的特点是：两个原子轨道以平行或“肩并肩”方式重叠；原子轨道重叠部分对通过一个键轴的平面具有镜面反对称性。从原子轨道重叠程度看，π 键轨道重叠程度要比 σ 键轨道重叠程度小，π

键的键能一般小于 σ 键的键能，所以 π 键的稳定性一般低于 σ 键，π 键的电子活性较高，它是化学反应的积极参加者。

2. 共价键的杂化轨道理论

价键理论比较简明地阐明了共价键的形成过程和本质，并成功地解释了共价键的方向性、饱和性等特点。但不能解释分子的空间结构。例如，近代实验测定表明：甲烷(CH_4)分子的结构是一个正四面体结构（如图 3.15），碳原子位于四面体的中心，四个氢原子占据四面体的四个顶点。CH_4 分子中形成四个稳定的 C—H 键，键角∠HCH 为 109°28′，四个 C—H 键的强度相同，键能为 411kJ · mol^{-1}。根据价键法，由于碳原子的电子层结构为 $1s^2 2s^2 2p_x^1 p_y^1$，只有两个未成对的电子，所以它只能与两个氢原子形成两个共价单键。如果考虑将碳原子的 1 个 2s 电子激发到 2p 轨道上去，则有四个成单电子（1 个 s 电子和 3 个 p 电子），它可与四个氢原子的 1s 电子配对形成四个 C—H 键。由于碳原子的 2s 电子与 2p 电子的能量是不同的，那么这四个 C—H 键应当不是等同的，这与实验事实不符，这是价键理论不能解释的。为了解释多原子分子的空间结构，鲍林于 1931 年在价键法的基础上，提出了杂化轨道理论。

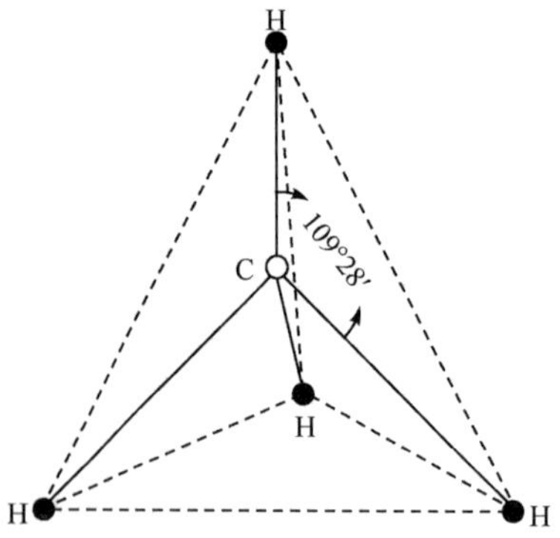

图 3.15　CH_4 分子的空间结构

1）杂化与杂化轨道的概念

所谓杂化是指在形成分子时，由于原子的相互影响，若干不同类型能量相近的原子轨道混合起来，重新组合成一组新轨道。这种轨道重新组合的过程称为杂化，所形成的新轨道就称为杂化轨道。杂化轨道与其他原子的原子轨道重叠形成化学键。例如，CH_4 分子形成的大致过程如图 3.16 所示。

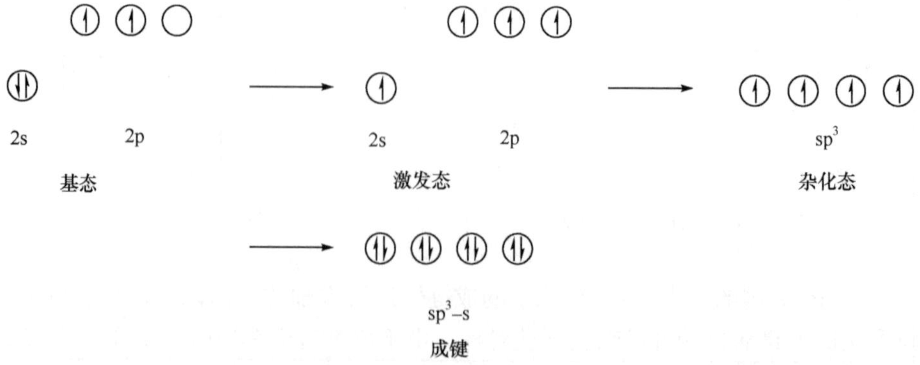

图 3.16　CH_4 分子形成示意图

在形成 CH_4 分子时，由于碳原子的一个 2s 电子可被激发到 2p 空轨道，一个 2s 轨道和三个 2p 轨道杂化形成四个能量相等的 sp^3 杂化轨道。四个 sp^3 杂化轨道分别与四个 H 原子的 1s 轨道重叠成键，形成 CH_4 分子，所以四个 C—H 键是等同的。

2）杂化轨道理论的基本要点

(1) 在形成分子时，由于原子间的相互作用，若干不同类型、能量相近的原子轨道混合起来，重新组成一组新的轨道，这种重新组合的过程称为杂化，所形成的新轨道称为杂化轨道。

(2) 杂化轨道的数目与组成杂化轨道的各原子轨道的总数目相等。例如，在 CH_4 分子形成时，碳原子的一个 2s 原子轨道和三个 2p 原子轨道进行杂化，形成四个 sp^3 杂化轨道。

(3) 杂化轨道成键时，要满足原子轨道最大重叠原理。原子轨道重叠越多，形成的化学键越稳定。一般杂化轨道成键能力比各原子轨道的成键能力强。因为杂化轨道电子云分布更集中，所以形成的分子也更稳定。

(4) 杂化轨道成键时，要满足化学键间最小排斥原理。键与键间排斥力的大小取决于键的方向，即取决于杂化轨道间的夹角。由于杂化轨道类型不同，杂化轨道间夹角也不相同，其成键时键角也就不相同。故杂化轨道的类型与分子的空间构型有关，如表 3.6所示。

表 3.6　杂化轨道类型、空间构型以及成键能力之间的关系

杂化类型	sp	sp^2	sp^3	dsp^2	sp^3d	sp^3d^2
用于杂化的原子轨道数	2	3	4	4	5	6
形成的杂化轨道数	2	3	4	4	5	6
杂化轨道间的夹角/(°)	180	120	109.5	90,180	120,90,180	90,180
空间结构	直线形	平面三角形	四面体	平面正方形	三角双锥形	八面体
成键能力	依次增强					
实例	$BeCl_2$	BF_3	CH_4	$[CuCl_4]^{2-}$	PCl_5	SF_6
	CO_2	BCl_3	CCl_4	$[Ni(H_2O)_4]^{2+}$		SiF_6^{2-}

3）杂化轨道的类型

根据原子轨道的种类和数目的不同，可以组成不同类型的杂化轨道，现分别叙述如下。

(1) sp 杂化。sp 杂化轨道是由一个 ns 轨道和一个 np 轨道组合而成的。每个 sp 杂化轨道含有 1/2s 和 1/2p 的成分。sp 杂化轨道间的夹角为 180°，呈直线形。例如，气态的二氯化铍 $BeCl_2$ 分子的结构。Be 原子的电子结构是 $1s^22s^2$。从表面上看基态的 Be 原子似乎不能形成共价键，但是在激发状态下，Be 的一个 2s 电子可以进入 2p 轨道。使 Be 原子的电子结构成为 $1s^22s^12p^1$。由于有两个成单电子，故可以与其他原子形成两个共价键。杂化轨道理论认为 Be 原子的一个 2s 轨道和一个 2p 轨道发生杂化，可形成两个 sp 杂化轨道，杂化轨道间的夹角为 180°。形成的 $BeCl_2$ 分子的空间结构是直线形的，如图 3.17 所示。

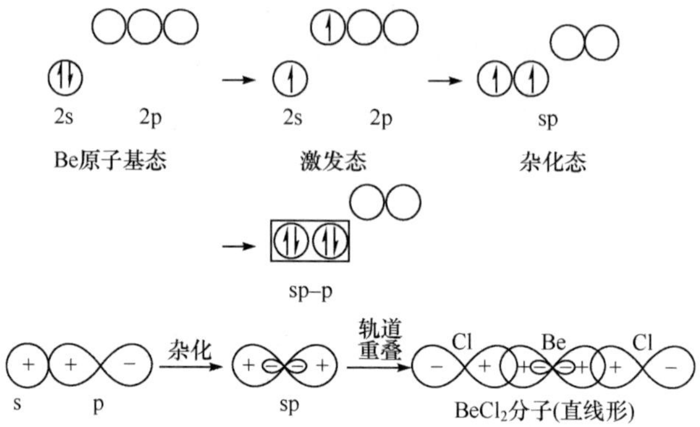

图 3.17　$BeCl_2$ 分子形成示意图

(2) sp^2 杂化。sp^2 杂化轨道是由一个 ns 轨道和两个 np 轨道组合而成的。每个 sp^2 杂化轨道都含有 1/3s 和 2/3p 的成分,杂化轨道间的夹角为 120°,呈平面三角形。例如,三氟化硼 BF_3 分子的结构,硼原子的电子层结构为 $1s^2 2s^2 2p^1$。当硼与氟结合时,硼原子的一个 2s 电子激发到一个空的 2p 轨道中,使硼原子的电子层结构为 $1s^2 2s^1 2p_x^1 p_y^1$。硼原子的 2s 轨道和两个 2p 轨道杂化组合成三个 sp^2 杂化轨道,硼原子的三个 sp^2 杂化轨道分别与三个 F 原子的各一个 2p 轨道重叠形成三个 sp^2-p 的 σ 键。由于三个 sp^2 杂化轨道在同一平面上,而且夹角为 120°,如图 3.18 所示,所以 BF_3 分子具有平面三角形的结构,如图 3.19 所示。

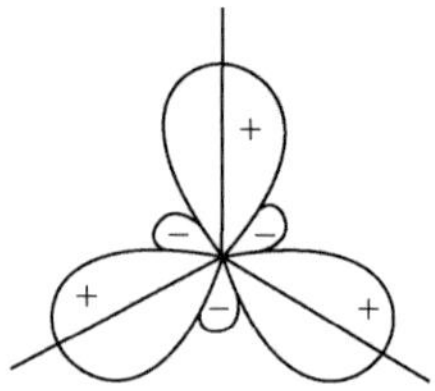

图 3.18　sp^2 杂化轨道示意图

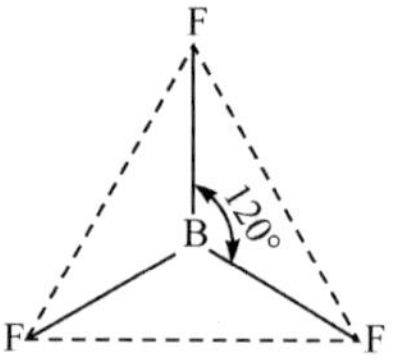

图 3.19　BF_3 分子的结构示意图

实验结果表明,在 BF_3 分子中,三个 B—F 键是等同的,所有的四个原子都处在同一个平面上,硼原子位于平面三角形的中央,三个 F 原子占据三角形的三个顶点,键角∠FBF 等于 120°。

(3) sp^3 杂化。sp^3 杂化轨道是由一个 ns 轨道和三个 np 轨道组合而成。每个 sp^3 杂化轨道都含有 1/4s 和 3/4p 的成分,sp^3 杂化轨道间的夹角为 109°28′。空间构型为四面体形。例如,CH_4 分子的结构,碳原子的电子结构为 $1s^2 2s^2 2p_x^1 2p_y^1$。杂化轨道理论认为,在形成 CH_4 分子时,碳原子的 2s 轨道中的一个电子激发到空的 $2p_z$ 轨道,使碳原子的电子层结构成为 $1s^2 2s^1 2p_x^1 2p_y^1 2p_z^1$。电子激发时所需的能量可以由成键时释放出来的能量予以补偿。碳原子的一个 2s 轨道和三个 2p 轨道杂化,组成四个新的能量相等、成分相同的 sp^3 杂化轨道。四个 sp^3 杂化轨道分别指向正四面体的四个顶角,杂化轨道间的夹角为 109°28′，如图 3.20 所示。

碳原子的四个 sp^3 杂化轨道与四个氢原子的 1s 轨道发生轨道重叠，形成四个 sp^3-s 的 σ 键。由于 sp^3 杂化轨道间的夹角为 109°28′，所以 CH_4 分子具有正四面体的空间结构，如图 3.21 所示。同时由于每个 sp^3 杂化轨道的能量相等、成分相同，所以在 CH_4 分子中四个 C—H 键是完全等同的。两个 C—H 键间的夹角∠HCH 等于 109°28′，这与实验测定的结果完全相符。

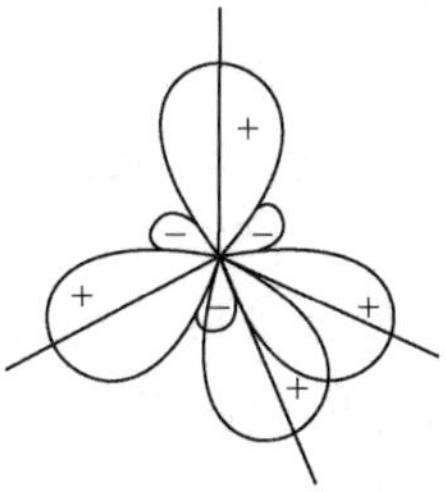

图 3.20　sp^3 杂化轨道示意图

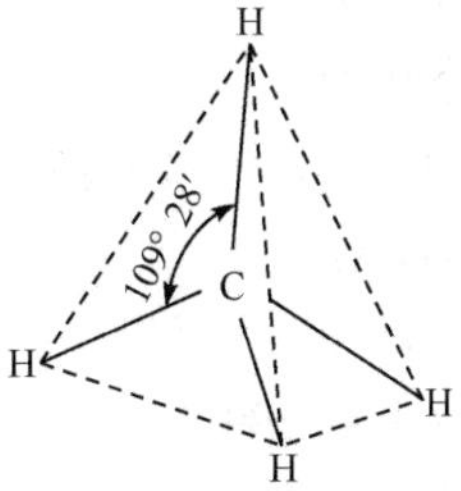

图 3.21　CH_4 分子的空间结构

(4) 等性杂化与不等性杂化。同种类型的杂化轨道(如 sp^3 等)又可分为等性杂化和不等性杂化两种。例如，在 CH_4 分子中，C 原子采取 sp^3 杂化，每个 sp^3 杂化轨道是等同的，它们都含有 1/4s 成分和 3/4p 的成分。这种杂化称为等性杂化。又如，在 H_2O 分子中，O 原子的电子结构 $1s^2 2s^2 2p_x^2 2p_y^1 2p_z^1$，氧原子中 2s 电子和两个 2p 电子已成对(称孤电子对)不参加成键，另外两个未偶合的 2p 电子与两个 H 原子的 1s 电子配对可形成两个共价单键，其键角似乎应为 90°，但实际测定 H_2O 分子的键角为 104.5°，这是电子配对理论不能满意解释的。杂化轨道理论认为，在形成水分子时，氧原子的一个 2s 轨道和三个 2p 轨道也采取 sp^3 杂化。在四个 sp^3 杂化轨道中，有两个杂化轨道被两对孤电子对所占据，剩下的两个杂化轨道为两个成单电子占据，故只能与两个 H 原子的 1s 电子形成两个共价单键。那么根据 sp^3 杂化轨道的空间取向，似乎 H_2O 分子中 OH 键间的夹角应为 109°28′，这与实际事实仍不符合。这是因为占据两个 sp^3 杂化轨道的两对孤电子对，由于不参加成键作用，电子云较密集于氧原子的周围，因此孤电子对对成键电子对所占据的杂化轨道有排斥作用，致使两个 OH 键间夹角不是 109°28′，而是 104.5°。如图 3.22 所示。这种由于孤电子对的存在而造成不完全等同的杂化，称为不等性杂化。例如，H_2O、NH_3、PCl_3 等分子中的 O、N、P 原子都是采取不等性杂化。

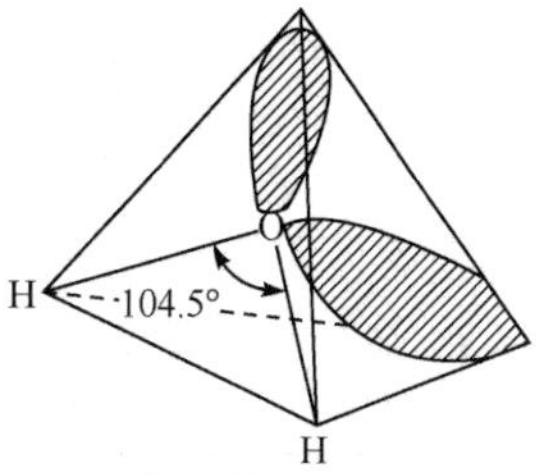

图 3.22　水分子的杂化结构

3.2.2　共价键的键参数

共价键具有一些表征其性质的物理量，如键长、键角、键能等，这些物理量统称为键参数。

1. 键能

根据热化学观点，双原子分子 A—B 的键能是指 100kPa、298.15K 时，如下反应体系焓的改变量：

$$AB(g) \longrightarrow A(g) + B(g)$$

所以，在 100kPa、298.15K 时，双原子分子的解离能就是它的键能。对于多原子分子，如 NH_3 含有三个 N—H 键，如果逐次仅拆开一个键，使一个分子变成两个部分，其各步的解离能分别为

$$NH_3(g) = NH_2(g) + H(g) \qquad D_1 = 433.1 kJ \cdot mol^{-1}$$

$$NH_3(g) = NH(g) + H(g) \qquad D_2 = 397.5 kJ \cdot mol^{-1}$$

$$NH(g) = N(g) + H(g) \qquad D_3 = 338.9 kJ \cdot mol^{-1}$$

而同种键的键能应是一样的。把一个分子分解为组成它的全部原子时所需要的能量，则应该恰好等于这个分子中全部化学键键能的总和。因此，在 NH_3 分子中 N—H 键的键能应该是 NH_3 的平均解离能。

一般说来键能越大，化学键越牢固。双键的键能比单键的键能大得多，但不一定等于单键键能的两倍；同样叁键键能也不一定是单键键能的三倍。表 3.7 中列出了一些键的键能数值。严格讲来，这些数据表示的是 298.15K 时的键能。

表 3.7　某些键能和键长的数据(298.15K)

共价键	键能/(kJ · mol^{-1})	键长/pm	共价键	键能/(kJ · mol^{-1})	键长/pm
H—H	436.00	74.1	F—F	156.9	141.2
H—F	568.6	91.7	Cl—Cl	242.95	198.8
H—Cl	431.4	127.5	Br—Br	193.87	228.1
H—Br	366.0	141.4	I—I	152.55	266.6
H—I	299	160.9	C—C	346	154
O—H	462.8	96	C═C	610.0	134
S—H	347	134	C≡C	835.1	120
N—H	391	101.2	O═O	497.3	120.7
C—H	413	109	S═S	424.6	188.9
Si—H	318	148	N≡N	948.9	109.8
Na—H	201	188.7	C≡N	889.5	116

2. 键长

当两原子间形成稳定的共价键时，两个原子间保持着一定的平衡距离，这距离称为键长。通过电子衍射、分子光谱等实验，可获得分子中成键原子间的距离。由实验结果得知，在不同分子中，两原子间形成相同类型的化学键时，键长相似，即共价键的键长有一定的守恒性。通过实验测定各种共价化合物中同类型共价键键长，求出它们的平均

值,即为共价键键长数据。一些共价键的键长也列在表 3.7 中。键长数据越大,表明两原子间的平衡距离越远,原子间相互结合的能力越弱。例如,H—F,H—Cl,H—Br,H—I 的键长依次增长,键的强度依次减弱,热稳定性逐渐下降。

3. 键角

综合考虑共价键的键能和键长,可以判断一个共价键的强弱。要描述一个共价型分子的空间结构,除了要知道原子间距离外,还需要了解相邻的共价键之间的夹角,以便确定原子在空间的相对位置。相邻两个共价键的键轴的夹角,称为键角。其数据可以用分子光谱和 X 射线衍射法测得。

如果知道了某分子内全部化学键的键长和键角的数据,那么这些分子的几何构型便可确定。

3.2.3　分子间力和氢键

前面讨论了相邻原子或离子间的结合力——化学键。化学键是决定分子化学性质的主要因素。但影响物质性质的因素,除了化学键的作用以外,还与分子与分子之间的一些较弱的作用力——分子间力有关。这种作用力的大小约每摩尔几千个焦耳,比化学键能约小两个数量级。实验证明,分子间作用力对物质的熔点、沸点、溶解度、稳定性等都有相当大的影响。

由于分子间力本质上属于电学性质的范畴,因此在介绍分子间力之前,让我们先熟悉分子的两种电学性质——分子的极性和变形性。

1. 分子的极性和极化

1) 分子的极性

在共价型分子中,共价键有极性键和非极性键之分。成键原子在形成共价键时,若其电负性不同,则共用电子对会偏向电负性大的原子,产生偶极,此类键就是极性共价键;反之,若成键原子电负性相同,共用电子对不偏离,则不产生偶极,形成的键就是非极性共价键。总之,共价键的极性取决于成键原子电负性的差异。

共价分子的极性不仅取决于共价键的极性,也与分子的构型有关。对于任何一种分子,都存在着带负电荷的电子和带正电荷的核。假定它们中的正、负电荷各集中于一点,这样在分子中就存在着一个正电荷的重心和负电荷的重心。根据分子中正、负电荷重心相对位置的不同,可将分子分为两类:若分子中正、负电荷重心重合,整个分子不显极性,这类分子称为非极性分子。反之,若分子中正、负电荷重心不重合,整个分子显极性,这类分子称为极性分子。

例如,H_2O 分子中 O—H 键为极性键,而且由于 H_2O 分子不是直线形分子,分子中正、负电荷重心不重合,因此,水分子是极性分子,如图 3.23 所示。

但是在二氧化碳(O═C═O)分子中,虽然 C═O 键为极性键,由于 CO_2 是一个直线形分子,两个 C═O 键的极性相互抵消,整个 CO_2 分子中正、负电荷重心重合,所以

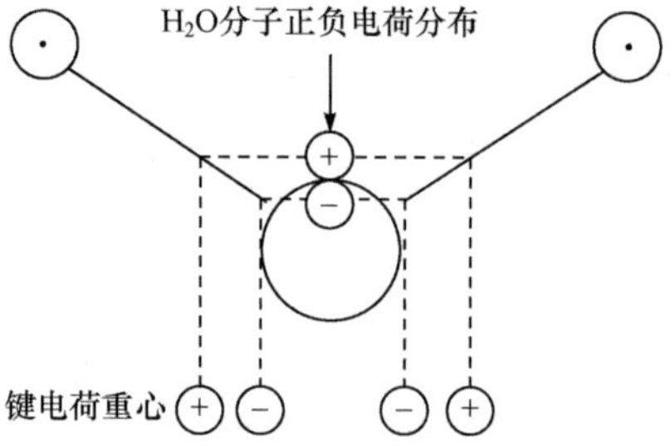

图 3.23 H_2O 分子中的电荷分布

CO_2 分子则是非极性分子。

总之,分子是否有极性,取决于整个分子中正、负电荷重心是否重合。

分子极性的强弱常用偶极矩来衡量。所谓偶极矩(μ)是假设某分子中存在着分别带有$+q$和$-q$电荷的两个重心,正、负电荷重心间距离为l(一般为10^{-10} m 左右)称为偶极长度,则该分子的偶极矩μ等于偶极长度l与电荷q的乘积:

$$\mu = l \cdot q \tag{3-4}$$

偶极矩是一个矢量,化学上规定其方向为从正指向负。它的值可由实验测得,它的单位是库·米(C·m)。μ值既可说明分子极性的强弱,也可提供判断分子空间构型的信息。

2) 分子的极化

当分子处于外电场中时,由于外电场的作用,分子中的电子和原子核产生相对位移,使分子发生变形,分子中原有的正、负电荷重心的位置会发生改变,分子的极性也会随之改变,这种过程称为分子的极化。

当非极性分子处于外电场中时,在外电场的作用下,非极性分子中的电子和原子核会发生相对位移,使原来重合的正、负电荷重心彼此分离。正电荷重心向负电极靠近,而负电荷重心向正电极靠近,因而产生了偶极。这个偶极称为诱导偶极。这一过程引起了分子形状的改变,称为分子的变形极化,如图 3.24(b)所示。

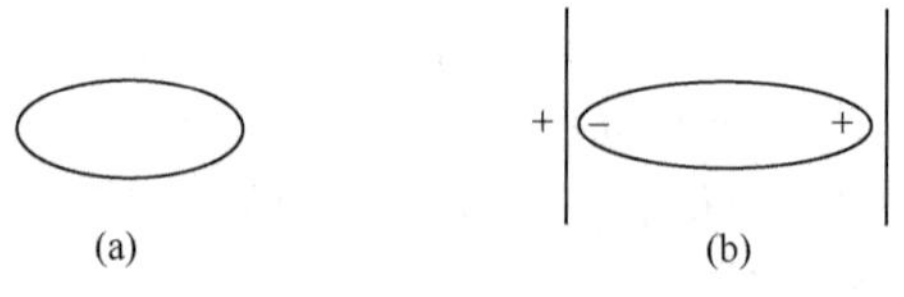

图 3.24 非极性分子在电场中的变形极化

分子中因电子云与核发生相对位移而使分子外形发生变化的性质,就称为分子的变形性。电场越强,分子的变形极化越显著,产生的诱导偶极越大。当外电场消失时,诱导产生的偶极也随之消失,如图 3.24(a)所示。极性分子本身就存在着偶极,这种偶极称为固有偶极。在气态及液态时,若没有外电场的作用,极性分子一般都做无规则运动。受外电场的作用,极性分子的正极一端转向电场的负电极,负极的一端转向电场的正电极,这一过程称为定向极化。在外电场的进一步作用下,极性分子的形状也会发生改变,分子中的正、负电荷重心将分得更开,产生了诱导偶极。因此极性分子的偶极矩将增大,如图 3.25 所示。

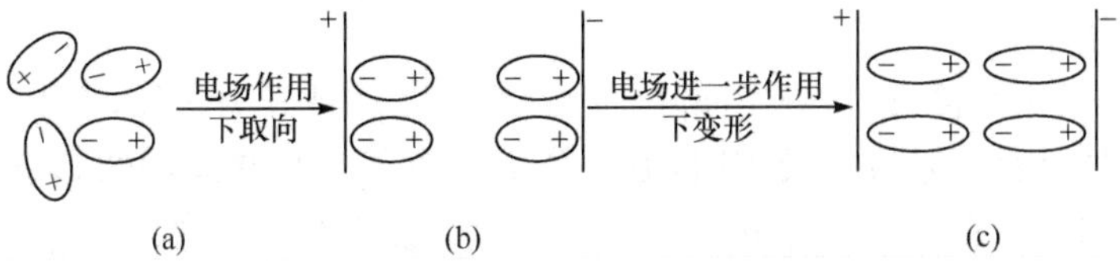

图 3.25　极性分子在电场中的极化

2. 分子间作用力

无外电场的作用时,若将分子与分子相互靠近,则也会因分子间的相互作用而产生分子的极化现象。分子极化的结果使分子间产生一种作用力,即分子间力。分子间作用力由范德华首先提出并进行了较为系统的研究,因而又称范德华力。

分子间力既无方向性,又无饱和性。它包括下面三种力。

1) 色散力

由于每个分子内的电子和原子核均处于不断运动之中,因而某瞬间会出现原子核和电子的相对位移,相应也使分子的正、负电荷重心发生相对位移,产生偶极。这类偶极称为瞬时偶极。当两个非极性分子相互靠近至几百个皮米时,由于瞬时偶极的作用,会使分子由原来的正、负电荷重心重合,分子没有极性的状态[图 3.26(a)]在瞬间处于异极相邻状态[图 3.26(b),(c)],分子间出现一种因瞬时偶极而产生的作用力,这种作用力称为色散力。

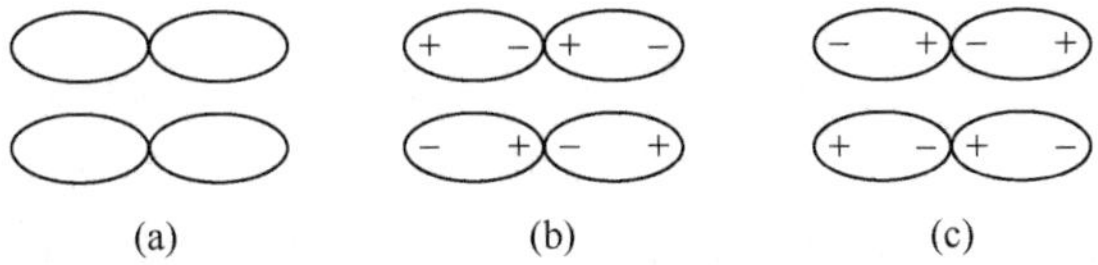

图 3.26　非极性分子相互作用示意图

虽然瞬时偶极在瞬间出现,但因分子处于不断运动之中,故色散力始终存在于一切分子之间。分子间色散力的大小与分子的极化率有关,极化率越大,分子间色散力越大。

2) 诱导力

当极性分子和非极性分子相互靠近时,除了分子之间存在有色散力以外,还由于极性分子本身具有固有偶极,因而当非极性分子靠近它时,相当于受到了一个外电场的作用,可使非极性分子的正、负电荷重心分开,发生变形,产生诱导偶极,使非极性分子出现了极性,并使两分子处于异极相邻状态(图 3.27)。同时极性分子也因受诱导偶极的作用,其极性进一步被加强。诱导偶极与极性分子的固有偶极之间所产生的作用力称为诱导力。

图 3.27 极性分子与非极性分子相互作用

3）取向力

当极性分子相互接近时，分子间除了存在色散力和诱导力之外，又由于极性分子相遇时产生了同极相斥、异极相吸作用，极性分子克服了自身热运动的影响，而在空间转向，形成异极相邻状态。这种经分子在空间取向形成的作用力称为取向力。

综上所述，极性分子之间的作用力实际上由色散力、诱导力、取向力三种作用力加合而成。除了偶极矩很大的分子以取向力为主以外（如水分子），一般分子中色散力是分子间最主要的作用力。

3. 分子间力对物质性质的影响

由于分子间力较弱，对物质的化学性质影响不大，但对物质的物理性质影响较大。

1）对物质熔、沸点的影响

任何一种物质需要气化或熔化均需吸收外界能量以克服液体或固体中分子间的吸引力。因而随着分子间作用力的增强，往往物质的熔、沸点相应升高。

2）对物质溶解度的影响

物质的溶解度大小也随溶质分子间、溶剂分子间及溶质和溶剂分子间的相互作用力不同而不同。一般极性相似的分子间作用力比较大。因而极性溶质易溶于极性溶剂之中，反之亦然。例如，CCl_4 分子与 H_2O 分子不能互溶，而 NH_3 分子却可溶于 H_2O 中。

4. 氢键

在周期表中，第二周期部分元素的氢化物常表现出一些特殊的性质。例如，NH_3，H_2O，HF 分子与各自同族其他元素的氢化物相比，有着特别高的熔、沸点（图 3.28）。这表明这些分子间必然存在着另一种作用力，这种特殊的作用力即为氢键。

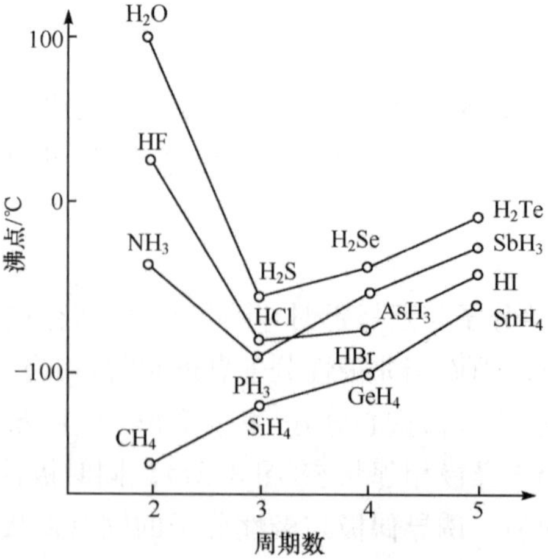

图 3.28 ⅣA～ⅦA 氢化物沸点递变情况

1) 氢键的形成

现以 HF 为例说明氢键的形成，在 HF 分子中，由于 F 的电负性(4.0)很大，共用电子对强烈偏向 F 原子一边，而 H 原子核外只有一个电子，其电子云向 F 原子偏移的结果，使得它几乎要呈质子状态。这个半径很小、无内层电子又带部分正电荷的氢原子，使附近另一个 HF 分子中含有孤电子对并带部分负电荷的 F 原子有可能充分靠近它，从而产生静电吸引作用。这种静电吸引作用力就是氢键。例如

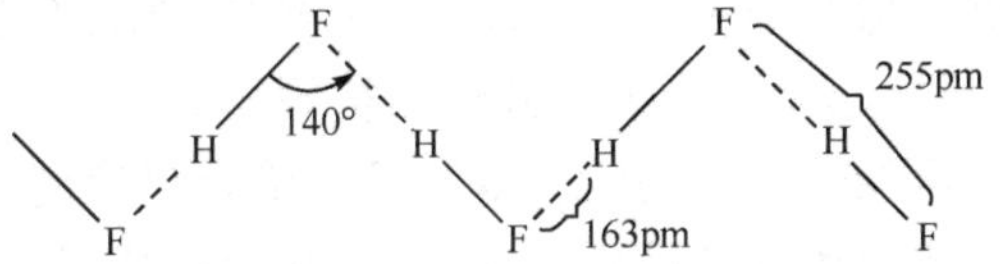

氢键通常可以用 X—H…Y 表示，X 和 Y 代表 F，O，N 等电负性大且半径较小的原子。X 和 Y 可以是两种相同的元素，也可以是不同的元素。另外，不仅同种分子之间可存在氢键，某些不同种分子之间也可以形成氢键。例如，NH_3 与 H_2O 之间：

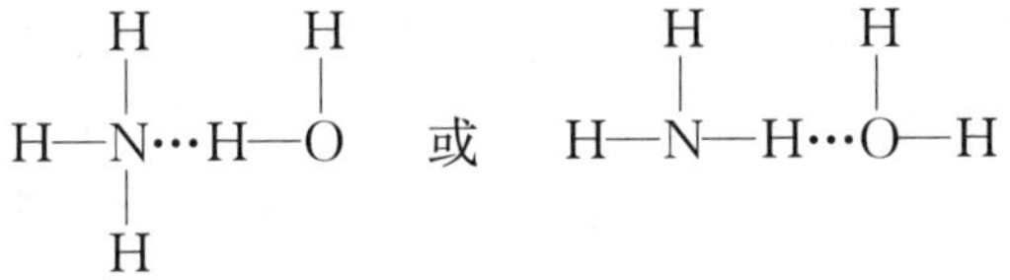

因此形成氢键的条件是：

(1) 一个与电负性很大的原子 X 形成共价键的氢原子。

(2) 一个电负性很大并具有孤电子对的原子 Y。

2) 氢键的特征和性质

氢键的作用力一般在 20～40kJ · mol^{-1}，一般比范德华力大，但比共价键小。

(1) 方向性。氢键的方向性是指形成的氢键一般是与原来氢的共价键成一直线，即两个电负性大的元素在氢的两侧，相距最远、斥力最小，因而形成的氢键最强，体系更稳定。

(2) 饱和性。氢键的饱和性是指已经形成氢键的氢原子，由于其他电负性强的元素与该氢原子间的引力远小于 X、Y 原子对 H 原子的引力，且氢原子体积又小，不可能再形成第二个氢键。

能形成氢键的物质相当多，如水、醇、胺、氨合物和无机含氧酸均可形成氢键。而且氢键也存在于生物体内，如蛋白质、核酸、脂肪、糖类等物质中均含氢键。

(3) 氢键对物质性质的影响。分子间氢键的形成可以使物质的熔点、沸点升高，溶解度增大，液体的密度增大。例如，HF 在卤化氢中，相对分子质量最小，但由于 HF 分子间能形成氢键，当固态 HF 液化或气化时，必须破坏氢键和分子间力，所以 HF 的熔、沸点就高。另外，如果溶质分子与溶剂分子间能形成氢键，将有利于溶质分子的溶解；液体间若能形成氢键，则液体分子就发生缔合，使液体的密度增大。

3.3 配合物结构的价键理论

现代结构理论认为:配合物是由可以给出孤电子对或多个不定域电子的一定数目的离子或分子(称为配体)和具有接受孤电子对或多个不定域电子的空位的原子或离子(统称为中心原子)按一定的组成和空间构型所形成的化合物。

配合物中的化学键是指配合物内中心原子(形成体)与配体之间的化学键。关于这种化学键的本质,直到建立起近代原子和分子结构理论之后,用现代的价键理论、晶体场理论和配位场理论才得到较好的阐明。本节只简单介绍价键理论。1931 年,鲍林在前人工作的基础上把杂化轨道理论应用于配合物,从而形成了比较完整的近代配合物价键理论。

3.3.1 价键理论的基本要点

价键理论认为:配合物的中心离子或原子(配合物形成体)M 与配体 L 形成配合物时,中心原子以空的杂化轨道,接受配体提供的孤电子对,形成 σ 配位键(一般用 M← :L 表示)。即中心原子空的杂化轨道与配位原子的具有孤电子对的原子轨道相互重叠而形成配位共价键。中心原子的杂化轨道类型可决定配合物的空间构型和配位键型(内轨或外轨配键)。

3.3.2 配合物的几何构型

在配位键的形成过程中,中心原子(形成体)需提供一定数目的经杂化后能量相同的空轨道。由于中心原子的杂化轨道有一定的方向性,所以配合物具有一定的几何构型。下面介绍几种常见配合物的几何构型。

(1) 配位数为 2 的配离子。例如,配离子$[Ag(NH_3)_2]^+$中,Ag^+需提供 2 个空轨道。由 Ag^+ 的核外电子排布可知,Ag^+ 的价层电子构型为 $4d^{10}$,因此可提供出 5s,5p 的空轨道。

当 Ag^+ 与 NH_3 分子结合为$[Ag(NH_3)_2]^+$时,Ag^+ 的外层能级相近的 1 个 5s 和 1 个 5p 空轨道进行杂化,组成 2 个等价的 sp 杂化轨道,容纳 2 个 NH_3 分子中的 N 原子提供的 2 对孤电子对,从而形成 2 个配位键(虚线内杂化轨道中的共用电子对由氮原子提供):

由于 sp 杂化轨道的空间构型是直线形，所以$[Ag(NH_3)_2]^+$中，2 个 NH_3 分子中的 N 原子位于 Ag^+ 的两边，具有直线形构型（表 3.8）。

(2) 配位数为 4 的配离子。例如，$[Ni(NH_3)_4]^{2+}$和$[Ni(CN)_4]^{2-}$形成过程中，都要求形成体 Ni^{2+} 提供 4 个经杂化的空轨道，而 Ni^{2+} 的价层电子构型为 $3d^8$。

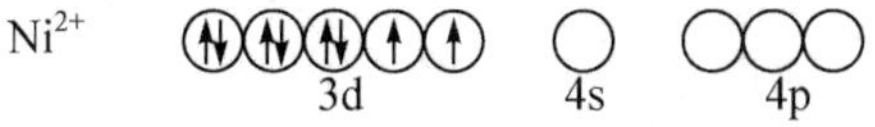

当 Ni^{2+} 与 4 个 NH_3 结合为$[Ni(NH_3)_4]^{2+}$时，Ni^{2+} 的 1 个 4s 和 3 个 4p 空轨道进行 sp^3 杂化，组成 4 个 sp^3 杂化轨道，容纳 4 个 NH_3 中的 N 原子提供的 4 对孤电子对，从而形成 4 个配位键：

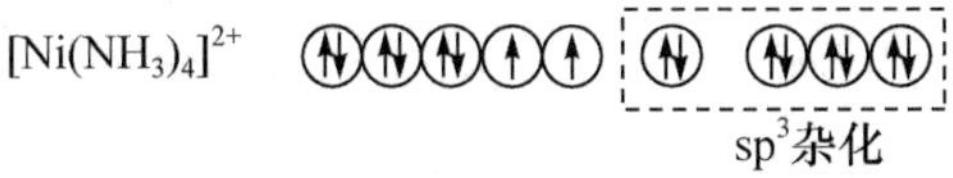

所以$[Ni(NH_3)_4]^{2+}$的几何构型为正四面体形（表 3.8），Ni^{2+} 位于正四面体的中心，4 个配位原子 N 在正四面体的 4 个顶角上。

当 Ni^{2+} 与 4 个 CN^- 结合为$[Ni(CN)_4]^{2-}$时，Ni^{2+} 在配体 CN^- 的影响下，3d 电子发生重排，原有自旋平行的电子数减少，空出 1 个 3d 轨道与 1 个 4s、2 个 4p 空轨道进行 dsp^2 杂化，组成 4 个 dsp^2 杂化轨道，容纳 4 个 CN^- 中的 4 个 C 原子所提供的 4 对孤电子对，从而形成 4 个配位键：

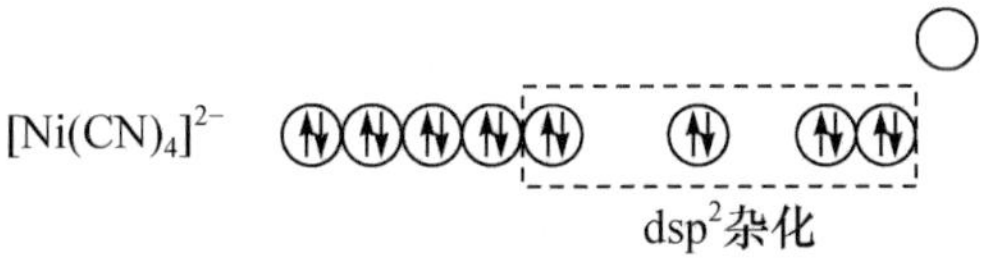

dsp^2 杂化轨道间夹角为 90°，在一个平面上，各杂化轨道的方向是从平面正方形中心指向 4 个顶角，所以$[Ni(CN)_4]^{2-}$的几何构型为平面正方形（表 3.8）。Ni^{2+} 在正方形的中心，4 个配位原子 C 在 4 个顶角上。

因此，对于配位数为 4 的配离子，形成体（中心原子）可形成两种杂化类型。即 sp^3 和 dsp^2 杂化，而不同的杂化类型对应不同的几何构型。

(3) 配位数为 6 的配离子。例如，$[FeF_6]^{3-}$和$[Fe(CN)_6]^{3-}$中 Fe^{3+} 的价层电子构型为 $3d^5$。

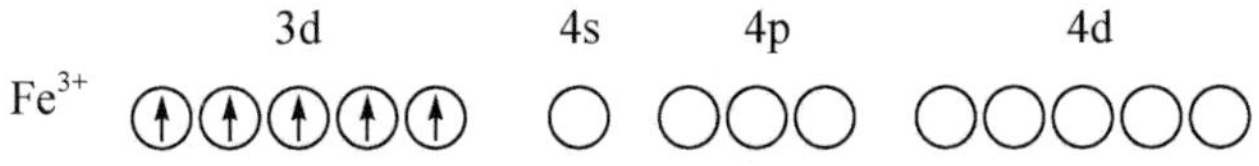

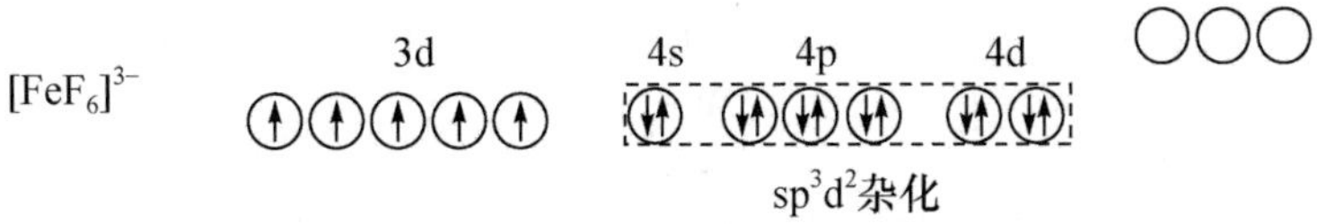

当 Fe^{3+} 与 6 个 F^- 形成$[FeF_6]^{3-}$时，Fe^{3+} 的 1 个 4s、3 个 4p 和 2 个 4d 空轨道进行

杂化，组成6个sp^3d^2杂化轨道，容纳由6个F^-提供的6对孤电子对，形成6个配位键。6个sp^3d^2杂化轨道在空间是对称分布的，指向八面体的6个顶角。轨道夹角为90°。所以$[FeF_6]^{3-}$的几何构型为正八面体形(表3.8)，Fe^{3+}位于正八面体的中心，6个F^-在正八面体的6个顶角上。

但当Fe^{3+}与6个CN^-结合为$[Fe(CN)_6]^{3-}$时，Fe^{3+}在配体CN^-的影响下，3d电子重新分布，发生电子归并，原有未成对电子数减少，空出2个3d轨道，这2个3d轨道和1个4s、3个4p轨道进行d^2sp^3杂化，组成6个d^2sp^3杂化轨道(也是正八面体形)，容纳6个CN^-中的6个C原子所提供的6对孤电子对，从而形成6个配位键。

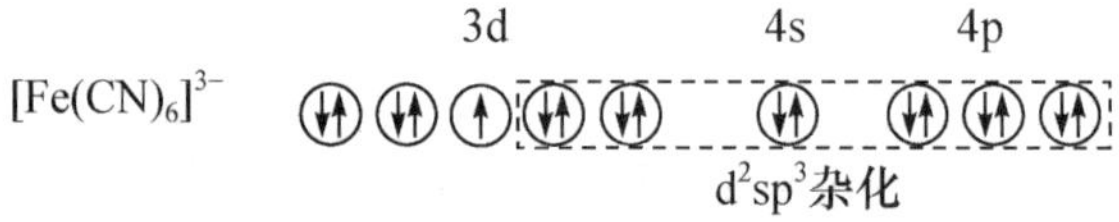

因此在配位数为6的配离子中，中心离子也有两种杂化形式，即sp^3d^2杂化和d^2sp^3杂化，并且相应配离子的几何构型均为正八面体形。

表3.8中列出了常见的轨道杂化类型与配合物几何构型的对应关系。

表3.8　轨道杂化类型与配合物几何构型的对应关系

配位数	杂化类型	几何构型	实例
2	sp	直线形 	$[Ag(NH_3)_2]^+$，$[Ag(CN)_2]^-$，$[CuCl_2]^-$
3	sp^2	平面等边三角形 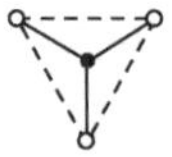	$[CuCl_3]^{2-}$，$[HgI_3]^-$
4	sp^3	正四面体形 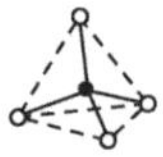	$[Ni(NH_3)_4]^{2+}$，$[Zn(NH_3)_4]^{2+}$，$[HgI_4]^{2-}$，$[Ni(CO)_4]$，$[CoCl_4]^{2-}$
	dsp^2	正方形 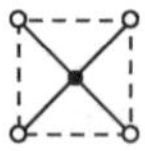	$[Ni(CH)_4]^{2-}$，$[Cu(NH_3)_4]^{2+}$，$[PtCl_4]^{2-}$，$[Cu(CN)_4]^{2-}$，$[PtCl_2(NH_3)_2]$
5	dsp^3	三角双锥形 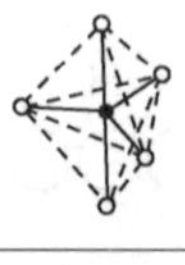	$[Fe(CO)_5]$，$[Co(CN)_5]^{3-}$
6	sp^3d^2	正八面体形 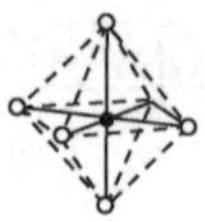	$[FeF_6]^{3-}$，$[Fe(H_2O)_6]^{3+}$，$[CoF_6]^{3-}$
	d^2sp^3		$[Fe(CN)_6]^{3-}$，$[Fe(CN)_6]^{4-}$，$[Co(NH_3)_6]^{3+}$，$[PtCl_6]^{2-}$

3.3.3　外轨配键与内轨配键

中心离子(形成体)以最外层的轨道(ns,np,nd)组成杂化轨道后,与配体中的配位原子形成的配位键称为外轨配键,其对应的配合物称为外轨型配合物;若中心离子以部分次外层轨道[如$(n-1)$d轨道]参与组成杂化轨道,则形成内轨配键,其对应的配合物称为内轨型配合物。

在$[Ni(NH_3)_4]^{2+}$和$[FeF_6]^{3-}$中,Ni^{2+}和Fe^{3+}分别以4s,4p和4s,4p,4d轨道组成sp^3和sp^3d^2杂化轨道,与配位原子成键,这样的配键皆为外轨配键,所形成的配合物为外轨型配合物。属于外轨型配合物还有$[HgI_4]^{2-}$,$[CdI_4]^{2-}$,$[Fe(H_2O)_6]^{2+}$,$[Fe(H_2O)_6]^{3+}$,$[Co(H_2O)_6]^{2+}$,$[CoF_6]^{3-}$,$[Co(NH_3)_6]^{2+}$等。

在形成外轨型配合物时,中心离子的电子分布不受配体的影响,仍保持自由离子的电子层构型,所以配合物形成体的未成对电子数和自由离子中未成对电子数相同,且一般具有较多的未成对电子数。

另外,还有一些配离子如$[Ni(CN)_4]^{2-}$和$[Fe(CN)_6]^{3-}$,形成体Ni^{2+}和Fe^{3+}分别以3d,4s,4p轨道组成dsp^2和d^2sp^3杂化轨道与配位原子成键,这样的配键皆为内轨配键,所形成的配合物为内轨型配合物。属于内轨型配合物还有$[Cu(CN)_4]^{2-}$,$[Fe(CN)_6]^{4-}$,$[Co(NH_3)_6]^{3+}$,$[Co(CN)_6]^{4-}$,$[PtCl_6]^{2-}$等。

在形成内轨型配合物时,中心离子的电子分布在配体的影响下发生变化,进行电子归并,共用电子对深入到形成体的内层轨道,所以配合物中心离子的未成对电子数比自由离子的未成对电子数少(也有例外,如Cu^{2+}所形成的内轨型配合物)。

配合物是内轨型还是外轨型,主要取决于中心原子或离子(形成体)的电子构型、离子所带的电荷和配位体的性质。具有d^{10}构型的离子,只能用外层轨道形成外轨型配合物;具有$d^{1\sim3}$构型的离子,大多数情况下形成内轨型配合物;具有其他构型的离子,既可形成内轨型,也可形成外轨型配合物。

中心离子电荷的增多有利于形成内轨型配合物。因为中心离子的电荷较多时,它对配位原子的孤电子对的引力较强,如$[Co(NH_3)_6]^{2+}$为外轨型,而$[Co(NH_3)_6]^{3+}$为内轨型。

通常电负性大的原子(如F,O等),与电负性较小的C原子比较,不易提供孤电子对,作为配位原子,中心离子以外层轨道与之成键,因此形成外轨型配合物。C原子作配位原子时(尤其是在CN^-中)则常形成内轨型配合物。

3.3.4　配合物的稳定性与磁性

1. 稳定性

对于相同的中心离子,由于sp^3杂化轨道能量比dsp^2杂化轨道能量高,sp^3d^2杂化轨道能量比d^2sp^3杂化轨道能量高,当形成相同配位数的配离子时,一般内轨型比外轨型稳定。例如,在溶液中$[Ni(CN)_4]^{2-}$和$[Fe(CN)_6]^{3-}$分别比$[Ni(NH_3)_4]^{2+}$和

$[FeF_6]^{3-}$难解离，即内轨型比外轨型配离子较难解离。配合物的键型除了影响配合物在溶液中的解离程度外，也影响配合物的氧化还原稳定性。

2. 磁性

配合物的价键理论不仅成功地说明了配合物的几何构型和某些化学性质，而且能根据配合物中未成对电子数的多少较好地解释配合物的磁性。

物质的磁性与组成物质的原子、分子或离子中电子自旋运动有关。如果物质中正自旋电子数和反自旋电子数相等（电子皆已成对），电子自旋所产生的磁效应相互抵消，该物质就表现出反磁性。而当物质中正、反自旋电子数不等时（有成单电子），则总磁效应不能相互抵消，整个原子或分子就具有磁性，所以物质的磁性强弱与物质内部未成对的电子数多少有关。物质磁性强弱可用磁矩（μ）来表示。

$\mu=0$ 的物质，其中电子皆已成对，具有反磁性；

$\mu>0$ 的物质，其中有未成对电子，具有顺磁性。

磁矩 μ 的数值随物质中未成对电子数（n）的增多而增大。假定配离子中配体内的电子皆已成对，则 d 区过渡元素所形成的配离子的磁矩可用下式作近似计算（磁矩的单位为玻尔磁子，单位符号为 B. M.）：

$$\mu=\sqrt{n(n+2)} \tag{3-5}$$

根据式（3-5）可计算出未成对电子数 $n=1\sim5$ 的理论 μ 值。因此，测定配合物的磁矩，就可以了解中心离子未成对电子数，从而可以确定该配合物是内轨型还是外轨型。

例如，Fe^{3+} 中有 5 个未成对 d 电子，根据 $\mu=\sqrt{n(n+2)}$ 可以计算出 Fe^{3+} 的磁矩理论值为

$$\mu_{理}=\sqrt{5(5+2)}=5.92(\text{B. M.})$$

实验测得$[FeF_6]^{3-}$的磁矩为 5.90B. M.，在$[FeF_6]^{3-}$中，Fe^{3+} 仍保留 5 个未成对电子，以 sp^3d^2 杂化轨道与配位原子 F 形成外轨配键。而实验测得，$[Fe(CN)_6]^{3-}$的磁矩为 2.0B. M.，此数值与具有一个未成对电子的磁矩理论值 1.73B. M. 很接近，表明在成键过程中，中心离子的未成对电子数减少，d 电子重新分布，而以 d^2sp^3 杂化轨道与配位原子 C 形成内轨配键。

价键理论根据配离子所采用的杂化轨道类型成功地说明了配离子的几何构型和中心离子的配位数之间的关系，解释了外轨型与内轨型配合物的稳定性和磁性差别。该理论在配合物化学的发展过程中，起了一定的作用。但是其应用价值有较大的局限性，到目前为止还不能定量地说明配合物的性质。例如，无法定量地说明过渡金属配离子的稳定性随中心离子的 d 电子数变化而变化的事实，也不能解释配离子的吸收光谱和特征颜色。此外，价键理论对具有 d^1，d^2，d^3 和 d^9 构型的中心离子所形成的配合物，因未成对电子数无论在内轨型还是外轨型配合物中均无差别，根据磁矩无法区别。因此，从 20 世纪 50 年代后期以来，价键理论的地位，已逐渐为配合物的晶体场理论和配位场理论所取代。关于这两个理论，读者可以查阅有关书籍或专著。

思考题与习题

1. 下列各组量子数哪些是不合理的？为什么？

	n	l	m
(1)	2	1	0
(2)	2	2	−1
(3)	3	0	1
(4)	2	0	−1
(5)	2	3	2

2. 在下列各组量子数中，恰当填入尚缺的量子数。

(1) $n=?$　$l=2$　$m=0$　$m_s=+1/2$

(2) $n=2$　$l=?$　$m=-1$　$m_s=-1/2$

(3) $n=4$　$l=2$　$m=0$　$m_s=?$

(4) $n=2$　$l=0$　$m=?$　$m_s=+1/2$

3. 分别写出下列元素原子的电子分布式，并分别指出各元素在周期表中的位置。

$_{9}F$　$_{10}Ne$　$_{25}Mn$　$_{29}Cu$　$_{24}Cr$　$_{55}Cs$　$_{71}Lu$

4. 试填写下表。

原子序数	电子分布式	各层电子数	周期	族	区	金属(非金属)
11						
21						
53						
60						
80						

5. 有 A,B,C,D 四种元素，其价电子数依次为 1,2,6,7，其电子层数依次减少。已知 D^- 的电子层结构与 Ar 原子相同，A 和 B 次外层各只有 8 个电子，C 次外层只有 18 个电子。试判断这四种元素。

(1) 原子半径由小到大的顺序。

(2) 第一电离能由小到大的顺序。

(3) 电负性由小到大的顺序。

(4) 金属性由弱到强的顺序。

(5) 分别写出各元素原子最外层的 $l=0$ 的电子的量子数。

6. 什么是化学键？化学键有几种类型？它们形成的条件是什么？举例说明。

7. 用杂化轨道理论说明 H_2O 分子为什么是极性分子。

8. 试用杂化轨道理论说明下列分子中中心原子可能采取的杂化类型，并预测其分子的几何构型。

PH_3　BCl_3　H_2S　CO_2　$SiCl_4$

9. BF_3 是平面三角形的几何构型，但 NF_3 却是三角锥形的几何构型，试用杂化轨道理论加以说明。

10. 已知 NO_2,CO,SO_2 分子其键角分别为 132°,180°,120°,判断它们的中心原子轨道的杂化类型。

11. 根据价键理论指出下列各配离子的中心原子(或离子)所采用的杂化轨道和空间结构。

(1) $[Au(CN)_2]^-$　　(2) $[HgI_4]^{2-}$

(3) $[Cr(NH_3)_4(H_2O)_2]^{3+}$　　(4) $[PbCl_6]^{2-}$

(5) $[AlCl_4]^-$　　(6) $[Cu(CN)_4]^{3-}$

(7) $[Fe(CO)_5]$

12. 根据实验测得的有效磁矩,判断下列各种配离子中哪些是内轨型,哪些是外轨型。

(1) $[Fe(en)_2]^{2+}$　5.5B. M.　　(2) $[Co(NO_2)_6]^{4-}$　1.8B. M.

(3) $[Mn(SCN)_6]^{4-}$　6.1B. M.　　(4) $[Co(SCN)_4]^{2-}$　4.3B. M.

(5) $[Mn(CN)_6]^{4-}$　1.8B. M.　　(6) $[Pt(CN)_4]^{2-}$　0B. M.

第4章　物质的聚集与分散

物质有三种基本聚集状态：气态、液态和固态。同一种物质的聚集状态可以改变，如加热固态物质可使其转变成液态，即熔化；加热固态物体使其转变成气态的过程称为升华；加热液体可以使其转变成气体称为蒸发或气化；加压、冷却使气体转化成液体称为液化；冷却使液体转变成固体的过程称为凝固。

对气体加热至很高的温度(如一万度以上)，以及在激光或电磁场的作用下，气体中部分粒子将发生电离，当电离的粒子超过0.1%，就形成了等离子体。等离子体中正电荷数等于负电荷数，在宏观上仍然是电中性的，所以它可以存在于自然界中。通常加热很难达到形成等离子态所需要的温度，实际应用上采用微波、激光、电弧放电、高频电感耦合放电等方法来获得等离子体。在太阳上由于温度非常高，物质以等离子态的方式存在。等离子体是物质存在的一种特殊形态，它不同于常规的固态与液态，和气态物质也有明显的区别，如气体不导电，等离子体则是一种导电流体。因此，等离子体又称为物质的"第四态"。等离子体具有很高的反应活性，可在电磁场作用下产生定向的流动，用等离子体取代普通气体参与化学反应，可使化学反应的温度大大降低。现在已广泛应用于高熔点物质的合成(如金刚石，BN等)，涂层或薄膜材料的制备(如太阳能电池用α-Si薄膜，刀具镀层TiN等)。

4.1　气　　态

气体没有固定形状，是物质的一种状态，具有可压缩性和任意扩散性。气体的状态可用气体的p、V、T和n四个物理量来描述，这四个物理量之间存在某种联系。通常化学教科书中的气体压力是指气体施加在容器壁单位截面积上的压力，也就是物理学上的压强，气体的压力用帕斯卡(Pa)来表示。

4.1.1　理想气体

1. 怎样的气体是理想气体

所谓的理想气体，必须满足下列三个条件：

(1) 把气体分子看作数学上的一个质点，忽略气体分子的自身体积，即分子自身的体积等于零。在较低的压力下，实际气体分子的体积相对于它的活动空间来说非常小，可以忽略不计，所以在低压下的实际气体比高压下的气体更接近于理想气体。

(2) 气体分子间的相互作用力等于零，即分子之间发生的碰撞是完全弹性碰撞，碰撞后的总动能不发生改变，碰撞后也不发生相互"结合"或化学反应。在高温下，气体分子的平均动能比较大，分子相碰时能克服分子间力，所以在高温下的实际气体比低温下的气体更接近于理想气体。

(3) 气体分子不被容器壁吸附。

总之，在封闭体系中理想气体的质点数(分子数)不会发生变化。

2. 理想气体状态方程

理想气体状态方程是描述理想气体处于平衡态时，压力、体积、物质的量、温度间的关系的状态方程，表示如下：

$$pV=nRT \tag{4-1}$$

式中，p 为气体的压力，单位是 Pa(帕斯卡)或 kPa(千帕)；V 为气体的体积，单位是 m^3(立方米)；n 为气体的物质的量，单位是 mol(摩尔)；T 为气体的热力学温度，单位是 K(开尔文)；R 为摩尔气体常量，数值为 $8.314J \cdot mol^{-1} \cdot K^{-1}$。

从理想气体状态方程(4-1)中可以看出，当 n、T 一定时，压力和体积的乘积等于常数($pV=k$)，同样当体积和温度一定时，压力正比于物质的量。也就是说在理想气体状态方程中有 4 个变量 p、V、n 和 T，如果确定了其中 3 个变量，就可以计算出第 4 个变量。

【例 4.1】 在 100kPa 下，0℃时空气的密度(ρ)为 $1.29kg \cdot m^{-3}$，试计算该空气的平均摩尔质量。

解 根据 $n=m/M$(m 为质量，M 为摩尔质量)，得

$$\rho=m/V$$

$1Pa=1N \cdot m^{-2}=1kg \cdot m \cdot s^{-2} \cdot m^{-2}$，$T=$(摄氏温度数值$+273.15$)K，即 0℃时，热力学温度是 273.15K，则

$$p=\frac{n}{V}RT=\frac{m/M}{V}RT=\frac{\rho}{N}=\frac{\rho}{M}RT$$

$$M=\rho\frac{RT}{p}=1.29(kg \cdot m^{-3})\times\frac{8.314J \cdot mol^{-1}\times 273.15K}{1.00\times 10^5(kg \cdot m \cdot s^{-2})}$$

$$=0.0293kg \cdot mol^{-1}=29.3g \cdot mol^{-1}$$

3. 理想气体的分压定律

如果在一个容器中，气体同时含有 x 种不同的分子，由于理想气体中各分子不会相互"结合"或化学反应，所以各分子均符合理想气体方程：

$$n_1=\frac{p_1V}{RT};n_2=\frac{p_2V}{RT};n_3=\frac{p_3V}{RT};\cdots;n_x=\frac{p_xV}{RT}$$

容器中各分子数量的加和等于总的分子数：

$$n=n_1+n_2+n_3+\cdots+n_x$$

用理想气体方程代入上式可得

$$\frac{pV}{RT}=\frac{p_1V}{RT}+\frac{p_2V}{RT}+\frac{p_3V}{RT}+\cdots+\frac{p_xV}{RT}$$

两边乘以 RT/V 可得气体的总压等于各气体分压之和：

$$p=p_1+p_2+p_3+\cdots+p_x \tag{4-2}$$

式(4.2)称为道尔顿分压定律，即密闭容器中气体的总压力等同于各气体的分压之和。

把某一气体的分压除以总压，可以得到

$$\frac{p_x}{p}=\frac{\frac{n_xRT}{V}}{\frac{nRT}{V}}=\frac{n_x}{n}$$

$$p_x=p\frac{n_x}{n} \tag{4-3}$$

即密闭容器中，某气体的分压等于其摩尔分数乘以体系的总压力。

【例 4.2】 在 25℃将 $50m^3$ 压力为 100kPa 的氧气和 $25m^3$ 压力为 200kPa 的氮气混合，混合后气体的总体积为 $300m^3$，求混合后气体的总压力。

解　混合后氧气的分压为

$$p_{O_2}=50\times100/300=16.7(kPa)$$

混合后氮气的分压为

$$p_{N_2}=25\times200/300=16.7(kPa)$$

混合后气体的总压力为

$$p_{总}=16.7+16.7=33.4(kPa)$$

4.1.2　实际气体

在实际气体中，气体分子本身的体积不可以忽略，即我们不可能把气体压缩到它的体积等于零，分子与分子之间的作用力不可以忽略。$pV\neq nRT$，它们之间的关系要用下式来表示：

$$Z=\frac{pV}{nRT}=\frac{pV_m}{RT}=\frac{V_m}{\frac{RT}{p}}=\frac{V_m(实际)}{V_m(理想)} \tag{4-4}$$

式中，Z 为气体的压缩因子；V_m 为 1mol 气体分子所占有的体积。从式(4-4)中可以看出压缩因子 Z 是实际气体体积与理想气体体积的比值，理想气体的压缩因子 Z 为 1。

不同的气体有不同的压缩因子，而且压缩因子随温度、压力变化而变化。

范德华把理想气体方程中的压力、体积作了修正以适应实际气体，提出

$$\left[p+\frac{a}{V_m^2}\right](V_m-b)=RT \tag{4-5}$$

式中，a/V_m^2 为压力修正项；b 为体积修正项。

对于实际气体，在压力不是很高的情况下($p<50\times10^5Pa$)，范德华公式比较准确，压力太高则误差较大，现在我们有上百个方程式来处理实际气体，但是这些方程式都较复杂，且都是经验式，缺乏严格的理论依据，这里不作介绍了。

4.1.3 气体的液化与储运

1. 气体的液化

在较低的温度下对气体施加压力,使气体分子间距离靠近,分子与分子会相互吸引(分子之间作用力)使得分子“结合”形成液体,即气体被液化。

在一定温度下,不同的气体液化所需要的压力是不同的,所以可以用这种方法来分离混合气体,如加压分离空气得到氮气和氧气等。

较高的温度下,分子的动能较大,即使加压使得分子靠得很近,分子的相互吸引能量比分子的动能小,气体不能被液化。只有降低温度,减小分子的动能,气体才可以液化。分子间的相互吸引还与其结构有关,结构不同,分子间作用力不同,各种气体被液化的最高温度也不相同。气体可以被液化的最高温度称为该气体的临界温度(T_c)。在临界温度时气体液化的最小压力称为临界压力(p_c),此时的体积称为临界体积(V_c)。表 4.1 列出一些气体的临界数据。

表 4.1 一些气体的临界数据

气体	T_c/K	p_c/Pa	V_c/($dm^3 \cdot mol^{-1}$)
He	5.2	2.28×10^5	61.5
H_2	33.2	1.29×10^6	69.7
N_2	126.0	3.39×10^6	90.0
O_2	154.3	5.04×10^6	74.4
Cl_2	417.1	7.71×10^6	123
CO	134.4	3.51×10^6	90.0
CO_2	304.2	7.37×10^6	94.2
H_2O	647.2	2.21×10^7	56.6
NH_3	405.5	1.14×10^7	72.0

在临界温度以上,无论施加多大压力气体都不能形成液体。水的临界温度是 647.3K,常温(298.15K)、常压(100kPa)下,它可形成液体。

2. 气体的储运

根据气体的性质储运气体的方法各不相同,通常将气体压缩在钢瓶中储运。高压气体钢瓶内装气体可分为压缩气体、液化气体和溶解气体。

(1) 压缩气体。临界温度低于−10℃的气体,经加高压压缩,仍处于气态者称为压缩气体,如氧、氮、氢、空气、氩、氦等。这类气体钢瓶若设计压力大于或等于 12MPa(125kg · cm^{-2})称为高压气瓶。

(2) 液化气体。临界温度≥10℃的气体,经加高压压缩,转为液态并与其蒸气处于平衡状态者称为液化气体。临界温度在−10℃至 70℃者称为高压液化气体,如二氧化碳、氧化亚氮。临界温度高于 70℃，且在 60℃时饱和蒸气压大于 0.1MPa 者称为低压液化气体，如氨、氯、硫化氢等。

(3) 溶解气体。单纯加高压压缩，可产生分解、爆炸等危险性的气体，必须在加高压的同时，将其溶解于适当溶剂，并由多孔性固体物充盛。在 15℃以下压力达 0.2MPa 以上者称为溶解气体(或气体溶液)，如乙炔。

从气体的性质分类可分为：剧毒气体，如氟、氯等；易燃气体，如氢、一氧化碳等；助燃气体，如氧、氧化亚氮等；不燃气体，如氮、二氧化碳等。

为了区分不同的气体国家规定了气体钢瓶的颜色和钢瓶上字体的颜色，见表 4.2。

表 4.2　气体钢瓶的颜色和钢瓶上字体的颜色

气体	钢瓶颜色	字样	字颜色	对气体压力的标注
氧气	淡酞蓝(天蓝)	氧	黑色	压力为 20MPa，白色环一道 压力为 30MPa，白色环二道
氢气	淡绿色	氢	大红	压力为 20MPa，淡黄色环一道 压力为 30MPa，淡黄色环二道
氨气	淡黄	液氨	黑色	
空气	黑色	空气	白色	压力为 20MPa，白色环一道 压力为 30MPa，白色环二道
氮气	黑色	氮	淡黄	压力为 20MPa，白色环一道 压力为 30MPa，白色环二道
氯气	深绿	液氯	白色	
溶解乙炔	白色	乙炔不可近火	大红	
二氧化碳	铝白	液化二氧化碳	黑色	压力为 20MPa，黑色环一道
液化石油气	银灰	液化石油气	大红	

注意：氧化型气体钢瓶应与还原型气体钢瓶分开储运。

3. 气体钢瓶的安全使用

气体钢瓶必须存放在阴凉、干燥、远离热源的房间，并且要严禁明火，防曝晒。使用中的气瓶要直立固定。

对于新能源氢气，密度很小，15kPa 压力下 40dm^3 的钢瓶只能储存 0.5kg 氢气。氢气的临界温度非常低，低温液化储存需要耗费很大的能源，而且容器需要绝热，万一泄漏就有爆炸的危险，很不安全。目前科学家注重研究的是固态合金贮氢法，合金吸收氢气并与氢形成金属型氢化物，使用时加热金属型氢化物释放氢气。例如，镧镍合金 $LaNi_5$ 吸收氢气形成金属型氢化物 $LaNi_5H_6$：

$$LaNi_5 + 3H_2 \xrightleftharpoons[\text{微热}]{(200\sim300)\text{kPa}} LaNi_5H_6$$

加热 $LaNi_5H_6$ 释放氢气，产物 $LaNi_5$ 可以重复使用，1kg $LaNi_5$ 在室温和 250kPa 下可以储存 15g 以上氢气，而且释放出的氢气纯度很高。

4.2 液　　态

和气体一样液态分子也在不停地作热运动，但与气态分子不同的是液态分子是相互吸引在一起的，它们之间可以滑动，所以液体具有以下特性：

(1) 液体具有流动性，液体的形状取决于容器的形状。

(2) 液体具有一定的体积，这个体积随外界压力的变化非常小。温度升高液体分子的热运动动能增加，分子的活动空间增大，液体的体积增大，即液体体积通常有热胀冷缩现象。

(3) 液体可以气化，加热可增加液体分子的热运动，当分子的动能可以克服分子间的相互吸引能量时，液态分子脱离液态形成气体。液体气化时需要吸收热量，利用它可制成降温设备，如冰箱、空调。

(4) 液体可以凝固，降温可以降低液态分子的热运动，当分子的动能很小，不能相互滑动时，液体就凝固成固体。

(5) 液体具有溶解性。

(6) 液体具有表面张力。

(7) 液体具有毛细现象。

4.2.1 液体的溶解性

气体分子之间几乎没有相互作用力，所以气体分子与气体分子可以以任何比例相互混合。液体分子之间有作用力，其他分子如果要溶解到溶液中，必须和溶液中分子能相互结合，即溶质分子和溶剂分子的吸引力大与他们之间的排斥力，溶质分子才能溶解到溶液中去。怎样的分子能溶解到溶液中去呢？下面我们来讨论一下这个问题。

一个重要的规则是相似相溶，和溶剂分子极性相似的溶质分子可以溶解到溶剂中形成溶液。例如，水是极性分子，氯化氢也是极性分子，氯化氢可以溶解到水中。水分子中有—OH，乙醇分子中也有—OH，乙醇和水可以以任何比例混合。通常油脂是非极性分子，油不能溶解在水中，但却易溶于有机溶剂，如苯、四氯化碳。

4.2.2 液体的表面张力

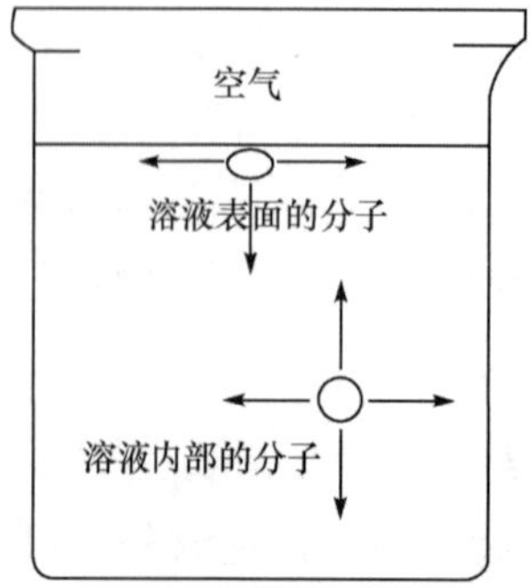

图 4.1　溶液表面分子所受的力

液体分子之间有相互作用力，使得液体表面分子受到的作用力与液体内部的分子不相同。溶液内部的分子在各个方向上受力是均匀的，而溶液表面的分子受力上下是不均匀的(图 4.1)，溶液内部分子对溶液表面分子的作用力使得表面的分子有进入溶液内部的趋势，这种趋势促使溶液的表面积变小，这种使溶液表面积缩小的作用力称为表面张力。通常我们用表面能表示表面张力的大小，用符号 σ 表示，单位是 $J \cdot m^{-2}$(或 $N \cdot m^{-1}$)。

表面张力与溶液内部分子的相互作用力有关，相互作用力越大溶液的表面张力则越大。一般强极性分子形成的溶液表面张力较大，非极性分子形成的溶液表面张力较小。例如，水的表面张力大于油脂的表面张力。表面张力数据见表4.3。

表面张力使雨滴、水滴趋向于球形，表面张力也使一些生物（如某些昆虫）能在水面上行走或在水面上产卵。

升高温度会导致溶液的表面张力降低。这是因为温度升高，增加了分子的动能和溶液的蒸气压，溶液中分子动能和分子间相互吸引能的差距减少，而气体中的分子对溶液表面分子吸引增加，表面张力降低。

表4.3　一些溶液的表面张力

物质	性质	表面张力/$(N \cdot m^{-1})$	物质	性质	表面张力/$(N \cdot m^{-1})$
水	强极性	0.07199	乙醚	弱极性	0.001665
乙酸	极性	0.00271	四氯化碳	非极性	0.002643
丙酮	弱极性	0.002346	乙醇	弱极性	0.002197
正己烷	非极性	0.001789			

4.2.3　液体的毛细现象

液体和固体接触时，液体分子和固体有一个作用力，如果这个作用力大于液体分子与液体分子之间的作用力，液体就会在固体表面铺展开来，这个现象称为润湿。如果我们把固体做成毛细管，把毛细管垂直插到溶液中去，溶液分子由于润湿作用使得溶液进入毛细管，在毛细管中溶液液面是向下凹陷的，毛细管中凹陷的液面表面积比较大，溶液的表面张力会克服溶液的凹陷，把中间部分的溶液向上提以减小表面积，这样毛细管中的溶液会上升，直至溶液的上升力和溶液的重力相平衡。这种液体在毛细管中上升的现象称为毛细上升。例如，玻璃毛细管插入水中就会产生毛细上升。

如果溶液与固体不润湿，把该固体做成毛细管插入溶液中去，毛细管中的液面会低于溶液的液面，这种现象称为毛细下降。例如，玻璃毛细管插入汞溶液中，造成毛细下降。

4.3　溶　　液

溶液是由两种或两种以上物质组成的均匀、稳定的分散体系。被分散的物质（溶质）以分子或更小的质点分散于另一物质（溶剂）中，是一种混合物。溶质的粒子直径$<1nm(10^{-9}m)$，溶质可以是固体，也可以是液体或气体，如果两种液体互相溶解，一般把量多的一种称为溶剂，量少的一种称为溶质。

溶液具有透明、均匀、稳定的宏观特征。溶液一般读作“某某（溶质）的某（溶剂）溶液”，如酒精可读作“乙醇的水溶液”

在生活中常见的溶液有蔗糖溶液、碘酒、澄清石灰水、稀盐酸、盐水、空气等。

溶液可分成饱和溶液、不饱和溶液和过饱和溶液。

(1) 饱和溶液。在一定温度、一定量的溶剂中，溶质不能继续溶解的溶液，再增加溶质只能产生沉淀，即沉淀和溶解达到平衡的溶液。

(2) 不饱和溶液。在一定温度、一定量的溶剂中，溶质可以继续溶解的溶液。

(3) 过饱和溶液。在一定温度、一定量的溶剂中，溶质的浓度超过了饱和溶液。例如，降低饱和溶液的温度，溶液中的溶质还没来得及析出，这时的溶液是过饱和溶液。过饱和溶液是一种不稳定态，久置能使溶质析出，过滤后得到饱和溶液。另一种方法是通过搅拌等的方法，使过饱和溶液产生沉淀，过滤后得到饱和溶液。还有一些方法是升温、稀释等使过饱和溶液转变成饱和溶液或不饱和溶液。

4.3.1 溶液的浓度及其计算

SI 制中体积的单位是立方米，在化学中容许保留的单位是升(L)，一升等于一立方分米(dm^3)，即 $1L=1dm^3$。

浓度的表示法有很多种，我们这里仅讨论以下几种。

(1) 物质的量浓度(c)：1L 溶液中某溶质的物质的量，单位是 $mol \cdot L^{-1}$。

(2) 质量摩尔浓度(b)：1kg 溶剂中某溶质的物质的量，单位是 $mol \cdot kg^{-1}$。

(3) 摩尔分数(x)：溶液中某物质的物质的量除以溶液的总物质的量。

(4) 质量分数：溶液中某一物质的质量占溶液总质量的分数。

【例 4.3】 36%的盐酸溶液密度为 $1.18g \cdot cm^3$，求此溶液的物质的量浓度 c，质量摩尔浓度 b 和溶质摩尔分数 x。

解 查得 HCl 的摩尔质量是 $36.46g \cdot mol^{-1}$；H_2O 的摩尔质量是 $18.01g \cdot mol^{-1}$。

$1dm^3$ 此溶液中溶质的质量是

$$36\% \times 1.18 \times 10^3 = 424.8(g)$$

$1dm^3$ 此溶液中溶剂的质量是

$$(100\% - 36\%) \times 1.18 \times 10^3 = 755.2(g)$$

溶液的物质的量浓度为

$$c = \frac{\dfrac{424.8g}{36.46g \cdot mol^{-1}}}{1.000L} = 11.65mol \cdot L^{-1}$$

溶液的质量物质的量浓度为

$$b = \frac{\dfrac{424.8g}{36.46g \cdot mol^{-1}}}{755.2g} \times 1000 = 15.43mol \cdot kg^{-1}$$

溶质的摩尔分数为

$$x = \frac{\dfrac{424.8g}{36.46g \cdot mol^{-1}}}{\dfrac{424.8g}{36.46g \cdot mol^{-1}} + \dfrac{755.2g}{18.01g \cdot mol^{-1}}} = 0.2174$$

4.3.2　物质的溶解度及其影响因素

1. 溶液的溶解度

和溶液的浓度一样溶解度有多种表示方法，以下列出几种溶解度：

(1) 一升溶液中达到平衡时可溶解物质的物质的量，即溶液饱和时溶质的浓度，单位是 $mol \cdot L^{-1}$，用这种方法表示浓度有利于对溶液的研究。

(2) 100g 溶剂能溶解溶质的最大克数，此法在实验室、工厂中使用较多。

【例 4.4】 在 20℃，100g 水中 BaS 的溶解度是 7.86g，求 BaS 的物质的量浓度(c)。

解 BaS 的摩尔质量是 $137.33 + 32.07 = 169.40g \cdot mol^{-1}$，溶液密度看作水的密度为 $1000g \cdot L^{-1}$。

$$c=\frac{7.86g/169.40g \cdot mol^{-1}}{100g/1000g \cdot L^{-1}}=0.464mol \cdot L^{-1}$$

在溶液较稀时，溶液的密度可看作水的密度，浓溶液不行。

2. 影响溶解度的因素

固体在溶液中产生下列平衡：

$$\text{固体} \underset{\text{结晶}}{\overset{\text{溶解}}{\rightleftharpoons}} \text{分子或离子}$$

固体的分子或离子能进入溶液中，溶液中的分子或离子也能沉积在固体表面，最终达到平衡(图 4.2)。

固体溶解在溶液中可以分成两步来研究，首先打开固体中粒子之间的作用力进入溶液，此步骤需要吸收能量，然后再与溶剂分子形成水合离子(水溶液中的水合过程)，此步骤会放出能量，溶解过程是吸热还是放热取决于这两步骤的能量差。例如，氯化铵溶解在水中要吸热，而氢氧化钾溶解在水中会放热。

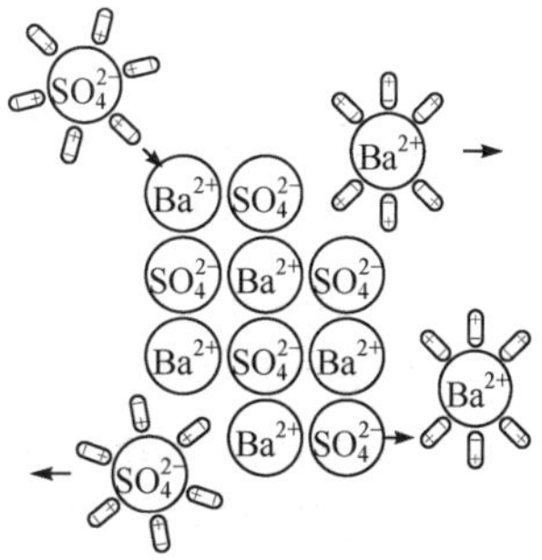

图 4.2　$BaSO_4$ 的溶解和沉淀过程

决定溶解能力的因素可分成两部分来讨论，一个是内在原因，即溶质分子或离子是否容易与溶剂分子结合，这涉及相似相容规则。另一个是外在原因，如温度对物质的溶解度有很大的影响，如图 4.3 所示。

从图 4.3 中可见，各种物质的溶解度都与温度有关，有些溶解度随温度的增加而增加，有些溶解度随温度的增加而减小。利用在不同温度下溶解度的不同和变化，可以分离不同的物质。例如，在室温 KNO_3 和 NaCl 的溶解度比较接近，在高温下 KNO_3 的溶解度明显增大，高温下加温浓缩 KNO_3 和 NaCl 的混合溶液，就能使 NaCl 结晶析出，从而达到分离的目的。

另外，同离子效应、盐效应以及酸碱反应、配合反应都能影响溶液的溶解度，参见化

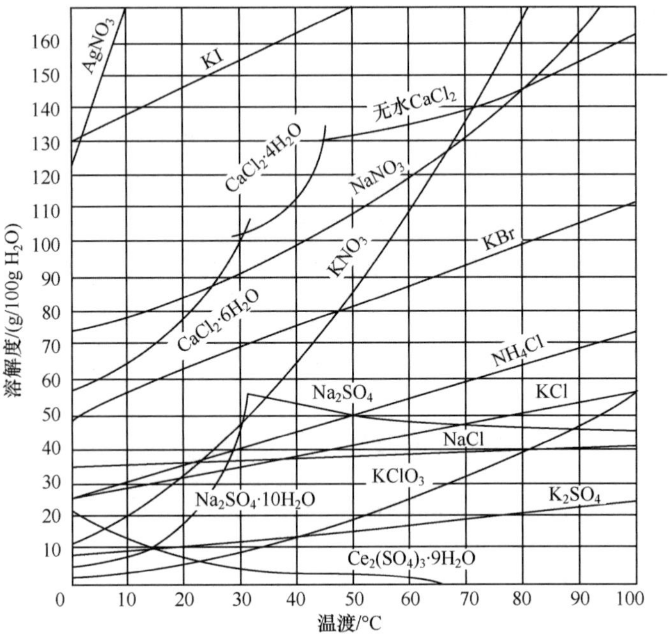

图 4.3　溶解度与温度的关系

学平衡一章。

4.3.3　溶液的蒸气压

有限的密闭空间中注入液体，在一定温度下，液体分子通过液面进入上面空间，成为蒸气分子，这一过程称为蒸发。同时，由于蒸气分子处于紊乱的热运动之中，它们相互碰撞、和容器壁以及液面发生碰撞。在和液面碰撞时，有的分子则被液体分子所吸引，而重新返回液体中成为液体分子，这一过程称为凝结。开始蒸发时，进入空间的分子数目多于返回液体中的分子数目，随着蒸发的继续进行，空间蒸气分子的密度不断增大，因而返回液体中的分子数目也增多。当单位时间内进入空间的分子数目与返回液体中的分子数目相等时，则蒸发与凝结处于动态平衡状态，这时虽然蒸发和凝结仍在进行，但空间中蒸气分子的密度不再增大，此时的状态称为饱和状态。在饱和状态下的液体称为饱和液体，其蒸气称为饱和蒸气。此时蒸气所具有的压力称为该温度下的饱和蒸气压，简称蒸气压(vapor pressure)。

水的饱和蒸气压即气液平衡时的蒸气压：

$$H_2O(l) \rightleftharpoons H_2O(g)$$

蒸气压与液体的本性有关，不同的物质有不同的蒸气压。例如，20℃时水的蒸气压为 2.33kPa，而乙醇的蒸气压为 5.86kPa。

表 4.4 列出了不同温度下的饱和水蒸气压。

表 4.4　不同温度下水的蒸气压

温度/℃	蒸气压/kPa	温度/℃	蒸气压/kPa	温度/℃	蒸气压/kPa
0	0.610	27	3.55	70	31.2
10	1.23	30	4.24	80	47.3
15	2.06	40	7.38	90	70.1
20	2.33	50	12.3	100	101.3
25	3.17	60	19.9	120	198.5

【例 4.5】 1g 锌在 25℃和 100kPa 压力下与过量的酸反应，可收集到干燥氢气多少升？如果用排水集气法在水面上收集，收集到的气体体积是多少升？

已知 $M_{Zn}=65.39g\cdot mol^{-1}$；25℃水的饱和蒸气压为 3.17kPa。

解　锌与过量的酸反应：

$$Zn(s)+2H^+(aq)=Zn^{2+}(aq)+H_2(g)$$

1g 锌的物质的量为

$$n=1/65.39=0.01529(mol)$$

收集到干燥氢气体积：

$$V_1=nRT/p=0.01529\times 8.314\times 298.15/100\times 10^3=3.79\times 10^{-4}(m^3)=0.379(L)$$

在水面上收集到的氢气体积：

$$V_2=nRT/(p_{总}-p_{H_2O})=0.01529\times 8.314\times 298.15/(100-3.17)\times 10^3=3.91\times 10^{-4}(m^3)=0.391(L)$$

或　$$V_2=V_{H_2}p_{总}/p_{H_2}=0.379\times 10^5\div[(100-3.17)\times 10^3]=0.391(L)$$

4.3.4　稀溶液的依数性

1. 溶液的蒸气压降低

当一种难挥发的溶质溶解于溶剂后，溶液表面的溶剂分子数目由于溶质质点的存在而减少，使相同温度下溶液蒸发出的溶剂分子数目比纯溶剂要少，即溶液的蒸气压（如图 4.4 中的 bb'线所示）比纯溶剂的蒸气压（图 4.4 中的 aa'线所示）低。

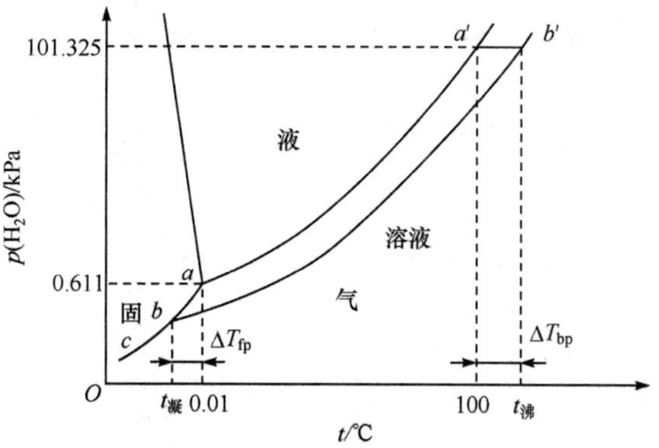

图 4.4　溶液的蒸气压随温度的变化

实验证明，在一定温度下，稀溶液的蒸气压降低值等于该稀溶液中难挥发溶质的摩尔分数与纯溶剂蒸气压的乘积，而与溶质的性质无关：

$$\Delta p=\frac{n_B}{n}\times p_A^*=x_B p_A^* \tag{4-6}$$

式(4-6)也称拉乌尔定律。

2. 溶液的凝固点下降

图 4.4 中 aa'，ac，bb'线分别表示水、冰和溶液的蒸气压与温度的关系。可见，a 点(0.01℃，0.611kPa)纯水和冰的蒸气压相等，此时达到冰、水和水蒸气三相平衡，0.01℃即为水的凝固点；水溶液中由于加入了溶质而蒸气压降低，溶液蒸气压曲线与冰的蒸气压曲线相交于 b 点，这是溶液的凝固点。显然，溶液的凝固点比纯溶剂的凝固点下降了。难挥发物质溶液的凝固点总是低于纯溶剂的凝固点。

实验证明，在稀溶液中，凝固点下降(ΔT_f)为

$$\Delta T_f=T_f^*-T_f=K_f b_B \tag{4-7}$$

式中，ΔT_f 为溶液的凝固点下降；T_f^*、T_f 分别为纯溶剂和溶液的凝固点；b_B 为质量摩尔浓度，单位为 $mol\cdot kg^{-1}$。例如，1kg 水中溶解了 62g 乙二醇[$C_2H_4(OH)_2$]，其质量摩尔浓度是 $1mol\cdot kg^{-1}$；K_f 为凝固点下降常数，它取决于纯溶剂的特性而与溶质特性无关。表 4.5 给出了一些溶剂的凝固点下降常数和沸点升高常数。

表 4.5　一些溶剂的凝固点下降常数和沸点升高常数

溶剂	凝固点/℃	$K_f/(K\cdot kg\cdot mol^{-1})$	沸点/℃	$K_b/(K\cdot kg\cdot mol^{-1})$
乙酸	17	3.9	118.1	2.93
苯	5.4	5.12	80.2	2.53
氯仿	−63.5	4.68	61.2	3.63
萘	80.0	6.8	/	/
水	0.01	1.86	100.0	0.51

【例 4.6】 将 2.76g 甘油溶于 200g 水中，已知甘油的摩尔质量是 $92g\cdot mol^{-1}$，则凝固点降低为多少？

解

$$b=\frac{2.76g/92g\cdot mol^{-1}}{0.200kg}=0.15mol\cdot kg^{-1}$$

$$\Delta T_f=T_f^*-T_f=K_f b_B$$

$$0-T_f=1.86K\cdot kg\cdot mol^{-1}\times 0.15mol\cdot kg^{-1}=0.279K$$

$$T_f=-0.279K$$

3. 溶液的沸点升高

当液体的蒸气压等于外界压力时，液体沸腾，这时的温度称为该压力下的沸点。纯水在 100℃时的蒸气压等于 101.325kPa(常压)，故水的常压沸点是 100℃。水中加入难挥发性溶质后，由于溶液的蒸气压降低，只有在更高的温度下才能使它的蒸气压达到

101.325kPa 而沸腾。于是出现了沸点升高的现象。难挥发物质溶液的沸点总是高于纯溶剂的沸点。

实验证明，在稀溶液中，沸点升高(ΔT_b)为

$$\Delta T_b = T_b^* - T_b = K_b b_B \tag{4-8}$$

式中，ΔT_b 为溶液的沸点升高；T_b^*、T_b 分别为纯溶剂和溶液的沸点；b_B 为质量摩尔浓度，单位为 $mol \cdot kg^{-1}$；K_b 为沸点升高常数，它取决于纯溶剂的特性而与溶质特性无关(表 4.5)。

4. *溶液的渗透压*

把溶液与水用半透膜分隔开(图 4.5)，水会通过半透膜进入溶液，导致溶液的压力升高，平衡时溶液与水之间的压力差称为渗透压，渗透压是为维持被半透膜所隔开的溶液与纯溶剂之间的渗透平衡而需要的额外压力。

实验发现，难挥发的非电解质稀溶液的渗透压与溶液的体积摩尔浓度及热力学温度成正比。1887 年，荷兰物理化学家范特霍夫(van't Hoff)，提出了稀溶液的渗透压与温度和溶质浓度的关系式：

$$\Pi = cRT = \frac{n}{V}RT \tag{4-9}$$

式中，c 为溶液的浓度；R 为摩尔气体常量；T 为热力学温度；n 为物理的量；V 为溶液体积。

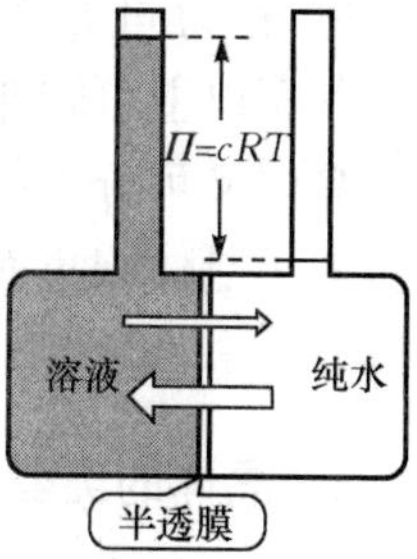

图 4.5　渗透压示意图

如果在溶液的一侧施加一个大于渗透压的外压力，则溶剂由溶液一侧通过半透膜向纯溶剂或低浓度方向渗透，这种现象称为反渗透。它为海水淡化和环境保护中的废水处理提供了一种重要方法。

4.4　固　　态

固体是物质存在的一种状态。与液体和气体相比，固体有比较固定的体积和形状，质地比较坚硬，受热时会膨胀，遇冷时会收缩。固体可分为晶体和非晶体。

4.4.1　晶体和非晶体

晶体是内部质点(原子、分子或离子)在三维空间呈周期性重复排列的固体，具有长程有序，并形成周期性重复排列，外形上表现为一定形状的几何多面体。例如，我们见到的食盐是正方形的，雪花是六角形的。非晶体是内部质点在三维空间不形成周期性重复排列的固体，虽然近程有序，但长程无序，如玻璃的外形为无规则形状的固体。

晶体有以下三个特征，我们可以根据这三个特征来区分晶体和非晶体。

(1) 晶体有整齐规则的几何外形。例如，我们看到的食盐(NaCl)晶体是立方体，石英(SiO_2)晶体是六方体，方解石($CaCO_3$)晶体是棱面体。而非晶体(如玻璃、石蜡、松

香)则没有一定的几何外形,称为无定形。

(2) 晶体有固定的熔点。恒压下晶体有固定的熔化温度。例如,把冰加热,在低于0℃时不融化,直至0℃才融化,再加热,体系温度不变,直至冰全部融化后温度才上升。这说明冰有固定的熔点。而非晶体就没有固定的熔点,如松香在50～70℃软化,70℃以上才基本成为熔体。

(3) 晶体有各向异性的特点。晶体在不同方向上的硬度、热膨胀系数、导热性、电阻率、折射率等都是不同的。例如,云母在某个方向上可以剥开,石墨在平行石墨层的方向上电导率比垂直于石墨层的方向上电导率高一万多倍,热导率大5～6倍,这就是各向异性,而非晶体是各向同性的。

晶体与非晶体可以相互转换的。例如,涤纶的熔体迅速冷却得到的是无定形体,若缓慢冷却,却可得到晶体。

同一物质可以有不同的晶形,如石墨和金刚石都是由碳原子组成,但是它们是不同的晶体,称为同质异晶。改变外界条件,同质异晶间会相互改变。例如,石墨晶体在一万大气压以上可转变成金刚石。

晶体又可分为单晶和多晶,单晶内部的粒子是按照某种规律整齐排列的,而多晶是由多个单晶体聚集而成的。如果多晶组成部分的晶体颗粒极微小,则称为微晶体,如炭黑。

4.4.2 晶体的类型

晶体可按结点上的物质类型不同和结点间的作用力不同分为离子晶体、分子晶体、共价晶体(俗称原子晶体)和金属晶体。晶体结构对物质的物理性质具有重要的影响(表4.6)。

表4.6 各类晶体的基本性质

晶体类型	离子晶体	共价晶体	分子晶体		金属晶体
结点上粒子	正、负离子	原子	极性分子	非极性分子	原子、正离子(间隙处有自由电子)
结合力	离子键	共价键	分子间力氢键	分子间力	金属键
熔沸点	高	很高	低	很低	
硬度	硬	很硬	软	很软	
机械性能	脆	很脆	弱	很弱	有展延性
导电、导热性	熔融、溶液导电	非导体	固态液态不导电,水溶液导电	非导体	良导体
溶解性	易溶于极性溶剂	不溶性	易溶于极性溶剂	易溶于非极性溶剂	不溶性
实例	NaCl,MgO	SiC,金刚石	HCl,NH_3	CO_2,I_2	W,Ag,Cu

除上述四类晶体外，还有混合型的晶体(晶格包含两种以上的类型)，如石墨、氮化硼等。

1. 离子晶体

在离子晶体(ionic crystals)的晶格结点上交替排列着正、负离子。由于正、负离子间有很强的离子键(静电引力)作用，所以离子晶体有较高的熔点和较大的硬度(常呈现硬而脆)。固体不导电，熔化时或溶解在极性溶剂中能导电。

绝大多数的盐和许多金属氧化物的固体都是离子晶体。

鲍林认为离子键是由电负性差大于1.7的元素间形成的，电负性差值等于1.7时的离子键成分在化学键中占50%(用这种方法来判别化学键有一定的误差)。一般来说，s区的元素(H、Li、Be除外)与p区的卤素和氧元素形成的是典型的离子键。

离子晶体的稳定性由晶格能(lattice energy)来表示。标准状态下，断开1mol离子晶体的离子键使其变为气态组分离子所需吸收的能量，称为该离子晶体的晶格能(U)。

$$MX(s) \longrightarrow M^{+}(g) + X^{-}(g) \qquad U_{NaCl} = 786kJ \cdot mol^{-1}$$

晶格能越大，离子晶体的熔点就越高、硬度就越大，离子晶体就越稳定。

离子晶体中离子所带的电荷数越多，离子间的核间距越短，晶格能就越大，熔点就越高，硬度就越大，离子晶体就越稳定。表4.7给出了代表性晶体的晶格能与硬度和熔点的关系。

表4.7　晶格能与物质硬度和熔点的关系

NaCl型晶体	NaI	NaBr	NaCl	NaF	BeO	MgO	CaO	SrO	BaO
离子电荷	1	1	1	1	2	2	2	2	2
核间距/pm	318	294	279	231		210	240	257	277
晶体能/($kJ \cdot mol^{-1}$)	692	740	780	920	4521	3889	3513	3310	3152
熔点/℃	660	747	801	996		2852	2570	2430	1918
莫氏硬度			2.5	2～2.5		5.5	4.5	3.5	3.3

2. 原子(共价)晶体

晶体中质点以共价键结合的称为原子(共价)晶体(covalent crystal)。例如，金刚石是原子晶体，每个碳原子的价层轨道都是以sp^3杂化的，与另四个碳原子可形成4个σ键，呈正四面体结构。

原子晶体结点上排列的是原子，结点间靠共价键结合。常见的原子晶体有金刚石、Si、Ge、SiC、SiO_2(β-方石英)等。

由于原子晶体中的原子间都是以共价键结合的，因此原子晶体熔点高，硬度大。例如，金刚石是天然物质中最硬的。但是，原子晶体的延展性很小，有脆性。晶体中没有离子，因此固态、熔融态都不易导电，是电的绝缘体。

3. 分子晶体

凡是靠分子间力(包括氢键)结合而成的晶体统称为分子晶体(molecular crystal)。分子晶体结点上排列的是分子，结点间靠分子间力(含氢键)结合。

由于分子间力比离子键、共价键要弱得多，所以分子晶体物质一般熔点低，硬度小，易挥发。有些分子晶体物质(碘，萘)甚至不经过熔化而直接升华。分子晶体的熔沸点由分子间作用力(包括氢键)大小决定。例如，氧族元素的氢化物熔沸点次序是：$H_2O > H_2Te > H_2Se > H_2S$，原因是 H_2O 分子间含有氢键，熔沸点高，H_2S、H_2Se、H_2Te 的相对分子质量依次增大，色散力也就依次增大，熔沸点依次增高(图 3.28)。

4. 金属晶体

金属晶体(metallic crystal)的改性共价键理论认为：金属晶体中的金属键常看成是一种特殊的共价键，称为金属的改性共价键(modified covalent bond)。这是 1916 年荷兰科学家洛伦茨(Lorentz)按自由电子的理论提出来的。

金属的改性共价键理论认为：金属晶体中结点上的原子和离子共用晶体中的自由电子，自由电子可以在整个晶体中运动，因此称为非定域(nonlocalized)的自由电子。形象地讲，可以把金属键说成是“金属原子失去一个电子后组成骨架，然后浸泡在电子的海洋中”。

因金属原子的电负性、电离能较小，价电子容易脱离原子的束缚，这些价电子在阳离子之间可以自由运动，形成了离域的自由电子气，这些自由电子把金属“胶合”在一起。形成的“共价键”称为改性共价键也就是金属键。因此，金属键无方向性和饱和性，由于自由电子可以在整个晶体中运动，所以金属有导电性和导热性。金属原子间可以相互滑动而不会折断金属键，所以金属具有延展性。

4.5 胶　　体

一种物质以极小的颗粒(分散相)分散在另一种物质(分散介质)中形成的体系称为为分散体系，根据分散相颗粒的大小分散体系可分为三种：

(1) 分子分散体系。分散相粒子的平均直径$\leqslant 1\times10^{-7}$ cm，通常分子、离子的直径在这个数量级附近，所以这样的体系称为分子分散体系。例如，硫酸溶液、氯化钠溶液属于分子分散体系，这种分子分散体系的溶液称为真溶液。

(2) 胶体分散体系。分散相粒子的平均直径为 $1\times10^{-7}\sim1\times10^{-5}$ cm，通常分散相由许多分子聚集而成，所以这样的体系称为胶态分散体系，这种溶液称为胶体溶液。胶体颗粒不能透过半透膜但能透过滤纸。普通显微镜看不到胶体中的颗粒，超显微镜可以看到胶体中的颗粒。通常把固体分散在液体溶液中的胶态分散体系称为溶胶。

(3) 粗分散体系。分散相粒子的平均直径为 $1\times10^{-5}\sim1\times10^{-3}$ cm，通常称这种溶液为悬浮体，如豆浆、牛奶、墨汁等。由于分散相的颗粒较大，一般显微镜甚至肉眼可以看到分散相颗粒。

表 4.8 列出了一些典型的胶体分散体系。

表 4.8　典型的胶体分散体系

连续相	分散相	名称	例子
气体	液体	气溶胶	雾
气体	固体	气溶胶	烟
液体	气体	泡沫	生奶油
液体	液体	乳状液	蛋黄酱(一种用生蛋黄、油、柠檬汁或醋加调味品制成的酱)AgCl(s)分散在水中
液体	固体	溶胶	浮石,泡沫塑料
固体	气体	泡沫	果子冻
固体	液体	凝胶	红宝石(由金属分散在玻璃中而形成的)
固体	固体	固体溶胶	

4.5.1　溶胶的制备

制备溶胶的方法有两种,即分散法和凝聚法。

分散法是把固体磨细,研磨时加入稳定剂(如丹宁或明胶等)防止细小的颗粒聚结变大,细小的颗粒表面吸附了稳定剂后才不易聚结,最后形成溶胶。

凝聚法主要有化学反应法和更换溶液法。化学反应法利用反复分解、水解、氧化还原等使产物生成细小的沉淀来制备溶胶。例如

$$FeCl_3(\text{稀溶液}) + 3H_2O \xrightarrow{\text{煮沸}} Fe(OH)_3(\text{溶胶}) + 3HCl$$

更换溶剂法是利用一种物质在不同的溶剂中溶解度的悬殊差别来制备溶胶。例如,把硫磺的乙醇溶液滴入水中,由于硫磺在水中的溶解度很低,溶质便以较大的颗粒析出,形成硫磺的水溶胶。

4.5.2　胶体的特性

胶体有溶液的某些特性,如凝固点下降、渗透压等。但胶体溶液有一些自身的特性。

1. 胶体的光学性质——丁铎尔效应

当一束光通过胶体溶液时我们可以看到光柱,这种现象就是丁铎尔效应(图 4.6)。这是胶体中粒子强烈散射光的结果。夜晚我们看到探照灯射向天空形成的光柱就是空气中的尘埃、云雾散射探照灯的光,产生的丁铎尔效应。

2. 胶体的动力学性质——布朗运动

溶液中的分子不停地在做热运动,这种运动的分子不停地撞击悬浮着的胶体颗粒,使得胶体中的颗粒做无规则的运动(图 4.7),这种无规则的运动称为布朗运动。温度

越高，颗粒越小，粒子的运动速度就越快，布朗运动就越剧烈。

3. 胶体的电学性质——电泳

在外电场作用下胶体粒子在分散介质中做定向移动的现象称为电泳。在U形管中注入红棕色的 $Fe(OH)_3$ 溶胶，在溶胶上注入无色的 NaCl 水溶液，要求两溶液间有明显的界面，开始时两界面在同一个水平面，当在 NaCl 溶液中加入两电极并过一段时间后，两界面出现了高低，在负极处的界面升高，正极处的界面降低，如图 4.8 所示。通常胶体粒子带有电荷，$Fe(OH)_3$ 带有正电荷，在电场的作用下向负极移动。

胶粒带电是由于大多数胶粒是在电解质溶液中形成的，在胶粒形成的过程中吸附着某种带电离子或者通过胶粒表面的分子电离，使得胶体粒子带电荷。胶体所带的电荷影响胶体的性质，也是胶体能稳定存在的因素之一。

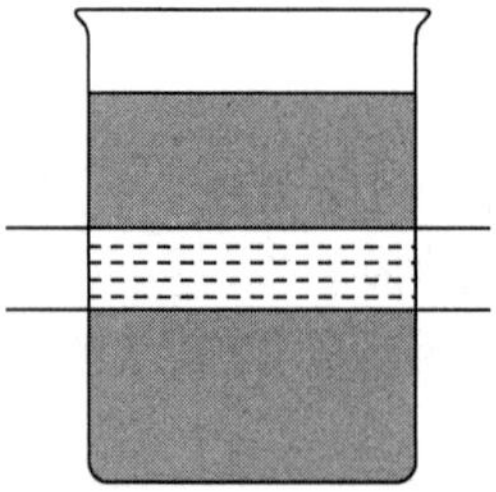

图 4.6　丁铎尔效应

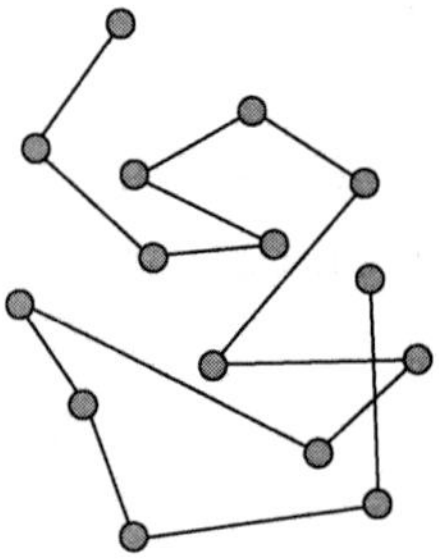

图 4.7　布朗运动

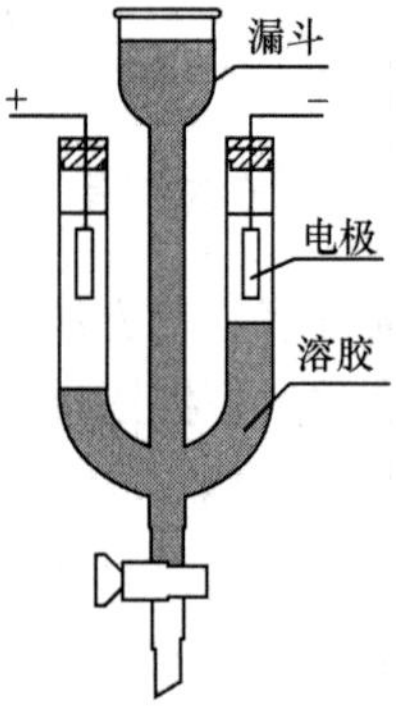

图 4.8　电泳现象

4.5.3　胶体的结构与稳定性

胶体中的胶粒是由胶核和吸附层组成，如三氯化铁通过水解形成溶胶：

$$FeCl_3 + 3H_2O = Fe(OH)_3 + 3HCl$$

溶液中一部分 $Fe(OH)_3$ 与 HCl 作用生成 FeOCl：

$$Fe(OH)_3 + HCl = FeOCl + 2H_2O$$

FeOCl 再进行电离：

$$FeOCl = FeO^+ + Cl^-$$

许多 $Fe(OH)_3$ 分子先聚集形成胶核 $[Fe(OH)_3]_m$，然后选择性地吸附了与它类似的 FeO^+ 而带正电，如图 4.9 和图 4.10 所示。

图中 m，n 和 x 是不定值，m 为胶核中 $Fe(OH)_3$ 分子数，n 为胶核吸附的离子数，$n-x$ 是吸附层中反离子数目，x 为扩散层中反离子数目。从图中可以看出 $Fe(OH)_3$ 胶粒带 x 个正电荷。

胶体能稳定存在的主要原因有以下三点：

(1) 胶体中的颗粒很小，布朗运动较强，能克服重力的影响，保持均匀分散，这是溶胶的动力稳定性。

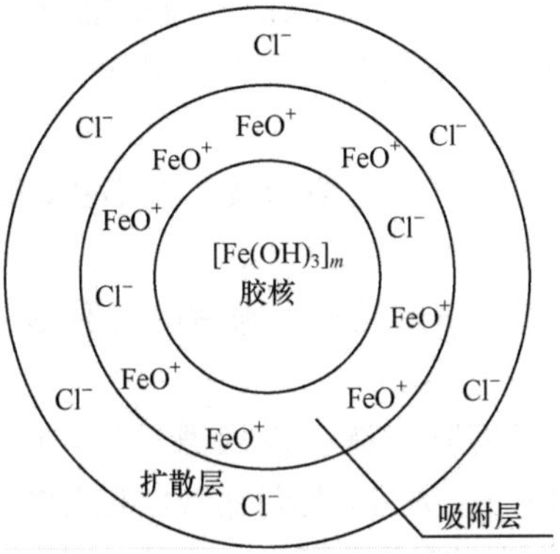

图 4.9　$Fe(OH)_3$ 溶胶胶团结构示意图

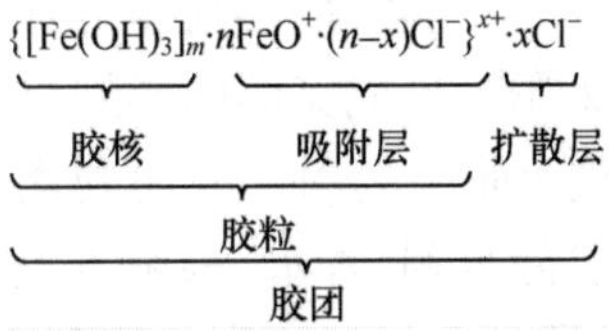

图 4.10　$Fe(OH)_3$ 溶胶的胶团

(2) 任何一种胶体都带有相同符号的电荷，所以它们靠近时会相互排斥，这种排斥力阻碍了它们的合并。

(3) 胶团范围内的离子都是溶剂化的，在它们周围形成了溶剂化膜，阻碍了胶粒聚结成为大颗粒。

4.5.4　胶体的聚沉

胶体聚沉会破坏胶体稳定存在的条件。例如，在胶体溶液中加入少量的电解质，增加溶液中离子的总浓度，使扩散层中带异号电荷的离子被挤压进吸附层，造成胶粒原来带的电荷量减少甚至完全中和，引起胶粒相互结合形成大颗粒而沉降，这个过程称为聚沉。

加热能增加胶粒的动能，降低胶核对离子的吸附作用，减少胶粒表面的溶剂化膜，使得胶粒在相碰的过程中而聚沉。

自然界中形成胶体或破坏胶体使胶体聚沉的例子很多，我们也可以利用胶体的形成和聚沉来改造自然界。

江河中的泥土与水可形成胶体，在入海口与海水中的电解质相遇而形成聚沉，所以在江河入海口往往由于淤泥的聚沉而形成三角洲。

在水的净化过程中加入适量的明矾[$KAl(SO_4)_2 \cdot 12H_2O$]，明矾水解形成带正电荷的 $Al(OH)_3$ 溶胶，该溶胶与水中带负电荷的胶体污染物结合而产生聚沉，使水净化。

又如，加热 $Fe(OH)_3$ 溶胶，可破坏胶体，产生 $Fe(OH)_3$ 沉淀。

加热鸡蛋能使鸡蛋凝固，也是加热破坏胶体的一个例子。

4.5.5　气溶胶

凡分散介质为气体的胶体分散体系称为气溶胶。其粒子大小为 100～10000nm，能在空气中滞留至少几个小时，属于粗分散体系。

(1) 气溶胶的形成。在自然界中，气溶胶粒子是悬浮在大气中的多种固体微粒和液体微小颗粒，有的来源于自然界。倒如，火山喷发的烟尘、被风吹起的土壤微粒、海水飞溅扬入大气后而被蒸发的盐粒、细菌、微生物、植物的孢子花粉、流星燃烧所产生的细小微粒和宇宙尘埃等；有的是由于人类活动，如煤、油及其他矿物燃料的燃烧物质，以及车辆产生的废气排放至空气中的大量烟粒等。

（2）气溶胶的性质。气溶胶具有胶体的性质，气溶胶中的微粒在不断地运动，气溶胶能够引起丁铎尔效应等。

例如，一束光通过气溶胶时会产生折射，形成一束光柱。雨后的气雾形成气溶胶，它能折射太阳光形成美丽的彩虹。

（3）气溶胶的应用。人们利用喷雾产生气溶胶制造一系列消费品，如涂漆、清洁剂、擦光剂、除臭剂、香水、剃须乳剂，甚至掼奶油。另外，人们把气溶胶用在医疗保健上。例如，我们在足球比赛中看到用镇痛喷雾剂来缓解扭伤的疼痛，治疗某些呼吸器官的疾病的药物也可制成气溶胶从口腔中喷入直接进入呼吸道。

实验室中人们利用气溶胶来制备纳米材料，提纯物质等。

当空气中气溶胶的浓度达到足够高时，将对人类健康造成威胁，尤其是对哮喘患者及其他有呼吸道疾病的人群。空气中的气溶胶还能传播真菌和病毒，这可能会导致一些地区疾病的流行和爆发。

思考题与习题

1. 等离子体是如何形成的？它有什么用途？
2. 自然界是否存在理想气体？接近理想气体的状态是什么？
3. 气体为什么可以压缩？气体的储运有哪些途径？要注意什么？
4. 什么是溶液的毛细现象？举例说明它的应用。
5. 已知某氨水的密度是 $0.90g \cdot mL^{-1}$，NH_3 的含量为 28%，求该氨水的浓度。
6. 碘为什么不易溶于水中，而易溶于四氯化碳中？而乙醇却容易溶于水中？
7. 为什么可以用乙二醇作防冻剂？在冬季降雪上撒盐的目的是什么？
8. 求将 1kg 乙二醇[$C_2H_4(OH)_2$]与 2kg 水相混合所制防冻液的凝固点。
9. 什么是溶液的渗透压？什么是反渗透？反渗透有什么用途？
10. 利用所学晶体结构的知识，填写下表。

物质	晶格结点上的粒子	粒子相互作用力	晶体类型	熔点(高或低)	导电性
金刚石					
石墨					
铜					
食盐					
干冰					

11. 胶体制备有哪些方法？
12. 胶体为什么会稳定？如何使胶体稳定或聚沉？

第 5 章　元素及其化合物的性质与变化规律

元素按其性质可以分为金属元素和非金属元素，除了 22 种非金属元素外都是金属元素。它们在长式周期表中的位置可以通过硼-硅-砷-碲-砹和铝-锗-锑-钋之间的对角线来划分。位于对角线的左下方的单质都是金属，右上方的都是非金属。金属和非金属的物理、化学性质有明显的区别，但对角线附近的一些元素（如硼、硅、锗、砷等）的性质介于金属和非金属之间，也称准金属，所以金属和非金属之间并没有严格的界限。

元素及其化合物的性质与其结构有着密切的关系。本章主要介绍元素及其化合物的一些主要性质如熔沸点、溶解性、颜色、酸碱性、氧化还原性、热稳定性等及其变化规律。

5.1　物质的熔点与沸点

物质的熔、沸点取决于该物质的化学键和晶格类型。离子晶体和共价晶体都具有很高的熔、沸点和硬度，大部分的金属晶体熔点也高，而分子晶体的熔、沸点一般较低。

5.1.1　离子晶体的熔、沸点与晶格能之间的关系

由于离子晶体的晶格结点上交替地排列着正、负离子，存在着离子键作用力，所以具有较大的硬度和较高的熔点。在标准状态下，破坏 1mol 的离子晶体，变成气态的正、负离子时所吸收的能量，称为离子晶体的晶格能(U)。表达式为

$$MX_n(s) \longrightarrow M^{n+}(g) + nX^-(g) \qquad \Delta H^\ominus = U$$

式中的热效应就是晶格能，U 为正值。例如，在 298.15K、标准态下，拆开单位物质的量的 NaCl 晶体变为气态 Na^+ 和 Cl^- 时的能量变化为

$$NaCl(s) \longrightarrow Na^+(g) + Cl^-(g) \qquad U = 786kJ \cdot mol^{-1}$$

即氯化钠的晶格能为 $786kJ \cdot mol^{-1}$。晶格能越大，破坏离子晶体所需的能量越多，离子晶体越稳定。一般晶格能越大，离子晶体的熔点越高，硬度越大，见表 5.1。

晶格能与正、负离子的电荷数乘积成正比，与正、负离子的半径之和成反比。表 5.1也反映这个规律。此外必须强调的是：在离子化合物中，多数化合物中并不是由100%离子键键合，也就是说，正、负离子之间有可能发生极化作用，使得离子发生变形，从而使离子键向共价键过渡。由于离子间的极化作用，离子间键合的键型发生变化，使离子晶体不典型，则晶体的物理性质——熔点、硬度等不能根据晶格能的变化规律来判断。

表 5.1 部分离子晶体的晶格能和熔点

晶体	NaI	NaBr	NaCl	NaF	CaO	MgO
晶格能/($kJ \cdot mol^{-1}$)	692	740	780	920	1513	3889
熔点/K	933	1020	1074	1269	2843	3098

5.1.2 离子极化对固体熔、沸点的影响

1. 离子的极化

离子晶体中正、负离子间的化学键是离子键，但离子键有向共价键过渡的情况，这是由于离子极化的关系。

所有离子在外电场中，就会像分子一样，核和电子发生相对位移，产生诱导偶极，这种过程称为离子的极化，离子极化的结果使离子发生变形。

离子极化不仅能在外电场作用下发生，当离子充分靠近时，也可以相互极化。这是由于离子具有电荷，本身就可以产生电场。在正、负离子组成的离子型分子中，正离子吸引负离子的电子而排斥其核，负离子吸引正离子的核而排斥其电子，由于相互吸引和排斥，就产生了极化。

在离子相互极化时，离子具有双重性质。作为电场，能使周围异电荷离子极化而变形，即具有极化力；作为被极化的对象，本身被极化而变形。

(1) 离子的极化力。离子的极化力与离子的电荷、半径以及外电子层结构有关。

① 离子的电荷越高、半径越小，所产生电场的强度越大，离子的极化力越大。例如，离子极化力 $Al^{3+}>Mg^{2+}>Na^{+}$。

② 如果电荷相等，半径相近，则离子的极化力取决于外电子层结构。具有 18 电子构型的离子(如 Cu^{+}、Ag^{+}、Hg^{2+}、Cd^{2+} 等)和 18+2 电子构型的离子(如 Pb^{2+}、Sb^{3+} 等)极化力最强；9～17 电子构型的离子(如 Mn^{2+}、Fe^{2+}、Fe^{3+} 等)极化力较强；外层具有 8 电子的离子(如 Na^{+}、Ca^{2+} 等)极化力最弱。

(2) 离子的变形性。离子的变形性主要取决于离子半径的大小，离子半径大，核电荷对电子云的吸引力较弱，因此离子变形性大。例如，$I^{-}>Br^{-}>Cl^{-}>F^{-}$。

离子的电荷对变形性也有影响。对正离子来说，离子电荷越高，变形性越小；对负离子来说，离子电荷越高，变形性越大。当半径相近，电荷相等时，最外层有 d 电子的离子的变形性一般较大。例如，Hg^{2+} 的变形性大于 Sr^{2+}。

(3) 离子极化的规律一般说来，负离子由于半径大，外层具有 8 个电子，所以它们的极化力较弱，变形性比较大。相反地，正离子具有较强的极化力，变形性却不大。所以当正、负离子相互作用时，主要是正离子对负离子的极化作用，使负离子发生变形，产生诱导偶极。一般规律为，阴离子半径相同时，阳离子的电荷越多，阴离子越容易被极化，产生的诱导偶极越大；阳离子的电荷相同时，阳离子越大，阴离子被极化程度越小，产生的诱导偶极越小；阳离子的电荷相同、大小相近时，阴离子越大，越容易被极化，产生的诱导偶极越大。但是当阳离子与阴离子一样，也容易变形时，除了考虑阳离子对阴

离子的极化外，还必须考虑阴离子对阳离子的极化作用。一些最外层为 18 电子构型的正离子(如 Cu^{+}、Cd^{2+} 等)的变形性也是比较大的，因此在这种情况下，必须考虑正离子的变形性。

2. 离子极化对化学键型和熔点的影响

在正、负离子结合成的离子型分子中，如果正、负离子间完全没有极化作用，则它们之间的化学键纯粹属于离子键。但是实际上正、负离子间或多或少存在着极化作用，当极化力强、变形性又大的阳离子与变形性大的阴离子相互接触时，由于阳离子、阴离子相互极化作用明显，阴离子的电子云便会向阳离子方面偏移，同时，阳离子的电子云也会发生相应的变形。这样导致阳、阴离子外层轨道程度不同的发生重叠现象，阳、阴离子的核间距缩短(键长缩短)，键的极性减弱，键型从离子键就逐渐向共价键过渡。经过一系列中间状态的极化键，最后可转变为极化很小的共价键，如图 5.1 所示。

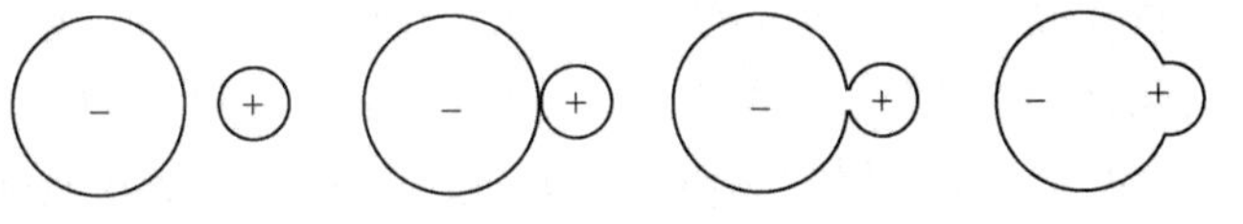

图 5.1　离子极化对键型的影响

键型的改变也使晶体的熔点发生变化。一般来说，由离子键所组成的晶体较由共价键构成的分子所组成的晶体具有较高的熔点。例如，NaCl 和 AgCl 虽然具有相同的晶体结构，但是 NaCl 熔点为 801℃，而 AgCl 的熔点却只有 455℃，这是由于 Ag^{+} 的极化力和变形性都很大，Ag^{+} 和 Cl^{-} 相互极化作用大，键的共价性增多的缘故。

又如，在 $BeCl_2$、$MgCl_2$、$CaCl_2$ 等化合物中，Be^{2+} 半径最小，又是 2 电子构型，因此 Be^{2+} 有很大的极化能力，使 Cl^{-} 发生比较显著的变形，Be^{2+} 和 Cl^{-} 之间的键有较显著的共价性。因此 $BeCl_2$ 具有较低的熔、沸点。$BeCl_2$、$MgCl_2$、$CaCl_2$ 的熔点依次为 410℃、714℃、782℃。

5.1.3　分子晶体的熔、沸点与分子间力的关系

分子晶体晶格结点上的微粒间的作用力是分子间力，即范德华力。在某些分子晶体中(如冰)还存在着氢键。由于分子间力较弱，所以分子晶体的硬度较小，熔点较低，并有较大的挥发性，如干冰。因此分子间力和氢键对分子晶体的熔点和沸点有较大的影响。

对同类型的单质和化合物，其熔点和沸点一般随相对分子质量的增大而升高。这是由于物质分子间的色散力随相对分子质量的增大而增强的缘故。例如，稀有气体是

非极性分子，分子间只存在色散力。从 He 到 Xe，随着相对分子质量的增大，分子间色散力也增大。因此，从 He 到 Xe 的熔点和沸点逐渐升高。当固体熔化或液体气化时，对相对分子质量大的物质，也同样要多消耗能量来克服分子间吸引力。

对于第ⅣA 到ⅦA 主族元素的氢化物，除碳族氢化物外，其他氢化物都是极性分子，分子间存在着取向力、诱导力和色散力，但主要仍是色散力。除 NH_3、H_2O、HF 外，各族氢化物从上到下，随着相对分子质量的增大，色散力增大，分子间力增强，因此它们的熔点和沸点逐渐升高。而 NH_3、H_2O、HF 由于含有氢键，分子间结合力强，当这些物质熔化或气化时，除了要克服纯粹的分子间力外，还必须提高温度，额外地供应一份能量来破坏分子间的氢键，所以这些物质的熔点和沸点比同系列氢化物的高（见图 3.29）。

5.2 化合物的溶解性

化合物的溶解性主要指离子化合物和分子化合物的溶解性。我们通常用溶解度(S)的大小来说明物质的溶解性。例如，$S<0.01$g/100g H_2O 的物质称为难溶物质；$S=0.01$g/100g H_2O 的物质称为微溶物质；$S>0.01$g/100g H_2O 的物质称为易溶物质。

5.2.1 分子晶体的溶解性及其规律

强极性分子间存在着强的取向力，所以可以互溶，如 NH_3、H_2O、C_2H_5OH 等。CCl_4 是非极性分子，由于 CCl_4 分子之间的引力和 H_2O 分子之间的引力均大于 CCl_4 分子与 H_2O 分子之间的引力，所以 CCl_4 几乎不溶于 H_2O。而 I_2 分子与 CCl_4 分子间色散力较大，因此 I_2 易溶于 CCl_4。这就是相似相溶原理。

5.2.2 离子化合物的溶解性及其规律

盐类、金属氧化物等通常属于离子化合物的范畴，属于典型离子晶体的离子化合物只有含氧酸盐、活泼金属的氟化物、氧化物和氯化物等。离子化合物在水中的溶解性对于合成化学、分析化学和地质化学过程中的矿物质的形成都是很重要的。本节主要介绍非金属含氧酸盐的溶解性。

离子化合物的溶解过程可以认为是晶格中的离子首先要克服离子间的引力，从晶格中解离为气态离子，然后进入水中并与水分子结合成为水合离子。所以当 $\Delta_s H<0$ 则溶解往往易于进行。

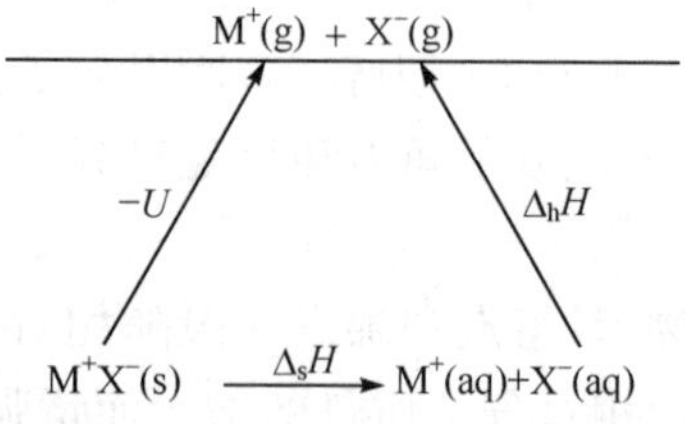

电荷高、半径小，即 Z/r 值大的离子所形成的盐的晶格能大。但这样的离子与水分子之间的引力也大(即离子水合能大)。当离子的 Z/r 增大时，是晶格能和离子水合能($\Delta_h H$)哪一个增加得多一些，就视阴、阳离子大小匹配的情况决定。

溶解的一般规律如下：

(1) 阴阳离子半径相差大的比相差小的易溶，如 $MgSO_4$ 比 $BaSO_4$ 易溶。因为当阴阳离子大小相差悬殊(即 $r^- \gg r^+$)时，离子水合作用在溶解过程中占优势。而 NH_4^+ 的化合价、半径均和 K^+ 相同(近)，因此铵盐溶解度和相应钾盐相近。

(2) 性质相似的盐系列中，阳离子的半径越小，该盐越容易溶解。室温下碱金属的高氯酸盐的溶解度的相对大小是：$NaClO_4 > KClO_4 > RbClO_4$。

(3) 若阴阳离子的半径相差不多，则 Z/r 大的离子所形成的盐较难溶解，如碱土金属和许多过渡金属的碳酸盐、磷酸盐等；而碱金属的硝酸盐和氯酸盐等易溶。

以上讨论的依据采用溶解焓 $\Delta_s H$，严格意义上应当用 $\Delta_s G$ 来讨论。

(4) 由于离子极化作用，一些离子型化合物中离子性减少、共价性增加，根据相似相溶的原理，离子极化的结果必然导致化合物在水中的溶解度降低。例如，电负性小的金属离子和易被极化的阴离子化合形成的化合物溶解性降低，靠后的过渡金属和后过渡金属离子的硫化物常常不溶；卤化物一般也是不溶的(氟化物除外)，如 Ag^+ 和 Pb^{2+} 的化合物。Ag^+ 是 18 电子构型的离子，极化力强，变形性较大。对 AgF 来说，由于 F^- 的离子半径较小，变形性不大，Ag^+ 与 F^- 之间相互极化作用不明显，因此，所形成的化学键属离子键。但是 X^- 随着 Cl^-、Br^-、I^- 离子半径依次增大，Ag^+ 与 X^- 之间相互极化作用不断增强，所形成化学键的极性不断减弱，对 AgI 来说，以共价键结合，见表 5.2。

表 5.2　卤化银的键型与溶解度

卤化银	AgF	AgCl	AgBr	AgI
卤素离子半径/pm	136	181	195	216
阴、阳离子半径之和/pm	262	307	321	342
实测键长/pm	246	277	288	299
键型	离子键	过渡键型	过渡键型	共价键
溶解度	172	难溶	难溶	难溶

通常情况，含氧酸盐的绝大部分钠盐、钾盐和铵盐以及酸式盐都易溶于水。其他含氧酸盐在水中的溶解性可以归纳如下：

硝酸盐：易溶于水，且溶解度随温度的升高而迅速地增加。

硫酸盐：大部分溶于水，但 $SrSO_4$、$BaSO_4$ 和 $PbSO_4$ 难溶于水，$CaSO_4$、Ag_2SO_4 和 Hg_2SO_4 微溶于水。

碳酸盐：大多数都不溶于水，其中又以 Ca^{2+}、Sr^{2+}、Ba^{2+}、Pb^{2+} 的碳酸盐最难溶。

磷酸盐:大多数都不溶于水。

5.2.3 pH和配位作用对溶解性的影响

从方程:

$$M_nX_m(s) \rightleftharpoons nM^{m+} + mX^{n-}(aq)$$

可以看出,任何能与方程中的任一生成离子发生反应的物质都可以使平衡右移从而增大固体的溶解性。当一种离子具有明显的质子酸或碱的性质时,pH 在一定程度上影响溶解性。例如,NaCl 的溶解性不受 pH 的影响,但当阴离子为弱酸的共轭碱时,低的 pH 会提高溶解性。金属氧化物和氢氧化物溶于酸,当 pH 升高时这些固体又会沉淀出来。溶解性的范围取决于 K_{sp} 值。例如,与溶解度较大的 $Fe(OH)_2$ 相比,$Fe(OH)_3$ 在更低的 pH 时才会沉淀出来。在高 pH 时,水合金属离子的酸性会表现出来,两性物质如 $Al(OH)_3$ 可以溶解在碱性溶液中生成$[Al(OH)_4]^-$。有时阴离子的共轭酸容易挥发,或者分解形成气体。因而硫化物遇酸会放出 H_2S,碳酸盐遇酸生成的碳酸会分解放出 CO_2。

任何能与金属配位的配体都会增大其溶解性。AgCl 溶于氨水生成$[Ag(NH_3)_2]^+$。加入 Cl^-,开始阶段因为同离子效应使溶解度降低,在高浓度时因为生成$[AgCl_2]^-$使溶解度增大。高 pH 时,一些两性氧化物和氢氧化物的溶解度可以用类似的配位效应来解释,此时 OH^- 作为配体。

5.3 无机物的颜色及其变化规律

5.3.1 常见无机物的颜色

1. 常见水合阳离子的颜色

常见水合阳离子的颜色列于表 5.3 中。

表 5.3 常见水合阳离子的颜色

离子	Ti^{2+}	V^{2+}	Cr^{2+}	Mn^{2+}	Fe^{2+}	Co^{2+}	Ni^{2+}	Cu^{2+}
颜色	黑	紫	蓝	浅红	绿	桃红	绿	蓝
离子	Ti^{3+}	V^{3+}	Cr^{3+}	Mn^{3+}	Fe^{3+}	Co^{3+}		
颜色	紫	绿	蓝紫	紫红	浅紫	蓝		
离子	TiO^{2+}	VO_2^+	VO^{2+}	$[Cr(OH)_4]^-$	$[Cu(OH)_4]^{2-}$			
颜色	无色	浅黄	黄	深绿	深蓝			

2. 常见水合阴离子的颜色

单原子阴离子和主族元素的含氧酸根在水溶液中均无色,过渡金属的含氧酸根常常有色。常见过渡金属水合含氧酸根离子的颜色列于表 5.4 中。

表 5.4　常见水合阳离子的颜色

离子	VO_4^{3-}	CrO_4^{2-}	MoO_4^{2-}	WO_4^{2-}	$Cr_2O_7^{2-}$	MnO_4^-	MnO_4^{2-}	FeO_4^{2-}
颜色	黄	黄	淡黄	淡黄	橙红	紫红	深绿	紫红

3. 常见无机物的颜色

无机物的颜色丰富多彩。在金属单质中，除纯铜显紫红色、纯金显金黄色外，总体上都呈现银白色(部分显灰白色)。非金属单质的颜色和状态则较为复杂。

在无机化合物中，氧化物和硫化物的颜色最为丰富，其次是卤化物。在卤化物中，氟化物多数为无色(CuF 显红色)，碱金属和碱土金属的氯化物、溴化物和碘化物呈现无色或白色；随着 Cl^-、Br^-、I^- 离子变形性的增大，过渡金属的氯化物、溴化物和碘化物的颜色逐渐加深。

主族元素的含氧酸根和主族元素阳离子形成的盐一般为无色或白色，如硝酸盐、硫酸盐、氯酸盐、磷酸盐等；主族元素的含氧酸根和过渡金属阳离子形成的盐，一般带有结晶水，因此其颜色多决定于水合阳离子的颜色。例如，$FeSO_4 \cdot 7H_2O$ 显浅绿色，而 $Fe(NO_3)_3 \cdot 9H_2O$ 显浅紫色。

过渡金属的含氧酸根一般本身具有颜色，其盐的颜色也多与其本身的颜色相同或相近。例如，锰酸盐显墨绿色，高锰酸盐显紫黑色，铬酸盐显黄色(Ag_2CrO_4 显砖红色)，重铬酸盐显橙红色，高铁酸盐显紫红色。

5.3.2　无机物显色的原因

无机物选择性地吸收部分可见光时，未被吸收的可见光就会透射或反射出来，因此无机物呈现的颜色(肉眼观察的颜色)就是未被吸收的可见光的混合颜色。解释具体无机物颜色的问题时经常有一定的难度，这是因为无机物显色的机理是多方面的。一种无机物的颜色，可能是几种原因造成的。下面对无机物颜色的产生原因进行简单介绍。

在配体晶体场的作用下，中心离子的价层 d 轨道分裂，如此时存在未充满的 d 轨道，则低能态的 d 电子会吸收与分裂能大小相同的某一可见光的光能而跃迁至高能态轨道(d-d 跃迁)，此时配离子就会透射或反射出吸收光的互补光。例如，Cu^{2+} 价层 d 轨道的分裂能相当于红色光，因此$[Cu(H_2O)_6]^{2+}$水溶液显红光的互补色——浅蓝色；而$[Cu(NH_3)_4]^{2+}$的分裂能相当于橙黄色，因此其溶液显深蓝色。

离子极化作用也使得无机物产生颜色。离子的相互极化作用(与离子极化力成正比)越强，发生电荷迁移(电子由一个原子移向相邻的另一个原子的过程)的程度越大，化合物的颜色越深。从表 5.5 的数据可知，从 K^+ 到 Mn^{2+} 的离子极化力是依次增大的，所以它们氧化物的颜色是依次加深的。

表 5.5　第四周期元素的氧化物颜色变化规律与离子极化的关系

化合物	K_2O	CaO	Sc_2O_3	TiO_2	V_2O_5	CrO_2	Mn_2O_7
颜色	白色	白色	白色	白色	橙色	暗红色	黑绿色
离子极化力	3.6	9.7	21.3	42.7	9.7	148	225

某些无机物存在的晶格缺陷(晶体的某些晶格节点缺少部分阳离子或阴离子所致)导致其颜色。例如,萤石(CaF_2)本无色,但由于 F 色心的形成而显紫色。晶格缺陷还使得无色的 Al_2O_3 产生颜色,蓝宝石就是天然 Al_2O_3 在含有 Fe 或 Ti 时形成的,含有 Cr 时则形成红宝石。

无机物的颜色还受到晶粒粒度和聚积度的影响。当固体颗粒的直径小到与可见光的波长相近时,就会反复吸收几乎全部的可见光及其折射光。例如,HgS 会显红色或黑色,而 HgO 则会显红色或黄色,就是由于粒度不同造成的。

5.4　酸　碱　性

酸碱在化学工业中占据重要的地位。酸碱工业主要指三酸(硫酸、盐酸、硝酸,包括磷酸则称四酸)、两碱(烧碱、纯碱),年产量最大的化学品是硫酸。酸碱对生态也有强烈的影响,如土壤的不同酸碱性影响着不同的植物群的茂盛生长。

现在称为酸碱的物质最先是根据味道和感觉认识的,即酸有酸味而碱有滑腻感。后来阿伦尼乌斯提出电离概念才从化学观点认识酸和碱。

对于酸碱的定义及酸碱理论也有一个较长的发展过程,现代酸碱理论主要有水-离子理论(阿伦尼乌斯酸碱理论)、酸碱的溶剂理论、质子理论、电子理论及软硬酸碱理论等。

5.4.1　化合物的酸碱性

1. 共价型氢化物的酸碱性

周期系各主族元素都能生成氢化物。第ⅠA 和第ⅡA 族元素(Be 和 Mg 除外)形成离子型氢化物,其固体是离子晶体。第ⅡA 族中的 Be 和 Mg,以及第ⅢA 族到第ⅦA 族元素一般形成共价型氢化物,固体为分子晶体。共价型氢化物中碳族元素和氮族元素的氢化物(除 NH_3 外)的水溶液不显酸碱性。氧族和卤族氢化物的水溶液显酸性,个别(如水)显两性。同一周期中,从左向右,如在 NH_3—H_2O—HF 系列中,H_nA 的酸性随元素 A 的电负性的增加而增强;同一族中,从上往下,如 HF—HCl—HBr—HI 系列中酸性依据 H—X 键键能的减弱而逐渐增强,氢氟酸为弱酸,而氢氯酸(盐酸)、氢溴酸和氢碘酸均为强酸。

2. 氧化物的酸碱性

氧化物 R_xO_y 的酸碱性,首先取决于 R 的金属性或非金属性的强弱,即与 R 在周期表中的位置有关，其次与 R 的氧化值有关，如某元素有几种氧化值不同的氧化物，其酸碱性也有所不同。一般来说，大多数金属氧化物呈碱性；大多数非金属氧化物和某些高氧化值的金属氧化物显酸性；一些金属氧化物和少数非金属氧化物呈两性。

氧化物酸碱性变化的一般规律是：同周期各元素最高氧化态的氧化物，从左到右由碱性到两性到酸性转化。例如

Na_2O　MgO	Al_2O_3	SiO_2　P_4O_{10}　SO_3　Cl_2O_7
碱性	两性	酸性

相同氧化态的同族各元素的氧化物从上到下碱性依次增强，酸性依次减弱。例如

N_2O_3　P_4O_6	As_4O_6	Sb_4O_6	Bi_2O_3
酸性	两性偏酸	两性	碱性

同一元素不同氧化态的氧化物，其酸性随氧化态的升高而增强。这种递变规律在 d 区过渡元素中更为常见。例如

	As_4O_6（两性偏酸）	As_2O_5（酸性）
PbO（碱性）	PbO_2（两性）	
CrO（碱性）	Cr_2O_3（两性）	CrO_3（酸性）
VO（碱性）	VO_2（两性）	V_2O_5（酸性）

氧化物的酸碱性与它们的离子-共价性之间有较密切的联系。离子型氧化物通常为碱性或两性，共价型氧化物通常为酸性，介于两者之间的过渡型氧化物一般具有弱酸性（如 SiO_2）、弱碱性或两性。另一种观点认为氧化物的酸碱性与中心离子和氢离子对氧离子的结合力的相对大小有关，即 R—O—H 模型。

3. 氧化物水合物的酸碱性和 R—OH 规则

氧化物的水合物形成酸或碱，习惯上书写为碱 $R(OH)_n$ 和酸 H_mRO_n，其组成均可用 R—O—H 通式表示。R 称为中心离子或原子，如果电离时在 R—O 键处断裂（碱式电离），呈碱性；如果电离时在 O—H 键处断裂（酸式电离），则呈酸性。

$$RO^- + H^+ \longleftarrow R—O—H \longrightarrow R^+ + OH^-$$

酸式电离　　　　　　　　碱式电离

R—O—H 具体是按碱式电离还是按酸式电离，以及电离的程度如何，其影响因素比较复杂。一般可由 R^{n+} 电荷多少及半径大小等因素决定。通常使用离子势值来衡量 R—O—H 的酸碱性。

$$离子势(\phi) = \frac{阳离子电荷(z)}{阳离子半径(r)}$$

离子势值大的 R—O—H 倾向于酸式电离；离子势值小的 R—O—H 倾向于碱式电离，经验规则为

$\sqrt{\phi}$值	<7	7～10	>10
R—O—H 酸碱性	碱性	两性	酸性

现以第三周期元素氧化物的水合物为例，说明它们的酸碱性递变与$\sqrt{\phi}$值的关系（表 5.6）。

表 5.6　第三周期元素氧化物的水合物的酸碱性

元素	Na	Mg	Al	Si	P	S	Cl
氧化物水合物	$NaOH$	$Mg(OH)_2$	$Al(OH)_3$	H_2SiO_3	H_3PO_4	H_2SO_4	$HClO_4$
R^{n+}半径/nm	0.095	0.065	0.05	0.041	0.034	0.029	0.026
$\sqrt{\phi}$值	3.24	5.55	7.75	9.88	12.1	14.4	16.4
酸碱性	强碱	中强碱	两性	弱酸	中强酸	强酸	最强酸

同一族元素，如第ⅡA 族元素的氢氧化物 $M(OH)_2$，由表 5.7 所列的$\sqrt{\phi}$值可见，$Be(OH)_2$为两性氢氧化物，其余都是碱性氢氧化物，而且碱性从 Be 到 Ba 依次逐渐增强。

表 5.7　碱土金属元素氢氧化物的酸碱性

元素	Be	Mg	Ca	Sr	Ba
氢氧化物	$Be(OH)_2$	$Mg(OH)_2$	$Ca(OH)_2$	$Sr(OH)_2$	$Ba(OH)_2$
R^{n+}半径/nm	0.031	0.065	0.099	0.113	0.135
$\sqrt{\phi}$值	8.03	5.55	4.50	4.21	3.85
酸碱性	两性	中强碱	强碱	强碱	强碱

由于用离子势判断氧化物水合物的酸碱性是一个经验规律，因此会有例外出现，如$Zn(OH)_2$、$Cr(OH)_3$、$Sn(OH)_2$、$Pb(OH)_2$ 等两性物质。

氧化物水合物的酸碱性强弱及递变规律可归纳如表 5.8 和表 5.9。

5.4.2　酸碱的应用

1. 高温材料的选择使用

耐火材料的选用也要考虑其酸碱性，酸性耐火材料（以 SiO_2 为主）在高温下易与碱性物质反应而受到侵蚀；碱性耐火材料（以 MgO、CaO 为主）在高温下易受酸性物质侵蚀；而中性耐火材料（以 Al_2O_3、Cr_2O_3 为主）则有抗酸、碱侵蚀的能力。

表 5.8　周期系中主族元素氧化物水合物的酸碱性

ⅠA	ⅡA	ⅢA	ⅣA	ⅤA	ⅥA	ⅦA
LiOH	$Be(OH)_2$	H_3BO_3	H_2CO_3	HNO_3		
(中强碱)	(两性)	(弱酸)	(弱酸)			
NaOH	$Mg(OH)_2$	$Al(OH)_3$	H_2SiO_3	H_3PO_4	H_2SO_4	$HClO_4$
(强碱)		(两性)	(弱酸)	(中强酸)	(强酸)	(极强酸)
KOH	$Ca(OH)_2$	$Ga(OH)_3$	$Ge(OH)_4$	H_3AsO_4	H_2SeO_4	$HBrO_4$
(强碱)	(中强碱)	(两性)	(两性)	(中强酸)	(强酸)	(强酸)
RbOH	$Sr(OH)_2$	$In(OH)_3$	$Sn(OH)_4$	$H[Sb(OH)_6]$	H_6TeO_6	H_5IO_6
(强碱)	(强碱)	(两性)	(两性)	(弱酸)	(弱酸)	(中强酸)
CsOH	$Ba(OH)_2$	$Tl(OH)_3$	$Pb(OH)_4$			
(强碱)	(强碱)	(弱碱)	(两性)			

酸性增强（自左向右、自下向上）；碱性增强（自右向左、自上向下）

表 5.9　周期系中副族元素氧化物水合物的酸碱性

ⅢB	ⅣB	ⅤB	ⅥB	ⅦB
$Sc(OH)_3$	$Ti(OH)_4$	HVO_3	H_2CrO_4	$HMnO_4$
(弱碱)	(两性)	(弱酸)	(中强酸)	(强酸)
$Y(OH)_3$	$Zr(OH)_4$	$Nb(OH)_5$	H_2MoO_4	$HTcO_4$
(中强碱)	(两性)	(两性)	(酸)	(酸)
$La(OH)_3$	$Hf(OH)_4$	$Ta(OH)_5$	H_2WO_4	$HReO_4$
(强碱)	(两性)	(两性)	(弱酸)	(弱酸)

酸性增强（自左向右、自下向上）；碱性增强（自右向左、自上向下）

2. 废水废气的处理

常利用酸碱中和反应原理来处理酸性和碱性废水。用于处理酸性废水的碱性物质通常有 $CaCO_3$、$MgCO_3$、MgO、CaO，此外也可使用一些碱性废渣，必要时使用烧碱(NaOH)、苏打(Na_2CO_3)和氨水等。碱性废水可用废弃的无机酸、酸性废气及酸性废水等进行处理。例如，烟道气中含高达 24%的 CO_2 及少量 SO_2、H_2S 等酸性气体。可将烟道气通入含 NaOH 溶液的水池，使这些酸性气体被吸收以避免污染空气。

$$CO_2 + 2NaOH \xlongequal{} Na_2CO_3 + H_2O$$

$$SO_2 + 2NaOH \xlongequal{} Na_2SO_3 + H_2O$$

$$H_2S + 2NaOH \xlongequal{} Na_2S + 2H_2O$$

3. 药物制酸剂

人体的胃壁上有着成千上万个内壁黏膜细胞，通过它们不断分泌盐酸抑止细菌的生长,同时促进食物的水解。正常情况下,这些细胞以每分钟 50 万个的速度在更新,因此分泌的盐酸不会伤害胃的内壁。但当摄入过多的食物之后,将会引起过多的酸分泌,胃内 pH 就会下降,从而使人有不适的感觉。制酸剂就是为了减小胃内盐酸量而特制的。通常人体胃内的 pH 范围在 1.2～3.0。表 5.10 给出了某些用于制酸目的的碱性化合物,以及它们的机理。它们是常用的胃药原料。

表 5.10　常见制酸剂

化合物	在胃内使用	备注
氧化镁(MgO)	$MgO+2H^+ \longrightarrow Mg^{2+}+H_2O$	白色无味物质
氧化镁乳液[$Mg(OH)_2$]	$Mg(OH)_2+2H^+ \longrightarrow Mg^{2+}+2H_2O$	有不愉快粉质感
碳酸钙($CaCO_3$)	$CaCO_3+2H^+ \longrightarrow Ca^{2+}+H_2O+CO_2$	胃内产生 CO_2 气
碳酸氢钠($NaHCO_3$)	$NaHCO_3+H^+ \longrightarrow Na^++H_2O+CO_2$	胃内产生 CO_2 气
氢氧化铝[$Al(OH)_3$]	$Al(OH)_3+3H^+ \longrightarrow Al^{3+}+3H_2O$	洁净的胶体
双羟基铝碳酸钠[$NaAl(OH)_2CO_3$]	$NaAl(OH)_2CO_3+4H^+ \longrightarrow Na^++Al^{3+}+3H_2O+CO_2$	不会高于 5
柠檬酸钠($Na_3C_6H_5O_7 \cdot 2H_2O$)	$Na_3C_6H_5O_7 \cdot 2H_2O+3H^+ \longrightarrow 3Na^++H_3C_6H_5O_7+2H_2O$	作用缓和

4. 其他

炼铁的造渣反应:

$$CaO+SiO_2 \xrightarrow{\text{高温}} CaSiO_3$$

就是利用酸性氧化物与碱性氧化物之间的反应除去杂质硅石(主要是 SiO_2,由矿石中带入)。农业生产中,使用生产磷酸后的废弃物磷石膏(以 $CaSO_4$ 为主),改良碱性土壤,也是利用了物质的酸碱性。

5.5　氧化还原性

5.5.1　单质的氧化还原性

1. 金属单质的还原性

大多数金属单质都容易失去价电子形成正离子而显示还原性:

$$M-ne^- \longrightarrow M^{n+}$$

一般说来,s 区元素的单质具有强还原性;Zn 及 p 区中的 Al、Sn、Pb 等还原性较强,它们既能与稀酸反应、又能与稀碱溶液作用;第五、第六周期过渡元素金属的还原性较弱,化学性质稳定,常用于制造耐腐蚀合金。

随着原子序数的增加,同族金属的还原性增强,同周期金属的还原性减弱。如果出现不规则性变化,则是另有原因。例如,第四周期过渡元素的电对 M^{2+}/M 的标准电极电势从 Sc 到 Zn 总趋势是代数值减小。但 Mn 的还原性大于 Cr 是由于 Mn^{2+} 具有 5 个未成对 d 电子结构(半充满结构)，具有的特殊的稳定性易失去电子，而 Cr 由 $3d^5 4s^1$ 转变为 $3d^4$ 稳定性变差，失去一个 d 电子需要消耗较多的能量。

2. 非金属单质的氧化还原性

大多数非金属元素既可失去电子呈正价，又可得到电子呈负价，所以这些非金属的单质既可有还原性，又可有氧化性。通常与金属作用时表现出氧化性。例如，O_2、N_2、Cl_2、C 等与金属作用生成氧化物、氮化物、氯化物和碳化物。在常温常压下，氧与金属作用的活动性顺序，基本遵守金属的活动性顺序。活泼的金属(如 K、Na 等)易被 O_2 氧化，中等活泼的金属(如 Al、Fe 等)可以被 O_2 氧化，一些较不活泼的金属(如 Cu、Hg 等)在加热时能被 O_2 氧化，一些不活泼的金属(如 Pt、Au 等)不能被 O_2 氧化。

同族非金属元素的氧化性随原子序数的增加而减小。与一些非金属作用表现出还原性，如 C、S、P 等在一定的条件下被 O_2 氧化。

一些非金属单质与碱和水作用发生歧化反应，既表现出氧化性，又表现出还原性。例如：

$$Cl_2 + 2NaOH \rightleftharpoons NaCl + NaClO + H_2O$$

$$P_4 + 3KOH + 3H_2O \rightleftharpoons PH_3 + 3KH_2PO_2$$

5.5.2　化合物的氧化还原性

1. 分子型氢化物的还原性

除了 HF 以外，其他分子型氢化物都有还原性。如果用 H_nA 表示非金属元素的氢化物：

$$H_nA \rightleftharpoons nH^+ + A^{n-}$$

显然 H_nA 的还原性来自 A^{n-}。而 A^{n-} 失电子的能力与其半径和电负性大小有关，在周期表中，从左到右，自上而下，A^{n-} 的半径增大，电负性减小，A^{n-} 失电子的能力依次递增，所以氢化物的还原性也按此方向增强，如表 5.11 所示。

表 5.11　ⅣA～ⅦA 族元素氢化物的还原性趋势

还原性增强↓	CH_4	NH_3	H_2O	HF
	SiH_4	PH_3	H_2S	HCl
	GeH_4	AsH_3	H_2Se	HBr
	(SnH_4)	SbH_3	H_2Te	HI
		←还原性增强		

2. 无机含氧酸及其盐的氧化还原性

含氧酸及其盐的氧化还原性首先取决于成酸元素的性质，成酸元素是非金属性很强的元素时，它们的酸和盐往往具有氧化性，如卤素的含氧酸及其盐、硝酸及其盐等；非金属性较弱的含氧酸及其盐则无氧化性，如碳酸及其盐、硼酸及其盐、硅酸及其盐等。其次与成酸元素的氧化值有关，一般而言，非金属的成酸元素氧化值为正值的，有获得电子的可能性（这里也包括一些高氧化值的金属含氧酸盐，如偏铋酸钠 $NaBiO_3$ 等）。处于中间氧化值的（如 HNO_2 及 H_2SO_3 等）既有氧化性又有还原性。但是，高氧化值的含氧酸盐不一定在任何情况下都能显示氧化性。例如，硝酸盐在高温或在酸性溶液中是强氧化剂，而在中性或碱性溶液中就几乎不显氧化性。

含氧酸及其盐在水溶液中的氧化还原性可以用标准电极电势来衡量，标准电极电势越正，表明氧化型物质的氧化性越强；标准电极电势越负，表明还原型物质的还原性越强。含氧酸及其盐的氧化还原性有如下特点：

(1) 溶液的 pH 是影响含氧酸及其盐氧化还原性的重要因素之一。含氧酸盐在酸性溶液中比在中性或碱性溶液中氧化性强。

(2) 同一周期中，各元素最高氧化值含氧酸的氧化性从左向右增强。例如，H_2SiO_3 和 H_3PO_4 几乎无氧化性，而 $HClO_4$ 为强氧化剂。同类型低氧化值的含氧酸也有此倾向，如 $HClO_3$ 和 $HBrO_3$ 的氧化性分别比 H_2SiO_3 和 H_2SeO_3 强。

(3) 在同一族成酸元素中，其含氧酸的氧化还原性如表 5.12 所示。在最高氧化值的含氧酸中，氧化性多数从上往下递增，次卤酸依次递减。处于中间氧化态的含氧酸中，以第四周期元素的含氧酸最强。

表 5.12 一些含氧酸的氧化还原性

成酸元素的氧化值	最高			中间			低
族	ⅤA	ⅥA	ⅦA	ⅤA	ⅥA	ⅦA	ⅦA
含氧酸氧化还原性相对强弱	HNO_3	—	—	HNO_2	—	—	—
	H_3PO_4	H_2SO_4	$HClO_4$	H_3PO_3	H_2SO_3	$HClO_3$	$HClO$
	H_3AsO_4	H_2SeO_4	$HBrO_4$	H_3AsO_3	H_2SeO_3	$HBrO_3$	$HBrO$
	—	H_6TeO_6	H_5IO_6	—	H_2TeO_3	HIO_3	HIO

(4) 同一成酸元素不同氧化值的含氧酸，如浓度相同，低氧化值的氧化性比高氧化值的氧化性强（指被还原为同一氧化值而言）。例如，当浓度均为 $1mol \cdot L^{-1}$时：

$$HClO > HClO_3 > HClO_4$$

$$HNO_2 > HNO_3$$

$$H_2SO_3 > H_2SO_4$$

这是因为含氧酸的氧化性强弱还与含氧酸的结构因素有关，氧化值越高的含氧酸，在被还原过程中，需要断裂的 R—O 键数目越多，因而也越稳定。

(5) 一般来说，浓酸比稀酸的氧化性强，含氧酸比含氧酸盐的氧化性强。有关无机含氧酸及其盐氧化性的规律比较复杂。它与很多因素有关，其中以无机含氧酸的结构和热力学因素对氧化还原稳定性的影响最大，目前仅根据化学事实归纳出一些规律，尽管有各种假说、模型，但还不能给予圆满的理论解释。

3. 惰性电子对效应

第ⅢA～ⅤA 族元素自上而下，与族数相同的高氧化态的稳定性依次减小，比族数少 2 的低氧化态趋于稳定。这是由于 ns^2 电子对不易参加成键，特别不活泼，其中尤以 $6s^2$ 电子对特别惰性，常称为惰性电子对效应。

例如，在第ⅢA 族元素中，B、Al 的氧化态为＋3，Ga、In、Tl 氧化态有＋3 也有＋1，Ga、In 以＋3 稳定，Tl 却以＋1 稳定；在第ⅣA 族中以＋2 氧化态稳定；第ⅤA 族中 Bi 以＋3 氧化态稳定。因此，Tl(Ⅲ)、Pb(Ⅳ)、Bi(Ⅴ)均是强氧化剂，其还原产物分别为 Tl(Ⅰ)、Pb(Ⅱ)、Bi(Ⅲ)。

“惰性电子对效应”是英国化学家希区威克(Sidgwick)在总结大量有关第ⅢA、第ⅣA 族元素的族数氧化态稳定性的基础上提出的。他认为，对较重的元素来说，其族数氧化态的不稳定性是由 ns 电子强的钻穿效应造成的。

5.5.3　常用的氧化剂和还原剂

1. 高锰酸钾

高锰酸钾是最重要的氧化剂之一。在工业上或实验室常使用它作氧化剂。也作为外用药用于杀菌、消毒、消炎的浸泡剂。

2. 氯气(Cl_2)、次氯酸盐(ClO^-)、亚氯酸钠($NaClO_2$)和氯酸钾($KClO_3$)

氯气作为氧化剂可用于纸浆和棉布的漂白，也可用于饮水的消毒。氯气用于饮用水消毒已经多年，但近年来发现它与水中含有的有机烃会形成有致癌毒性的卤代烃，因此改用臭氧和二氧化氯作消毒剂。

次氯酸是很强的氧化剂。次氯酸作氧化剂时，本身被还原为 Cl^-。氯气具有漂白性就是因为它与水作用生成次氯酸的缘故，因此完全干燥的氯气没有漂白能力。次氯酸盐的溶液也有氧化性和漂白作用。漂白粉就是氯气与消石灰作用而制得的，是次氯酸钙、氯化钙和氢氧化钙所组成的水合复盐，其主要反应为氯的歧化反应：

$$2Cl_2 + 3Ca(OH)_2 \xlongequal{} Ca(ClO)_2 + CaCl_2 \cdot Ca(OH)_2 \cdot H_2O + H_2O$$

次氯酸钙是漂白粉的有效成分。漂白粉的质量以有效氯的含量衡量。一定量漂白粉与稀盐酸反应，所逸出的 Cl_2 称为有效氯。

$$Ca(ClO)_2 + 4HCl \xlongequal{} CaCl_2 + 2Cl_2\uparrow + 2H_2O$$

亚氯酸盐在溶液中较为稳定，有强氧化性，也用做漂白剂，如亚氯酸钠主要应用在纺织品的漂白。

氯酸钾固体是强氧化剂，它与易燃物质，如 C、S、P 及有机物混合时，一旦受到撞击即猛烈爆炸，因此氯酸钾大量用于制造火柴和烟火。

3. 过氧化氢

过氧化氢 H_2O_2 俗称双氧水。纯过氧化氢为浅蓝色液体，可作火箭燃料的氧化剂。医学上用 3%的 H_2O_2 做消毒杀菌剂；工业上用 30%的 H_2O_2 作漂白剂，漂白毛、丝毛、羽毛、象牙等含有动植物蛋白质的物品，其他氧化剂会损伤这些物品。还可用于古油画的复原处理：

$$PbS(\text{黑})+4H_2O_2 = PbSO_4(\text{白})+4H_2O$$

它的优点是氧化性强，还原产物是水，不引进杂质，不污染环境。应该注意，浓度稍大的水溶液会灼伤皮肤，使用时应小心。

4. 氧气(O_2)、臭氧(O_3)

氧气具有氧化性，常温下空气中的氧只能将某些强还原性的物质(如 NO，$SnCl_2$，H_2SO_4 等)氧化。在加热条件下，除卤素、少数贵金属(如 Au，Pt 等)以及稀有气体外，氧气几乎能与所有元素直接化合成相应的氧化物。大量的纯氧用于炼钢，液氧常用作火箭发动机的助燃剂。臭氧的氧化性比 O_2 强。O_3 能将 I^- 氧化而析出单质碘：

$$O_3+2I^-+2H^+ \longrightarrow I_2+O_2+H_2O$$

这一反应用来测定臭氧的含量。利用臭氧的氧化性以及不易导致二次污染的优点，臭氧被用来净化废气和废水。臭氧可用做杀菌剂，用臭氧代替氯气作为饮用水消毒剂，不仅杀菌快而且消毒后无味。臭氧又是一种高能燃料的氧化剂。不过要注意的是，尽管微量臭氧有益于人体的健康，但当臭氧含量高于 $1ml \cdot m^{-3}$ 时，会引起头疼等症状，对人体有害。

5. 脱氯剂——硫代硫酸钠($Na_2S_2O_3$)、亚硫酸钠(Na_2SO_3)

硫代硫酸钠是一种中等强度的还原剂，当与碘反应时，它被氧化为连四硫酸；与氯气、溴等反应时被氧化为硫酸盐，因此主要在化工生产中用作还原剂，棉织物漂白后的脱氯剂。亚硫酸钠和亚硫酸氢钠($NaHSO_3$)也可用作漂白织物时的去氯剂。

$$2Na_2S_2O_3+I_2 = Na_2S_4O_6+2NaI$$

$$Na_2S_2O_3+4Cl_2+5H_2O = 2H_2SO_4+2NaCl+6HCl$$

$$Cl_2+Na_2SO_3+H_2O = 2HCl+Na_2SO_4$$

6. 连二亚硫酸钠

连二亚硫酸钠($Na_2S_4O_6 \cdot 2H_2O$)俗称保险粉，是一个强还原剂，能将 I_2、MnO_4^-、H_2O_2、Cu^{2+}、Ag^+ 等还原；空气中的氧气能将其氧化，因此可在气体分析中用它吸收氧气。连二亚硫酸钠也是印染工业上常用的还原剂，还广泛用于造纸、食品工业以及医学。

5.6　化合物的热稳定性

化合物的热稳定性是指化合物本身是否容易分解，如分解成单质、分解成简单的化合物以及化合物的反应等。化合物分解成单质的稳定性，可以用化合物的生成焓 $\Delta_f H^\ominus$ 来衡量(此时的生成焓等于标准摩尔反应焓变)。一般来说，如果化合物的 $\Delta_f H^\ominus < 0$ 时，该化合物是稳定的，且越小越稳定；若化合物的 $\Delta_f H^\ominus > 0$ 时，则该化合物是不稳定的。例如，从 HX 的 $\Delta_f H^\ominus$ 来看：

$$2HX(g) \longrightarrow H_2(g) + X_2(g)$$

HX(g)	HF	HCl	HBr	HI
$\Delta_f H^\ominus/(kJ \cdot mol^{-1})$	−275.4	−95.3	−53.4	1.7

气态 HX 的 $\Delta_f H^\ominus$ 值从 HF→HBr，依次增大直到 HI 成为正值，其稳定性按 HF→HI顺序依次减小。事实上，HI 较不稳定，在 573K 时已明显分解，而 HCl(分解分数 0.014%)以及 HBr(分解分数 0.5%)在 1273K 时才稍有分解，HF 在此温度还相当稳定。

若化合物并非分解成组成它的稳定单质，就不能用 $\Delta_f H^\ominus$ 直接判断其稳定性。

5.6.1　卤化物的热稳定性规律

各种卤化物的热稳定性有很大的不同。对元素的金属卤化物来说，s 区元素的卤化物大多数是很稳定的，如 NaCl、$CaCl_2$ 等；原因是金属离子具有 8 电子结构，形成稳定的离子键。p 区元素的卤化物一般稳定性较差，如 $PbCl_2$ 等；原因是金属离子具有 18+2 电子结构，离子极化较强，键型由离子键向共价键过渡。如果同一金属、同一氧化态，则卤化物的热稳定性按 F—Cl—Br—I 依次降低。例如，AlF_3、$AlCl_3$、$AlBr_3$、AlI_3 的热稳定性依次降低。

金属元素氧化值相同的卤化物其热稳定性也可以用生成焓来估计。一般是生成焓代数值越小的卤化物，其稳定性越高。碱土金属卤化物按 Be→Mg→Ca→Sr→Ba 顺序，生成焓代数值依次减小，热稳定性依次升高。例如，$BeCl_2$、$MgCl_2$、$CaCl_2$、$SrCl_2$、$BaCl_2$ 的热稳定性依次升高。

5.6.2　含氧酸盐的热稳定性

含氧酸盐的热稳定性有以下规律：

(1) 相同的金属离子和相同的成酸元素组成的含氧酸，热稳定性为

正盐>酸式盐>相应的酸

(2) 不相同的金属离子和相同的成酸元素组成的含氧酸盐，热稳定性为(表 5.13)

碱金属盐>碱土金属盐>过渡金属盐>铵盐

表 5.13

盐类	Na_2CO_3	$CaCO_3$	$ZnCO_3$	$(NH_4)_2CO_3$
分解温度/℃	1800	841	350	58
盐类	Na_2SO_4	$CaSO_4$	$ZnSO_4$	$(NH_4)_2SO_4$
分解温度/℃	不分解	1450	930	100

(3) 相同的金属离子和不同酸根组成的含氧酸,热稳定性取决于酸根的稳定性(表 5.14)。

表 5.14

分解温度/℃ \ 金属离子	酸根				
	ClO_3^-	NO_3^-	CO_3^{2-}	SO_4^{2-}	PO_4^{3-}
Na^+	300	380	1800	不分解	不分解
Ca^{2+}	100	561	910	不分解	不分解

(4) 同一成酸元素,一般来说高氧化值的含氧酸稳定,主要是结构对称比较稳定。

$$HClO_4 > HClO_3 > HClO$$

$$KClO_4 > KClO_3 > KClO$$

(5) 碱土金属元素阳离子半径越大,含氧酸一般越稳定(表 5.15)。

表 5.15

盐类	$BeCO_3$	$MgCO_3$	$CaCO_3$	$SrCO_3$	$BaCO_3$
分解温度/℃	约 100	402	841	1098	1277
金属离子半径/pm	35	66	99	112	134

思考题与习题

1. 已知下列两类晶体的熔点(K):

(1) NaF(1266),NaCl(1074),NaBr(1020),NaI(933)

(2) SiF_4(182.8),$SiCl_4$(203),$SiBr_4$(278),SiI_4(393.5)

钠的卤化物熔点比相应硅的卤化物熔点高,其熔点递变规律也不一致,为什么?

2. 预测下列四种离子晶体熔点高低的顺序。

$$CaF_2, BaCl_2, CaCl_2, MgO$$

3. $ZnCl_2$ 的沸点和熔点低于 $CaCl_2$,如何解释?

4. 判断下列各含氧酸盐的溶解性。溶者在对应的格内填入"溶"字,难溶者填入"难"字。

M^{n+} 酸根	Ag^+	Fe^{2+}	Cu^{2+}	Zn^{2+}	K^+
CO_3^{2-}					
SO_4^{2-}					
PO_4^{3-}					
ClO_3^-					

5. 氯的含氧酸的酸性、氧化性、热稳定性相对强弱与氯的氧化值有何关系。

6. 根据 R—O—H 规律，分别比较下列各组化合物酸性的相对强弱。

(1) $HClO$，$HClO_2$，$HClO_3$，$HClO_4$

(2) H_3PO_4，H_2SO_4，$HClO_4$

(3) $HClO$，$HBrO$，HIO

7. 注明下列氧化物的酸碱性。

$$K_2O, BeO, CO, MnO, Fe_2O_3, Al_2O_3$$

8. 碱金属单质及其氢氧化物为什么不能在自然界中存在？

9. 试分别比较下列两组氢化物的热稳定性、还原性及水溶液的酸性。

(1) CH_4，NH_3，H_2O，HF

(2) H_2O，H_2S，H_2Se，H_2Te

10. 分别比较下列各组物质的热稳定性。

(1) $MgHCO_3$，$MgCO_3$，H_2CO_3

(2) $(NH_4)_2CO_3$，$CaCO_3$，Ag_2CO_3，K_2CO_3，NH_4HCO_3

(3) $MgCO_3$，$MgSO_4$，$Mg(ClO_3)_2$

11. 用离子极化观点解释。

(1) 为什么下列各物质溶解度依次减小，以及颜色的变化？

AgF(无色)、AgCl(白色)、AgBr(浅黄色)、AgI(黄色)

(2) 为什么 Na_2S 易溶于水，ZnS 难溶于水？

(3)为什么 $HgCl_2$ 为白色，溶解度较大；HgI_2 为黄色或红色，溶解度较小？

12. 解释下列事实，并写出化学反应方程式。

(1) 可用浓氨水检查氯气管道的漏气。

(2) NH_4HCO_3 俗称“气肥”，储存时要密闭。

第 6 章　能源工程中的化学

6.1　能 源 概 论

能源是一种物质资源，是人类生存和发展的物质基础。能量是人类社会各种经济活动的原动力。能源的开发和利用是社会经济发展水平的重要标志。但是，随着社会的发展，能源的供需矛盾日趋尖锐。因此，如何合理地利用现有能源，开发新的能源是人类必须关注的一个重大社会问题。而能源的开发和利用都离不开化学的参与，化学学科在解决能源的问题上起着极其重要的作用。

6.1.1　能量及其能量转化

能量的定义为物质做功的本领。能量有各种不同的形式，如机械能、化学能、光能、电能、核能（原子能）和生物能等。各种不同形态的能量可以相互转化，转化规律服从能量守恒定律。能量的基本转化路线为化学能—热能—机械能。例如，煤燃烧放出的热使化学能转化为热能，内燃机、蒸汽机可以将热能转变为机械能，热发电机可以将热能转化为电能，原电池反应就是将化学能转变为电能等。但很多能量不能彻底的转化，如热能，理论上已经证明它不能完全转变为其他能，而人们所用的电能，无论是用煤、石油还是原子能，都必须先将它们转化成热能，再转换成电能，因此火力发电和原子能发电的效率只有 30%～40%，其余的能量以热的形式散失。

化学反应是能量转换的基础之一。能量的化学转换主要利用热化学反应（燃烧，热泵）、光化学反应（光合作用，光化学电池）、电化学反应（电池，电解）和生物化学反应（发酵）等。

能量的单位与功的单位一致。常用的单位是尔格、焦耳、千瓦小时等（表 6.1）。能源的单位也就是能量的单位。在实际工作中，能源还用煤当量（标准煤）和油当量（标准油）来衡量，1kg 标准煤（kgce）的发热量为 29.3kJ，1kg 标准油（kgoe）的发热量为 41.8kJ。也可以用吨标煤（tce）或吨标油（toe）及更大的单位计量能源。

表 6.1　能量单位的换算

单位	千焦 (kJ)	千瓦·时 (kW·h)	千卡 (kcal)	马力·时 (hp·h)	公斤力·米 (kgf·m)
kJ	1	2.7778×10^{-4}	2.38846×10^{-1}	3.776726×10^{-4}	101.927
kW·h	3600	1	859.846	1.359621	3.67098×10^{5}
kcal	4.1868	1.163×10^{-3}	1	1.58124×10^{-3}	426.936
hp·h	2.647796×10^{3}	7.35499×10^{-1}	632.415	1	270000
kgf·m	9.80665×10^{-3}	2.724069×10^{-6}	2.34228×10^{-3}	3.703704×10^{-6}	1

6.1.2 能源的定义与分类

能源是指可以从其中获得能量的资源。能源的分类有多种，常见的可以分为一次能源和二次能源、常规能源和新能源、清洁型能源和污染型能源等。

我们把存在于自然界中的可以直接获得和利用的能源称为“一次能源”，如煤炭、石油、天然气、风能、地热等；由一次能源经过加工转换成另一种形态的能源产品称为“二次能源”，如电力、煤气、蒸气及各种石油制品等。对于一次能源，还分为可再生能源和非可再生能源。例如，太阳能、风能、流水、潮汐能、地热及草木燃料等，它们都可以循环再生，这种不随人类的利用显著减少的能源称为“可再生能源”；而化石燃料和核燃料等却随人类的利用其储量越来越少，这种使用后短期内无法恢复的能源，称为“非再生能源”。

根据消费后是否污染环境又分为清洁型能源(也称绿色能源)和污染型能源。其中水能、氢能、太阳能等属于清洁型能源；煤炭、石油等属于污染型能源。

当前人们已经大规模生产并广泛应用的能源，如煤气、石油、天然气、水力、电力等大家熟知的且已经被人类长期广泛利用的能源我们也称之为常规能源；而以新技术为基础正在研究开发及推广中的一次能源称为新能源。其中包括一些虽属古老的能源，但只能采用先进方法才能加以利用，如太阳能、地热能、潮汐能等。常规能源与新能源是相对而言的，现在的常规能源过去也曾是新能源，今天的新能源将来又成为常规能源。能源的常见分类见表 6.2。

表 6.2 能源的分类

类别		常规能源	新能源
一次能源	可再生能源	水能、生物质能	原子能、风能、海洋温差能、海流能、潮汐能、地热能，直接的太阳辐射
	非再生能源	化石能源(煤炭、石油、天然气、油页岩)	核燃料(铀、钍、钚、氘等)
二次能源	电力、汽油、柴油、重油、焦炭、煤气、水蒸气、氢能、醇类燃料、沼气		

6.1.3 新能源的概念

所谓新能源并不是新发现的能源，而是指以新技术和新材料为基础，使传统的可再生能源得到现代化开发和利用的能源。常规能源与新能源的划分是相对的。以核裂变为例，20 世纪 50 年代初开始被用于生产电力和作为动力使用时，被认为是新能源。到 80 年代世界上不少国家把它列为常规能源。而太阳能和风能被利用的历史比核裂变能要早许多世纪，由于还需要通过系统研究和开发才能提高利用效率，扩大使用范围，所以还是把它列为新能源。

按 1978 年 12 月 20 日联合国三十三届大会的 148 号决议，新能源和可再生能源共包括以下 14 种能源：太阳能、地热能、风能、潮汐能、海水温差能、波浪能、木柴、木炭、泥炭、生物质转化、畜力、油页岩、焦油砂及水能。1981 年 8 月 10～21 日联合国新能源和可再生能源会议后，各国对这类能源的称谓有所不同，但是共同的认识是，除常规的化石能源和核能外，其他能源都可称为新能源和可再生能源，主要为太阳能、地热能、风能、海洋能、生物质能、氢能和水能。

6.2 化石燃料的有效利用和清洁生产

近代工业迅速发展，庞大城市相继出现，人口集中和激增使煤炭、石油、天然气等化石能源的消费急剧上升，一方面引起了严重的环境污染，形成公害；另一方面，对化石能源的消耗速度远远超过动植物残骸经地质作用形成化石能源的速度，化石能源面临被消耗殆尽的危机。因此，对化石燃料的有效利用和清洁能源的开发研究已成为当前技术发展的前沿。煤的蕴藏量远比石油和天然气丰富，是地球上储备数量最多的化石燃料。因此煤仍是当前的主要燃料。本章主要介绍煤的综合利用。

6.2.1 化石燃料的定义、分类和组成

煤、石油、天然气构成了化石燃料。它们都是天然资源，通常蕴藏在地下，要通过挖掘或钻井进行开采。它们既可以以原始状态，也可以精制产品经燃烧而产生能量。因此，人们把它们称为天然燃料或化石燃料。

石油称为"工业的血液"，足以证明其重要性。石油是许多性质不同的有机物的混合物，其中75%以上是各种各样的烃类，其他组分是含氧、氮、硫及含金属的化合物。表6.3是石油的元素分析结果。

表6.3 石油的元素分析（质量分数 w_B）

元素	C	H	O	N	S	金属
w_B/%	84～87	11～14	0.1～0.7	0.1～0.7	0.001～8.0	(V,Fe,Ni,Cu)可达0.3

石油中烃类的主要组分是烷烃(包括直链和带支链的)、环烷烃和芳烃。烯烃的含量很少。

天然气是一种优质的气体燃料和重要的化工原料。它的一般化学成分如表6.4所示。

表6.4 天然气的一般化学成分（体积分数 φ_B）

成分	CH_4	C_nH_m	N_2	H_2S	H_2	CO	O_2	CO_2+SO_2
$\varphi_B/10^{-2}$	85～95	3.5～7.3	1.5～5.0	～0.9	0.4～0.8	0.1～0.3	0.2～0.3	0.5～1.5

天然气的主要成分是甲烷。当甲烷的体积分数高于0.5，称为干天然气；降至0.5则称为湿天然气，"湿"表示这种天然气中含有较多高沸点的容易液化的烃类。

煤是由有机物、无机物组成的一种混合物，主要成分为碳和氢，也含有少量硫、氧、氮、灰分等。目前公认的平均组成如表6.5所示。

表 6.5　煤的化学成分

元素	C	H	O	N	S
w/%	85.0	5.0	7.6	0.7	1.7

由植物残骸转化的煤炭包括泥炭、褐煤、烟煤和无烟煤等主要类型，随着煤转化程度的提高，其碳氢比依次增高，含氧量逐渐减少，热值依次递增。煤的主要形成过程可由下式表示：

$$\underset{\text{植物}}{C_{17}H_{24}O_{10}} \xrightarrow[-CO_2]{-3H_2O} \underset{\text{泥炭}}{C_{16}H_{18}O_5} \xrightarrow{-2H_2O} \underset{\text{褐煤}}{C_{16}H_{14}O_3} \xrightarrow{-CO_2} \underset{\text{烟煤}}{C_{15}H_{14}O} \xrightarrow[-H_2O]{-2CH_4} \underset{\text{无烟煤}}{C_{13}H_4}$$

煤的结构复杂，杂质多，直接燃烧时不完全，热效率低，而且煤的燃烧会产生硫氧化物(SO_x)、氮氧化物(NO_x)和烟尘等气体严重污染了人类生存的环境。因此，将煤转变为气态或液态燃料来提高煤的使用价值，使煤从污染能源转化为清洁能源，并且提取分离出煤中所含的宝贵化工原料，就显得非常有意义。

6.2.2　煤的气化、液化和干馏

1. 煤的气化

煤的气化是有控制地把煤和含氧化合物(如 H_2O,CO_2)供入气化炉，在高温下反应生成煤气，经过净化处理后用作气体燃料和化工原料。不同气化条件所得的气体成分不同。人造气体燃料有高炉煤气、炼焦煤气、水煤气、发生炉煤气和液化煤气等。煤的气化方法主要有以下几种。

(1) 水煤气。将空气通过装有灼热焦炭的塔柱，发生放热反应：

$$C(\text{石墨}) + O_2(g) \longrightarrow CO_2(g) \qquad \Delta_c H_m^\ominus = -393.5\text{kJ} \cdot \text{mol}^{-1}$$

放出的大量热可使焦炭温度达到 1000℃。再使水蒸气通过热的焦炭，发生如下反应：

$$C(\text{石墨}) + H_2O(g) \longrightarrow CO(g) + H_2(g) \qquad \Delta_r H_m^\ominus = 13.29\text{kJ} \cdot \text{mol}^{-1}$$

生成的水煤气含有 86%的 CO 和 H_2。此反应吸热，焦炭温度将降低，因此必须间歇操作。水煤气中的 CO 和 H_2 完全燃烧时放出大量热。但是，水煤气中的 CO 有剧毒，而且上述操作复杂，有待改进。

(2) 合成气。将纯氧和水蒸气在加压下通过灼热的煤，可使煤中的苯、酚等挥发出来，并生成一种气态燃料混合物——合成气。其成分是 40% H_2、15% CO、15% CH_4、30% CO_2，反应如下：

$$C(s) + O_2(g) \longrightarrow CO_2(g)$$

$$C(s) + CO_2(g) \longrightarrow 2CO(g)$$

$$C(s) + H_2O(g) \longrightarrow CO(g) + H_2(g)$$

$$C(s) + 2H_2(g) \longrightarrow CH_4(g)$$

$$2CO(g)+2H_2(g)\longrightarrow CH_4(g)+CO_2$$

$$CO_2(g)+4H_2(g)\longrightarrow CH_4(g)+2H_2O$$

这种方法可以连续操作。合成气也称为人工合成天然气，可做天然气的代用品，其燃烧热约为 CH_4 的 1/3。

2. 煤的液化

煤的液化是指煤催化加氢直接液化和煤气化后的 CO，H_2 等通过催化剂与煤作用间接转化成液体产品，该产品可替代石油和用作化工原料。煤液化过程是复杂的气、液、固三相反应，传质、传热速率是提高液化效率的关键，它是将煤的 H/C 原子比调整到适合的数值。根据加工路线的不同，通常把煤液化分为直接液化和间接液化两大类。煤的液化为生产洁净燃料代替石油开辟了有效途径，目前在直接液化和间接液化两个方面都有发展。

1）直接液化法

直接液化法就是将煤在适当的温度和压力条件下（通常是高温、高压），使用催化剂直接催化加氢裂化，使其降解和加氢转化为油品的过程。

由于煤中的氢含量远低于石油，要实现煤转化为油，必须向煤中添加一定量的氢，其过程通常有煤的热解、氢转移和加氢三个步骤。

(1) 煤的热解。煤中存在一些弱键，如羧基、羰基、醚键、硫醚、甲基和亚甲基等。当煤与溶剂形成的煤浆被加热到 250℃左右时，其中的一些弱键发生断裂，产生多种形式的热分解反应。

(2) 氢转移。弱键断裂后产生了带有未成对电子、以煤的结构单元为基础的、相对分子量为 300～1000 的自由基。自由基的未成对电子具有很高的反应活性，易与煤基质或溶剂中的最小、最简单的自由基——氢原子结合成对，以使自由基稳定形成各种中间产物，这样也使氢原子实现了转移。

(3) 加氢。在一定的条件下（温度、压力、催化剂等）被活化的氢分子直接与自由基或稳定后的中间产物分子反应即为加氢，如加氢饱和、加氢脱氧、加氢脱氮、加氢脱硫和加氢裂化等。

加氢过程中，催化剂扮演了重要的角色，如钴、钌、钯、铂、铑等过渡金属配合物等都是很有效的催化剂。

把煤变成油，不仅可以缓解我国能源结构中煤多油少的矛盾，还能减少煤炭对环境的污染。目前这项技术在我国已经进入产业化应用阶段。煤变油的关键技术是反应器的设计和催化剂的制备。

2）间接液化法

间接液化法就是先将煤气化生成合成气，然后再合成液体燃料。例如，以合成气为原料，在常压和 200℃并有催化剂存在下，CO 和 H_2 反应：

$$6CO+13H_2\longrightarrow C_6H_{14}+6H_2O$$

$$8CO+17H_2\longrightarrow C_8H_{18}+8H_2O$$

$$8CO+4H_2 \longrightarrow C_4H_8+4CO_2$$

从而可制得汽油、柴油、液化石油气等。

3. 煤的干馏

煤的干馏也称煤的焦化，是煤综合利用的重要环节，也是煤化工的构成部分。将煤在隔绝空气的密闭炼焦炉中加热升温，煤中的各种成分经分解、裂解等复杂过程生成固态的焦炭、液态的焦油和气态的焦炉气等不同的煤产品。焦炭主要用于冶金工业，也用于化工原料和制造碳素制品；煤焦油的开发利用可形成庞大的煤化工体系；焦炉气净化后可以用作燃料和化工原料。

总之，煤经过焦化加工，使其中各成分都得到有效利用，而且用煤气作燃烧比直接烧煤干净得多，可减少环境污染。

6.3　氢能的开发与利用

氢气在常温常压下是一种无色无味无毒的易燃气体，通常以化合物的形式存在于地球，属于二次能源。由于氢气的燃烧值高、燃烧产物为水，对环境无污染，是最清洁的能源之一，且来源丰富、用途广泛，具有极大的潜在经济价值，因而受到人们的青睐。

6.3.1　氢气的制备

尽管氢是宇宙中分布最广的元素，占了宇宙质量的 75%，但地球上并不存在纯氢，因此它只能从其化合物中分解制备。制氢的方法很多，少量制氢可以通过金属与水、酸或碱反应及金属氢化物与水反应得到。目前工业上制氢方式主要有水的电解、化石燃料制氢等，而生物制氢、太阳能制氢则是未来制氢的发展方向。

1. 金属与水、酸或碱反应生成氢气

金属钠或钠汞齐、金属钙与水反应生成氢气和氢氧化物：

$$Ca+2H_2O = H_2\uparrow+Ca(OH)_2$$

金属锌与稀酸反应生成氢气：

$$Zn+2HCl = H_2\uparrow+ZnCl_2$$

2. 金属氢化物与水反应生成氢气

金属与氢结合可以形成金属氢化物（CaH_2、NaH 等），金属氢化物与水反应又可以放出氢气。其中 CaH_2 最稳定，因此可以将它装在罐子里，作为氢气源，便于野外工作时使用。

$$CaH_2+2H_2O = 2H_2\uparrow+Ca(OH)_2$$

3. 化石燃料制氢

迄今为止，全球绝大多数氢气还是由化石燃料（煤、石油和天然气等）制备的。在催化剂存在下以煤做原料、蒸气作汽化剂制氢的基本反应如下：

$$C(s)+H_2O(g) \longrightarrow CO(g)+H_2(g)$$

$$CO+H_2+H_2O \longrightarrow CO_2+2H_2$$

天然气与蒸气制氢的基本反应如下：

$$CH_4+H_2O \longrightarrow CO+3H_2$$

反应均为吸热反应，所需热量可从煤或天然气的部分燃烧中获得，或利用外部热源。而煤和天然气都是宝贵的燃料和化工原料，因此用来制氢仍然摆脱不了人们对常规能源的依赖，排出的 CO_2 也会对大气造成污染。

4. 电解水制备氢气

电解水制氢是获得高纯氢的传统方法，其基本原理是：将碱性或酸性电解质溶于水，使水的导电性增加，将电流通过水溶液，在阴极和阳极上可以分别得到氢气和氧气。

在工业上用镀镍的铁电极电解 15%KOH 水溶液来制备氢气；在氯碱工业中，电解饱和食盐水来制备氢气。电解水所产生的氢气纯度可达 99.9%，但是耗电量也很大，因此将常规能源产生的电用来大规模电解水制氢显然是不合算的。

5. 热化学循环制氢

$$2H_2O \longrightarrow 2H_2+O_2 \qquad \Delta G=238\text{kJ} \cdot \text{mol}^{-1}$$

若用热化学法直接加热分解水制氢非常困难，需高温、高压，能耗非常大。而热化学循环制氢法是在一个水反应体系中加入一种中间物(如金属或非金属元素铁、镁、钙、铜、镉、汞、锂、铯、镍和硫、碘、溴、氯等)，利用偶合反应，构成一个封闭的热化学循环体系，经历不同的较低温度的反应阶段，最终将水分解成氢气和氧气。此法优点是中间物可循环使用，各阶段的反应温度均较低，能降低能耗并节省物料；缺点是工艺复杂、反应性差、产品分离困难，某些中间过程会产生有腐蚀性或有毒物质，造成设备腐蚀和环境污染。

6. 生物制氢

生物制氢主要指利用微生物产氢。能产氢的微生物分为光合生物(绿藻，蓝藻等)和非光合生物(厌氧细菌，好氧菌等发酵生物)两类，产氢微生物体内存在一种称为“产氢酶”的特殊酶，“产氢酶”有两种：固氮酶和氢酶，它们能使质子还原为氢。不同类型的微生物催化产氢的酶不完全相同。例如，绿藻体内只有氢酶没有固氮酶，而蓝藻体内既有氢酶也有固氮酶，两种酶能联合调节氢的代谢。

微生物产氢模式分为光合生物产氢和非光合生物产氢两种。光合生物产氢模式是通过该类微生物体内的光合作用系统吸收太阳能，光解水，产生质子、电子和氧气并通过产氢酶的催化作用还原质子产生氢气。

例如，绿藻光解水的过程可用下列两式表示：

$$H_2O \longrightarrow 2H^++1/2O_2+2e^-$$

$$2H^+ + 2e^- \longrightarrow H_2$$

首先绿藻通过光合系统吸收光能，分解水产生质子、电子和 O_2，然后在厌氧条件下，绿藻体内“产氢酶”的催化作用，还原质子产生 H_2。同时光解水产生的 O_2，对产氢酶的活性有明显的抑制作用，大大缩短了产氢的持续时间。

非光合生物产氢模式是通过发酵分解还原性有机物，产生质子、电子和 CO_2，并通过产氢酶的催化作用还原质子产生氢气。

厌氧发酵制氢不但能产氢，还能解决有机废水、污泥等污染物的处理问题。因此生物制氢在能源发展和环境治理中都起着重要的作用。

由于生物制氢具有常温、常压、低能耗和对环境友好等优点，已成为各国氢能源发展的一个重要组成部分。但生物制氢技术目前也尚有诸多未能解决的问题，如高产氢率菌株的筛选、高效产氢工艺和设备的设计、发酵细菌产氢的稳定性和连续性等还有待于进一步的研究。

7. 太阳能制氢

传统的制氢方法通常需要消耗大量常规能源，因此制氢成本非常高。而如果用太阳能作为获取氢气的一次能源，将能极大地降低制氢成本，使氢能具有极广阔的应用前景。太阳能制氢方法有多种，如太阳能光解水制氢、太阳能电解水制氢、太阳能光化学制氢、太阳能热化学制氢、太阳能光电化学制氢等。

自从 1972 年，日本科学家首次报道二氧化钛单晶电极光催化降解水产生氢气的现象，利用太阳能直接光催化制氢成为太阳能制氢的研究热点。该法主要通过半导体电极组成的电化学电解槽光解水把光能转化为氢气和氧气，相对电解水制氢技术来说成本相对低廉，能耗较少，反应温和，可实现工业化，但是也存在光电转换效率不高，太阳能的热聚焦装置造价高，高效的可见光催化剂及稳定的光催化反应体系的研制和改进尚需时日。

太阳能热化学制氢就是利用聚焦型太阳能集热器将太阳能聚集起来产生高温，从而推动以水为原料的热化学反应来制取氢气的过程。太阳能光电化学制氢就是利用太阳能光伏电池将太阳能转化为电能，然后通过电解槽电解水制氢，其电-氢转化效率较高(约 75%)。

此外，具有较好发展前景的制氢技术还有：风能它是将风能转化为电能，再电解水制氢，其能耗低、转化率也较高；核能是利用高温反应堆或核反应堆的热能分解水制氢，其基本原理就是热化学循环分解水。

尽管制氢方法很多，氢气在使用过程中无污染，但是多数制氢过程都对环境有一定污染，一些制氢原料本身并不是清洁能源，因此未来要实现制氢的真正清洁无污染，只有通过水、太阳能、生物能及风能等可再生能源作为制氢原料或能量来源。

6.3.2　氢气的储存

纯氢的存在形式是气体，我们知道，常规的气体储存方法是将气体液化储存在钢瓶中，但是由于氢气比重小、密度低、体积大、难压缩液化、又易燃易爆，所以氢气的存放和运输较为困难，成为氢能开发利用的关键问题。

目前储氢方法主要有气态储氢、液态储氢和固态化合物储氢。

1. 高压气态储氢

高压气态储氢是一种最普通和直接的储氢方法。气态氢可储存在地下库里或钢瓶中。目前我国使用水容积 40L 的钢瓶在 15MPa 高压储氢。只能储存 6mL 标准氢气，还需消耗较多的压缩功，因此高压气态储氢储量小、运输成本高、且钢瓶容易爆炸。

2. 液化储氢

将氢气冷却到－253℃即可液化，液氢需储存于高真空的绝热容器中。液氢储运的优点是质量密度高，但是由于液氢沸点仅 20.38K，汽化热小，很易气化蒸发造成泄漏，成本也较高，安全技术也比较复杂。

3. 固态储氢

固态储氢是将氢气与储氢材料通过物理吸附或可逆化学反应的方式进行储氢。这样可以避免高压和低温所带来的技术难题，因此研究安全、高效的固体储氢材料的制备和吸放氢性能成为储氢技术未来的主要发展方向。固体储氢材料最重要的性能是储氢量（一般以质量分数表示：每克储氢材料吸放氢的克数）和吸放氢动力学（吸放氢的温度、压力和速率）。国际能源协会（IEA）对储氢的期望目标是，在低于 100℃条件下，材料的放氢容量达到 5%，经 5000 次吸放循环后，其容量应保持在 90%以上。而美国能源部则提出了氢容量为 6.5%的高标准，以期促进燃氢电池汽车的实用化和普及化，解决汽车工业庞大的燃油需求。目前研究的储氢材料有金属基储氢材料、碳基储氢材料、玻璃微球储氢材料和配合物储氢材料等。

1）金属基储氢合金材料

研究发现，有些合金可以在温和的条件下可逆地与氢气反应形成金属氢化物，将氢气储存，并在一定条件下使金属化合物分解释放出大量氢气，这些材料称为储氢合金材料。储氢合金材料储氢量大、无污染、安全可靠、制备技术和工艺相对成熟，所形成的氢化物的储氢密度甚至高于液态氢。目前储氢合金材料主要分为四类：一是稀土系（AB_5 型），如稀土镧镍合金等，每千克镧镍合金可储氢 153L，吸放氢速度快、易活化且不易中毒，但其缺点是稀土元素价格高、易于粉化及循环性能差，难以规模化应用；二是钛系（AB 型），是目前使用最多的储氢材料，储氢量是镧镍合金的 4 倍，且价格低、活性大、并可在常温常压下释放氢，使用方便，但是钛系储氢材料容易形成二氧化钛致密层而难以活化，极大地限制了其应用；三是锆系（AB_2 型），钒、铌、锆等稀有金属，由于价格昂贵，因此只适用于某些特殊场合；四是镁基（A_2B 型）储氢材料，吸氢量最大、价格低廉并且产生氢气的纯度高，但释放氢的温度超过 280℃，且吸氢速度缓慢，因而在使用上受到一定限制。

2）碳基储氢材料

碳基储氢主要是利用吸附理论的物理储氢方法。碳基储氢材料主要有高比表面活性炭、石墨纳米纤维、碳纳米纤维和碳纳米管等。碳纳米纤维和碳纳米管一度成为很热门的储氢材料，尤其碳纳米管，文献报道的储氢量从1%到60%多，数据差别非常大，这是因为至今尚无一种能有效控制碳管的孔径尺寸、长度、排列及其他微观结构的制备方法。经过10多年的广泛研究，结果表明，碳基材料对氢气的吸附量与碳材料的表面积成正比、但与温度的升高呈指数规律降低，通常温度越低、压力越大则储氢量也越大。但是碳材料在常温下的储氢量极小，远低于商用储氢指标。

3）玻璃微球储氢材料

直径25～500μm、壁厚小于1μm的玻璃微球在200～400℃的穿透率增大，氢气可在一定压力下进入玻璃体内。随着温度降低至室温附近，玻璃体的穿透性逐渐降低至消失，因而将氢气留在了玻璃体内；随着温度的升高，玻璃体的穿透性又逐步增加而将氢气逐渐释放出来。中空玻璃球主要有MgAlSi、石英、聚酰胺、聚乙烯三酚盐酸和N29等，质量储氢量为15%～42%，但是高强度的空心微球的制备比较困难，目前尚处于研究阶段，是一种较具潜力的储氢技术。

4）配合物储氢

配合物储氢起源于硼氢化合物的高含氢量。主要包括金属铝氢化物、金属硼氢化物、金属氮氢化物和氨基硼烷化合物等轻金属氢化物。其储氢原理是：轻金属与氢反应生成离子型氢化物（包括配合金属氢化物 $LiAlH_4$、$NaAlH_4$ 和 $NaBH_4$、KBH_4），这些氢化物受热或加水可分解出氢气，这些材料的储氢量较高（质量分数为5.8%～19.6%），是最有希望满足车载氢源系统储氢容量要求的储氢材料。目前对这些材料研究的重点是高效催化剂的优化和筛选、催化机理的研究、尺寸效应对材料吸放氢动力学性能的影响等。

目前储氢材料的研究大多仍处于实验室探索阶段，各种材料各有优缺点，尚不能满足实用化的要求。新的储氢方法和技术也还在不断地探索中，如无机物储氢、金属有机框架物储氢、配合物储氢、储氢合金和高压复合技术、地下岩洞储氢、高压及液氢复合技术等。开发出具有高可逆性、高容量、高效催化加氢、常温常压下储运、温和条件下可控催化脱氢等性能的储氢材料，是氢能系统实用化的关键。

6.3.3 氢气的应用

氢气既可以作为能源，用于产生动力、热能、电力等，也可以作为化工原料用于生产化肥、塑料、人造黄油等。

1. 氢能发电

作为能源载体，氢能比电能更易储存，且随着氢能-电能的相互转换技术的突破，电能将能被高效储存。由于燃料电池发电不受卡诺循环理论的限制、没有转动部件、化学能可全部转化为电能，因此燃料电池是现有各种发电技术中效率最高的一种。所以燃料电池是氢能应用的最理想方式,是电解水制氢的逆反应。燃料电池发展至今主要有碱性燃料电池、磷酸型燃料电池、熔融硫酸型燃料电池、固体氧化物燃料电池、固体聚合物燃料电池、质子交换膜燃料电池等。燃料电池能量转换效率高,产物只有水蒸气,真正实现了零排放。但是由于目前生产规模小、原料昂贵、加氢站基础设施少等原因,导致其成本太高,难以普及。

2. 氢能的热利用

化石燃料产热时,能源利用效率较低,而氢通过催化燃烧,其产热效率可提高10%～15%,且燃烧产物只有水,无其他污染物。在室内只要安装一个防回火和熄火装置,就可直接燃烧氢取暖。此外氢也可直接用于炊事。

3. 氢能产生动力

氢内燃机是一种将氢作为燃料的发动机,有全烧氢汽车和氢气和汽油混烧的掺氢汽车。氢在宇航工业中可作为火箭的液体燃料。氢燃料电池作动力的潜水艇,由于红外信号低而不易被发现。而前苏联在1987年试飞成功的液氢喷气式客机,从东京到纽约只需几个小时。

4. 作为能源输送和储存的介质

煤的输运占据了大量的铁路运力,且成本高,损耗大、高压输电线路损失及变压损耗也超过10%,若以输氢管道替代则成本低且损耗小,管道输氢在德、美等国已有40多年成功经验。电的储存也相当困难,可通过可逆式燃料电池以氢的形式储存,到用电高峰再放出氢转化为电,这种方法比一般储电方法优越得多。此外先进的镍氢电池、燃料电池也是储存太阳能、风能的有效方式。例如,德国已建成全太阳能建筑,就用储氢方式来解决夜间和阴雨天的能源供应问题。

氢能的最大优点是洁净和高效。由氢气的制备、储运和利用形成的氢能系统的研究都是围绕这两点进行的,制氢技术如能和太阳能、风能等其他洁净能源相结合,则将发挥更大优势。而储氢技术和氢能利用技术则是氢能系统的关键,各种技术难点正在被逐渐攻克,而真正的关键则是成本,一旦氢能系统的成本具有竞争力时,社会才能真正地进入氢能时代。

6.4 可再生能源的开发

随着常规能源的日益枯竭以及由于大量利用矿物能源而产生的一系列环境问题,人类必须寻找可持续的能源道路,开发利用新能源和可再生能源来满足可持续发展的需求。目前,新能源和可再生能源的研究重点在于开发利用太阳能、风能、生物质能、海洋能、地热能和氢能等。例如,寻找有效的光合作用的模拟体系,进行人工栽培和生物能转换,利用太阳能使水分解为氢气和氧气以及直接将太阳能转变为电能等都是当今新能源开发的重要课题。本节介绍生物质能和太阳能。

6.4.1　生物质能源的利用

生物质能也称再生有机质能源，是人类最早、最直接利用的一种能源，是目前用得最为广泛，被人们预言为 21 世纪的一种新能源。该能源具有广泛的资源，如动物、植物和微生物，以及由此派生的、排泄的和代谢的许多有机物质都可利用。

1. 基本概念

(1) 生物质。生物质是一种通过大气、水、大地以及阳光产生的持续性资源。广义地讲，生物质是一切直接或间接利用绿色植物进行光合作用而形成的有机物质，它包括世界上所有的动物、植物和微生物，以及由这些生物产生的排泄物和代谢物。狭义地说，生物质是指来源于草本植物、树木和农作物的有机物质。具体包括木材及森林工业废弃物，如树枝、树根、落叶、木屑、截头、梢头、林副产品废弃物、木制品废弃物等；农业废弃物，如秸秆、蔗渣、果壳、果核等；水生植物，如藻类、海草等；油料植物，如花生、大豆等；城市和工业有机废弃物及动物粪便等。由于生物质直接或间接来自于植物，因此生物质如果不通过能源或物质方式被利用，微生物会将它分解成基本成分水、二氧化碳以及热能。

(2) 生物质能。生物质能是太阳能以化学能形式蕴藏在生物质中的一种能量形式，它直接或间接地来源于植物的光合作用，是以生物质为载体的能量。生物质能具有以下特点：具有可再生性；生物质利用过程中 CO_2 零排放；是一种清洁的低碳燃料，其含硫和含氮都较低，同时灰分含量也很小，燃烧后 SO_x、NO_x 和灰尘排放量比化石燃料小得多；生物质资源分布广、产量大、转化方式多；生物质单位质量热值较低，水分含量较大而影响了生物质的燃烧和热裂解特性；生物质的分布较分散，收集运输和预处理成本较高。

(3) 生物质的组成与结构。生物质作为有机燃料，是多种复杂的高分子有机化合物组成的复合体，主要含有纤维素、半纤维素、木质素、淀粉、蛋白质、脂质等。

2. 生物质转化利用技术

生物质的转化利用途径主要包括物理转化、化学转化、生物转化等，可将有机质能源转换成电能、固体燃料、液体燃料、气体燃料等二次能源。

(1) 生物质的物理转化。生物质的物理转化是指生物质的固化，将生物质粉碎至一定的平均粒径，不添加黏结剂，在高压条件下，挤压成一定形状。物理转化解决了生物质能形状各异、堆积密度小且较松散、运输和储存使用不便问题，提高了生物质的使用效率。

(2) 生物质化学转化。生物质化学转化主要包括直接燃烧、液化、气化、热解、酯交换等。

生物质直接燃烧是最早被利用的传统方法，就是将它直接作为燃料燃烧转换成能量的过程。燃烧过程所产生的能量主要用于发电或者供热。主要作为农用炉灶燃料和锅炉燃料直接燃烧。生物质在农用炉灶的燃烧效率较低，在10%～30%左右，而在作为锅炉的燃料直接燃烧时，热效率远远高于作为农用炉灶燃料，甚至能接近化石燃料的水平。

生物质气化主要是将各种生物质废弃物(包括废木料、木屑、稻草、稻壳、麦秸秆、甘蔗渣等)作为原料，以氧气、水蒸气或氢气作为汽化剂，在高温下通过热化学反应将生物质的可燃部分转化为可燃气(其中包含CO、H_2、CH_4等，也称为气化煤气)，从而将化学能的载体由固态转化为气态。生物质气化技术是生物质热化学加工中开发最早，最接近规模化生产的技术，目前，生物质气化技术的商业应用已经成熟，主要用于供热、供暖、供气、烘干、发电和各类热源。生物质气化技术使生物质能的利用效率提高了一倍，降低了CO_2的排放，缓解了能源和环境两方面的压力，为世界的可持续发展提供了有效的途径。但是生物质气化技术并非十全十美，还存在许多问题，如气化煤气中的焦油消除问题、较高的成本等。

生物质热解是指生物质在缺氧条件下不完全燃烧或无氧条件下加热热解转化为高能量密度的气体、液体和固体(炭)产物。

生物质液化是在高温高压条件下将生物质(主要是固态大分子有机聚合物)转化为液态小分子有机物质的热化学过程，可分为直接液化和间接液化两种技术路线。直接液化就是将固体生物质在高压和一定温度下与氢气发生加氢反应；间接液化是将生物质气化得到的合成气(CO和H_2)经催化合成为甲醇或二甲醚等液体燃料。

酯交换是将动植物油脂与甲醇或乙醇等低碳醇在催化剂或者超临界甲醇状态下进行酯交换反应生成的脂肪酸甲酯(即生物柴油)和副产物甘油。生物柴油可以代替柴油单独使用，也可以与柴油以一定比例混合后使用。

(3) 生物质的生物转化。生物质的生物转化指农林废弃物通过微生物的生物化学作用转换成气体燃料或液体燃料，主要方式有厌氧发酵和乙醇发酵。

厌氧发酵是指有机物在厌氧菌的作用下产生以甲烷为主的可燃气体(沼气)的过程。目前厌氧发酵主要分为生物质发酵制沼气技术及垃圾填埋技术。沼气是一种燃烧值很高，很有应用和发展前景的可再生能源。沼气的利用可以缓解城乡的能源及环境问题。西欧最早使用沼气但目前我国已成为世界沼气大国。

乙醇发酵是指通过糖类制取乙醇的过程。根据原料的不同可分为两类：一类是含淀粉原料发酵转化为乙醇，另一类是含纤维素的生物质原料经酸解或酶水解转化为可发酵糖，再经发酵转化为乙醇。利用淀粉酿制乙醇，被认为是一种重要的潜在替代能源，可以用作交通运输行业所需要的液体燃料。

但是值得注意的是，目前世界上生成燃料乙醇的主要原料是玉米、小麦、甘蔗等人类可食用的作物；生成生物柴油的主要原料是可食用的大豆油、菜籽油及花生油等。推广生物质能源对食用油供应造成威胁的情况已经出现了。用玉米生产乙醇燃料以引发了国际市场玉米价格的暴涨，进而造成以玉米主要成分的饲料价格上涨，从而驱使肉类和鸡蛋价格不断上涨；甘蔗是比玉米更好的乙醇原料，质量高，成本低，但随着甘蔗用于生成乙醇燃料，使得糖价不断上涨；技术成熟、日益普及的生物柴油以花生、大豆及菜籽油为原料，造成食用油价格的上涨，其结果是粮油蛋肉等生活必需品面临结构性涨价，世界经济面临的通货膨胀压力日益严峻。此外，生物燃料的快速增长会使得谷物和林木产品的需求迅速增加，这将给全球的土地和水资源造成极大的压力；大面积单一作物的种植会破坏生物多样性，使土地养分流失。因此，生物质燃料的开发利用，必须全面考虑它对环境生态的影响。

3. 生物质发电技术

生物质转化为电力主要有直接燃烧后用蒸气进行发电和生物质气化发电两种。生物质直接燃烧发电的技术已经进入推广阶段，从环境效益的角度考虑，生物质气化发电是更洁净的利用方式，它几乎不排放任何有害气体。直接燃烧发电的过程是生物与过量空气在锅炉中燃烧，产生的热烟气和锅炉的热交换部件换热，产生的高温高压蒸气在蒸汽轮机中膨胀做功发出电能。20 世纪 90 年代起，丹麦、奥地利等欧洲国家开始对生物质能发电技术进行了开发研究，已研制出用于木屑、秸秆、谷壳等发电的锅炉。种植速生林用于发电技术也已具相当规模。而城市化的发展使城市垃圾迅速增加，随着科学技术的进步，现代垃圾中被认定为可回收的成分越来越多，因而在发达国家，加强了利用垃圾发电的技术研究、开发与应用。通常的垃圾发电技术是将垃圾投入焚烧炉中燃烧，由垃圾燃烧产生的热量制造蒸汽驱动机发电。美国皮内拉斯的垃圾发电站年发电量为 100 亿度，每周可处理 120 多万吨垃圾，垃圾燃烧后的废渣用于铺路，使垃圾处理完全无害化。

6.4.2　太阳能利用

1. 太阳能利用概述

太阳是地球上能源的根本。太阳直径 1.39×10^{6} km，质量高达 2.2×10^{30} kg，距地球 1.5×10^{8} km，其中心的温度高达 $1.5\times10^{7}\sim4.0\times10^{7}$℃，压力有 3400 多个标准大气压，物质在这个条件下呈等离子体状态。太阳表面的温度大约 6000K。科学家证实，每天有 6×10^{18} kJ · mol^{-1}的能量辐射到地面，它相当于创世纪以来人类所消耗的能量的总和。

如果能有效利用太阳所发出的能量的万分之一，便足够人类的消耗，因此太阳能的利用开发是研究新能源的重要方向之一。

目前，太阳能的利用方式分为直接利用和间接利用，主要有热能转换、化学能转换、电能转换、氢能转换、生物质能转换和机械能转换等方式。

而光热转换是当前广泛采用的太阳能利用方式，其中光辐射能的采集、吸收、转换和储存都与化学密切相关并需多学科的合作。

2. 太阳能热利用(光热转换)

(1) 太阳能热利用的基本原理。太阳能热利用就是利用太阳集热器将太阳光辐射转化成流体中的热能，并将加热流体输送出去利用。太阳集热器的集热方式包括平板型集热器(非聚光型)和聚光型集热器，前者所用的热吸收面积基本上等于太阳光线照射的面积，后者则是将较大面积的太阳辐射聚集到较小的吸收面积上。

太阳能热利用的材料，根据用途的不同，对太阳辐射的吸收、反射和透过性能的要求也不同。太阳能集热器的关键部分是热吸收材料。对于热吸收材料，要求吸收尽可能多的太阳辐射。对于覆盖材料，则要求尽量对可见光透明，对红外反射率高。系统最优性能的获得除了考虑材料对太阳辐射的选择性吸收、透过外，还要考虑系统结构的设计的优化(以获得对热量的最佳管理)。

(2) 利用光热转换的太阳能装置——太阳能热水器。太阳能热水器是一个光热转换器，主要有集热箱、储水箱和提供冷水和热水的管道组成。其重要部分集热箱中的核心是真空管集热器，属于平板集热器类型，真空管集热器是有许多根玻璃真空集热管组成的。其结构如图 6.1 所示，全玻璃真空集热器有内外两个同心圆玻璃管组成。两玻璃管间抽真空，内玻璃管外壁沉积光谱选择性吸收涂层，用来最大限度地吸收太阳辐射能，外管为透明玻璃，内外管间底部用架子支撑住内管自由端。经阳光照射，光子撞击涂层，太阳能转化成热能，水从涂层外吸热，水温升高，密度减小，热水向上运动，而比重大的冷水下降。热水始终位于上部，即水箱中。太阳能热水器中水的升温情况与外界温度关系不大，主要取决于光照。

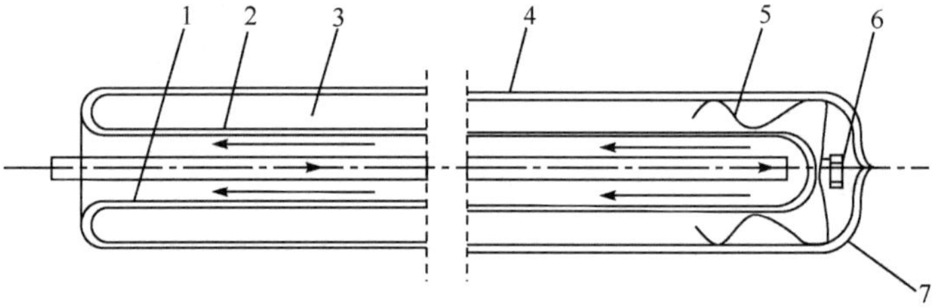

图 6.1 全玻璃真空集热管

1. 内玻璃管；2. 选择性吸收涂层；3. 真空管；4. 盖玻璃管；
5. 夹持件；6. 吸气材料；7. 吸气涂层

太阳能热利用系统除了应用最广的太阳能热水器外，还包括太阳能干燥器、太阳能采暖器和制冷器。

3. 太阳能的热储存

太阳能的热储存是将太阳的辐射吸收后转变为热能加以储存。热储存的运行费用低、安全可靠、储存效率高。太阳能的热储存分为显热储存和潜热储存两种方式。

显热储存是利用物质温度的升高或降低来吸收或释放热量。若显热储存热材料为各向同性的均匀介质，温度由 T_1 变为 T_2 时，其吸收或释放的热量为

$$Q=\int_{T_1}^{T_2} m \cdot C \cdot \mathrm{d}T = m \cdot C \cdot \Delta T$$

原则上说，任何物质都可以用于显热储存，但气体的比热容小，不宜使用。在温度

低于 100℃的范围内，液体储热介质以水最佳；固体储热介质以岩石和土壤最为适宜。因此，人们先后开发了水箱储热、岩石床(箱)储热、地下含水层储热和地下土壤储热等多种技术。

潜热储存也称相变储热。潜热储存方式主要利用物质相变过程的热效应进行能量的储存和释放，使用相变材料可以将暂时不用的能量储存起来，在需要时再释放出来，从而更加合理有效地利用能源。储热材料主要有无机盐水合物、有机化合物和饱和盐水液。

组合相变储热用于太阳能供暖系统具有很高的经济效益和环境效益。例如，减少了一次能源的消耗，降低了供热时的运行费用，充分利用可以再生的清洁太阳能和低价位的波电力；同时避免了燃煤、燃油造成的酸性气体、粉尘、重金属等污染物的排放，可以明显改善二氧化碳引起的全球温室效应，减轻对大气环境造成的污染。

4. 太阳能利用(光电转换)——光伏电池

太阳能电池是通过光电效应或者光化学效应直接把光能转化成电能的装置。太阳能电池能量转换的基础是由半导体材料组成的 p-n 结的光生伏特效应。其工作原理是：当能量为 $h\nu$ 的光子照射到禁带宽度为 E_g 的半导体材料上时，形成新的空穴-电子对，在 p-n 结电场的作用下，空穴由 n 区流向 p 区，电子由 p 区流向 n 区，接通电路后就形成电流，且光电流与入射光通量成正比。

为了得到光生电流，要求半导体有合适的禁带宽度。当入射光子能量大于半导体材料的禁带宽度时，才能产生光电子，而大于禁带宽度的光子的能量部分($h\nu-E_g$)以热的形式损失。目前用于太阳能电池的半导体材料主要是晶体硅，包括单晶硅和多晶硅。非晶硅薄膜和ⅢA～ⅤA 族半导体化合物、ⅡA～ⅥA 族半导体化合物等电池系列。

太阳能电池的基本结构如图 6.2 所示。它有 p 掺杂和 n 掺杂的半导体材料组成电池核心，在 n 区表面沉积有减反射层。p 掺杂是在半导体基体材料中掺杂提供空穴的元素，如 B、Al、Ga、In；而 n 掺杂则是掺杂提供价电子的元素，如 Sb、As 或 P。减反射层的作用是降低电池表面对太阳光的反射，提高电池对光的吸收。光生电流由表面电极和背电极引出。

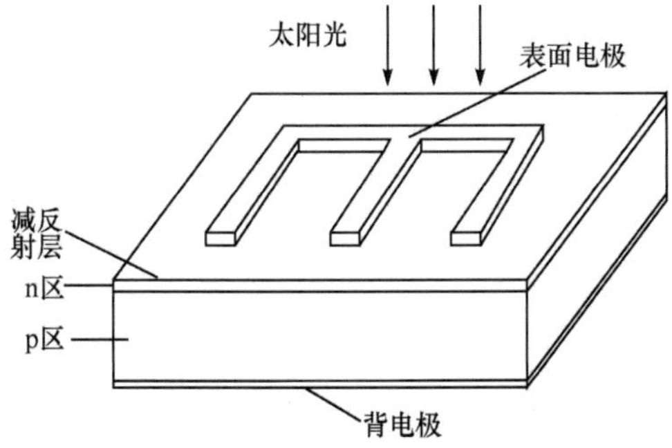

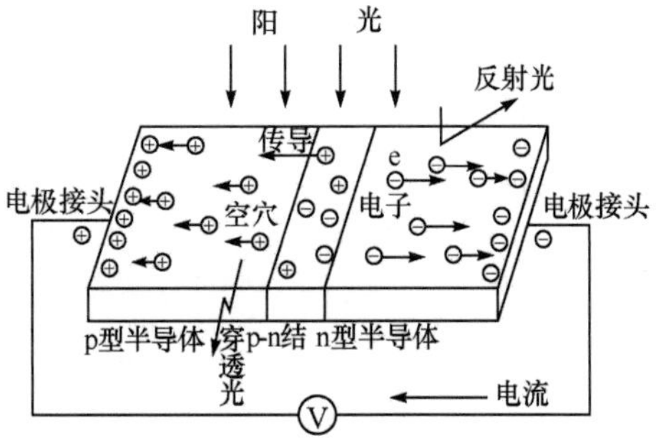

图 6.2　太阳能电池的基本结构与太阳能电池光电转换示意图

目前，以光电效应工作的薄膜型太阳能电池为主流，薄膜型太阳能电池按材料可分为硅薄膜型、化合物半导体薄膜型和有机薄膜型，化合物半导体薄膜型又分为非结晶型(α-Si∶H∶F 等)和结晶型，如(Ⅲ～Ⅴ)A 族(GaAs，InP)、(Ⅱ～Ⅵ)A 族(CdS)系和磷化锌(Zn_3P_2)等。

已经实用的化合物有 GaAs 晶体，InP 晶体，CuInSe 薄膜，CdTe 薄膜等。它们形成自由电子所需能量在 96～155kJ · mol^{-1}，是制作太阳能电池的优选材料。太阳能电池使用简单、灵便、可靠、无运动部件、无噪声、无污染。质量可靠的太阳能电池，寿命已经能稳定达到或超过 20 年。

太阳能的利用也有一些不利因素。例如，太阳能的能量密度低，大气层之上垂直投射到地球的能量密度是 1.37kW · m^{-2}，透过大气层后被地球表面吸收的仅约0.6kW · m^{-2}。就每个地域来说，能量供应是间断性的，受昼夜、阴晴雨雾、季节、纬度等因素影响较大，能量供应极不稳定，因此给太阳能的采集带来许多技术上和经济上的困难，因此太阳能的直接利用面临大量课题需要研究。

思考题与习题

1. 新能源材料的涵义是什么?
2. 举例说明什么是一次能源与二次能源，什么是再生能源与非再生能源。
3. 化石燃料包括哪些燃料?
4. 将下列能源进行分类：石油、氢气、乙醇、沼气、煤、核能、电能、风能、潮汐能。
5. 煤含有哪些主要的化学组分?
6. 氢能的优点有哪些?
7. 制氢技术有哪些? 储氢方法有哪些? 储氢材料的种类有哪些?
8. 太阳能的利用受到哪些因素的影响?

第 7 章　机械和建筑工程中的化学

从民用到现代工程技术，从尖端科学与技术研究到普通的工业、农业、教育、国防事业等领域都会涉及机械和建筑材料的选择、使用和保护问题。本章分别从机械和建筑材料的选择使用、金属材料的腐蚀与防护、摩擦与润滑、清洗与表面处理、建筑材料化学等 5 个方面加以阐述，分别介绍了金属材料、高分子材料、陶瓷材料等的腐蚀、老化以及对材料的保护措施，以对机械和建筑材料面对的问题有一个更深入全面的了解，更合理地选择、使用和延长材料的使用寿命。

7.1　工程材料的结构与性能

7.1.1　工程材料的分类

工程材料是整个人类社会物质生活的基础，随着现代工业技术的快速发展，以及工程材料研究手段的逐步扩展，工程材料的种类趋向于多样化，因而工程材料的分类也越来越复杂。

按用途和应用领域可分为建筑工程材料、机械工程材料、航天航空材料、核材料、信息材料、电子材料、能源材料、生物材料、包装材料等。按材料的物理和化学性质，又可分为耐磨材料、耐蚀材料、半导体材料等。

按工程材料的化学组成、键合的特点分为金属材料、有机高分子材料、无机非金属材料三大类单一材料以及包括其中两种以上材料的复合材料。

其中金属材料主要具有光、电、磁、热、力学等性能，从最初的利用金属的力学性质，如强度、刚度、塑性、韧性等制成金属结构部件，到后来的光、电、磁、声、热等物理性质以及某些特殊化学性能制成具有各种特殊功能的材料，广泛应用于工业机械、仪器仪表、电线电缆、建筑及特殊用途等方面。

而无机非金属材料则以氧化物为主，其广泛应用于建筑材料。其中最主要的是陶瓷、水泥、玻璃、耐火材料，具有耐高温、耐化学腐蚀、耐摩擦等特点，广泛应用于民用、工业建筑、高温设备、道路桥梁等传统领域；同时在尖端科技领域中，如宇宙开发、航天航空、原子能工业及电子工业中也有广泛的应用，已经成为耐高温、耐腐蚀、有特殊电磁光功能材料的主要物种。

有机高分子材料则主要分为纤维、橡胶、塑料三大类，基本性能是质轻、弹性、可塑性、绝缘性以及耐腐蚀性，广泛应用于机械和建筑领域。

根据使用材料的性能材料又可分为结构材料和功能材料。

结构材料是指具有基本的力学性质的材料，如普通玻璃、建筑水泥、建筑钢材、大型机械钢材、工业陶瓷、铝合金等。主要用于机械、车辆、船舶、建筑、化工、能源、仪器仪表、航空航天等工程领域的材料。用来制造工程构件和机械零件，也包括少量用于制造工具的材料和具有特殊性能的材料。

功能材料是在工程材料基础上发展起来的一系列具有特殊结构、特殊功能和优异性能，对科学技术尤其是对高技术的发展及新产业的形成具有决定意义的无机新材料。通过光、电、磁、声、热、化学、生物化学等作用，使材料具有特定的功能，如光学、磁性、超导、声学、环境和智能等特性，制备具有记录、储存、传导、光电转换等功能元件，这些材料总称为功能材料，也称特种材料或者精细材料。

7.1.2　工程材料的键合特征

固体材料中原子间存在着结合力，这种力把原子连接起来，在一定的范围内保持原子间的引力和斥力，使材料保持一定的几何形状，这种结合力也称为结合键(化学键)。

工程上使用的材料，有的是单纯一种键，但更多的是几种键的结合。根据键性大致可以估计出材料的性能。

1. 金属材料

金属材料的结合键主要是金属键，也有共价键(如灰锡为共价键，白锡为金属键)和离子键(如金属间化合物 CuGe、$MgSi_2$)等。过渡金属及其合金也不是典型的金属键。

2. 无机非金属材料(陶瓷材料)

无机非金属材料形成稳定无机晶体的主要作用力是正、负离子间的静电引力以及原子间共有电子对形成的共价结合。大部分陶瓷材料以离子键为主。因此陶瓷材料具有高的熔点和硬度，但脆性较大。有些陶瓷材料，由性质相差不大的非金属或者类金属元素构成，如 SiC 和硅酸盐。还有某些单质，如金刚石、硅等，这些材料完全或主要是共价键结合。共价键是很强的结合力，因此以这种方式结合的材料通常延展性和导电性很差。

3. 高分子材料

高分子材料是只含有非金属元素的材料，可通过共用电子而形成大分子，在工程上称为高分子材料。这类材料是非金属化合物，结合键是共价键和弱的分子间力。高分子材料具有各不相同的相对分子质量，所以大分子间的作用力不同，力学特性差异较大。

而复合材料一般是具有多种结合键的组合。

组成材料的元素原子的电子结构对于原子间的键合方式起着决定作用，在工程材料的选择和设计上，可以根据电子结构和原子结合性质来确定设计方案。

7.1.3　工程材料的性能特征

1. 金属材料的性能

金属一般是晶体，主要以金属键结合，大多数金属晶体具有比较高的对称性和高的配位数，典型晶体结构为面心立方、体心立方和密排六方。金属材料元素的价电子因其电离能低，电子很容易电离为整个晶体所共有。外层电子在金属正离子组成的晶格内自由运动，使得金属材料具有很多区别于其他材料的特征。为更合理使用金属材料，充分发挥其作用，必须掌握各种金属材料制成的零、构件在正常工作情况下应具备的性能（使用性能）及其在冷热加工过程中材料应具备的性能（工艺性能）。

材料的使用性能包括物理性能（如密度、熔点、导电性、导热性、热膨胀性、磁性等）、化学性能（耐用腐蚀性、抗氧化性）、力学性能也称机械性能。机械性能是指金属材料在外力作用下所表现出来的特性。工艺性能指材料适应冷、热加工方法的能力。金属材料具有如下的性能特征：

（1）优良的机械性能。包括①强度；②屈服点（δ_s）；③抗拉强度（δ_b）；④延伸率（δ）；⑤断面收缩率（Ψ）；⑥硬度（布氏硬度和洛氏硬度）；⑦冲击韧性（A_k）。

（2）优良的工艺性能。包括铸造性、可塑性成形性、切削加工及电加工等性能。工艺性能指材料承受各种加工、处理能力的性能。包括①铸造性能；②焊接性能；③顶锻性能；④冷弯性能；⑤冲压性能；⑥锻造性能。

（3）化学性能。材料的化学性能包括耐腐蚀性和抗氧化性，指金属材料与周围介质接触时抵抗发生化学或电化学反应的性能。金属材料的化学性质一般比较活泼，尤其是在潮湿的空气中，发生化学腐蚀、电化学腐蚀的可能性大些。

（4）金属材料的价格便宜且来源丰富。

（5）可热处理性及其表面改性。即通过一定的加热与冷却方法大幅度地改善和提高材料性能，或通过化学热处理、表面强化以及其他表面处理方法改善工件表层的性能。例如，退火、正火、淬火、回火、调质处理、表面热处理。

2. 陶瓷材料的特性

无机非金属材料是以某些元素的氧化物、碳化物、氮化物、卤化物、硼化物以及硅酸盐、铝酸盐、磷酸盐、硼酸盐等物质组成的材料，是除金属材料和有机材料以外的所有材料统称。陶瓷材料的主要特征如下：

（1）陶瓷材料元素间的结合力是离子键、共价键或者离子-共价键。具有高的键能、键强，赋予材料高的化学稳定性、耐高温、耐腐蚀、高强度等属性。

（2）弹性模量大、刚度好。

（3）脆性，断裂前无塑性变形，冲击韧性低，抗拉伸和抗压强度低。

（4）硬度高。

（5）熔点高，耐高温性能好。

（6）导电能力在很大范围内变化，即可作为绝缘材料，也可作为半导体材料，还可作为压电材料和热电材料、磁性材料使用。有的陶瓷的生物相溶性好，还可作为人造器官(生物陶瓷)。

3. 高分子材料的特性

高分子材料具有以下性能特点：

(1) 密度小。高分子材料比金属和陶瓷的密度都小，密度一般为 1000～2000kg · m^{-3}，比钢铁、铜轻得多，与铝、镁相当，对产品轻质化有利。

(2) 强度低，但比强度高。一般高分子材料的抗拉伸强度只是几十兆帕，比金属低得多；但由于密度不大，其比强度却很高，甚至超过钢铁，使得某些工程塑料能够部分地替代金属制备多种机器部件。

(3) 低的弹性模量和高弹性。

(4) 优良的电绝缘性能。它是电机、电器、仪表、电线电缆中绝缘材料的主要成分。

(5) 优良的减摩、耐磨和自润滑性能。许多高分子材料可以在液体介质摩擦条件下使用，耐磨性能甚至超过金属。

(6) 优良的耐腐蚀性能。对酸、碱和某些化学药品具有较好的耐腐蚀性能。

(7) 优良的透光性。不少塑料是透明的，透光率高达 90%以上。

(8) 可加工性好。可以用模具注塑成形，机械切削等方法成形和加工。

因此高分子材料具有高的弹性、绝缘性、抗腐蚀性以及自润滑减摩、耐磨性能，还具有质轻、易加工成形、原料丰富成本低廉等特点。同时高分子材料也具有不耐热、可燃和易老化的缺点。

7.2 工程材料的腐蚀与防护

7.2.1 金属的腐蚀与防护

1. 金属材料的化学性能

金属材料的化学性能一般包括抗腐蚀性和抗氧化性等。所谓抗氧化性是指金属材料在高温时抵抗氧化性气氛腐蚀作用的能力。热电厂发电设备的高温部件，如锅炉的过热器、水冷壁管、蒸汽轮机的气缸、叶片等，经历长期高温下工作，极易产生氧化腐蚀。许多金属都能与空气中的氧进行化合而形成氧化物，在金属表面形成一层氧化膜。如果金属表面形成的氧化物层疏松，外界氧气能够与暴露出来的金属作用，使金属材料受到破坏，这种现象就称为金属的氧化。如果金属表面形成的氧化物层比较致密，而且牢固地覆盖在金属表面上，于是就形成了一层保护层，使氧气不能再与金属接触，阻止了金属的继续氧化，金属就得到了保护，这样的金属抗氧化性能高。例如，铝在空气中形成保护性氧化膜。

金属材料抵抗各种介质(大气、酸、碱、盐)侵蚀的能力称为抗腐蚀性。工业生产中热力部件，长期接触高温烟气、水蒸气或一些腐蚀介质，使金属表面不断受到各种侵蚀，有时还会侵入金属内部，给安全运行带来不利影响，严重时甚至造成破裂损坏事故。火电厂锅炉管子受到的腐蚀主要是硫腐蚀和氢腐蚀。水电站水轮机涡轮受到的主要是水气腐蚀。因此，金属材料的抗腐蚀性是一个很重要的材料性能。

耐腐蚀性是指金属材料抵抗周围介质（大气、水蒸气、有害气体、酸、碱盐等）腐蚀作用的能力。金属的耐腐蚀性与许多因素有关，如金属的化学成分、加工性质、热处理条件、组织状态及介质和温度等。化学腐蚀是金属与周围介质直接起化学作用的结果。它包括气体腐蚀和金属在非电解质中的腐蚀两种形式。其特点是：腐蚀过程不产生电流；且腐蚀产物沉积在金属表面。

2. 金属材料的腐蚀

金属与周围介质发生化学或者电化学作用，而引起的表面及内部的结构组成等发生变化称为金属腐蚀。从热力学的观点来看，除极个别的贵金属具有较好的惰性外，大部分金属都具有与周围的介质（水、空气、射线等）发生化学作用的倾向，也就是说金属腐蚀是自发的过程，因此金属腐蚀现象普遍存在。金属腐蚀直接或者间接造成的巨大经济损失和浪费是惊人的。据估计全球每年由于腐蚀而报废的钢铁设备相当于钢铁年产量的四分之一，由此而引起的停工停产、环境污染、人身安全事故同样不可估量。但金属腐蚀也有可以利用的方面。例如，传统机械加工无法完成的精细加工，可以利用腐蚀方法加以解决。可见，腐蚀不仅仅是一种危害，同样也可以造福人类。根据腐蚀过程的不同特点，将其划分为化学腐蚀、电化学腐蚀和生物腐蚀三大类。金属腐蚀的化学腐蚀和电化学腐蚀原理请参考 2.5。除了金属的化学腐蚀和电化学腐蚀外，工程材料还存在另一种腐蚀——生物腐蚀。

由于微生物活性引起的腐蚀称为生物腐蚀（即微生物腐蚀，简称为 MIC）。研究表明，微生物可使不锈钢、碳钢、铜、铝及其合金、玻璃、混凝土等遭受严重的腐蚀。在美国仅油井的腐蚀就有 77%以上是由硫酸盐还原菌（SRB）造成，世界各国地下金属构件的损坏中微生物腐蚀约占 80%。一般认为，细菌是在自然和人造环境中无生命体的表面上最初的入侵者。因此，大多数 MIC 研究指出，生物膜中单一或混合菌对铁、铜、铝及其合金会造成损伤。在陆地或水生环境中，与金属有关的细菌主要是 SRB、硫氧化菌、铁氧化/还原菌、锰氧化菌以及分泌有机酸和黏液的细菌。这些有机体共存于其自然形成的生物膜中，在金属表面形成复杂的集合体，从而影响金属腐蚀。

微生物腐蚀并非是它本身对金属的侵蚀作用。而是微生物生命活动的结果间接地对金属腐蚀的电化学过程产生影响。其中的细菌腐蚀广泛存在于钢铁、铜、铝及其合金中。例如，好氧型铁细菌、锰细菌和厌氧型的硫酸盐还原菌。它给工业设备、民用设施以及航空航天和航运机器等都造成了不同程度损失。尤其在石油化工和动力设备方面的经济损失相当惨重。因此，对金属细菌腐蚀和微生物腐蚀的研究具有非常重要的意义。

生物腐蚀防护通常是在土壤和水介质中采用耐菌破坏的有机保护层（煤焦油沥青、环氧树脂漆、塑料薄膜等）或无机保护层（镀锌、铬、水泥等）以及阴极保护（包括牺牲阳极或外加电源法）等措施，以防止微生物腐蚀。在密闭系统中（如金属油、气贮罐、飞机油箱、工业循环冷却装置等),采用氧化型或非氧化型杀菌剂杀灭或抑制腐蚀微生物的增殖,达到控制腐蚀的目的。

3. 金属防腐蚀方法

见本书 2.5 节内容。

7.2.2 钢筋混凝土的腐蚀与防护

1. 混凝土的腐蚀

混凝土是广泛使用的工程材料之一,其用量比金属、木材、塑料等的总和还要多。混凝土具有很高的抗压强度,但抗拉强度很低。在荷载作用下,承受拉应力的部位易产生破裂。为了提高抗拉强度,在混凝土中埋置钢筋网,制成加筋混凝土。如果在制作过程中,在构件上将要承受拉伸的部位预先加上压引力,制成预应力混凝土则性能更好。这种加筋混凝土和预应力混凝土(以下简称钢筋混凝土)广泛用于桥梁、水坝、码头、防波堤、海洋钻井平台、工业和民用建筑及设备基础等重要场合。在工业生产中,建筑物和构筑物受环境介质腐蚀而破坏是极为普遍的现象。例如,在有色冶金、化学、纸浆及其他工业部门中,有 20%~70%的建筑物和构筑物经常受到腐蚀介质的作用,因此研究其腐蚀行为和防护措施,进而延长其使用寿命是十分重要的。

钢筋混凝土是以普通硅酸盐水泥的水化物作为黏结剂并结合一定配比的骨料(如碎石和钢筋)而制成的一种复合材料。在钢筋混凝土的腐蚀中,骨料的影响较小,故仅对水泥和钢筋的腐蚀进行讨论。

普通硅酸盐水泥硬化制品是由约占 50%的水合硅酸钙凝胶($3CaO \cdot SiO_2 \cdot H_2O$)、25%的氢氧化钙晶体、水合铝酸钙($3CaO \cdot Al_2O_3 \cdot 6H_2O$)、水合铁酸钙($CaO \cdot Fe_2O_3 \cdot H_2O$)凝胶、部分未水化内核、毛细孔(这两种缺陷随水化的增加而减少)和凝胶体间的胶孔组成。胶孔尺寸为 1.5~2nm,约占凝胶总体积的 28%。胶孔是凝胶体颗粒相互接触黏结后形成的空穴,与水灰比和水化程度无关,只与养护温度有关。水泥水化凝固后称为水泥石,由于析出大量 $Ca(OH)_2$,体系呈碱性,pH 高达 12~13。$Ca(OH)_2$ 和硅酸钙等凝胶相交织,造成了水泥石的强度下降。

混凝土是由水泥、石子、沙子及部分掺合剂经过水化固结而成,也称"人工石"。其中水泥水化物非常易受环境的腐蚀。主要的腐蚀有以下几种形式:

1) 分解类腐蚀

水泥水化作用产生部分 $Ca(OH)_2$,使得混凝土具有较强的碱性而使钢筋起到钝化作用。但 $Ca(OH)_2$ 自身是不稳定的,一方面受热分解成 CaO 或者与空气中二氧化碳反应生成 $CaCO_3$;另一方面易被酸性物质中和,还有是能不断地在软水中溶解。在大气中,$Ca(OH)_2$ 也会不断地从混凝土内部向表面析出。混凝土中的氯离子的渗入,也会加速 $Ca(OH)_2$ 的溶解,镁离子、铵离子能够置换钙离子,所有这些都促使混凝土在长期使用过程中发生分解而使其力学性能发生明显的降低。因此,在软水中或者环境中存在氯离子、镁离子、铵根离子等的条件下,混凝土通常会发生分解类的腐蚀。

2）结晶类腐蚀

结晶腐蚀分为物理结晶和化学结晶两类形式。

物理结晶是可溶性盐随着水（水蒸气）渗入混凝土的宏观、微观孔隙中，当水分蒸发后，盐结晶析出，结晶的结果使得体积膨胀，导致混凝土粉化。处于干湿交替环境下的混凝土最易发生物理结晶腐蚀。

化学结晶腐蚀是指硫酸盐侵蚀。我国许多地区广泛存在硫酸盐，尤其是西部的盐碱地的芒硝（硫酸钠）。硫酸盐能与水泥水化产物发生化学反应，生成体积更大的硫酸盐及复合盐。膨胀的结果是混凝土开裂、粉化。

典型的化学反应式是

$$NaSO_4 \cdot 10H_2O + Ca(OH)_2 = CaSO_4 \cdot 2NaOH + 8H_2O$$

$$3CaSO_4 \cdot 2H_2O + 4CaO \cdot Al_2O_3 \cdot 19H_2O = 3CaO \cdot Al_2O_3 \cdot 3CaSO_4 \cdot 31H_2O + Ca(OH)_2$$

芒硝与水泥水化合 $Ca(OH)_2$ 反应生成石膏，体积发生膨胀，而石膏继续与水泥水化产物铝酸三钙发生反应，生成体积更大的硫铝酸钙结晶物。

3）酸化腐蚀

大气中的二氧化碳、二氧化硫、二氧化氮、酸雨、酸性水、酸性土以及工业环境中的酸性汽、渣等都能与混凝土直接发生反应而生成其他物质。因此混凝土是不耐酸的，而混凝土中的碱的损失，也加剧了钢筋的腐蚀。工业地区空气中，含有一定量的 H_2S、HCl、CO_2、NO_x 等气体，这些酸性气体对水泥砂浆和混凝土均会产生破坏作用，而以 SO_2 和 HCl 尤为严重。火力发电厂、硫酸厂等都会产生大量 SO_2，SO_2 遇到空气中的水蒸气即形成“酸雨”；另外，在沿海地区或氯碱厂的上空，则有大量 HCl 气体，这些都会对混凝土造成腐蚀破坏。

4）多种因素共同腐蚀

多种因素共同腐蚀是由空气、土壤、水中多种因素共同造成的腐蚀。它是上述一种或几种腐蚀共同造成，原因相对比较复杂，需要根据地域环境的不同而区别对待。

例如，SO_2 或 HCl 首先与水泥石中的 $Ca(OH)_2$ 反应，生成 $CaSO_3$、$CaSO_4$ 或 $CaCl_2$。$CaSO_3$ 是一种低溶性盐，生成后即沉积在水泥砂浆的孔隙中；$CaCl_2$ 则是一种易溶的吸湿性盐，即使环境湿度不大时溶解不多，也会阻塞水泥砂浆的毛细孔。上述两种情况都阻碍了气体向水泥孔隙的进一步渗透。因此，会使水泥初期强度有所上升，但随 $Ca(OH)_2$ 的浓度下降，铝酸三钙的水化物失去稳定性能，与 $CaSO_4$ 或 $CaCl_2$ 反应，分别生成膨胀性复盐——硫铝酸钙或含氯铝。

2. 混凝土的防护

完好的混凝土，对于其内部钢筋提供了一个良好的防腐蚀环境。只有混凝土自身破坏（如硫酸盐侵蚀）、碱度降低（低于临界值）或有害离子入侵时，钢筋混凝土结构才会发生腐蚀破坏。因此，最大限度地保证混凝土自身密实完好、保持高碱度和防止有害离子入侵，是钢筋混凝土防腐蚀措施的出发点。基本措施就是致力于提高混凝土自身的防护能力，包括选择良质水泥、增加水泥用量、降低水灰比、使用优良外添加剂、掺和料、增加混凝土保护层厚度等。目前国内外均在研究“高性能混凝土”，其中主要目的之一，就是增强钢筋混凝土的自身防护能力。

3. 钢筋的防护

混凝土中钢筋的腐蚀是由于水、氧、氯离子和其他腐蚀性介质渗透穿过混凝土层到达钢筋表面而引起的，所以保护钢筋免于腐蚀可从下列几方面着手：

(1) 混凝土表面覆层。在混凝土结构表面覆盖不透水的薄膜，将混凝土和环境隔离，如用玛蒂脂。施工可用液体或薄膜片，在薄膜表面再覆盖一层沥青混凝土，以保护薄膜免于损坏。此法的缺点是施工时难免有缺陷，造成覆盖不完全。当沥青混凝土覆盖层磨损后需要重新更换。

另一种方法是在混凝土结构表面覆盖一层乳胶改性的水泥灰浆。乳胶添加到混凝土灰浆中封闭了微观裂纹和孔隙，因而形成灰浆覆层。

在混凝土结构表面涂刷油漆层，也有一定的保护效果。

(2) 内封闭混凝土。在混合混凝土时将细小的蜡添加到混凝土中，蜡珠分散到整个混凝土骨架中。在混凝土浇制和养护后，对混凝土结构加热，蜡珠溶化，封闭内部裂纹和孔洞，这样，混凝土不会透水。此法的缺点是费用高，加热困难。

聚合物浸渍的保护原理和蜡珠体系相同。首先将混凝土加热到370℃左右，使混凝土结构中的水汽被驱除，然后将聚合物单体洒入混凝土，填充孔洞，用加热或射线照射的方法使单体聚合为固体，于是混凝土中微孔隙被封闭，强度和耐蚀性加强。

7.2.3 高分子材料的腐蚀与防护

1. 高分子材料的老化

在高分子材料的使用过程中，由于受到热、氧、水、光、微生物、化学介质等环境因素的综合作用，高分子材料的化学组成和结构会发生一系列变化，物理性能也会相应变坏，如发硬、发黏、变脆、变色、失去强度等。这些变化和现象称为高分子材料的老化。老化结果，可因高分子链间发生交联作用而产生体型结构，致使高分子化合物进一步变硬、变脆而丧失弹性；也可以是大分子链断裂，相对分子质量降低，致使高分子化合物变软，发黏并丧失机械弹性。这两种情况往往同时发生。

老化因素是由内因和外因构成的。外因有物理(热、光、电、高能辐射等)、化学(氧化和酸、碱、水等化学介质)、生物真菌及加工成型的条件等因素；内因则有组成高分子材料的基本成分、化学结构、聚集状态和配方条件等。

一般认为老化机理主要是游离基的反应过程。当高分子材料受到大气中氧气、臭氧、氯气、二氧化氮、光、热等作用时，高分子的分子链产生活泼的游离基团，这些游离基能引起整个大分子链的降解和交联，或者侧基发生反应，最终结果是导致高分子材料老化变质。

高分子材料本身的化学结构和物理状态是高分子材料耐老化性能好坏的基本因素。

通常,高分子材料具有较优良的耐腐蚀性能。由于介质的多样性以及高分子材料在成分、结构、聚集态和添加物等方面的千差万别,因此,在任何条件下都耐蚀的高分子材料是不存在的。例如,多数高分子材料在酸、碱和盐的水溶液中具有较好的耐蚀性,显得比金属优越,但在有机介质中其耐蚀性却不如金属。有些塑料在无机酸、碱溶液中很快被腐蚀。例如,尼龙只能耐较稀的酸、碱溶液,而在浓酸、浓碱中则会遭到腐蚀。

虽然高分子材料品种繁多,性能各异,只要充分掌握其性能特点,审慎选材,很多化工介质的腐蚀问题是可以解决的。这就要求对高分子材料在各种介质中的腐蚀规律和耐蚀能力进行比较系统的分析和研究。然而,高分子材料较普遍地应用在工业上的历史还不是很长,如塑料作结构材料应用也仅始于 20 世纪 30 年代。所以,从目前的状况来说,对高分子材料腐蚀的研究远没有对金属材料腐蚀研究得那样广泛、深入,显然这与高分子材料日益广泛应用的现状极不相称。因此,大力加强对高分子材料腐蚀问题的研究,仍是今后面临的一个相当重要的任务。

高分子的老化机理包括物理老化和化学老化两类。

(1) 化学老化。化学老化是指化学介质或化学介质与其他因素共同作用下所发生的高分子材料破坏现象,主要发生主键的断裂以及次价键的破坏。

(2) 物理老化。高聚物的物理老化仅指由于物理作用而发生的不可逆的变化,不涉及分子结构的改变。

2. 高分子材料的降解类型

1) 介质的渗透和溶胀

只有流动的介质渗透到固态的高分子材料内部中去,它们之间的相互作用才能实现。就聚合物而言,这些作用可归纳为对共价键与次价键作用两类。往往只需微量的侵入介质与聚合物的共价键反应,就能改变聚合物的大分子结构,如断链、交联、渗透物的加成等,或这些反应的综合。这是一个不可逆的化学过程,既改变聚合物及其添加剂的化学性质,也改变渗入介质本身的化学性质。虽然,在渗入介质对聚合物分子链间的次价键的破坏过程没有化学结构变化发生,但作为整体的高分子材料来说,往往会出现显著的物理变化。例如,环境应力龟裂、增塑、低分子添加剂迁移等。这些物理变化是高分子材料受到液体介质作用时具有特征性的老化现象。化学介质对高分子材料的老化可以理解为聚合物材料在化学介质中发生、并引起其性能变化的化学与物理过程的总和,这些变化通常导致高分子材料使用性能的变劣。如图 7.1 所示,化学介质对高分子材料的老化过程是一种或多种化学的、物理的作用类型的综合,应力、温度以及动态条件(动应力、材料中的温度梯度、介质的流动状态),都对高分子材料老化作用有影响。

2) 高分子材料的降解

降解是指高聚物的化学键受到光、热、机械作用力和化学介质等因素的作用而发生的分子链断裂。降解使高聚物的相对分子质量下降,材料变软发黏,拉伸强度和模量下降。当大多数聚合物曝露在氧化性介质环境之中,或那些主链或支链含有双键或杂原子基团的聚合物与水、酸或碱溶液接触时,都会有化学降解反应发生。前已指出,由于化学介质的多样性,难以把它们与高分子材料发生的具体反应一一讨论。

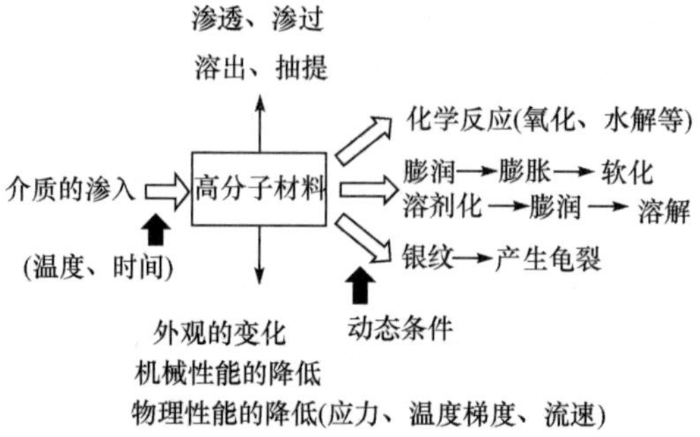

图 7.1　化学介质对高分子材料的作用类型

降解反应通常指高分子的主链发生断裂的化学过程及侧基的消除反应。由于链的组成和结构对外界条件敏感程度有差异,可能发生的降解反应也具有多种形式。例如,杂链聚合物容易在化学因素作用下进行化学降解。而碳链主体的聚合物一般对化学试剂稳定,却很容易受到物理因素及氧的影响而发生降解。聚合物的降解包括热降解、化学降解、氧化降解和光降解。

(1) 聚合物的化学降解。化学降解主要是指聚合物在水和化学试剂,如醇、酸和碱等作用下的降解过程,其中在水中的降解作用最为重要。因为聚合物在加工储藏和使用过程难免与潮湿空气接触。通常烯烃类聚合物的水分比较稳定,浸在水溶液中不引起分子链的降解,只对材料的电性能有显著影响。杂链聚合物含有 C—O、C—N、C—S 和 Si—O 等杂原子的极性键,它们在水或化学试剂的作用下容易发生降解反应。尼龙和纤维素在室温和含水量不高的条件下,经过相当长时间后,水分对材料的物理性能有一定的影响;而温度较高和相对湿度较大时,会引起材料的水解降解。利用化学降解,可使天然或者合成的杂链高聚物转变成低聚体或者单体。

(2) 氧化降解。高聚物在氧的作用下发生降解反应,伴随着交联反应,称为氧化降解。氧化降解往往与热、光、机械作用等因素引起的降解交错在一起,因此氧化降解作用十分复杂,也是高聚物性能变坏最重要的因素之一。氧化降解具有聚烯烃特征,杂链高聚物一般不发生此反应,但碳链高聚物发生氧化降解。其反应先是在氧的气氛下,聚合物吸氧,生成氧化物结构,然后发生过氧化物的进一步反应。通常不饱和碳链高聚物上的双键、叁键以及 α-碳原子上的氢容易吸氧和氧化。反应分为链的引发、增长、支化和终止等几个阶段。氧化类型主要包括热氧化降解、臭氧氧化降解和光氧化降解。

热氧化降解指高聚合在一定的温度和气氛下,发生链的分解。通常采用抗热氧老化的稳定剂,按照作用机理分为链式反应终止剂(苯醌、叔胺、仲胺和受阻酚等)和抑制性稳定剂(长链脂肪族含硫酯、亚磷酸酯/芳香胺和酰胺类化合物)两类。

臭氧氧化降解指臭氧与含不饱和双键聚合物(丁烯橡胶等)反应生成臭氧化物,接着发生主链的裂解。臭氧氧化可用抗氧化剂及抗臭氧剂来防护。

光氧化降解指太阳光引发的高聚物降解和交联反应。但实际上并不是所有的高聚物都产生光化学反应，高聚物吸收光能后能否发生光降解，关键在于高聚物的结构。通常分子链结构中含有醛与酮的羰基，过氧化氢基或者双链的高聚物最容易吸收紫外光的能量，引起光化学反应。大多数聚烃类高分子材料是不耐紫外光的，在合成、热加工、长期存放和使用过程中往往容易被氧化而带有羰基、过氧化氢基或双键。而这些双键在光照情况下极易发生降解。

（3）高能辐射降解。高能辐射源包括 α、β、γ、X 射线、中子、加速电子等，能量巨大。高分子材料受到这些高能射线作用时，如辐射量过大，可以完全破坏高分子的结构，甚至粉化。大多数时候辐射首先使高聚合发生电离或者激发作用，然后进一步发生降解和交联。常用防护方法分为内防护和外防护。内防护是通过聚合物本身的化学结构修饰以增加材料的辐射稳定性；外部防护则是外加防护剂。

3）常见高分子材料的降解反应

本节仅介绍在高分子材料的重要应用领域里常碰到的主要的化学降解反应。

（1）二氧化氮对聚乙烯的反应。实验发现，进行二氧化氮曝露试验的聚乙烯薄膜，它的大分子链有硝基、亚硝酯基、羰基和羟基出现。研究表明不同温度下受 NO_2 攻击的位置是不同的，这与大分子上官能团的性质有关。

（2）二氧化氮和硝酸对聚氯乙烯的作用。硝酸对聚氯乙烯（PVC）的作用是通过 NO_2 攻击聚合物链内潜在的、数目有限的活性中心，使链内发生取代基的改变，不发生主链的无规断裂，不导致聚合物稳定性的严重下降。这些活性中心是 PVC 链内的双键。悬浮法 PVC 每 1000 链节含有 0.6～0.8 个 $\gt C-C\lt$ 链。$\gt C-C\lt$ 主要是在聚合物合成时生成的。NO_2 通过加成反应沿着聚合物主链局部生成含氮氧基团的支链，可能的反应图式是：

$$\sim CH-CH=CH-CCl\sim + NO_2 \longrightarrow CH_2-CH-\underset{\displaystyle ONO}{\underset{|}{CH}}-CHCl$$

$$\sim CH_2-CH-\underset{\displaystyle ONO}{\underset{|}{CH}}-CHCl\sim + NO_2 \longrightarrow -CH_2-\underset{\displaystyle ONO}{\underset{|}{CH}}-\underset{\displaystyle ONO}{\underset{|}{CH}}-CHCl$$

$$(1675cm^{-1})$$

$$\sim CH_2-CH-\underset{\displaystyle ONO}{\underset{|}{CH}}-CHCl\sim + NO_2 \longrightarrow \sim CH_2-\underset{\displaystyle ONO}{\underset{|}{CH}}-\underset{\displaystyle ONO}{\underset{|}{CH}}-CHCl$$

$$(1560cm^{-1})$$

$$R'RONO \longrightarrow RR'O\cdot + NO$$

$$RR'O\cdot + NO_2 \longrightarrow RR'ONO_2$$

$$(1650cm^{-1})$$

（3）碱溶液对聚氯乙烯的作用。研究表明氢氧化钠、氢氧化钾等强碱以及其他碱物质的水溶液都能使聚氯乙烯脱氯化氢，生成多烯结构，反应速率很低。而浸泡在含有相转移剂的氢氧化钠溶液中的聚氯乙烯薄膜，则很快就会变色，由白变黄、继而变棕、变黑。PVC 大分子链内的不饱和双键发生共轭时，在紫外区的最大吸收向着长波长的一端移动，消光系数也因参加共轭双键数 n 的增加而增大。当 n 大于 5 时，共轭双键的序列会有选择地吸收可见光，因此观察到随着聚氯乙烯大分子链上的平均共轭双键数的增加使薄膜颜色变深的过程。

(4) 聚合物的水降解和酸、碱的催化作用。含有杂原子的聚合物容易发生 C—X 键断裂的溶剂降解作用。X 是非碳的原子（如 O、N、P、S、Si 或卤素原子），它们可能位于支链或主链上。主链含有杂原子的聚合物的溶剂降解反应会导致主链断裂：

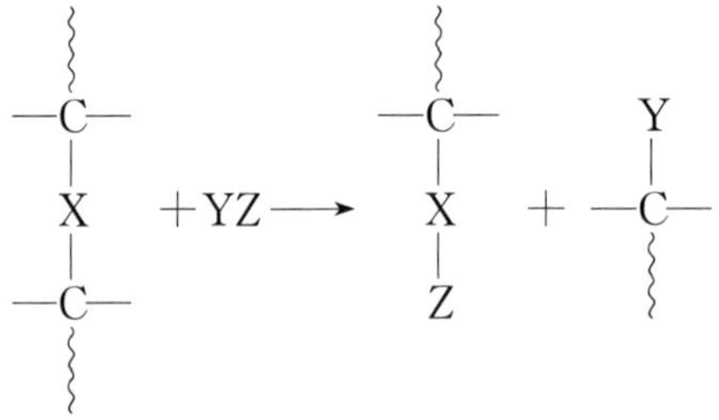

普通的溶剂降解作用剂(YZ)是水、醇类、氨、联氨等。水溶性聚合物的水解比较容易，非水溶性的聚合物的水解反应速率将是非常缓慢，而且一般限于在表面发生。聚合物的吸水能力对它的水降解起着重要的作用，其次，聚合物的结晶性和构象也有强烈的影响。

一般地讲，聚合物的水解机理在中性的或含酸性介质的与含碱性介质的场合是不同的。这里，以酯键为例，当 pH<7 时，酯键的断裂是通过质子化作用过程引发的：

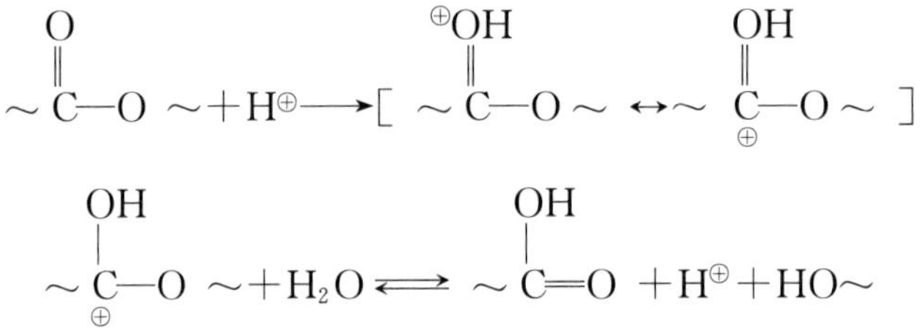

在加碱水解的场合，氢氧离子结合在羰基的碳原子上，接着酯键断裂：

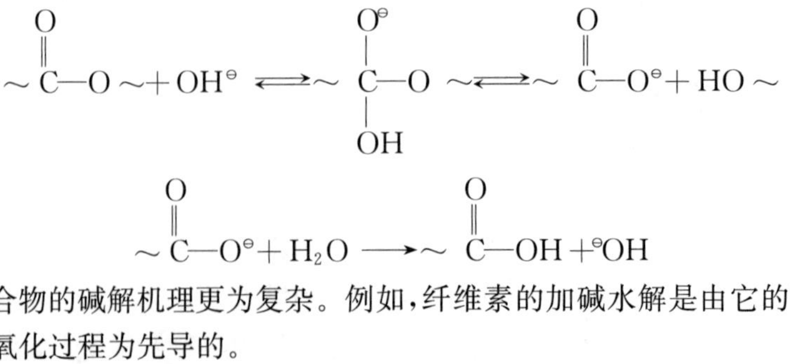

其他聚合物的碱解机理更为复杂。例如，纤维素的加碱水解是由它的葡萄糖单元产生羧基的氧化过程为先导的。

研究高分子材料在化学介质中的化学、物理变化过程的主要目的是找寻提高材料对化学介质稳定性的途径和方法。综上所述，可以看出潜在的途径是存在的，根据实际的聚合物与侵蚀物的性质已开发了一些方法。减慢介质向材料的渗透速度是一个有效的途径;利用竞争性反应消除渗透到聚合物内部中的介质;对聚合物化学结构改性。但遗憾的是,很多方法都存在问题,不是处理费用高,就是会改变聚合物原来的物理性能,实际应用起来受到限制。迄今,明智的办法也许是根据特定的用途审慎地选择聚合物。但是,不是每种场合都能找到合适的聚合物,或者那些待选的聚合物,从经济角度来考虑很不合算。

3. 高分子材料防老化措施

高分子材料虽然有许多优异的性能,但由于存在易老化等缺点,限制了它的应用,因此必须采取各种有效的防老化措施,延长材料的使用寿命。高分子的防老化,通常有以下几种措施。

(1) 添加防老剂。防老剂是一种能够防扩散、抑制光、热、臭氧、氧和重金属离子等对高聚物产生破坏作用的物质。根据功能的不同分为抗氧剂、光稳定剂和热稳定剂等。目前,在高分子材料中添加防老剂是一种简便而效果显著的防老化措施。

工程上根据高分子聚合物的性能和老化机理,以及相应制品的使用条件和加工条件综合考虑,来选择防老剂。防老剂除具备防止高分子材料的老化之外,还需具有下列优点:与高分子材料相溶性好、效果持久、挥发性和萃取性小、无色、无毒、无臭、多效、兼有对光、热和化学药品的稳定作用。

(2) 物理防护。通过表面涂层和电镀金属(铬、镍)等,起到延缓甚至隔绝外界介质的作用。

(3) 改进聚合的条件和方法。例如,采用高纯度单体改进聚合工艺,提高聚合度和分子量,减少不饱和结构和支链的数量以及减少残留催化剂等。

(4) 聚合物改性。通过交联、共聚、共混等工艺,改进大分子的结构等。

(5) 使用抗氧剂。抗氧剂用量少于 0.5%,常用酚类和芳族胺类。它的作用是捕获已产生的游离基,阻止反应进行。

(6) 使用光稳定剂。光稳定剂用量少于 0.5%,是户外使用制品不可缺少的添加剂。它分为光屏蔽剂、紫外线吸收剂、能量转移剂等。

(7) 使用热稳定剂。它的作用是防止高分子材料在加工或者使用过程中受热而发生降解或交联。常用铅盐、金属皂等。

7.3　材料的摩擦与润滑

7.3.1　机械与化学抛光

抛光技术是对金属材料、高分子材料进行表面平滑和耐腐蚀处理的一种常用方法。抛光分为化学抛光、电化学抛光和物理抛光,其主要的作用是对器件表面进行整平、光亮,去除表面凹凸不平现象,清洁表面污物等。对不锈钢表面进行抛光处理传统上一般采用机械方法,通过研削、砂轮、挤压等熔融磨耗方式进行处理达到研磨抛光表面的目的。机械抛光处理后的工件表面存在应力变形,导致金属晶格组织损坏,表面易被氧化生锈腐蚀;表面容易出现毛刺,附着微小颗粒、污垢和油脂;复杂和尺寸小的工件不能处理等很多缺点,使不锈钢工件不能发挥其应有的功能。由于这些问题难于解决,在上世纪出现的不锈钢电解化学研磨抛光技术,一定程度上解决了机械抛光难于解决的问题,优势明显。限于篇幅的限制,本节仅介绍化学抛光技术在材料处理中的应用。

化学抛光是一种深受用户欢迎的金属表面处理方法,它具有设备简单、成本低、效率高等特点。作为一种表面处理方法,它可使镀层获得良好的结合力、光亮度、整平性和抗蚀性等,故化学抛光技术在工业生产中获得了广泛地应用。化学抛光对钢铁零件特别是对低碳钢有较好的抛光效果。对那些细长而质软、厚度小的制件以及形状复杂的工件,它亦具有良好的适应性。下面讨论钢铁制体在不同体系中的抛光工艺。

经电化学研磨抛光的不锈钢表面晶格组织连续并且形成氧化钝化层,其耐腐蚀耐磨性能和光反射性以及粗糙度极大改善。但是电化学研磨抛光仍然存在许多缺点,如高耗能、现场环境差、污染严重、投资高、操作工艺复杂等。另外,由于受电流流动特性影响,对有些工件易出现表面不均匀现象或不能处理,不能完全随心所欲的处理各种工件。

利用研磨溶液和处理工件之间形成的电池原理,在工件表面粗糙的峰高处相对峰谷处其电动势高,化学研磨液中无机酸的氢离子在此处发生的液固化学反应激烈,从而将不锈钢表面的峰高溶解掉。同时,在溶液中的表面活性剂作用下,在不锈钢表面粗糙峰谷处控制液固反应的发生或使之难于发生,使溶解掉的粗糙度峰高和峰谷接近,实现研磨抛光、平整平滑的目的。

不锈钢品种繁多,不同种类的不锈钢具有不同的腐蚀规律,因而不同种类不锈钢的化学抛光不能采用同一种抛光工艺。不锈钢的高耐蚀性特点决定了不锈钢化学抛光液必须具有侵蚀性很强的活性介质,其抛光液的基本组成包括腐蚀剂、氧化剂、添加剂和水。腐蚀剂是主要成分,如果不锈钢在溶液中不能溶解,抛光便不能进行;氧化剂和添加剂可抑制腐蚀过程,使反应朝有利于抛光的方向进行,水对溶液的浓度起调节作用,便于反应产物的扩散。

在通常的化学抛光液中,硝酸主要起氧化剂的作用(对铁而言,抛光用的氧化剂除硝酸外,还可用铬酸或过氧化氢)。而磷酸、氢氟酸、乙酸、盐酸和硫酸主要是作为铁离子的载体。反应产生的铁离子与磷酸容易形成黏液膜,与氢氟酸容易形成络合盐膜。由于氢氟酸的腐蚀性与污染性严重,致使抛光液成为高污染性溶液。因此,必须加强废水的处理力度。

低碳钢最常见的化学抛光剂为磷酸-硫酸-硝酸体系以及草酸-过氧化氢溶液体系。化学抛光过程涉及复杂的化学反应机理,需要对其中各成分根据情况进行调配。

高碳钢制件的化学抛光剂主要有两大类,第一类是缩合磷酸型。它是由市售的正磷酸经 150℃以上加热脱水而得;也可用市售磷酸加入五氧化二磷(P_2O_5)并于 100℃附近溶解而得。缩合磷酸根据缩聚温度的不同可形成二聚、三聚或多聚磷酸,其特点是不会与水溶液中的铁离子产生不溶性的磷酸铁沉淀。因此,抛光效果优于普通磷酸。

高碳钢的第二类化学抛光液是过氧化氢-氟化氢铵体系。

7.3.2 纳米润滑剂

除了金属表面处理外，另外一种减缓材料损耗的方法是对工件进行润滑。通常采用润滑油，包括动、植物油、矿物油和人工合成润滑油。而经历多年的研究，目前润滑油的种类以及性能得到极大的提高，其中润滑油添加剂的发展起到了决定性的作用。

润滑油添加剂的种类很多，从作用来看主要分为两大类，一类是为改善润滑油物理性能的，包括黏度指数改进剂、油性剂、降凝剂和抗泡剂等，它们能使润滑油分子变形、吸附、增溶；另一类是改善润滑油的化学性质的，包括极压抗磨剂、抗氧剂、抗氧抗腐剂、防锈剂和清净分散剂等，它们本身与润滑油产生化学反应。从机理来看也可以分为两类，一类是靠界面的物理化学作用发挥其使用性能，包括耐载荷添加剂（油性剂、抗磨剂、极压剂）、金属表面钝化剂、防锈防腐剂、清净分散剂、降凝剂、抗泡剂等；另一类是靠润滑油整体性质作用达到润滑目的的，包括抗氧剂、黏度指数改进剂等。大部分添加剂都是结构复杂的化合物及其混合物。除早期的碳、二硫化钼以及 PTFE 作为添加剂提高润滑的性能外，新兴的纳米科技使润滑油的性能有了质的飞跃。

通过将纳米颗粒添加到润滑油中，不仅可以减缓材料的机械摩擦，还可以在材料的抗氧化、防锈以及材料表面的自修复等诸多方面起到改善作用。种类繁多的纳米金属粉（铜、镍、铬等）、纳米金刚石、纳米无机盐（PbS、MoS_2）、纳米氢氧化物[$La(OH)_3$]、纳米氧化物（SiO_2、Al_2O_3）和纳米高分子微球（PVA、PTFE）等均在改善材料润滑性能方面有所作用。

纳米颗粒的抗磨减磨机理主要通过以下三条途径实现：

(1) 通过类似“球轴承”作用，减少摩擦阻力，降低摩擦系数。

(2) 在摩擦条件下，纳米微粒在摩擦副表面形成一个光滑而稳定的保护层（合金），起到抗磨作用。

(3) 填充摩擦副表面的微坑和损伤部位，起到修补作用。

7.3.3 高分子摩擦材料

高分子摩擦材料以摩擦为主要功能（制动、传动、控速），兼有结构性能要求。材料的摩擦热稳定性和耐磨性主要取决于基体的耐热性和耐分解性。为了突出增强体或摩擦调节剂的作用，高分子摩擦材料又可分为石棉摩擦材料、无石棉摩擦材料。高分子摩擦材料一般由以下 3 部分组成。

(1) 基体最常用的为酚醛树脂和甲酚醛树脂。通常用干性油、橡胶、环氧物、二甲苯、腰果壳油、三聚氰胺及硼改性，以使高分子摩擦材料既有耐分解的高温黏结组成，又有模量较低容易贴合的弹性基体；既有良好的高、低温摩擦性能，又有小的磨损。

(2) 增强体除石棉纤维外，还有金属纤维、玻璃纤维、芳纶纤维、陶瓷纤维、矿物纤维、碳纤维及混杂纤维等。由于高分子摩擦材料是多组分的混合物，工作时受外界对它的反复加热和冷却，特别在高负载热状态下，会引起材料开裂和掉块。采用耐热纤维增强，可以大大减少产生这种缺陷的可能性，并能提高材料的力学性能和物化性能。

(3) 摩擦性能调节剂分为非磨蚀性和磨蚀性两类。非磨蚀性高摩擦性能调节剂有经固化的树脂摩擦粉、轮胎粉、橡胶粉等，用于调节噪声、磨损、磨蚀性和通气性。非磨蚀性低摩擦性能调节剂有炭黑、石油焦粉、石墨或其他碳质成分，用于调节摩擦性能和磨损性能、噪声。磨蚀调节剂有氧化铝、铝钒土等莫氏硬度高的粉末。这类填料既能使材料增大摩擦系数并赋予材料的白净性。一些矿物填料、金属粉末和金属氧化物可以提高材料的耐磨性，降低成本。

7.4　材料的清洗与表面处理

钢铁表面经常会产生腐蚀、结垢等现象，一方面需要及时清洗，另一方面希望能通过表面处理技术，使其表面更惰性，减少腐蚀的发生。高分子材料由于各种原因，发生老化现象，采用更惰性的材料对其表面进行修饰，减少与环境介质中腐蚀物的接触，将有利于提高材料的使用寿命。

7.4.1　材料的表面处理技术

1. 气相沉积技术

气相沉积技术是一种发展迅速，应用广泛的表面成膜技术。除用来制造各种具有特殊力学性能的薄膜涂层，而且还可用于制备各种功能薄膜材料等。气相沉积分为物理气相沉积和化学气相沉积。

1) 物理气相沉积

在真空条件下，以各种物理方法产生的原子或分子沉积在基材上，形成薄膜或涂层的过程称为物理气相沉积。物理气相沉积包括蒸发镀膜、溅射镀膜和离子镀膜。

(1) 真空蒸发镀膜是在真空中将镀料加热，使其蒸发或者升华并沉积在镀件表面的工艺。加热方法有电阻加热，电子束加热，高频感应加热，电弧放电及激光加热等。

(2) 溅射镀膜是用荷能粒子(通常为气体荷正电粒子)轰击靶材料(阴极)，使靶材表面原子以一定能量逸出，溅射到靶材附近的零件上形成镀层。溅射镀膜主要用于制备电子元器件上的薄膜，也可以镀覆耐磨、抗蚀的合金或 TiN、TiC 等硬质镀层，用于提高切削刀具、轴承等的耐磨、耐腐蚀性和寿命。

(3) 离子镀是一种基板表面和生长薄膜经受连续的或周期性的荷能离子轰击，从而改变薄膜生长过程和特征的薄膜沉积工艺。离子镀的主要特点是镀层附着力高和绕镀性好。离子镀金属或合金镀层在防腐蚀和抗氧化方面得到广泛应用。例如，用二极真空离子镀铝取代电镀镉，已成为钛合金、结构钢等航空航天零件的重要腐蚀控制镀层，而离子镀 MCrAlY 镀层则成为重要的抗高温氧化镀层。

2) 化学气相沉积

化学气相沉积是一种化学气相生长法。利用加热、等离子体激励和光辐射等方法，使气态或蒸气状态的化学物质发生化学反应，形成固态物质沉积在基片上，从而形成所需要的固态薄膜或者涂层的方法，称为化学气相沉积技术(CVD)。化学气相沉积包括普通化学气相沉积、等离子增强化学气相沉积、光化学气相沉积、金属有机物化学气相沉积等。

用化学气相沉积技术可以沉积金属、半导体和绝缘材料薄膜，采用该种方法可以制成高度完整和高纯度的晶态和非晶态物质，可容易控制涂层的化学成分和结构，成膜速度快，在常压或者在低真空下进行，镀膜的绕射性好。传统 CVD 主要缺点是反应温度高（>1000℃），许多基体材料无法承受如此高的温度。

近年来新发展出来的多种新的 CVD 技术，包括中温（<800℃）和低温（500℃）CVD 技术，其中金属有机化合物气相沉积和等离子体增强化学气机沉积技术是分别是属于中温和低温新型 CVD 技术，具有广泛的应用前景。CVD 技术在表面处理方面正受到日益的广泛重视，在机械工程、核工程、宇航材料、光学材料等方面取得广泛应用。

根据膜层材料的差异，化学气相沉积技术中采用了不同的反应类型。例如，热分解、氢化物、金属还原、基片材料还原、化学输送反应、氧化、加水反应等离子体激发反应、激光激发反应等。基中等离子体增强化学气相沉积是在反应室中设置高压电场，反应气体在高压电压中激发成非常活泼的激发分子、原子、离子和原子团构成的等离子体，大大加速了气体反应，增加了化学气体沉积成膜率；金属有机化合物化学气相沉积则具有单一的生长温度范围，导入气体量精确控制，膜厚和电性质具有较好的再现性，改变原料能容易生长出各种成分的化合物晶体；光化学气相沉积则是利用光化学反应，利用反应吸收一定波长与能量的光子，其中的原子团和离子发生反应，生成化合物，属于低温工艺，是制备高性能、高集成度的半导体器件的不可缺少的工艺之一。

2. 等离子体表面处理技术

等离子体是一种被高度电离了的气体，其中包括电子、离子、中性原子或分子，等离子体中电子和离子的能量足够用以电离中性原子，破坏分子间的化学键。由于等离子体具有以上的物理特性，常用来处理和改善材料的表面。等离子体处理被应用于物质材料的各个方面，包括金属、陶瓷、合成物、塑料品、聚合物以及生物材料等，包括表面的清洗、表面的杀菌、消毒、表面活化、表面能量转化、对物质黏结力的预处理、改善表面化学性质等；也包括了通过活化、移植和表面涂层对聚合物和生物材料的表面处理。等离子处理仅对材料的表面起作用，不但能够彻底地清除材料表面上的有机污染物，而且不会改变材料自身的成分。它还不受表面张力的限制，能够清除粗糙、多孔表面上的有机污染物。等离子表面处理具有以下几个优点：首先等离子表面处理是在常温条件下进行，从而减小了材料因温差变化而遭破坏的危险性，其次是等离子表面处理高效、快速、能量耗费低。它比化学、机械处理更容易操作和掌握。最后，等离子处理不仅操作安全，而且整个过程中不会排放污染物，是绿色环保过程。

等离子和材料表面的相互作用包括：

1）消融作用

等离子消融是用具有能量的电子和离子对有杂质的材料表面轻柔冲击。消融过程仅仅作用在污物层和材料基质的最外分子层。氩气被常常用作消融，它具有高的消融效能，与材料表面没有化学作用。

消融过程是通过等离子的机械冲击来破坏有机物的共价键。表面的污物层(即切削油污、表层油污、脱模剂)主要是由弱碳氢化合物组成。这些污物遭受了连续不断地轻柔冲击后，相对分子质量降低，然后在真空舱被清除掉。

2) 活化作用

等离子体表面活化作用是通过如氧气、氢气、氮气和氨气这些气体的等离子体使材料表面产生表面化学功能团来实现的。

聚合物表面活化是通过来自等离子气体中化学功能团替代表面的聚合物功能团来实现的。等离子体活化聚合物中弱的表面共价键，并以活泼的羰基、羧基、羟基官能团替代之。

活化作用(改性)可以改变材料表面的化学活性和性能，如黏附性、相容性和浸润性，加强了黏附力和耐久性。

3) 交联

交联是在聚合物分子链之间形成化学键，从而产生一个更强、更坚固的基层微观表面。

4) 镀膜

等离子清洗后材料的基质表面在聚合作用下，会形成一层薄薄的聚合物涂层。沉积下来的涂层具有各种不同的性能或物理特性。这些沉积物涂层对基层显示了高度的交联性和更强的黏附力。

等离子清洗和改性中常用的气体包括：①空气，用于有机污物的去除(化学特性)/氧化过程/表面活化；②氮气，用于表面活化/沉积(氮化硅 W/Si、氮化金属 W/M)；③氩气，用于有机污物去除(消融)/交联键。

等离子清洗技术在半导体行业、航空航天技术、精密机械、医疗、塑料、考古、印刷、纳米技术、科研开发、液晶显示屏、电子电路、手机零部件等广泛的行业中有着不可替代的应用。

7.4.2 钢的表面强化的化学方法

低碳钢强度、硬度低而塑性、韧性高；高碳钢特性恰好相反。所谓表面强化，是指对低强度高塑性的材料表面进行强化。表面强化并不仅仅是提高表层硬度，而且常常使材料表面具有某种特殊的物理、化学性能。

1. 化学热处理

化学热处理与其他热处理方法比较，其主要特点是除钢的组织发生变化外成分也发生变化，导致表层的组织和性能发生大幅度的改变。已用于生产的有渗碳、渗氮、碳氮共渗以及渗金属(如渗铝、铬、钒等)和非金属(如硅、硼、硫、磷等)。

1) 渗碳

将钢件与碳相接触，并加热到 Ar3 以上温度，则碳的活性原子向钢的表层扩散。

高温下碳原子扩散速度很快，而且碳在奥氏体中的溶解度很高(最高达 2.11%)，因而碳的扩散可使钢件表层达到很高的含碳量。若选择低碳钢进行渗碳，则可得到表层为高碳、芯部仍为低碳的钢件。渗碳后进行淬火及回火，表层组织为高碳回火马氏体，有很高的硬度与强度；而芯部仍可保持高塑性与高韧性。

固体渗碳时，用木炭将工件埋起，加热后木炭产生 CO，进而生成可以向钢中扩散的活性炭原子。气体渗碳时，将工件置于含 CO 气体的炉中。液体渗碳时，将工件置于熔融氰化盐的盐池中，氰化物可产生活性炭原子。

合金渗碳钢是专门用于渗碳处理的一种合金结构钢。这类钢均为低碳(0.11%～0.25%)，以保证零件芯部有足够的韧性与塑性。同时加入提高淬透性的元素和阻止奥氏体晶粒长大的元素。其中，20CrMnTi 是典型的中淬透性合金渗碳钢。

渗碳处理多用于齿轮、轴类等工作表面承受强烈摩擦与磨损以及交变应力的作用。同时又经常承受较高载荷(尤其是冲击载荷)作用的零件。

2) 渗氮

把氮原子渗入钢件表面，可以显著提高零件表面的硬度和耐磨性，并能提高其疲劳强度和抗腐蚀性。基本反应方程式为：$2NH_3 \longrightarrow 3H_2 + 2[N] \longrightarrow$ 渗入钢中。通常在低于钢的临界温度下进行，一般为 550℃左右。

3) 渗硫

通过工件表面渗硫技术，能够提高零件的抗摩擦能力，硫在钢件中以 FeS 和 FeS_2 相的式存在。在熔融硫中控制温度可以在工件表面使硫与铁发生反应，分别形成 FeS 和 FeS_2，达到表面减摩擦的效果。

4) 渗硼

渗硼可以显著提高钢件表面的硬度、耐磨性和耐蚀性。通常采用硼铁或者 BC 作为硼源，以氟硼酸钾、氟化物作活化剂，在 900～950℃渗硼，表面的 Fe 与硼发生反应，生成单相的 Fe_2B 或复相 $FeB + Fe_2B$，由于硼化铁具有较高的硬度、耐蚀性，因而使材料的性能有所提高。

2. 化学气相沉积

化学气相沉积作为一种制备薄膜的方法，原先主要用于半导体等，后也用于金属，主要对碳钢、不锈钢、工具钢等进行表面涂层。涂层成分一般为难熔金属化合物、氧化物、氮化物或其混合物。例如，反应室的气体为 $TiCl_4 + H_2 + CH_4$，则可用来涂 TiC。密闭室内金属表面温度一般高达 1000～1200℃，故工件易变形和软化。

3. 物理气相沉积

物理气相沉积是真空蒸气沉积涂层、离子涂层和溅射涂层技术的总称。这种技术在电子工业中广泛使用，现已逐渐成为金属材料表面强化、表面改性技术的重要组成部分。常用涂层有氮化钛、碳化钛、氧化铝等。由于物理气相沉积技术通常不会使工件温度升得很高，因而工件表面变形小。

4. 离子注入

离子注入技术不使用加热元件，而是使欲加元素电离化后在高压电场下获得高速度，射入材料表面。这种方法可注入各种元素，且注入层与基体间无明显界面，与基体结合牢固，能明显提高钢件的耐磨性、耐蚀性、耐疲劳等特性。离子注入技术可以通过表面成分的变化，使电极电位发生变化，电化学腐蚀过程因而发生质变。例如，注入一些耐蚀性好的合金元素(铬、钼)后，它们在金属表面形成性能稳定的氧化物薄膜，或者形成不锈钢成分的亚稳态合金，进而改善材料的耐蚀性和抗高温氧化性能。

7.4.3　高分子材料表面处理的化学方法

1. 注塑件的表面处理

采用氟化法技术，将 PTFE 衬里表面化学改性，从而增强 PTFE 与金属构件复合附着力，改“松衬”为“紧衬”。例如，采用萘钠法处理聚四氟乙烯(薄膜)衬里表面。萘钠溶液将金属钠、精萘、四氟呋喃按一定比例，在氮气保护下配制而成。采用萘钠溶液处理 PTFE 衬里表面，进行衬里表面化学改性。采用有机溶剂清洗萘钠溶液处理后产生的污物。涂氟化物黏结剂，采用 DG-2 氟化物黏结剂，均匀涂覆在化学改性后的衬里表面，可以提高 PTFE 衬里同金属构件复合的附着力。

2. 化学技接法对高分子材料进行表面改性

塑料件电镀通常都用 ABS 塑料，一般工序是除油，粗化，敏化，活化，化学镀镍或化学镀铜，镀铜加厚，镀表面层。表面层一般有镍、铬、仿金等，视需要而定。

3. 难黏高分子材料的表面化学处理

聚乙烯(PE)、聚丙烯(PP)等聚烯烃和聚四氟乙烯(PTFE)类含氟高分子材料，若不经特殊的表面处理，是很难用普通胶黏剂黏结的，这类材料通常称为难黏高分子材料或难黏塑料。

难黏高分子材料的难黏原因是多方面的，第一是表面能低，临界表面张力一般只有 31～34 达因/厘米，由于表面能低，接触角大，印墨、黏结剂不能充分润湿基材，从而不能很好黏附在基材上；第二是结晶度高，化学稳定性好，它们的溶胀和溶解都要比非结晶高分子困难，当溶剂型胶黏剂(或印墨、溶剂)涂在难粘材料表面，很难发生高聚物分子链成链或互相扩散和缠结，不能形成较强的黏附力；第三是聚烯烃、氟塑料等均属非极性高分子材料，聚乙烯分子上基本不带任何极性基团，是非极性高分子。聚丙烯分子中虽然每一个结构单元中有一甲基，但甲基是非常弱的极性基团，所以聚丙烯基本上属于非极性高分子。而聚四氟乙烯等氟塑料，因结构高度对称，也属非极性高分子，印墨、胶黏剂吸附在被黏材料表面是由范德华力(分子间作用力)所引起的。对于非极性高分子材料表面，不具备形成取向力和诱导力的条件，而只能形成较弱的色散力，因而黏附性能较差；第四是聚烯烃类树脂本身含有低相对分子质量物质以及在加工过程中加入的添加剂(如滑爽剂、抗静电剂等),这类小分子物质极容易析出、汇集于树脂表面、形成强度很低的薄弱界面层,表现出黏附性差,不利用于印刷、复合和黏结等后加工。

基于上述认识,人们采取了多种手段对难黏高分子材料表面进行改性处理:一是在聚烯烃等难黏材料表面的分子链上导入极性基团;二是提高材料的表面能;三是提高制品表面的粗糙度;四是消除制品表面的弱界面层。以提高难黏材料的黏附性能和黏结强度。

难粘材料表面处理方法主要有以下几种。

1) 化学试剂处理法

采用化学试剂对聚烯烃材料进行表面处理是聚烯烃的表面预处理方法中应用较多的一大类方法(简称化学法)。据不完全统计就有铬盐-硫酸法($Cr-H_2SO_4$)、过硫酸盐法、铬酸法、氯磺化法、氯酸钾盐法、白磷法、高锰酸钾法等多种方法。此类方法用于处理难黏材料表面的原理在于处理液的强氧化作用能使塑料表面的分子被氧化,从而在材料表面导入了羰基、羧基、乙炔基、羟基、磺酸基等极性基团。同时薄弱界面层因溶于处理液中而被破坏,甚至分子链断裂,形成密密麻麻凹穴、增加表面粗糙度,改善了材料的黏附性。

影响材料表面预处理效果的主要因素有处理液配方、处理时间和温度、材料的种类等。

化学处理法具有处理效果好、不需要特殊设备、用起来容易等特点,一度应用在中小型塑料制品的表面处理上,但是由于这种方法处理时间长、速度慢、制品容易着色,处理后还要中和、水洗及干燥,处理液污染性较大,目前已趋于淘汰。

2) 气体热氧化法

聚烯烃材料表面经空气、氧气、臭氧之类气体氧化后,其黏结性、印刷性以及涂覆性能均可得到改善,其中臭氧法有较高的使用价值,它与空气或氧气氧化法不同,基本上不受聚烯烃材料中抗氧剂的影响。例如,含 0.2%抗氧剂的 PE 在 300℃下挤出时,若用臭氧同时处理,则 XPS 测得 O∶C 为 6.2%,远远大于空气氧化时测得的 1.5%的数值,基本上克服了抗氧剂的不良影响。

在热空气中添加某种促进剂,对聚烯烃的处理效果也不错,如添加某些含 N 配合物、二元羧酸以及有机过氧化物等,据报道其剥离强可提高到 0.408～0.784MPa。

气体氧化法工艺简单、处理效果明显,没有公害、特别适用于聚烯烃的表面处理。但此法要求与材料尺寸相当的鼓风烘箱或类似加热设备,故使它的应用受到一定的限制。

3) 火焰处理法

所谓火焰处理就是采用一定配比的混合气体,在特别的灯头上烧,使其火焰与聚烯烃表面直接接触的一种表面处理方法。同前述两种处理方法一样,火焰法也能将羟基、羰基、羧基等含氧极性基团和不饱和双键导入聚烯烃材料表面,消除薄弱界面层,因而明显改善其黏结效果。它是目前较流行的表面处理方法。

火焰处理法成本低廉、对设备要求不高。影响火焰处理效果的主要因素有灯头形式、燃烧温度、处理时间、燃烧气体配比等，由于工艺影响因素较多，操作过程要求严格，稍有不慎就可能导致基材变形，甚至烧坏制品，所以目前主要用于软厚的聚烯烃制品的表面处理。

4）电晕处理

电晕处理（又称电火花处理）是将 2～100kV、2～10kHz 的高频高压施加于放电电极上，以产生大量的等离子气体及臭氧，与聚烯烃表面分子直接或间接作用，使其表面分子链上产生羰基和含氮基团等极性基团，表面张力明显提高，加之糙化其表面去油污、水气和尘垢等的协同作用改善表面的黏附性，达到表面预处理的目的。

电晕处理具有处理时间短、速度快、操作简单、控制容易等优点，因此目前已广泛地应用于聚烯烃薄膜印刷、复合和黏结前的表面预处理。但是电晕处理后的效果不稳定，因此处理后最好当即印刷、复合、黏结。

影响电晕处理效果的因素有处理电压、频率、电极间距、处理时间及温度、印刷性和黏结力随时间的增加而提高随温度升高而提高，实际操作中，通过采取降低牵引速率、趁热处理等方法，以改善效果。

5）低温等离子体技术

低温等离子体是低气压放电（辉光、电晕、高频、微波）产生的电离气体。低温等离子体中的活性粒子具有的能量一般都接近或超过碳碳或其他含碳键的键能，因此能与导入系统的气体或固体表面发生化学或物理的相互作用。例如，采用反应型的氧等离子体，可能与高分子表面发生化学反应，引入大量的含氧基团，改变其表面活性，即使是采用非反应型 Ar 等离子体，也可能通过表面交联和蚀刻作用引起的表面物理变化而明显地改善聚合物表面的接触角和表面能。

6）力化学处理

力化学处理、黏结是基于聚合物的力化学反应原理而进行的。聚合物在受到外力（如粉碎、振动研磨、塑炼等）作用时，会产生化学反应，称为聚合物的力化学反应。这种反应有两类，一类是在外力作用下的高分子键产生断裂而发生化学反应，包括力降解、力交联、力接枝等；另一类是应力活化聚合反应。力化学黏结主要是基于前一类反应。

在力化学黏结中对涂有胶的被黏物表面进行摩擦，通过力化学作用使聚合物表面产生力降解而形成大分子自由基，它与黏结剂分子可能形成一定数量的共价键，产生牢固的界面结合，从而大大提高了接头的黏结强度，这已为电子自旋共振谱（ESR）和内反射红外光谱（ATRIR）研究所证实。

影响力化学处理的因素主要有研磨的压力、转速、时间、磨料的种类和研磨的温度。对于不同的黏结剂-被黏材料体系，其处理工艺参数是不尽相同，需通过实验来优化确定。

7）涂覆法处理聚丙烯

为了进一步改善聚丙烯薄膜的黏结性、印刷性及热焊（热封）性，国外开发一种新的技术，即在聚丙烯薄膜上涂上一层极薄（2～3μm）的涂覆物质，它是一种结晶度较低、含极性基团的热塑性物质从而形成一个所谓的过滤层，来改善其薄膜表面的特性，这种薄膜称涂覆聚丙烯薄膜。

比较常用的涂覆材料是氯化等规聚丙烯(CPP)。涂覆可根据加工机械和涂膜使用目的,选择溶液或熔融两种方式,涂层厚度以 1～50μm 为宜。

涂覆的薄膜与印刷纸、铝箔、橡胶以及其他塑料薄膜等材料用热压的方法进行层合加工,其黏合牢度十分理想,用普通油墨施行印刷,能得到满意的印刷品。

7.5　建筑材料中的助剂化学

7.5.1　水泥外加剂的种类

水泥外加剂包括化学外加剂和矿物外加剂。

矿物外加剂指粉烧灰、硅灰、磨细矿粉等粉料,与水泥和其他外加剂共同形成改性水泥。其主要目的是降低成本,改善水泥的性能。

化学外加剂在现代混凝土材料和技术中起着重要的作用,是混凝土必不可少的第五组分。水泥水化是一个复杂的非均质的多相化学反应过程,由水化引起的一系列化学、物理与物理化学性能的变化,直接影响着水泥材料的工程性能。化学外加剂经常被用于改变水泥水化反应的进程和新拌与硬化混凝土的性能,在现代混凝土材料和技术中起着重要的作用。现代混凝土材料及应用取决于化学外加剂的使用以及混凝土技术和应用领域的拓宽。

7.5.2　化学外加剂的发展

目前,化学外加剂的研究方向逐渐转向复合化、多功能化、高性能化,对外加剂的性能要求及水泥混凝土制品的耐久性要求也不断提高,因此广大从事混凝土外加剂的研究工作者对无碱或低碱、无氯、液体的化学外加剂日益关注。

化学外加剂能够促进水泥混凝土新技术的发展,也能够促进工业副产品在胶凝材料系统中的利用,有助于节约资源和保护环境。有人预测"混凝土技术的新进展得益于外加剂的有效应用,而不是水泥生产的进步",为了满足特殊施工或特殊环境的需要,为了缩短混凝土的凝结时间、提高混凝土的早期强度,从而加快施工进度,加入化学外加剂对水泥的水化速度进行调节。这些外加剂包括早强剂、促凝剂、速凝剂、絮凝剂等。研究这类化学外加剂对水泥水化历程的加速调控及其作用机理,丰富水泥水化理论,从而更有效地指导化学外加剂在实际工程中的选择和应用,实现混凝土的高性能化。

化学外加剂在建筑材料中应用十分广泛。在古罗马,人们就已经发现蛋白质可以作为石膏的缓凝组分,干血可以作为引气剂使用。当今混凝土工程中化学外加剂可以起到缓凝、速凝、塑化、增黏、抗离析、保水、减缩、消泡、防水等作用。

外加剂按主要功能分为四类:

(1) 改善混凝土拌和物和易性能的外加剂,包括各种减水剂、引气剂和泵送剂等。

(2) 调节混凝土凝结时间、硬化性能的外加剂,包括缓凝剂、早强剂和速凝剂等。

(3) 改善混凝土耐久性的外加剂,包括引气剂、防水剂和阻锈剂等。

(4) 改善混凝土其他性能的外加剂,包括加气剂、膨胀剂、防冻剂、着色剂、防水剂和泵送剂等。

国外20世纪30年代开始使用木质素磺酸盐作为混凝土外加剂,这是第一代减水剂,随后,60年代日本和德国研制萘系和三聚氰胺系高效减水剂,目前,聚羧酸系超塑化剂因为其优良的性能作为第三代减水剂得到广泛应用。我国从20世纪50年代开始研究木质素磺酸盐类减水剂和引气剂,直到70年代才发展起来。近年来,我国混凝土外加剂行业处于高速发展阶段,中国混凝土外加剂协会2007年度全国混凝土外加剂产量调查结果显示,2007年混凝土外加剂年总产量424.79万吨,其中合成减水剂284.54万吨,各种外加剂产量具体统计数据见表7.1。

表7.1　2007年我国混凝土外加剂产量　(单位:万吨)

品种	高效减水剂						高性能减水剂	木质素磺酸盐	引气剂	膨胀剂	速凝剂	缓凝剂
	萘系	蒽系	洗油系	氨基磺酸盐	脂肪族	蜜胺系						
产量	197.42	4.63	1.64	9.94	11.56	0.42	41.43	17.51	0.34	100	35.41	4.5

1. 早强剂

混凝土早强剂是指能提高混凝土早期强度,并且对后期强度无显著影响的外加剂。早强剂的主要作用在于加速水泥的水化速度,进而促进混凝土早期强度的发展。

早强剂的作用机理主要有以下几种。

1) 离子效应

无机盐在水泥浆体系中可发生盐效应和同离子效应,从而改变胶凝材料的溶解度,加快水泥水化反应的进程。若水泥浆中没有同类离子的电解质,早强剂在盐效应的作用下增大水泥浆溶液的离子浓度,改变水泥颗粒表面的吸附层,从而提高水化矿物的溶解度,加速水泥水化进程;若水泥浆中有同类离子的电解质,早强剂可在同离子效应的作用下,一方面减小一些水泥水化矿物的溶解度;另一方面却促使水泥水化产物更快地结晶析出,从而提高水泥石的早期强度。

2) 生成复盐、络合物或难溶化合物

一些早强剂可通过与水泥胶体矿物发生化学作用,生成复盐、络合物或难溶化合物,由于复盐、络合物或难溶化合物的溶度积比相应单盐更小,从而加速了水泥水化进程。例如,亚硝酸盐和硝酸盐能与C_3A生成络盐-亚硝酸铝酸盐和硝酸铝酸盐,加速水泥水化并促进水泥石早期强度的发展;三乙醇胺在水泥浆中可生成易溶解络合物,可加快C_3A、C_4AF的溶解速度,从而生成更多的硫铝酸钙以提高早期强度。

3) 形成结晶中心加速水泥的凝结与硬化。

一些早强剂还能起到制备结晶中心的作用以加速水泥的水化进程,如$NaAlO_2$、NaZO. $mSiO_2$等物质,在水溶液中可水解为成胶态的氢氧化铝胶体、硅胶等,它们与钙离子结合可形成水化物的结晶中心而加速水泥浆的凝结与硬化。

2. 促凝剂

促凝剂是缩短水泥混凝土凝结时间的一类化学外加剂，属于调凝剂范畴。根据对混凝土凝结时间的作用的不同，调凝剂分为促凝剂和缓凝剂两大类。促凝剂通常是一些无机电解质，也有一些有机化合物具有促凝作用。缓凝剂通常采用有机缓凝剂，一些无机缓凝剂由于性能不太稳定，因而应用的较少。

混凝土的促凝剂主要是一些无机电解质，如氯盐、硫酸盐、碳酸盐、硝酸盐、亚硝酸盐、硅酸盐、铝酸盐等。一些有机化合物也具有早强作用。

(1) 氯化钙。在普通混凝土中，氯化钙的掺量为胶凝材料的 2%，掺量达 4%时会引起混凝土瞬时凝结，掺量达 9%时会在胶凝材料凝结之前产生膨胀应力。

(2) 硫酸钠和硫酸钾能促进水泥的水化，因而是一种早强剂。硫酸钠和硫酸钾的掺量一般为 1%～2%。对于蒸养混凝土，其掺量不应超过 1%。硫酸钠和硫酸钾的作用主要表现在早期，它能使混凝土的早期强度有显著的提高，但对 28d 以后的强度影响不大。如果掺量较大，由于钙矾石的大量形成，甚至可能使混凝土的后期强度降低。硫酸钠和硫酸钾不仅是水泥的早强剂，还可以提高混凝土的抗硫酸盐侵蚀性能，其原因是硫酸钠和硫酸钾与胶凝材料中的铝酸盐矿物反应生成了水化硫铝酸盐，在胶凝材料的水化硬化阶段就已经较多的消耗了铝酸根，使得体系中没有过剩的铝酸根与外来的硫酸根反应。

(3) 碳酸钠是强碱弱酸盐，对水泥混凝土的作用与掺量有关。在低掺量时具有促凝作用，而在高掺量时则表现出缓凝作用。碳酸钠可以与水泥水化时放出的氢氧化钙反应，生成难溶性的碳酸钙和碳酸氢钙。这一反应大大缩短了水泥混凝土的凝结时间。同时，由于这一反应消耗了氢氧化钙，当孔溶液的氢氧化钙浓度不足以平衡所形成的 C—S—H 凝胶时，又会使 C—S—H 凝胶解体。因此，碳酸钠掺量太大时会显著的降低混凝土的强度。

碳酸钠的掺量与水泥中的铝酸盐含量有关，一般在 0.3%～1.25%范围。同样，钠钾离子的存在对钢筋具有保护作用，但可能引发碱-集料反应，也会使混凝土的收缩增大。

(4) 硝酸盐和亚硝酸盐。由于硝酸盐和亚硝酸盐不含氯离子，不会引起钢筋锈蚀问题，因此，研究和使用的较多。硝酸盐和亚硝酸盐通常是组成复合外加剂使用，常用的体系有亚硝酸钙-硝酸钙（HHK）、硝酸钙-尿素（HK）、亚硝酸钙-硝酸钙-尿素（HH-KM）、亚硝酸钙-硝酸钙-氯化钙（HHKK）及其与尿素的复合外加剂（HHxKM）。

(5) 氯化钙-硝酸铵复合外加剂可以加速混凝土硬化，提高混凝土的密实性和抗渗性。它的合理掺量是氯化钙 1%～1.2%和硝酸铵 0.6%～1%。掺入这种外加剂可以使混凝土的早期强度大幅度的提高，后期强度也略有增长。混凝土的弹性模量基本不变，但混凝土的收缩略有增大。亚硝酸钠对水泥水化有促进作用，可以改善水泥石的孔结构，适用于蒸养混凝土。亚硝酸钠也是一种常用的阻锈剂，因而常与氯盐复合使用。硝酸铁能与氢氧化钙反应生成氢氧化铁和硝酸钙，这些反应产物可以填充水泥石的空隙，使混凝土密实。

思考题与习题

1. 简述高分子材料的性能特点及防老化方法。
2. 简述简要说明金属材料的腐蚀种类及防护方法。
3. 简述钢筋混凝土的大气腐蚀原理。
4. 简要说明高分子材料表面处理的化学方法。
5. 什么是钢铁的生物腐蚀？
6. 简要说明陶瓷材料的腐蚀类型及防护方法。
7. 高效水泥早强剂的作用机理有哪些？

第 8 章　信息工程中的化学

国家最高科学技术进步奖获得者、著名的化学家、中国科学院院士徐光宪先生2003年在《化学通报》上撰文指出，21世纪是信息科学、合成化学和生命科学共同繁荣的世纪，并将信息技术、生物技术、核科学和核武器技术、航空航天和导弹技术、激光技术、纳米技术和化学合成技术并称为20世纪发明的七大技术。2011年被联合国教科文组织命名为国际化学年，主题为“化学——我们的生活，我们的未来”。“化学年”也成为“物理年”“天文年”和“生物多样性年”之后又一个联合国学术主题年。由此可见信息技术和化学学科的重要性及其在20世纪及今后的历史进程中发挥的重要作用。

信息是客观存在的一切事物所产生的消息、情报、指令、数据、信号中所包含的内容，是事物表现的一种普遍形式，具有可识别性、可转换性、可传输性、可存储性和可分享性等主要特征。传感技术、通信技术和计算机技术是其三个主要的技术领域。初听起来信息技术与化学似乎没有什么关系，但仔细分析一下信息识别、转换、传输和存储的过程，就知道信息科学的发展离不开化学，而且化学在信息科学的发展历程中发挥着越来越重要的作用。当然，信息技术的发展，也推动了化学学科的进步。计算机技术、网络技术与化学学科的交叉诞生了新的交叉学科——信息化学(或化学信息学、计算机化学)。由于计算机主要是用数学的方法通过计算来解决问题，其特点是能快速地进行大量复杂、繁琐的数学计算。因而计算机技术的使用可使化学工作者实现物质化学结构的解析、表征、计算机模拟与分子设计等；易于处理复杂体系的电子结构、几何结构与其性能关系；开展微观分子工程设计与化学模拟，功能材料的结构与性能关系及其理论设计与性能模拟，生物活性分子和药物分子的相互作用机理、构效关系以及药物设计，固态表面结构、固体表面轨道相互作用规律，表面吸附与催化机理的研究等。本章侧重介绍化学在信息工程中的应用。

8.1　信息感知化学

要进行信息的传输和处理，或者对某一信息进行控制，首先必须要有一个信息感知器，即传感器。国家标准 GB 7665—87 定义传感器是一种能够感受规定的被测量，并按照一定规则将其转换为可用输出信号的器件和装置。它包括敏感元件、转换元件和测量电路三大部分。其中的核心和关键是直接感受被测量的敏感元件或敏感材料，信息的感知、采集和测量依赖于敏感材料的结构和性能。依据被测量的类型，传感器可分为物理量传感器、化学量传感器和生物量传感器三种类型。

8.1.1 温度传感器

温度信息与人民生活和工业生产紧密相关，也是工业自动化的必须测控对象。一方面是因为人民的生活和各种生产过程都必须控制在一定的温度范围内；另一方面是许多生产资料或材料的性质都是温度的函数，温度的剧烈变化，会导致材料的性质发生根本性的变化。例如，人的生活舒适温度是 20～25℃；合成氨的反应温度在 500℃左右；电饭锅的跳闸温度是 103℃；电热毯的温度控制在 18～45℃。将温度转换为电信号输出的元器件称为温度传感器。其敏感材料为金属或半导体，因其电阻值随温度变化而发生显著变化，又称为热敏电阻。

1. 金属电阻温度计

热电阻就是利用物质(一般为纯金属)的电阻随温度变化并呈一定函数关系的特性，制成温度传感器来进行测温的。我们知道，金属材料中原子的排列一般是密堆积结构，原子之间以金属键结合，价电子归多个原子共享，即金属固体中的价电子可以在固体中自由移动。按经典电子理论，自由电子在定向运动过程中，要不断地与正离子发生碰撞，使电子运动受阻，这就是产生电阻的主要原因。当温度升高时，原子的热振动和晶格点阵的畸变会使电阻增大。金属的电阻与温度的关系一般遵循：

$$R_t = R_0[1+\alpha(T_1-T_0)] \tag{8-1}$$

式中，R_t 和 R_0 分别为温度 T_1 和 T_0(0℃)时的电阻；α 为电阻温度系数，如

$$\alpha_{Pt}=3.85\times10^{-3}/℃，\alpha_{Cu}=4.28\times10^{-3}/℃$$

测量温度的热电阻材料，要求具有较高的电阻温度系数；在使用范围的物理、化学性能稳定；电阻与温度的函数呈线性关系；同一种材料的复制性要好，以便批量生产。因此满足上述要求，适合制作热电阻的金属材料不多，主要有 Pt、Cu、Ni、W、In 等。其中应用广泛的是 Pt 与 Cu，这两种材料制成的热电阻属于标准化热电阻，即有国家统一的标准分度表。Pt 电阻由于稳定性好，可在－259.34～630.74℃使用；Cu 电阻的稳定性稍差，可在－50～150℃的温度范围工作。

2. 热敏电阻温度计

热敏电阻是利用半导体的电阻与温度呈现一定函数关系的原理制成的温度传感器。热敏电阻通常以金属氧化物为原料，采用特殊的陶瓷工艺烧结而成。

与热电阻相比，热敏电阻的电阻温度系数大，约为热电阻的 10 倍，即灵敏度高；利用半导体掺杂技术，可以测量42～700K 的温度，是一种重要的低温传感器。

热敏电阻依据其电阻与温度关系的变化特性，分为正温度系数(PTC)热敏电阻、负温度系数(NTC)热敏电阻和临界温度(CTR)热敏电阻，如图 8.1 所示。NTC 热敏电阻的阻值随温度的升高而下降。这类热敏电阻大多数是用 Mn、Co、Ni、Fe 等过渡金属氧化物按一定比例混合，采用陶瓷工艺烧结而成。NTC 热敏电阻主要用于温度的测量。选用不同的材料可以测量低至 4K，高至 3000℃以上的高温。PTC 热敏电阻的阻

值随温度的升高而增大，但在居里点以下温度呈 NTC 阻温特性。应用最普遍的 PTC 热敏电阻是以 $BaTiO_3$ 为主体材料，掺杂微量(0.1%～0.3%)的稀土金属氧化物，经高温烧成。PTC 上流过电流就发热，超过居里点温度，电阻增大，电流变小而不发热，可做恒温加热器和温度控制器使用。CTR 热敏电阻在某一特定的温度范围内电阻值急剧变化，非常适用于温度监测和控制。CTR 热敏电阻一般以 V_2O_5 为主要成分，掺杂 SiO_2、SrO 和 CaO 在还原气氛中烧成。

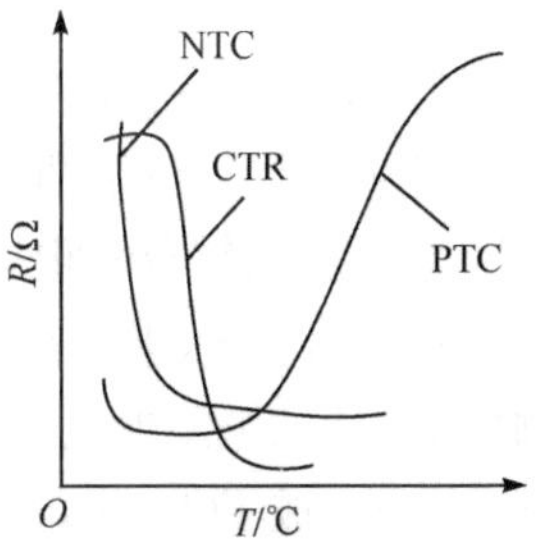

图 8.1　热敏电阻的温度特

8.1.2　气体传感器

人类的日常生活和生产活动皆与周围的气氛环境紧密相关，气氛的变化对人类有极大的影响。例如，气氛中缺氧，会使人感到窒息甚至昏迷死亡，生活气氛中含有有毒气体，如甲醛、CO、H_2S、NO_x、SO_x 等，则会给人的健康带来危害。特别是近年来，使用可燃性气体(如液化气、天然气、沼气、煤气等)的家庭越来越多，若使用不当，造成可燃气体的泄漏，则会引起爆炸和火灾事故，使国家和人民的生命、财产遭受巨大损失。特别是"9.11"恐怖袭击事件以来，人们对爆炸物和生化武器的安检要求越来越高。因此，国家安全防护、生命搜救和正常的生活和生产活动等各个领域都需要气体传感器来探测和监控各种气体的存在或泄漏，从而保障国家财产和人民的生命安全。

气体传感器是一种把气体中的特定成分检测出来，并将其转换为可检测信号(如电阻、电流、电动势、电容、共振频率等)的器件，如电阻式半导体气体传感器、电容式陶瓷气体传感器、极限电流式电化学气体传感器和谐振式气体传感器等。气体传感器可以直接检测气态物质，如 CO、H_2 和 CH_4 等；也可以灵敏的检测具有一定挥发性的有机溶剂和固体，如甲醛、乙醇、苯和 TNT 等。由于气体的种类繁多，性能差异较大，所以单一类型的气体传感器不可能检测所有的气体，而只能检测某一类特定性质的气体。而对于同一种气体，也可用不同的方法来测量。下面摘要介绍几种常用的气体传感器。

1. 半导体气体传感器

半导体气体传感器是利用金属氧化物表面吸附气体分子或与吸附气体反应而引起半导体电导率的变化来定性或半定量的检测气体的，具有灵敏度高、响应快、简单、价廉；但选择性、稳定性、可靠性差的特点，特别适合于气体的定性检测和报警。

半导体气体传感器的敏感材料都是非化学计量的金属氧化物，如 SnO_{2-x}、$Zn_{1+x}O$、$Cu_{1-x}O$ 等。在这些氧化物晶体内存在氧空位、金属离子填隙或空位，其电阻值在不同的气氛中会产生减小或增大现象，电阻值是气体浓度的函数，因而可以进行气体的定性和定量检测。但由于该类材料属超细或纳米的多晶、多孔材料，在敏感温度下稳定性不高，定量检测目前还比较困难。下面以 SnO_2 为例说明半导体气体传感器的工作原理和应用领域。

SnO_2 是应用最早、也是应用最广的半导体气敏材料，工作温度一般在200～400℃。

SnO_2 晶体内由于存在氧空位($V_O^{\cdot\cdot}$),是一种 n 型半导体,即主要载流子是电子的导体。氧空位可认为是热处理过程中,晶格氧(O_O)脱离晶格所致,即 $O_O = 1/2O_2 + V_O^{\cdot\cdot} + 2e'$("$\cdot\cdot$"表示氧空位带两个正电荷,"$'$"代表电子带一个负电荷)。在空气气氛中时,由于氧空位的存在,氧分子很容易吸附到氧化锡的表面。由于氧的电负性很大,很容易与氧化锡表面发生电子交换,生成化学吸附态的氧分子离子,如 O_2^-(150℃),O_2^{2-}(300℃)等,从而使氧化锡的电阻增大。如果将氧化锡放到还原性气氛 CO 中,CO 将与氧分子离子发生化学反应生成 CO_2,并向氧化锡释放电子,即 $2CO + O_2^- \longrightarrow 2CO_2 + e'$,从而使氧化锡的电阻下降,这就是氧化锡检测还原性气体的基本原理。

半导体气体传感器的灵敏度首先取决于敏感材料的组成、结构,也与材料的形貌、尺寸、孔隙率等有关;选择性依赖于选择的工作温度,所使用的材料、催化剂和添加剂以及表面特性等。例如,CO、H_2S 一般在低温敏感,甲烷、丁烷、氢气则在相对高的温度敏感;氧化锡主要对还原性气体敏感;氧化铟、氧化钨则对氧化性气体或毒性气体敏感,钙钛矿复合氧化物对乙醇敏感。在氧化锡中添加 ThO_2 对 CO 具有选择性;加入 NiO、Pd 对 H_2 具有选择性;加入碱性金属或稀土金属氧化物则对乙醇具有选择性。气敏机理研究表明:碱性氧化物能够促进乙醇的氧化按乙醛路径进行,从而可以提高乙醇的检测灵敏度;酸性氧化物则促进乙醇按乙烯路径氧化,气体灵敏度下降。

半导体气体传感器应用的领域广阔,如以氧化锡为基体材料开发的可燃气体报警器和火灾报警器常用于家庭或工业燃气火灾的预防和防止煤气中毒;以氧化锡及其复合氧化物开发的乙醇传感器是交通部门鉴别酗酒驾车的工具;以氧化铟制成的臭氧、硫化氢、氧化氮传感器可以监控空气的质量。

2. 催化燃烧式气体传感器

催化燃烧式气体传感器或接触燃烧式气体传感器是利用可燃气体接触催化剂发生燃烧反应产生的热量而引起铂丝的电阻变化来进行检测的气体传感器。其特点是响应迅速、结构简单、价格较低、灵敏度、可靠性较好、稳定性较差。

催化燃烧式气敏元件选用直径 50～60μm 的高纯(99.999%)铂丝为敏感材料,并绕制成直径约为 0.5mm 的线圈,线圈外面是烧制成的氧化铝微球,最外层贵金属钯或铂催化层。在一定的温度下,可燃性气体(H_2、CO、CH_4、LPG 等)在催化层表面与空气中的氧接触,发生氧化反应,产生反应热,使得作为敏感材料的铂丝温度升高,电阻值相应增大,并与电阻率具有良好的线性关系。空气中可燃气体的浓度越大,氧化反应产生的反应热量越多,铂丝的温度变化值越大,其电阻值增加的就越多。因此,只要测定作为敏感元件的铂丝的电阻变化值(ΔR),就可以检测空气中可燃性气体的浓度。

实际应用时,一般是以可燃性气体的爆炸下限(LEL)作为监控目标,定性测量时是以爆炸下限的 1/10～1/20 作为报警点。由于甲烷的化学性质稳定,半导体气体传感器一般对甲烷不敏感。因其爆炸下限较高 5.3(V/V)%,且监测浓度较大,接触燃烧时产生的燃烧热也高,特别适合用催化燃烧式传感器来进行检测。这类传感器最大的用途就是监测煤矿瓦斯、天然气泄漏和沼气池中甲烷的浓度。

3. 固体电解质气体传感器

固体电解质又称快离子导体，是以离子作为电荷载体，靠离子在固体中的移动传输电荷。因而具有与半导体相同的导电性。以固体电解质为敏感材料，利用气体引起固体电解质浓差电池电动势变化来检测气体浓度的装置称为固体电解质气体传感器。其特点是灵敏度、选择性、稳定性、可靠性较好、成本较高、可定量化。

固体电解质一般为离子晶体，但要具备离子导电性必须具备下列两种性质。①固体中的电子和空穴等导电性载流子浓度小；②离子型晶体缺陷多，离子在固体中容易扩散或移动。下面以稳定氧化锆为例来加以说明。

氧化锆在常温下为单斜晶系（$a\neq b\neq c,\alpha=\gamma=90°,\beta\neq 90°$），在 1100℃变为正交晶系（$a\neq b\neq c,\alpha=\gamma=\beta=90°$）。当添加 CaO 或 Y_2O_3 时，在高温稳定的正交晶系在低温也变得稳定，将此称为稳定氧化锆（简称 CSZ 或 YSZ）。添加 Y_2O_3 时，2 个 Y^{3+} 占据 Zr^{4+} 的晶格点，此时 4 个氧晶格中的 1 个成为空晶格点，氧离子 O^{2-} 就可以通过此空晶格点进行移动，进而传导电流。

稳定氧化锆氧浓差电池的结构如图 8.2 所示。在 YSZ 层的两端装上铂电极，使其分别与不同压力 O_2 接触时，就可用作气体电极。稳定 ZrO_2 在高于 600℃时，便能起到氧离子导体的作用。实际上也伴随有若干电子的传输。在图 8.2的界面上存在如下的平衡：

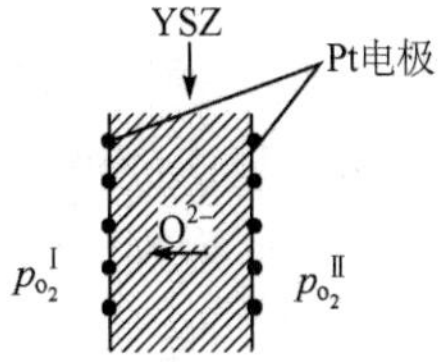

图 8.2　稳定氧化锆的浓差电池模型

$$O_2+4e^-=\!=\!=2O_O^{2-}$$

式中，O_O^{2-} 是 ZrO_2 离子晶体的晶格氧。当固体电解质两侧的氧分压不同时，O^{2-} 由高氧压向低氧压一侧流动，电子 e^- 向反方向流动。此时在 ZrO_2 的两端电极之间就产生了电动势 E，可以表示为

$$E=(RT/4F)\ln(p_{O_2}^{\mathrm{II}}/p_{O_2}^{\mathrm{I}}) \tag{8-2}$$

式中，$p_{O_2}^{\mathrm{II}}$、$p_{O_2}^{\mathrm{I}}$ 分别为固体电解质两侧的氧分压，且 $p_{O_2}^{\mathrm{II}}>p_{O_2}^{\mathrm{I}}$，$p_{O_2}^{\mathrm{II}}$ 为参比氧分压，一般是大气中的氧分压。因此只要测得浓差电池的电动势，就可知道被测气体的氧分压。

在固体电解质气体传感器中，使用最多的是上述的 ZrO_2 传感器。其主要用途包括各种工业锅炉的废气监测、汽车尾气中有害气体的控制、发动机燃烧效率的提高及炼钢工序中熔融钢水含氧量的测定等。根据应用原理的不同，主要有电位式和极限电流式两种传感器形式。

8.1.3　湿度的表示与湿度传感器

湿度是指大气中的水蒸气含量，通常采用绝对湿度和相对湿度两种表示方法。绝对湿度一般用符号 AH 表示。相对湿度一般用符号 RH 表示。在实际使用中多使用相对湿度这一概念。

绝对湿度表示单位体积的空气里所含水蒸气的质量，其定义为

$$AH=m_v/V \tag{8-3}$$

式中，m_v 为待测空气中的水蒸气质量；V 为待测空气的总体积；AH 为待测空气的绝对湿度，其单位为 $g \cdot m^{-3}$ 或 $mg \cdot m^{-3}$。

相对湿度为待测空气的水蒸气分压 p 与相同温度 T 下的饱和水蒸气压 p_W 比值的百分数。这是一个无量纲量，常表示为%RH（RH 为相对湿度 relative humidity 的缩写），即

$$相对湿度=(p/p_W)\times 100\%RH \tag{8-4}$$

人们的日常生活、工农业生产以及动植物的生长和生存等都与周围的环境有着密切的联系。在自然界中对于人类的生存，环境的湿度与温度和氧气具有同等重要的意义。如果空气太潮湿，将使人们感到沉闷和窒息；如果空气太干燥，又会使人们口腔感到不适，甚至感染咽喉炎等疾病。为了营造舒适的生活环境，相对湿度应控制在50%～70%RH。所以房间的空调要控制温度也要控制湿度。在气象、军械、纤维加工、食品加工、制药、精密仪器、集成电路、粮食仓库、造纸、农业、育婴保健等各个领域都需要感知湿度的大小和范围。

1. LiCl 湿度传感器

LiCl 是一种稳定的电解质材料，由于 Li^+ 具有最小的离子半径，极化作用很强，很容易吸引环境中的极性水分子，产生能自由移动的 Li^+ 和 Cl^-，离子的浓度决定了电解质的电阻，而溶液中的离子浓度取决于环境的湿度，这就是 LiCl 湿度传感器的感湿原理。

氯化锂湿敏电阻元件是用一个圆筒形支架作为器件的基体。支架的表面先浸涂一层聚苯乙烯憎水层，然后在聚苯乙烯薄膜上并行地绕钯丝电极，再把碱化后的聚乙烯乙酸酯和氯化锂水溶液（0.5%～1.0%，质量分数）的混合液，均匀地涂在圆筒表面。当被涂溶液的溶剂挥发干后，即凝聚成一层其阻值随环境相对湿度变化的感湿薄膜。

将湿敏电阻置于一定温湿场中，若环境相对湿度高，溶液将吸收水分，使导电离子增多，电阻降低；反之，环境相对湿度变低时，导电离子减少，电阻增大，从而实现对湿度的测量。采用多片组合的方法，LiCl 湿度传感器可以测量 20%～90%RH 的湿度范围。

氯化锂湿敏电阻的优点是滞后小，不受测试环境风速影响，检测精度高达±5%，但其耐热性差，不能用于露点下测量，元件性能的重复性也不理想，使用寿命短。

近年来，采用磺化、离子交换工艺制成的聚苯乙烯磺酸锂高分子电阻型湿度传感器提高了 LiCl 湿度传感器的精度和稳定性，已在市场上使用，其缺点是不适合有机溶剂或 80℃以上高温场合。

2. 电容型高分子湿度传感器

电容型高分子湿度传感器基于高分子膜的介电常数（$\varepsilon\approx5$）和水分子的介电常数（$\varepsilon\approx80$）相差较大，随着环境湿度变化，高分子膜吸附水分子的量不同，从而改变其电容比，测定相对湿度。

高分子电介质电容式湿度传感器采用平面结构。在刷有梳状金电极(下电极)的玻璃基片上涂上醋酸纤维素(或酰胺纤维素或硝化纤维素)感湿膜,再在感湿膜上蒸镀一层多孔金属膜(上电极),即构成一平板电容器。

湿度传感器的电容随环境湿度增加而增加,基本上呈线性关系。电容式高分子湿度传感器的特点是吸湿响应时间短,一般小于 5s,感湿特性受温度影响小,5～50℃电容温度系数一般为 0.06% RH/℃。

8.2　信息转换功能材料

8.2.1　压电转换材料

压电材料是进行机械能和电能相互转换的工作物质,包括压电晶体、压电陶瓷和压电聚合物。这类材料在受到机械应力而变形时,其内部会产生极化现象,同时在它的两个表面上生成符号相反的电荷,这种现象称为正压电效应。相反,当在这些材料的极化方向上施加电场时,这些材料也会发生变形,这种现象称为逆压电效应,又称为电致伸缩效应。压电材料有很多,目前应用较为普遍的是石英晶体和压电陶瓷。而它们产生压电效应的机理不完全一样。

1. 压电晶体

理论和实验研究都发现:不具备对称中心的晶体都应具有压电效应,如钙钛矿结构的 $LiNbO_3$ 和 $LiTaO_3$、纤锌矿结构的 CdS 和 ZnO、酒石酸钾钠、磷酸二氢铵和石英晶体等,但能应用于工程中的压电晶体并不多。其中,石英晶体是研究较早和应用最多的压电材料,具有机电性能稳定,几乎没有内耗等优点,缺点是机电耦合系数较小。

石英晶体的压电特性与其内部分子结构有关。石英晶体属于三方晶系,结晶外形为六角柱状,分子式为 SiO_2,每一个晶格单元中含有三个硅离子和六个氧离子,硅离子和氧离子成正六边形排列,它们的排列在垂直于 z 轴的 xy 平面上的投影如图 8.3(a)所示,图中"⊕"代表硅离子,"⊖"代表氧离子。当石英晶体没有受到力的作用时,正、负离子分布在正六边形的顶点上,从而形成三个大小相等,互成 120°的电偶极矩 $\vec{p}_1$、$\vec{p}_2$,$\vec{p}_3$,电偶极矩 $\vec{p}$ 的大小为

$$p=ql \tag{8-5}$$

式中,q 为电荷量;l 为正负电荷间的距离。电偶极矩的方向为由负电荷指向正电荷。在这种情况下,电偶极矩的矢量和等于零,即 $\vec{p}_1+\vec{p}_2+\vec{p}_3=0$,晶体表面不产生电荷,石英晶体呈电中性。

当石英晶体沿 x 轴方向被压缩时,晶体沿 x 方向产生压缩变形,从而使正负离子的相对位置随之改变,正负电荷中心不重合,如图 8.3(b)所示。电偶极矩在 x 轴方向的分量不再是零而是小于零,因而在 x 轴的正方向的晶体表面上产生负电荷,在 x 轴的负方向的晶体表面上产生正电荷。电偶极矩在 y 轴和 z 轴的分量还是零,所以在垂直于 y 轴和 z 轴的晶体表面上同样不会出现电荷。当石英晶体沿 y 方向被压缩时,x

轴方向产生的电荷极性相反，这就是“横向压电效应”产生的原因，如图 8.3(c)所示。

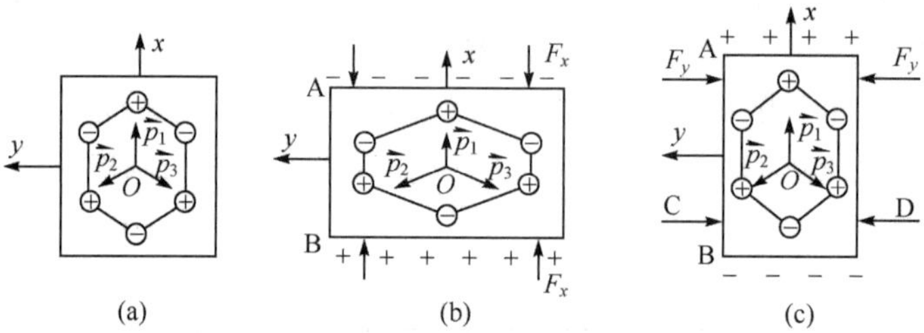

图 8.3　石英晶体的压电效应示意图

当石英晶体沿 z 轴方向被压缩或被拉伸时，晶体沿 x 方向和 y 方向产生同样的变形，正负电荷中心处于重合状态，电偶极矩在 x 轴和 y 轴方向的分量均为零，因此沿 z 轴方向施加作用力时，石英晶体不会产生压电效应。

2. 压电陶瓷

压电陶瓷通常具有钙钛矿结构，通式为 ABO_3（A 为 Ba^{2+} 或 Pb^{2+} 等二价离子；B 为 Ti^{4+} 和 Zr^{4+} 等四价离子；A 和 B 可用其他离子等价取代形成三元系和四元系压电陶瓷）。其中离子半径较大的阳离子 A 处于立方晶格顶点位置，离子半径较小的阳离子 B 处于体心位置，负离子 O 采用面心立方密堆积，占据面心位置，自身构成八面体。最富有典型意义和实用价值的钙钛矿压电材料是 $BaTiO_3$，应用最多的材料为三元系的 $PbZrTiO_3$(PZT)，其压电系数比 $BaTiO_3$ 大得多，且可通过调节 Zr/Ti 比对压电特性进行调控。

压电陶瓷与石英晶体不同，为人工制造的多晶体压电材料，在未进行极化处理时，不具有压电效应；经过极化处理后，它的压电效应非常明显，具有很高的压电系数，为石英晶体的几百倍。

压电陶瓷具有与铁磁材料磁畴结构类似的电畴结构，如图 8.4 所示。电畴实质上是自发形成的小区域，每个小区域有一定的极化方向，从而存在着一定的电场，但由于电畴分布杂乱无章，如图 8.4(a)所示。因此在没有外加电场的情况下，它们的极化作用被相互抵消了。这种情况下，压电陶瓷不会产生压电效应。

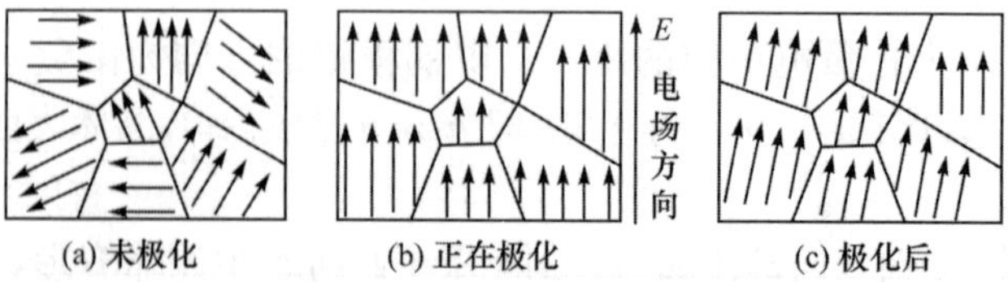

图 8.4　$BaTiO_3$ 压电陶瓷电畴结构示意图

为了使压电陶瓷具有压电效应，就必须在一定温度下对其进行极化处理。所谓极化处理，就是给压电陶瓷加外电场，使电畴规则排列，从而具备压电性能。外加电场的方向即是压电陶瓷的极化方向，通常取沿 z 轴方向。图 8.4(b)即为施加外电场以后的情形。当外加电场去掉后，电畴极化方向基本保持按原极化方向取向，如图 8.4(c)所示。因此，压电陶瓷的极化强度不恢复为零，而是存在着很强的剩余极化强度。此时，在与极化方向垂直的两端面将会出现束缚电荷，一端面为正，另一端面为负。由于束缚电荷的作用，在束缚电荷附近很快吸附一层来自周围外界的自由电荷，且束缚电荷与自由电荷多少相等，极性相反，因此压电陶瓷对外不呈现极性。

3. 压电聚合物材料

最早研究的压电聚合物是生物体，如木材、动物骨骼、头发、多糖以及血管血浆等，现已确认几乎所有聚合物薄膜都具有不同程度的压电性。它们可为结晶态或非晶态，只有在高结晶化和高取向度时才具有压电性，通常可采用几千高斯的强磁场中磁化、经干燥或轧辊延压后使分子链取向一致等手段达到目的。

极化后的聚偏二氟乙烯(PVDF)具有很高的活性及极优的压电性能，压电系数为 PZT 陶瓷的近 20 倍，为所有压电有机材料中的最高值。压电聚合物的优点是声阻抗和介电常数低、柔软性和击穿电压高、耐机械热冲击及易于加工成大面积薄膜。目前最有实用意义的思路是利用高分子材料的可挠曲性和无机压电材料粉末的高极化强度制成复合高分子压电材料。

4. 压电材料的应用

压电材料的应用包括两个方面：其一是作为机械能与电能相互转换的机电换能器等方面的应用；其二是利用其弹性和固有振动特性在压电谐振器和传感器方面的应用。

在换能器应用方面，如压电水声技术，利用正、逆压电效应，通过发射和接受声波，以达到水下探测、通信乃至观察的目的。由于电磁波在水介质中的衰减极大，目前已研制出可侦察上百海里以外水下目标位置及方向的"压电水下雷达"(即声呐系统)。在超声技术中，压电超声诊断仪、超声探伤仪、超声波清洗仪等已普遍使用。

在压电谐振器方面的应用也取得了非常可喜的成果。压电振子的谐振频率很宽，可从几百赫兹到几千赫兹。例如，压电滤波器可使 LC 滤波器大大简化和小型化，品质因数和温度稳定性可提高几个数量级，非常适合于窄带滤波器。利用谐振子的频率随吸附的气体、水蒸气质量变化而变化的特性，可以设计制备气体传感器和湿度传感器。

压电材料还可作为驱动器使用，具有激励功率小、灵敏度高、响应速度快、尺寸小等优点。因此，压电材料是 MEMs 中现代智能材料的关键材料。

8.2.2　光电转换材料

光是一种电磁波、具有波粒二象性。光与物质相互作用时，会发生光的吸收、反射、透射，从而产生光导效应、光生伏特效应、光电发射、光致发光等效应，利用这些效应制成的光电器件可制作相应的传感器、探测仪和光电池等。

1. 外光电效应及其应用

在光线作用下，物体内的电子逸出物体表面，向外发射的现象称为外光电效应。向外发射的电子称为光电子。

光照射在物体上可以看成一连串具有一定能量的光子轰击这些物体。每个光子能量的大小等于普朗克常量 h 乘以光的频率 ν，即 $E=h\nu$。根据爱因斯坦假设：一个光子的能量只能给一个电子，要使电子逸出物体表面，需对其做功 A_0，以克服物体对电子的约束，A_0 称为逸出功。设电子质量为 m，逸出物体表面时的速度为 v，则电子的动能为 $mv^2/2$。按照能量守恒与转换定律有

$$E=h\nu=\frac{1}{2}mv^2+A_0 \tag{8-6}$$

式(8-6)称为爱因斯坦光电效应方程。由该式可知：

(1) 光电子能否产生，取决于光子的能量是否大于该物体的表面逸出功。

(2) 当入射光的频谱成分不变时，产生的光电流与光强度成正比。光越强，意味着入射的光子数目越多，逸出的光电子数也就越多。

(3) 光电子逸出物体表面时的初动能决定于光的频率。由式(8-6)可以看出对于一定的物质，电子逸出功是一定的，所以光子的能量 $h\nu$ 越大，则电子的初动能越大。

根据原子结构与元素周期表，Cs 原子的半径最大，对外层电子的引力最小，逸出功只有 1.7eV，最容易在光照下发射电子，是最常用的外光电材料。其他金属的逸出功最低为 2eV，大多大于 3eV，要产生光发射，需要紫外光照射才行。

近年来，半导体光电发射由于具有量子效率高、阈值波长长等优点而受到关注。当半导体中的电子吸收了光子的能量而被激发到高于真空能量的高能态上，克服了表面散射和表面势垒高度的影响而逸出体外，这就是半导体的光电发射。半导体中的电子可以是价带中的电子、杂质能级上的电子，也可以是导带中的电子。它们都可以吸收光子的能量跃迁到导带中的高能态上。发射的电子来源于价带的称为本征光电子发射，吸收系数高，吸收深度大、量子效率很高，可达 20%～30%。杂质发射体因杂质浓度一般不超过 1%，吸收系数很小，量子效率也只有约 1%。例如，Cs_3Sb 的禁带宽度为 1.6eV，电子亲和能为 0.45eV，吸收系数为 $5\times10^6cm^{-1}$，量子效率达到 30%。

外光电效应的重要应用是制作光电管和光电倍增管，用于确定固体的能带结构，开发灵敏度极高的光谱仪、光度仪、照度仪、色度仪、光子计数仪等设备和传感器。

2. 光电导效应

在光照射下，半导体材料的电子吸收光子能量从键合状态过渡到自由状态，从而引起材料电阻率变化的现象称为光电导效应。光电导效应属于内光电效应。

光电导效应的应用主要是制备光敏电阻和光敏晶体管。本节仅以光敏电阻为例介绍光电导效应的应用。光敏电阻又称光导管，是一种均质半导体光电器件。其结构如图 8.5 所示。在玻璃底板上均匀地涂上一层薄薄的半导体材料，两端装上金属电极，然

后压入塑料封装体内。当光敏电阻接到外电路中时，若改变光照射，就可改变光敏电阻的阻值。为提高光敏电阻的灵敏度，应尽量减少电极间的距离。面积较大的光敏电阻，通常采用在光敏电阻薄膜上蒸镀金属梳状电极。

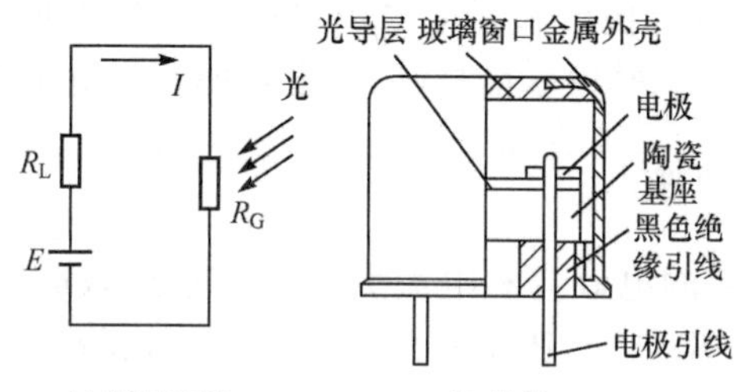

图 8.5　光敏电阻的结构

常用的光敏电阻材料有硫化镉、硒化铅、碲化铝等。

3. 光生伏特效应

在光照射下，能够使物体产生一定方向电动势的现象称为光生伏特效应。光生伏特效应也属于内光电效应。以 p-n 结为例，当光线照射 p-n 结时，若光子能量大于禁带宽度，使价带中的电子跃迁到导带而产生电子——空穴对，在阻挡层内电场的作用下，被光激发的电子移向 n 区外侧，空穴移向 p 区外侧，从而使 p 区带正电，n 区带负电，在 p-n 结两端形成光电动势，如图 8.6 所示。利用这一原理可制备光电池和太阳能电池。

光电池是在光线照射下，利用光生伏特效应，将光量转变为电动势的光电器件。由于它常用于把太阳能变成电能，因此又称太阳能电池。

光电池的种类很多，有硒光电池，硫化铊光电池，硅光电池，砷化镓光电池等，目前应用最多的是硅光电池。

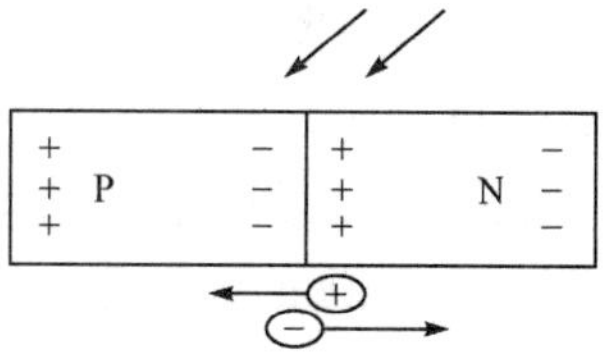

图 8.6　p-n 结光电效应原理图

硅光电池由低阻 n 型硅单晶作为基体材料，用扩散硼的方法在基体片上形成 p 型层而构成为 p-n 结。用镀镍的方法制成下电极，并用镀银的方法制成上电极。为了增加光电池吸收光的效率，在光照表面上还要增镀一层氧化硅反射膜。硅光电池的转换效率高、价格低、寿命长、适用于接受红外光，应用广泛。

8.2.3　热电转换材料

世界能源危机和环境污染的加剧引起了各国对环保能源替代材料的广泛研究。具有质量轻、体积小、无污染、无噪声、安全可靠，可在恶劣环境下工作的热电转换材料受到了人们的广泛关注。

热电转换材料(又称温差电材料)，简称热电材料，是一种利用固体内部载流子的运动实现热能和电能直接相互转换的功能材料，主要用于热电发电和制冷。热电材料性

能的优劣用热电优值来表示，即

$$Z=S^2\sigma/k \tag{8-7}$$

式中，S 为 Seebeek 系数；σ 为电导率；k 为热导率。但由于不同环境温度下材料的 Z 值不同，因此人们习惯上用热电优值和温度之积 ZT 这一无量纲量来表示热电材料性能的好坏。材料的 ZT 值越大，热电性能越好，热电转换效率就越高。

1. 热电材料的转换原理

热电效应是温差引起的电效应和电流引起的可逆热效应的总称。热电效应包括 3 种相关联的效应：Seebeck 效应、Peltier 效应和 Thomson 效应。

Seebeck 效应是 Seebeck 在 1823 年发现的热能转换为电能的现象。在两种不同导体 a、b 或导电类型不同的半导体构成的回路中，当两个接点温度不同时，则两个接点间有电动势产生，且在回路中有电流通过。Seebeek 效应可由 Seebeck 系数 S_{ab}来表征。

$$S_{ab}=\lim\Delta V/\Delta t=dV/dt(\Delta t\rightarrow 0) \tag{8-8}$$

式中，S_{ab}单位为 $\mu V\cdot K^{-1}$；ΔV 为电压降；Δt 为温度差。

Peltier 效应与 Seebeck 效应相反，是 Peltier 在 1834 年发现的。当两种不同导体组成的回路的接点有电流通过时，同时伴随在其中的一个接点处有吸热或放热的现象。改变电流的方向，吸放热也随之反向。在 dt 时间内产生的热量与流经的电流 I 成正比，即

$$dQ=\pi_{ab}I/dt \tag{8-9}$$

式中，π_{ab}为 Peltier 系数，单位为 V。

Thomson 效应与 Peltier 效应都是热电制冷效应，不同之处在于 Thomson 效应是存在于单一均匀导体的热电现象。

Thomson 效应是指当电流通过一段存在温度梯度的导体时，原来的温度分布被破坏，为维持原来的温度分布，导体将吸热或放热。Thomson 热与电流和温度梯度成正比，即

$$dQ/dt=\tau I(dt/dx) \tag{8-10}$$

式中，τ 为 Thomson 系数，单位为 $V\cdot K^{-1}$。

2. 热电材料简介

方钴矿(skutterudite)是一类通式为 AB_3 的化合物，其中 A 是金属元素，如 Ir、Co、Rh、Fe 等，B 是第ⅤA 族元素，如 P、As、Sb 等。方钴矿化合物是立方晶系晶体结构，一个单位晶胞包含 8 个 AB_3 分子，共 32 个原子，每个晶胞内还有两个较大的笼状孔隙。

对方钴矿化合物的研究最初主要集中在 $IrSb_3$、$RhSb_3$、$CoSb_3$ 等二元合金上，其中 $CoSb_3$ 的热电性能相比而言最好。二元方钴矿热电材料具有较大的载流子浓度、高的电导率和较大的 Seebeck 系数，但其热导率也较高，导致热电优值 Z 较低。

半导体金属合金型热电材料以第ⅢA、ⅣA、ⅤA 族及稀土元素为主，已用作热电设备的材料主要是金属化合物及其固溶体合金，如 Bi_2Te_3/Sb_2Te_3、PbTe、SiGe、

CrSi 等。

Bi_2Te_3 化学稳定性较好，是目前 ZT 值最高的半导体热电材料，室温下无量纲热电优值(ZT)接近 1。Bi_2Te_3 经常与具有相同晶体结构的 Sb_2Te_3 结成合金来降低热导率，其合金材料的热导率 $k=1W/(m\cdot K)$。Bi_2Te_3 是适用于热电制冷器的材料。

PbTe 具有 NaCl 结构，属面心立方点阵，熔点较高(1095K)，化学稳定性较好。在 600～700K 时，$ZT\approx0.8$。PbTe 适用于中温区热电发电。

SiGe 合金的使用范围在 1000K 左右，是高温热电发电的首选材料。$Si_{0.7}Ge_{0.3}$是这一系列合金中性能最好的材料。单质 Si 由于其热导率很大，室温下 $k=100W/(m\cdot K)$，因此其 ZT 值很小，与 Ge 合金化以后，大大降低了其热导率，当 $T=1100K$ 时，其热导率达到最小值。适用于制造由放射线同位素供热的热电发电器，并已得到实际应用，如 1977 年旅行者号太空探测器。在此后美国 NASA 的空间计划中，SiGe 差不多完全取代了 PbTe 材料。

金属硅化物是指元素周期表中过渡元素与硅形成的化合物，如 $FeSi_2$、$MnSi_2$、$CrSi_2$ 等。由于熔点高，资源丰富，价格低廉，适合于中高温区热电发电应用。在上述几类硅化物中，研究较多的是 β-$FeSi_2$，它具有高抗氧化性、无毒、价格低廉等优点，通过掺入不同杂质，可制成 p 型或 n 型半导体，适合于在 200～900℃使用。

氧化物热电材料是一个新兴的热电材料体系，具有可在氧化气氛里长期高温工作，大多数无毒性，无环境污染，且制备简单，制样时在空气中可直接烧结，无需抽真空，成本费用低等优点，在热电发电领域的应用潜力很大。除了人们研究较多的氧化物半导体材料外，层状过渡金属氧化物也得到人们的广泛研究和关注。典型的层状过渡金属氧化物有 $NaCo_2O_4$ 和 $Ca_3Co_4O_9$。

$NaCo_2O_4$ 的晶体结构中。一层由 $Na_{0.5}$无规则占据，一层由 CoO_2 占据，沿 x 轴交替排列。$Na_{0.5}$层引入无序度，降低热导率，同时作为蓄电层稳定晶体结构，而 CoO_2 层负责导电。在室温时，$NaCo_2O_4$ 具有较高的热电势，$S=100\mu V\cdot K^{-1}$(300K)，同时有低的电阻率 $\rho=2m\Omega\cdot cm$，并具有低的晶格热导率。尽管 $NaCo_2O_4$ 具有良好的热电性能，但它在空气中易发生潮解，而且温度超过 1073K 时，Na 还容易挥发，从而限制了 $NaCo_2O_4$ 的实际应用。

$Ca_3Co_4O_9$ 在室温下与 $NaCo_2O_4$ 相似，也是层状结构。其晶体结构是由 Ca_2CoO_3 和 CoO_2 沿 c 轴交替排列而成。在 Ca_2CoO_3 层，Ca—O 和 Co—O 都以离子键形式结合，不能提供导电离子，因此该层作为绝热层以降低材料的热导率。CoO_2 是导电层，提供导电所需的载流子(空穴)。沿层方向的电导率是垂直方向电导率的 2 倍。此类材料有低的电阻率，300K 时电阻率 $\rho=40\sim60m\Omega\cdot cm$，Seebeck 系数 $S=140\mu V\cdot K^{-1}$，$ZT=0.066$。其热电性能也与 $NaCo_2O_4$ 相当，而且在 1000K 以上的空气和氧气中仍能保持性能稳定，因此是一种性能优良并具有发展前景的新型热电材料。

3. 热电材料的应用

热电材料的用途主要有热电发电和热电制冷两个方面。热电发电是利用 Seebeck

效应，直接将热能转化为电能。随着空间探索的增加、医用物理学的进展以及在地球难以到达地区日益增加的资源考察与探索活动，需要开发一类能够自身供能并且无需照看的电源系统，热电发电材料对这些应用尤其合适。对遥远的深空探测器，采用放射性同位素作为热源的热电发电器(RTG)，已应用于卫星、太空飞船中。例如，1977 年美国发射的旅行者飞船就安装了 1200 个热电发生器。另外，热电发电在工业余热、废热和低品位热温差发电方面也有很大的潜在应用。

与热电发电相反，热电制冷利用 Peltier 效应制造热电制冷机。它具有机械压缩制冷机所没有的一些优点：尺寸小、质量轻、无任何机械转动部分，工作无噪声，无液态或气态介质。因而它不存在污染环境问题，可实现精确控温，响应速度快，器件使用寿命长。因此热电制冷已用于很多领域。除冰箱、空调、饮水机等家用电器外，热电制冷更重要的应用是信息技术领域，如红外探测器、激光器、计算机芯片等。例如，俄罗斯米格战斗机配备的 AA-8 和 AA-11 系列导弹就采用热电制冷对红外探测系统进行温控。热电制冷也已用于医学，如半导体制冷运血箱、冷敷仪、冷冻切片机、呼吸机、ND：YAG激光手术器，PCR 仪等。另外，热电制冷材料的一个可能具有实际应用意义的场合是为超导材料的使用提供低温环境。

8.3　信息存储材料

随着人类迈进网络化和数字化时代，人们处理信息的量与日俱增。由于信息的多媒体化，人们需要处理的信息不仅有数据、文字、声音和图像，还有活动的高清晰图像等。高密度、超高密度的信息存储材料是实现海量存储的关键。目前依赖磁记录材料的磁带和硬盘等产品占据着信息存储的大部分市场。从发展角度看，向光存储、磁光存储的方向发展是信息存储的必然趋势。本节将简单介绍磁、光盘存储的基本原理和材料。

8.3.1　信息记录与存储的一般原理

1. 磁感应记录的一般原理

磁盘(磁带)记录系统包括存储介质、换能器、介质或磁头的驱动系统以及匹配的电子线路等四个基本单元。其中，磁记录介质(带、盘等)和换能器(磁头)的性能取决于磁性材料。磁感应记录分为水平记录和垂直记录两种模式，目前多采用水平模式，垂直磁记录的数据位为垂直排列(数据位与磁盘垂直)，这种记录模式可以克服超顺磁效应，获得更多的磁盘空间来存储更多的数据，是未来的发展方向。

磁记录技术是指利用磁特性和磁效应记录、存储和读出各种声音、图像以及数据等信息的技术，其原理是：先将需要记录和存储的信息转变为相应的电信号输送到磁头电路中，使写入磁头中产生与输入电信号相对应的磁场，用该磁场作用于磁记录介质，使其从原来的退磁状态转变为磁化状态，需要输出信息时，使用读出磁头作用于磁记录介质，使磁记录介质产生的磁场作用于读出磁头，获取之前写入的信息。

2. 光信息存储原理

光盘存储技术是利用激光在介质上写入并读出信息。这种存储介质最早是非磁性的,以后发展为磁性介质。在光盘上写入的信息不能抹掉,是不可逆的存储介质。用磁性介质进行光存储记录时,可以抹去原来写入的信息,并能够写入新的信息,可擦可写反复使用。

非磁性介质经激光照射后可形成小凹坑,每一凹坑为一位信息。这种介质的吸光能力强、熔点较低,在激光束的照射下,其照射区域由于温度升高而被熔化,在介质膜张力的作用下熔化部分被拉成一个凹坑,此凹坑可用来表示一位信息。因此,可根据凹坑和未烧蚀区对光反射能力的差异,利用激光读出信息。

工作时,将主机送来的数据经编码后送入光调制器,调制激光源输出光束的强弱,用以表示数据 1 和 0;再将调制后的激光束通过光路写入系统到物镜聚焦,使光束成为 1 大小的光点射到记录介质上,用凹坑代表 1,无坑代表 0。读取信息时,激光束的功率为写入时功率的 1/10 即可。读光束为未调制的连续波,经光路系统后,也在记录介质上聚焦成小光点。无凹处,入射光大部分返回;在凹处,由于坑深使得反射光与入射光抵消而不返回。这样,根据光束反射能力的差异将记录在介质上的"1"和"0"信息读出。

磁光盘是在光盘的基片上镀上一层矫顽力很大的,具有垂直磁化特性的磁性材料薄膜制成。当在磁记录介质表面上施加强度小于其室温矫顽力 Hi 的磁场时,不发生磁通翻转,故不能记录信息。若用激光照射此介质后,则在被照射处温度上升,矫顽力下降为 Hc',可以记录信息。

3. 相变存储原理

相变存储器是一种非易失性存储器,能够利用电流热效应改变相变薄膜电阻进行编程。晶态时的低阻和非晶态时的高阻分别代表数据值的 1 和 0。高阻和低阻之间的差别在 3 个数量级以上。与传统类型的非易失性存储器相比,相变存储器可以提供更快的编程和读取速度,支持更多的重写周期,具有更低的生产成本,非常适用于集成。相变光盘记录是采用短的激光脉冲在 GST 晶态薄膜上形成非晶态记录点,非晶态和晶态对光的反射率对比使信息点读出,晶态-非晶态的可逆转变实现信息的可擦写存储。

4. 电子捕获光存储原理

与磁光和相变光存储技术不同,电子捕获光存储是利用电子捕获材料的光谱特性,通过使用不同波长的低能量激光捕获、释放光盘特定斑点处的电子来实现光信息的写、读、擦过程。电子捕获是一种光激励发光现象,是一种高度局域化的电子过程。从理论上讲,其写、读、擦循环不受介质物理性能退化的影响。可满足理想存储器所必须具有的高存储密度、高存储速率和长寿命等 3 点要求,可以获得 10^{12} bits · cm^{-2} 的存储密度。

8.3.2　磁记录材料

1. γ-Fe_2O_3 磁粉

最早用于磁带、磁盘的磁粉就是 γ-Fe_2O_3。这种材料具有良好的记录表面，在音频、射频、数字记录以及仪器记录中都能得到理想的效果，而且价格便宜、性能稳定。γ-Fe_2O_3 通常制成针状颗粒，长度为 0.1～0.9μm，长度与直径比为 3∶1 至 10∶1，具有明显的形状各向异性，为立方尖晶石结构。内禀矫顽力为 15.9～31.8kA · m^{-1}，饱和磁化强度约为 0.503Wb · m^{-2}。

纯的 γ-Fe_2O_3 磁粉大部分由针铁矿（goethite，α-FeOOH），或纤铁矿（lepidocrocite，γ-FeOOH）脱水成赤铁矿（α-Fe_2O_3），再用氢或易分解的有机物还原成 Fe_3O_4（FeO · Fe_2O_3），最后在弱的氧化作用下氧化成 γ-Fe_2O_3。若用空气或氧气直接氧化则生成赤铁矿（α-Fe_2O_3），产品的质量主要取决于初级生成物的状态。有三种最通用制备 α-FeOOH的基本途径：碱法过程；酸法过程；碳酸盐过程。酸法合成的 α-FeOOH，其微晶生长恒定条件难于控制，易出现孪晶、枝杈和棱角等缺陷，且颗粒均匀性差，只适用于低档磁带生产。强碱法合成 α-FeOOH 微晶，微晶长生条件易控制，所得微晶结晶完整，颗粒均匀，易微细化，是目前制备高档磁粉 γ-Fe_2O_3、Co-γ-Fe_2O_3 和 α-Fe 的中间体。碳酸盐法生产的 α-FeOOH 形状更像米粒，而不是针形。

由针状 α-FeOOH 制备针状 γ-Fe_2O_3 磁粉时，首先将针状 α-FeOOH 加热到 300～700℃脱水为 α-Fe_2O_3，其后在 300～500℃温度下还原成 Fe_3O_4，再在约 250℃的温度下进行氧化处理，制成针状 γ-Fe_2O_3 磁粉。当用 α-Fe_2O_3 粒子制备γ-Fe_2O_3磁粉时，在制备磁浆时，分散性和填充性差，定向率低，难以获得高记录密度材料。以 γ-FeOOH 粒子为原料制成的 γ-Fe_2O_3 在等电点时，发达的针状面具有易定向的性质，所以，由它制成的 γ-Fe_2O_3 磁粉表面平滑，具有良好的分散性，定向率高，受到磁记录介质界的重视。

γ-Fe_2O_3 的主要缺点是 Hc 较低，难以满足高记录和视频及数字记录对 Hc 的要求。从 20 世纪 70 年代开始，发展了含 Co 磁粉，使 Hc 从 31.8kA · m^{-1} 提高到 79.6kA · m^{-1}。由于加 Co 的方式不同，可分为掺 Co 的 γ-Fe_2O_3 材料，随着 Co 含量的增加，Hc 明显增加，可达约 8715kA · m^{-1}，其温度稳定性差，有加压退磁的缺点；包 Co 的 γ-Fe_2O_3 是将 Co 或 CoO 包在 γ-Fe_2O_3 上，这样可保持原 γ-Fe_2O_3 的针状及 Hc 的温度稳定性。掺 Co 的 γ-Fe_2O_3 是指 Co^{2+} 取代部分 Fe^{3+} 而进入晶格。通常采用化学共沉淀工艺使 Co^{2+} 固溶于 γ-Fe_2O_3 中。例如，首先将硫酸亚铁溶液与硝酸钴溶液按比例混合，用草酸进行共沉淀，将沉淀物清洗后在 105℃下干燥，385℃进行草酸混晶热分解，可获得含 Co 量为 2%～30%（质量分数）的 γ-Fe_2O_3。然后将氯化铁与硝酸钴水溶液按比例混合，注入 NaOH 溶液进行共沉淀，然后将混合物置于高压釜中在 130℃～170℃进行水热反应，沉淀物经清洗、干燥后再进行氧化还原反应。目前包 Co 型 γ-Fe_2O_3 的 Hc 已达到 40～48kA · m^{-1}。

2. 磁电阻效应与磁头材料

从录音机到电子计算机都要用磁头。磁头的基本功能是与磁记录介质构成回路，对信息进行记录、重放和消磁。磁头有感应式和磁阻式两类，当前是以感应式为主，磁阻尤其是巨磁阻式磁头是今后的发展方向。

（1）磁致电阻效应。磁性材料的电阻率随磁化状态而改变的现象称为磁致电阻效应，简称磁阻效应。表征磁阻效应大小的物理量为磁阻比β，定义$\beta=(R_H-R_0)/R_0$，其中R_H是磁场为H时的电阻（率），R_0是磁场为零时的电阻（率）。一般铁磁性金属及其合金的各向异性磁阻效应可达2%左右。

（2）巨磁阻效应。1988年Baibich等人发现，在由Fe，Cr交替沉积而形成的多层膜$(Fe/Cr)_n$（n为周期数）中，发现了超过50%的磁阻比，由于这个结果远远超过了多层膜中Fe层磁阻比的总和，故称这种现象为巨磁电阻（GMR）效应。IBM和富士公司已研制出$\Delta R/R$为22%和24%的巨磁阻材料。

（3）磁阻磁头。磁头是指能对磁介质进行信息记录、再生及读取功能的部件。磁电阻效应较早的应用就是做磁阻式磁头。用其制作的磁头可以很薄。在外电磁场的影响下，它的电阻率下降。这个外磁场可来自磁带的记录过渡区，特别是其垂直分量。设该磁场引起磁电阻元件的电阻变化为R，通过该磁电阻的恒电流为I，那么，外磁场垂直分量在磁电阻元件引起的电压变化为IR。这个电压变化，恰是复制了磁带记录的信号变化，因此，利用磁电阻做的磁头就读出了磁带中的信号。

1971年Hunt提出用$Ni_{81}Fe_{19}$制作磁头，它的磁阻比达2.5%，磁致伸缩系数只有5×10^{-7}。后来又使用了由铁磁性过渡金属与非铁磁性过渡金属构成的多层膜材料，如NiFe/Hg、NiFe/Cu/Co等。这种磁头的优点是灵敏度高、分辨率高、输出信号与磁带速度无关；缺点是只能读出，不能记录。

目前，已发现具有巨磁阻效应的材料包括多层膜、颗粒膜、非连续多层膜、类钙钛矿结构的稀土锰氧化物、焦绿石结构的铊系锰氧化物以及铬基硫族尖晶石等。巨磁阻效应将在小型化和微型化高密度磁记录读出头、随机存储器和传感器中获得重要应用。

8.3.3 光信息存储材料

第1代可记录光盘CD-R使用的是780nm的GaAlAs激光器，与其相适应的有机光记录材料主要有多甲川链菁染料、偶氮染料、酞菁染料、醌类染料、双硫酚镍染料等。第2代可记录光盘DVD±R使用的是635/650nm的GaAlInP激光器。由于DVD±R光盘的工作波长缩短，这就要求光记录染料在薄膜中的吸收波长要相应调整到570～600nm。在CD～R染料成功开发的基础上，DVD±R染料的类型以延续开发为主，通过适当减小分子电子共轭程度，获得适合的吸收波长。染料种类包括了花菁、偶氮、金属配合物、氧氮杂环和蒽醌等。1999年GaN蓝光半导体激光器的商品化，极大地促进了蓝光高密度光记录材料的研究和发展。目前研究较多的蓝光盘记录材料主要有以下几类：菁类染料、金属螯合物、偶氮染料、卟啉金属配合物、苯并杂环类染料和其他有机染料(如香豆素类、氨基喹诺酮类染料)。

1. 酞菁染料

酞菁是具有大 π 电子共轭体系的化合物。由于具有较大的共轭体系和丰富的 π 电子,给电子能力比较强,在可见光及近红外光区有强吸收,并有良好的热稳定性和光稳定性。酞菁化合物被广泛用作蓝绿色染料,近年来在光导、光伏电池、光化学传感器、电致变色显示和光信息存储等高技术领域引起了人们的极大的兴趣。

酞菁染料光热稳定性好,是可记录光盘 CD-R 中很有前途的记录材料。它的主要缺点是溶解性差,可以通过在酞菁轴向、周边引入取代基团(如烷基、烷氧基),特别是一些歧化度高的取代基,利用其大空间位阻效应打破酞菁分子间的 π-π 堆积,进而大幅度地增加酞菁的溶解度。由于酞菁染料的分子结构与其形成记录层后的读写性能的关系不是很明确,酞菁染料的选择很大程度上要靠尝试法,一般可从两个方面考虑:①溶解性,染料在用于旋涂的醇、醚类溶剂中的溶解度应大于 3%;②吸收波长,溶剂中酞菁的最大吸收峰应在 710～720nm,成膜后红移到 730nm 左右。酞菁光存储材料的优点是光稳定性好。

2. 偶氮染料

偶氮染料是一类 π 电子高度共轭的有机化合物。偶氮基团(—N═N—)中氮原子通过 sp^2 杂化轨道与芳香环或杂环的碳原子相连。偶氮染料的吸收光谱一般包括3 个吸收带,对应于 $n\text{-}\pi^*$、$\pi\text{-}\pi^*$ 和 $\phi\text{-}\phi^*$ 跃迁。偶氮染料的最大吸收波长是由 $\pi\text{-}\pi^*$ 跃迁产生的。染料的分子骨架、取代基和溶剂极性等对其吸收光谱都有影响。根据偶氮染料分子中被嵌入的偶氮基团的数目,偶氮基团两边所连接的 A 与 B 基团的不同(A—N═N—B),可以在极大的光吸收范围内调节偶氮染料的 λ_{max}(380～790nm)。

由于偶氮基团中氮原子上存在 sp^2 孤电子对,偶氮化合物容易发生亲电光氧化反应,明显降低了偶氮化合物的光热稳定性。偶氮染料的光热稳定性介于酞菁类、菁类化合物之间,属于中等稳定程度的染料。将偶氮染料与金属离子配位形成金属螯合物,通过金属离子(Cu^{2+}、Co^{2+}、Ni^{2+} 等)与偶氮双键中氮原子 sp^2 孤电子对结合或再与杂环上的 N、O、S 等原子键合形成环状的分子骨架,使偶氮双键上电子云密度降低,亲电光氧化反应受到抑制,稳定性增加。

8.4 信息传输材料

信息传输材料是指那些用于传输各种文字、图像等信息的材料,包括电缆和光缆。其中,光纤通信由于具有信息容量大、质量轻(塑料光纤相对密度一般仅为 1 左右)、占有空间小、偶合损耗低、串话少、保密性极强、价格低、加工方便等优点,取代电缆和微波通信是当今通信技术的发展趋势。光纤基本上被分为三类:玻璃光纤、塑料包层石英光纤和塑料光纤。

8.4.1 光纤的结构

光纤是光导纤维的简称，是一种多层介质的对称圆柱体，结构如图8.7所示。光导纤维是由高折射率、高透明度的芯子(玻璃或塑料)和低折射率的皮层(塑料或玻璃)所组成。内芯是光传播的部分，包层与纤芯折射率的差别是为了使光发生全内反射，包层比纤芯的折射率低1%。大部分的光纤在包层外还有一层或几层聚合物，防止纤芯和包层受到震荡而影响光学或物理性质。涂层对光纤里传播的光没有影响，它只是作为一个减震器。

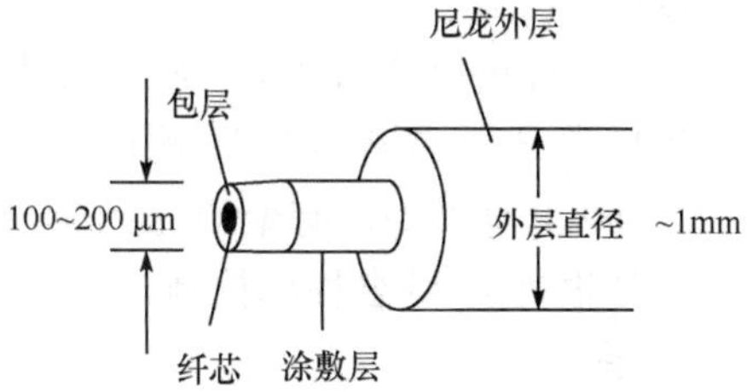

图8.7 光纤的结构

当入射进光纤芯子的光的入射角大于全反射临界角时，光线在纤芯包层表面之间发生震荡，因为入射角大于反射角，反射光再次被反射，因此载波光得以在芯子中锯齿形传播，而不穿出包层。光纤按其芯材的不同，可分为石英系光纤、多组分玻璃光纤和塑料光纤。塑料光纤简称POF，具有模量低、直径大、弯曲特性好、不易破断、质量轻、色散小、成本低等许多优点，目前已获得了广泛的应用。光纤的导光能力取决于纤芯和包层的性质，光纤的机械强度由塑料保护外套来保证。

8.4.2 石英光纤

大部分用于通讯的光纤是石英光纤，它是由99%的石英玻璃(SiO_2)，经高温拉制而成的管状纤维，具有极高的透明度。第一根石英光纤是1970年由美国制成，我国则在1974年成功研制出光纤。

石英玻璃的折射率为1.458，而皮层材料的折射率较小。光通过光导纤维的皮、芯层界面上多次全反射而传输。可实现多路、长距离传输光电信号，用于光通信和光数据传输。

8.4.3 塑料光纤(POF)

塑料光纤的直径比玻璃光纤大许多，一般用于低速、短距离的传输。塑料包层石英光纤由玻璃纤芯和塑料包层构成，尺寸和性质介于玻璃光纤和塑料光纤之间。这两种光纤的价格比石英光纤低，但传输光的效率也低。它主要用在汽车、传感器和短距离数据传输上。

POF要求聚合物具有极优良的透明性、适当的折射率；芯材和皮层界面黏结性良好；光学上要求等向性，在可见光区不吸收、不散射；芯材折射率高，皮层低；另外还要求为非晶态、有耐高温和强韧性。由于近红外区的C—H基团吸收，所以POF必须在可见光区工作(带宽窄)；由于大分子引起的内部消散，POF的损耗高；另外，POF的耐热性较差，材料本身所决定的耐环境性也差。目前POF聚合物可分为五大类。

(1) 不饱和酸酯类。这是目前最常用的高性能POF，包括聚甲基丙烯酸甲酯(PMMA)

及 PMMA 共聚物、氘代 PMMA、卤代 PMMA、卤氘代 PMMA 芯 POF。

(2) 苯乙烯(PS)类。PS 的折射率较高，数值孔径 NA 很大、透光性好，是仅次于 PMMA 的第二类 POF 纤芯材料，包括 PS 均聚物、PS 共聚物、卤代 PS 及其共聚物、氘化 PS 和卤氘化 PS 五大类型。

(3) 碳酸酯(PC)类。PC 是非晶聚合物，折射率为 1.59，T_g 约为 130℃，具有较强柔韧性，可制得直径高达 3.0mm 的 POF。与其他类型 POF 材料相比，PC 能耐较高的温度(150℃)。

(4) 硅氧烷(PSR)类。硅氧烷类(SR)可挠性极佳，可制成大口径、大容量 POF。硅氧烷类 POF 具有耐高温、耐湿、耐寒、耐热水、耐放射性等性能。

(5) 其他类型。有聚酯、氮杂环聚合物等。但用它们作纤芯时，制造和提纯方法及工艺都很复杂，综合性能控制较严格。

思考题与习题

1. 简述化学或材料在信息技术中的应用。
2. 如何获得环境的温度？
3. 空气的湿度如何表示？如何感测？
4. 如何获得大气中的气体信息？半导体气体传感器的工作原理是什么？
5. 什么是压电晶体？它的主要晶体结构特征是什么？
6. 什么是压电陶瓷？压电陶瓷使用前为什么要进行极化处理？
7. 什么是光电效应？光电转换器件有哪些应用？
8. 什么是热电效应？热电材料有哪些应用？
9. 磁信息存储的原理是什么？举例说明常用的磁记录材料和磁头材料。
10. 光信息存储的原理是什么？常用的光信息存储材料有哪些？
11. 光导纤维的结构和传输原理是什么？
12. 塑料光纤的特点是什么？有什么应用？

第 9 章　环境工程中的化学

在环境科学中，主体是人类，环境（environment）是指围绕着人群的空间以及其中可以直接或间接影响人类生活和发展的各种因素的总体。现在一般讨论的环境，就是环绕在人类周围的各种自然因素，包括大气、水、土壤、生物和各种矿物资源等的总和。

环境污染被引起注意可追溯到产业革命时期。18 世纪末，随着蒸汽机的发明，煤炭的大规模使用，引起粉尘和硫氧化物的大量排放，从而造成了空气污染。后来，伴随着工业的进一步发展与扩大，在社会生产力得到几十倍、成百倍增长的同时，排放到环境中的废气、废水和废渣也几十倍、成百倍增长，使得水、大气、土壤等受到的污染日趋严重。某些地区的大气经常烟雾弥漫，河流和湖泊的水质污浊，垃圾围城，农药、重金属、各种有毒化学品污染严重，导致了一系列震惊世界的公害事件，如洛杉矶光化学事件、日本水俣病、四日市哮喘等，使成千上万的人遭难。环境污染造成的严重后果引起了人们对环境问题的重视，使人们在致力于经济发展的同时也开始对环境污染采取各种控制和治理措施。特别是 20 世纪 70 年代以后，工业发达国家为治理环境污染，制订了各种法律和条例，投入了大量物力和人力，使得环境污染逐步得到控制，环境质量得到了很大改善。80 年代以后，除局部及区域性环境污染以外，酸雨、温室效应、臭氧层破坏等全球性环境问题开始成为世界各国关心的重点。

环境污染的类型形形色色。按照环境要素，分为大气污染、水体污染和土壤污染；按污染物的性质，分为生物污染、物理污染和化学污染；按污染物的形态，分为废气污染、废水污染、固体废弃物污染、噪声污染、辐射污染、光污染等；按污染产生的原因，分为生活污染源、工业污染源、农业污染源、交通污染源污染等；按影响的范围，分为全球性污染、区域性污染和局部污染。

在这里，我们按照环境要素来讨论大气污染、水体污染和土壤污染，以及污染的危害与防治。

9.1　大气污染及其防治

9.1.1　大气污染物

依据大气污染物存在的形式，可以将大气污染物分为颗粒物质和气态物质。

所谓颗粒物质是指大气中粒径不同的固体、液体和气溶胶体。粒径大于 10μm 的固体颗粒称为降尘，由于重力的作用，能在较短时间内沉降到地面；粒径小于 10μm 的固体颗粒称为飘尘，飘尘能够长期地漂浮在大气中；由燃烧过程产生的粒径小于 1μm 的固体称为烟，烟能够通过呼吸进入体内。雾是液体颗粒，其粒径一般在 0.1～

100μm。气溶胶体则是空气中的固体和液体颗粒物质与空气一起结合成的悬浮体，它的粒径在1μm以下，可以悬浮在大气中。气态物质主要有含硫化合物、氮化合物、碳氢化合物、碳氧化合物、卤素化合物等。这些气态物质对人类的生产生活以及对生物所产生的危害主要是由其化学行为造成的。在污染物中，直接排放到大气中的称为一次污染物，有些一次污染物在大气中通过与其他物质发生化学反应，化合成新的污染物质，这些污染物称为二次污染物。在气态污染物中有不少是二次污染物。

煤炭是我国主要的能源资源，目前我国大气污染物中约90%的二氧化硫和氮氧化物的排放就源自于能源活动，约90%的二氧化碳排放源自化石燃料的燃烧。

1. 大气中典型的单一性污染物

1）二氧化硫(SO_2)

二氧化硫是大气污染物中典型的含硫化合物。在煤和石油这些燃料中都含有一定量的硫，通过燃烧，90%以上的硫被氧化成二氧化硫。据估计，地球上的二氧化硫1/3以上是由煤和石油等燃料燃烧排放的。此外，在金属矿石冶炼和硫酸制品等工业生产中也向大气排放着二氧化硫。

二氧化硫具有强烈的刺激性，易被湿润的黏膜表面吸收生成亚硫酸、硫酸，因此会对眼及呼吸道黏膜产生损伤。大量吸入可引起肺水肿、喉水肿、声带痉挛而致窒息。在适当条件下(粉尘、水分和日光等)，部分 SO_2 被氧化为 SO_3，与水结合可形成硫酸烟雾，湿性的酸雾比干性的硫氧化物危害更大。实验结果表明，SO_2 在干燥空气中浓度达到0.08%时人还可以忍受，但硫酸雾接近 8×10^{-5}%时人则已无法忍受。

当大气未受 SO_2 等污染时，降水由于溶入部分大气中的 CO_2 而略呈酸性，pH约为5.6。如果受到 SO_2 和 NO_x 污染后，则酸度增大，形成“酸雨”。

2）一氧化碳(CO)

在煤、石油燃料的燃烧中，由于空气中氧气不充足就会生成一氧化碳；一氧化碳在氧充足时会转化成二氧化碳并释放出大量的热能，因此可以作为气体燃料使用。在环境中，作为大气污染物的一氧化碳有80%是由汽车排出的。汽油在汽车发动机中燃烧排出大量的一氧化碳，空挡行驶时废气中的一氧化碳可高达12%，常速行驶时排出的一氧化碳为空挡行驶的1/4。因此，在大城市交通路口汽车来往频繁的地方，空气中的一氧化碳有时可达 50×10^{-6}%。城市空气中的一氧化碳含量往往与交通量成正比。研究表明，碳氢燃料和空气的预混燃烧火焰中，由于CO的生成速率很快，在火焰区CO浓度迅速上升到最大值，该最大值通常比反应混合物在绝热燃烧时的平衡值要高，随后CO浓度缓慢地下降到平衡值。因此，从燃烧设备的排气中检测的CO含量要比在燃烧室中最大值低，但明显大于排气状态下的平衡值。这表明化学反应动力学控制着CO的生成和破坏。

在通常状况下，一氧化碳是无色、无臭、无味、难溶于水的中性气体，熔点−199℃，沸点−191.5℃。标准状况下气体密度为 $1.25g\cdot L^{-1}$，和空气密度(标准状况下 $1.293g\cdot L^{-1}$)相差很小。CO被人体吸收后，极易与血液中的血红蛋白(Hb)结合，生成难解离的羰基血红蛋白（HbCO），由于血红蛋白与 CO 的结合力是 O_2 的 200～300 倍，导致血红蛋白不能与氧结合，从而引起机体组织出现缺氧，轻者，使人产生头痛、头晕、恶心、疲劳等缺氧症状，重者则导致人体窒息死亡。值得注意的是吸烟也是 CO 的主要污染源。一支香烟燃烧后产生 30mg 一氧化碳。如果有近 100 万的市民在吸烟，每人每天按照 10 支香烟计算，每天就吸掉 1000 万支香烟，可产生 300kg 一氧化碳。也就是说，近百万烟民每天吸烟排放的一氧化碳量相当于 1000 辆汽车每天排放的一氧化碳量。

3）氮氧化物（NO_x）

大气中作为污染物的氮氧化物主要是指一氧化氮（NO）和二氧化氮（NO_2）两种，它们一般是通过含氮的有机化合物（主要是指化石燃料）燃烧时生成或者在高温下由空气中的氮（N_2）直接被氧化生成，也有少量是来自制造硝酸、燃料、炸药、氮肥、燃烧中间体及硝酸盐时所排出的废气。氮氧化物的危害作用较为复杂，对它们的了解远没有像对一氧化碳那么清楚。

一氧化氮（NO）为无色气体，难溶于水。一氧化氮本身并没有毒，由于一氧化氮带有自由基，这使它的化学性质非常活泼，它能与氧气反应，形成有毒且具腐蚀性的气体——二氧化氮（NO_2）。且温度越低，转化量越大，因此由高温排出的大量含 NO 的汽车尾气进入大气后，随着温度的下降，生成的 NO_2 逐渐增大。高浓度一氧化氮还可致高铁血红蛋白血症，使人的神经受损，引起痉挛和麻痹；但少量的一氧化氮却能降低血压，预防中风和心脏病。1998 年诺贝尔生理、医学奖得主伊格纳罗在实验室对治疗心血管疾病的主要药物硝酸甘油进行研究发现：硝酸甘油本身并不是一种药物，可是当被人体摄入后，它就转变、代谢为一氧化氮，一氧化氮一旦生成，就与动脉中的肌肉细胞接触并使之放松，它扩张了动脉，这样就使得血压降低，从而改善血流，预防中风和心脏病的发生。

二氧化氮（NO_2）是大 π 键结构的典型分子。大 π 键含有三个电子，其中两个进入成键 π 轨道，一个进入非键 π 轨道。二氧化氮室温下为红棕色气体，溶于碱、二硫化碳和氯仿，易溶于水且具有刺激性气味，性质较稳定。吸入二氧化氮可能对肺组织产生强烈的刺激作用和腐蚀作用。由于其结构的不稳定性，通常情况下与其二聚体形式—四氧化二氮（无色气体）混合存在（$2NO_2 \rightleftharpoons N_2O_4$），构成一种平衡态混合物。

氮氧化物主要损害呼吸道。吸入初期仅有轻微的眼及呼吸道刺激症状，如咽部不适、干咳等。但经过数小时至十几小时或更长时间潜伏期后发生迟发性肺水肿、成人呼吸窘迫综合症，出现胸闷、呼吸窘迫、咳嗽、咯泡沫痰、紫绀等，可并发气胸及纵隔气肿。肺水肿消退后两周左右可出现迟发性阻塞性细支气管炎。慢性影响主要表现为神经衰弱综合症及慢性呼吸道炎症。个别病例出现肺纤维化，引起牙齿酸蚀症。

4）碳氢化合物

碳氢化合物又称为烃。烃一般分为饱和烃和不饱和烃。当碳键上的化学键是单键时，就是饱和烃，称为烷；当化学键有双键或三键存在时，就是不饱和烃，分别称为烯和炔。从物质状态来分，烃类化合物有气态、液态和固态三种，碳链短的甲烷、乙烯等在常温下为气态;稍长一些的如汽油、煤油则呈液态;更长的可以呈固态。大气中的碳氢化合物主要来源于汽车尾气中没有充分燃烧的烃类(如汽油、煤油、柴油等)以及石油化工工业裂解石油时排出的废气。全世界每年由人为因素排入大气的烃类约 9000 万吨。

碳氢化合物中有一种公认的致癌物——3,4-苯并芘,主要来自于工业生产和生活中煤炭、石油和天然气燃烧产生的废气,机动车辆排出的废气,加工橡胶、熏制食品以及纸烟和烟草的烟气等。这种物质进入大气后,附着在飘尘中,随呼吸进入人体,严重危害着人类的健康。据报道,一包香烟内含有 0.32μg 的 3,4-苯并芘;每烧 1 公斤煤,可产生 0.21μg;100kg 煤烟中含 6.4μg;汽车排气中的炭黑,每 1g 中就含有 75.4μg,这种汽车每行驶 1h,就排出大约 300μg 的 3,4-苯并芘。大气中致癌物质有 3,4-苯并芘、二苯并芘等十多种多环芳香烃。由于 3,4-苯并芘较为稳定,在环境中广泛存在,且与其他多环芳烃化合物的含量有一定相关性,所以都把 3,4-苯并芘作为大气致癌物质的代表。随着城市大气污染的增加,呼吸道癌症发病率、肺癌死亡率显著增加。3,4-苯并芘是一种很强的环境致癌物,可诱发皮肤、肺和消化道癌症,是环境污染的主要监测项目之一。

另一类含碳原子较少的碳氢化合物如烷烃、烯烃及烷基苯等,其本身毒性不明显,但在一定大气条件下,配合特殊的地理环境及气候,会发生大气化学反应或光化学反应,生成的二次污染物往往有明显的毒性,其中尤以形成的光化学烟雾危害更大。

5) 卤素化合物

在卤素化合物中氟(F)与氟化氢(HF)、氯(Cl)与氯化氢(HCl)等是主要污染大气的物质,它们都有较强的刺激性、很大的毒性和腐蚀性,氟化氢甚至可以腐蚀玻璃。卤素化合物一般是在工业生产中排放出来的,如氯碱厂液氯生产排出的废气中,就含有 20%～50%的氯气;又如提取金属钛时排出的废气中也含有 12%～35%的氯。氯在潮湿的大气中,容易形成溶胶状的盐酸雾粒子,这种酸雾有较强的腐蚀性。冶金工业中电解铝和炼钢、化学工业中生产磷肥和含氟塑料时都会排放出大量的氟化氢和其他的氟化物,这些大都是毒性很大的化合物。

氟氯烃具有化学性能稳定、无毒、无臭、不可燃等特性,为此被广泛作为制冷剂、喷雾剂、泡沫塑料发泡剂、电子器件清洁剂、气溶胶推进剂、有机溶剂和灭火剂而大量使用。科学家已经发现,氟利昂(电冰箱、空调等的制冷材料)的广泛使用,导致南北两极上空的臭氧减少,好像天空坍塌了一个空洞,产生"臭氧洞"。1974 年,罗兰德等人的实验结果发现,经过对流层扩散到平流层的氟氯烃,在紫外光的作用下发生光解产生氯原子:

$$CCl_3F \xrightarrow{\text{紫外光}} CCl_2F + Cl\text{(紫外光波长小于 230nm)}$$

$$CCl_2F_2 \xrightarrow{\text{紫外光}} CClF_2 + Cl$$

氯原子迅速与臭氧发生链式反应:

$$Cl + O_3 \longrightarrow ClO + O_2$$

$$ClO + O \longrightarrow Cl + O_2$$

而且，氯原子与臭氧发生链式反应的速度是一氧化氮与臭氧反应速度的 5.6 倍。可见，氟氯烃所产生的氯原子是破坏大气臭氧最主要的物质。最近，美国科学家在 18km 高空进行航测时发现，高空中 ClO 浓度与 O_3 浓度之间存在对应关系，即 ClO 浓度越高的地方，O_3 浓度越低。这就进一步证实了罗兰德等人观点的正确性。氟氯烃对大气臭氧的破坏力极大，据计算，在平流层中每生成一个氯原子，就有 10 万个臭氧分子被破坏。随着大气臭氧层的破坏，到达地球表面的太阳紫外线特别是 UV-B 会迅速增加，这将对地球生命系统及人类生态环境造成一系列灾难性的影响。

据美国科学院估计，臭氧浓度每降低 1%，皮肤癌患者将增加 2%。紫外辐射的增加还会伤害眼睛，并导致白内障而使人失明。另据报道，紫外辐射还直接伤害人体免疫系统，降低人体对单纯性疱疹和热带寄生虫的抵抗力。

紫外辐射的增加对植物同样也造成严重伤害。美国科学家经过近 10 年的研究，测定了 200 种植物在紫外辐射增强后的反应，结果表明，在所测定的 200 种植物中有 2/3 以上受到不同程度的伤害，其中对 UV-B 最为敏感的有豌豆、大豆、瓜类、卷心菜等。紫外福射还使植物的抗病能力急剧下降，并影响果实的质量。例如，当臭氧减少 25%所引起的紫外辐射，能直接使大豆产量下降 20%～25%（加上植物抗病能力的下降，实际减产的幅度更大），而大豆种子中蛋白质和植物油的含量则分别下降了 5%和 2%。由此可见，由于大气臭氧被破坏，世界粮食的产量和质量都会受到严重影响。

臭氧衰竭对水生生态系统的影响也是巨大的。增强的紫外辐射会大量杀死海洋中的微生物，同时造成抗紫外光生物如蓝-绿藻的恶性增殖，使作为鱼类食物的浮游生物无法生存，从而中断海洋食物链。另一方面，紫外辐射将杀死许多生活在海水表层的经济鱼类幼体。最近研究表明，在高于日常紫外辐射 20%的情况下，即使是生活在水深为 10m 处的鱼幼体也全部死亡。由于食物链的中断和幼体的死亡，海洋生态将发生不可逆转的变化，从而给人类对动物蛋白的需求造成难以估量的影响。

由于大气臭氧的衰竭，引起进入对流层紫外辐射的增加，使地面大气中各类污染物相互间的反应加剧，从而加速光化学烟雾的形成。还应指出，氟氯烃是一种很重要的“温室效应”气体，其热容量为 CO_2 的 1 万倍，它在大气中的大量存在，势必加剧温室效应，使地球气候变暖，从而可导致海平面上升。

2. 大气中的综合性污染物

1）光化学烟雾

大气中的单一性污染物氮氧化物（NO_x）和碳氢化合物（HC）受强烈的太阳紫外线照射下会发生光化学反应而产生二次污染物，这种由一次污染物和二次污染物的混合物所形成的烟雾现象，称为光化学烟雾。

光化学烟雾的成分非常复杂，由汽车、工厂等污染源排入大气的碳氢化合物（HC）和氮氧化物（NO_x）等，在阳光的作用下发生化学反应，会生成臭氧（O_3）、醛、酮、酸、过氧乙酰硝酸酯（PAN）等二次污染物，这些物质对动物、植物和材料非常有害。

光化学烟雾对人和动物的主要伤害是眼睛和黏膜，受污染物的刺激，人们会产生头痛、呼吸障碍、慢性呼吸道疾病的恶化、儿童肺功能异常等。

对于植物的损害：臭氧开始时会使植物表皮褪色，呈蜡质状，经过一段时间后色素发生变化，叶片上出现红褐色斑点；PAN 会使叶子背面呈银灰色或古铜色，影响植物的生长，降低植物对病虫害的抵抗力。

臭氧、PAN 等还能造成橡胶制品的老化、脆裂，使染料褪色，并损害油漆涂料、纺织纤维和塑料制品等。

20 世纪 40 年代，在美国加利福尼亚州洛杉矶首先发现了光化学烟雾。1951 年哈根最先指出臭氧(O_3)是由氮氧化物、碳氢化合物和空气的混合物通过光化学反应生成的。以后温特发现臭氧与不饱和烃(如汽车尾气中的烃类)的化学反应产物跟洛杉矶烟雾有相同的伤害效应。

通过对光化学烟雾形成的模拟实验，已经初步明确在碳氢化合物和氮氧化物的相互作用方面主要有以下过程：①污染空气中 NO_2 的光解是光化学烟雾形成的起始反应；②碳氢化合物被 HO、O 等自由基和臭氧氧化，导致醛、酮、醇、酸等产物以及重要的中间产物 RO_2、HO_2、RCO 等自由基的生成；③过氧自由基引起 NO 向 NO_2 的转化，并导致 O_3 和 PAN 等的生成。

光化学反应中生成的臭氧、醛、酮、醇、PAN 等统称为光化学氧化剂，其中以臭氧为代表，所以光化学烟雾污染的标志是臭氧浓度的升高。

光化学烟雾的形成及其浓度，除直接决定于汽车尾气中污染物的数量和浓度以外，还受太阳辐射强度、气象以及地理等条件的影响。太阳辐射强度是一个主要条件，太阳辐射的强弱，主要取决于太阳的高度，即太阳辐射线与地面所成的投射角以及大气透明度等。因此，光化学烟雾的浓度，除受太阳辐射强度的变化影响外，还受该地的纬度、海拔高度、季节、天气和大气污染状况等条件影响。光化学烟雾是一种循环过程，白天生成，傍晚消失。污染区大气的实测表明，一次污染物 HC 和一氧化氮的最大值出现在早晨交通繁忙时刻，随着 NO 浓度的下降，NO_2 浓度增大，O_3 和醛类等二次污染物随着阳光增强和 NO_2、HC 浓度降低而积聚起来。它们的峰值一般要比 NO 峰值的出现要晚 4～5 小时。二次污染物 PAN 浓度随时间的变化与臭氧和醛类相似。城市和城郊的光化学氧化剂浓度通常高于乡村，但近年来发现许多乡村地区光化学氧化剂的浓度增高，有时甚至超过城市。这是因为光化学氧化剂的生成不仅包括光化学氧化过程，而且还包括一次污染物的扩散输送过程，是两个过程的综合结果。因此光化学氧化剂的污染不只是城市的污染问题，而且是区域性的污染问题。短距离运输可造成 O_3 的最大浓度出现在污染源的下风向，中尺度运输可使臭氧扩散到上百公里的下风向，如果同大气高压系统相结合则可传输几百公里。

目前，由于我国内地汽车油耗量高，污染控制水平低，已造成汽车污染日益严重。部分大城市交通干道的 NO_x 和 CO 严重超过国家标准，汽车污染已成为主要的空气污染物，一些城市臭氧浓度严重超标，已具有发生光化学烟雾污染的潜在危险。据原国家环境保护局《一九九六年环境质量通报》：我国大城市氮氧化物污染逐渐加重。1996 年度污染较严重的城市分别为：广州、北京、上海、鞍山、武汉、郑州、沈阳、兰州、大连、杭洲。从总体上看,氮氧化物污染突出表现在人口100万以上的大城市或特大城市。

2) 酸雨

酸雨最早出现在挪威、瑞典等北欧国家,随后扩展到中欧和东欧,直至覆盖整个欧洲。20世纪80年代初,整个欧洲的降水pH为4.0～5.0,雨水中的硫酸盐含量明显升高。

北美大陆发现酸雨较欧洲晚。酸雨具有长距离输送的特点,研究表明,加拿大所有酸性沉降中至少有一半是来自于美国。

在亚洲,关注酸雨较多的国家是日本、韩国和中国。

我国于20世纪70年代末在北京、上海、南京、重庆和贵阳等城市开展了酸雨调查,发现这些城市不同程度存在着酸雨污染,西南地区较严重。1985～1986年我国开展全国范围内的酸雨监测,结果表明,降水pH小于5.0的地区主要集中在西南、华南及东南沿海一带。

9.1.2　大气污染的防治

防治大气污染是一个庞大的系统工程,需要个人、集体、国家乃至全球各国的共同努力,可考虑采取如下几方面措施:

(1) 减少污染物排放量。多采用无污染能源(如太阳能、风能、水力发电)、改革能源结构,用低污染能源(如天然气)、对燃料进行预处理(如烧煤前,先进行脱硫)、改进燃烧技术等均可减少排污量。另外,在污染物未进入大气之前,使用除尘消烟技术、冷凝技术、液体吸收技术、回收处理技术等消除废气中的部分污染物,可减少进入大气的污染物数量。

(2) 控制排放和充分利用大气自净能力。气象条件不同,大气对污染物的容量便不同,排入同样数量的污染物,造成的污染物浓度便不同。对于风力大、通风好、湍流盛、对流强的地区和时段,大气扩散稀释能力强,可接受较多厂矿企业;处于逆温的地区和时段,大气扩散稀释能力弱,则不能接受较多的污染物,否则会造成严重大气污染。因此应对不同地区、不同时段进行排放量的有效控制。

(3) 厂址选择、烟囱设计、城区与工业区规划等要合理,不要排放大户过渡集中,不要造成重复叠加污染,形成局部严重污染事件发生。

(4) 绿化造林,使有更多植物吸收污染物,减轻大气污染程度。

9.1.3　CO_2的排放与循环利用

太阳辐射各种波长的光,其中一部分在到达地面之前被大气反射或大气吸收后辐射回外空间;另一部分直接到达地面或者通过大气散射到地面。到达地面的辐射有大量的可见光、少量短波长的紫外光和长波红外光。这些辐射被地面吸收后,最终都以长波辐射的形式返回外空间,从而维持地球的热平衡。

大气中的CO_2如温室中的玻璃,它允许来自太阳的可见光射到地面,而自己吸收地面辐射出来的红外光阻止其返回外空间。CO_2把能量截留于大气之中,起着单向过滤器的作用，从而使大气的温度升高，这种效应称为温室效应。能引起温室效应的气体[如二氧化碳，氟氯烃(CFCs)、甲烷、臭氧、和氮氧化物气体等]称为温室气体。目前大气所含的温室气体中，CO_2 所占的比例最高，是公认的主要温室气体。如果大气中的 CO_2 增多，就会有过多的能量保留在大气中，从而导致地球表面和大气的平衡温度升高，这不仅危害自然生态系统，而且威胁人类的生存环境。

CO_2 一直是全球气候变化研究的重点，随着经济的发展，石油和煤炭等化石燃料燃烧排放出 CO_2 的量在急剧增加。1750 年大气中 CO_2 浓度的估算值为 270×10^{-6}，在 1850～1998 年近一个半世纪间，CO_2 浓度由 285×10^{-6} 上升到 370×10^{-6}，增加了 30%。预计到 2050 年，CO_2 浓度将增到 600×10^{-6}。CO_2 主要来源可以分为生物、非生物、人类利用这三种类型。生物来源主要是人类和动植物的呼吸作用释放出的 CO_2。非生物来源是火山喷发等地质过程和森林火灾等燃烧过程。火山喷发时向大气释放大量的 CO_2 气体。森林、堆积的植物体等在一定的条件下，会发生自燃或人为原因发生火灾，这些意外燃烧也会产生大量的 CO_2。矿物燃料的燃烧是大气中 CO_2 的主要来源，一方面由于人类对煤、石油、天然气等能源的利用逐年增加，因而使大气中 CO_2 的浓度逐渐增加。另一方面，因为人类大量砍伐森林，毁坏草原和植被，降低了植物对 CO_2 的吸收作用。

降低人为二氧化碳的排放，让二氧化碳浓度回归到适宜的范围之内已是全世界的共识。在低碳时代，如何循环利用二氧化碳具有极其重要的意义。根据循环利用方式的不同，可以将二氧化碳的循环利用分为化学转化和生物储存两种类型。化学循环利用途径是指以二氧化碳为原料通过化学反应或工艺，将其加工成能满足人类需求的产品。主要有以下几种方式：

(1) 二氧化碳转化成一氧化碳。在一定条件下，可以将 CO_2 作为原料与焦炭、天然气发生反应，实现 CO_2 向 CO 转变，既可节省能源，又能解决环境问题。

(2) 二氧化碳置换开采甲烷。自然界天然气水合物的储量大，它的主要成分是 CH_4，是一种有待开发的新能源。天然气水合物一般蕴藏在永久冻土带、深海，如果只把天然气水合物开采出来，会破坏地层结构，使地层中产生空洞。假如利用 CO_2 来置换开采天然气水合物，显然是一种理想的开发技术。

(3) 二氧化碳转化成有机新能源。在催化剂的作用下，以二氧化碳为原料合成转化为小分子有机产品(如甲醇、二甲醚、甲酸和低碳烃等)。生物循环利用途径，就是绿色植物和微生物通过光合作用，吸收和固定大气中的 CO_2，并在一定条件下实现向有机碳的转化。光合作用是碳循环中重要的一环，人类应通过植树造林、提高植被的覆盖率等途径，充分利用这一自然过程来调控大气中 CO_2 的浓度。

低碳时代需要我们转变生产、生活方式，尽量降低能耗、减少向环境中释放 CO_2，保护、恢复植被维持建造良好的生态系统，同时也要大力开发利用水能、风能、太阳能和生物能等绿色可再生无污染的新能源。

9.2　水体污染及其防治

水是宝贵的自然资源，是动植物体内和人的身体中不可缺少的物质，可以说，没有水就没有生命。另外，人类生活中的衣食住行、工农业生产都离不开水，水是工农业生产的重要原料。

地球上的水很多很多，据估计水的总体积约为 13.8 亿立方米。但是这些水 98% 是咸水，主要分布在海洋中。淡水只占地球水总量的 2%，约有 3000 万立方米。而淡水的 88%被冻在两极的冰帽和冰川里，剩下的 12%中河流、湖泊和能开采的浅层地下水才可为人类应用，实际上，可直接应用的河流湖泊中的水，只占淡水总量的 0.04%。世界水资源的分布也不均匀，约有 65%的水资源集中在 9 个国家(巴西、俄罗斯、加拿大、中国、美国、印度尼西亚、印度、哥伦比亚和刚果)里，而占世界总人口 40%的 80 个国家(其中 9 个国家在非洲和中东)却严重缺水，另外 26 个国家(共有 2.3 亿人口)的水资源也很少，这些国家被列为缺水国家。

在农业生产中消耗的淡水量占人类消耗淡水总量的 60%～80%，工业上也要用大量的水进行生产。据 21 世纪城市水资源国际学术研讨会透露，我国已被联合国列为世界上 13 个最缺水的国家之一，目前我国人均用水量是世界人均用水量的 30%左右。在我国七大江河水系中，完全没有使用价值的水质已超过 40%。全国 668 座城市，有 400 多座处于缺水状态。其中有不少是由水质污染引起的，如浙江省的宁波市，地处甬江、姚江、奉化江三江交汇口，由于水质污染，最缺水时需要靠运水车日夜不停地奔跑，将乡村河道里的水运进城里。

我国平均 1 万元的工业增加值，需耗水 $330m^3$，并产生 $230m^3$ 污水；每创造 1 亿元 GDP 就要排放 28.8 万吨废水。还有大量的生活污水。其中 80%以上未经处理，就直接排放进河道，照此下去，要不了 10 年，我国就会出现无水可用的局面。

9.2.1　水体污染

污染物排入江河或其他水域后，经过扩散、稀释、沉淀、氧化或受微生物的作用而分解，使水体基本上或完全恢复到原来的状态，这个过程称为水体自净。水体的这种自净能力是有限的，当排入水体的污染物数量超过某一界限时，就会造成水体的永久性污染。

水体污染物的主要来源有：①未经处理而排放的工业废水；②未经处理而排放的生活污水；③大量使用化肥、农药、除草剂的农田污水；④堆放在河边的工业废弃物和生活垃圾；⑤水土流失；⑥矿山污水等。下面介绍几种引起水污染的物质及其危害。

1. 死亡有机质

未经处理的城市生活污水、造纸污水、农业污水、都市垃圾大量进入水体，会消耗水中溶解的氧气。由于水中缺氧，危及鱼类的生存、致使需要氧气的微生物死亡。而正是这些需氧微生物才能够分解有机质，维持着河流，小溪的自我净化能力。它们死亡的后果使河流和溪流发黑、变臭、毒素积累，伤害人畜。

2. 有机和无机化学药品

有机和无机化学药品来源于化工厂、药厂的废水，造纸、制革废水，建筑装修，干洗行业，化学洗剂，农用杀虫剂，除草剂等。绝大部分有机化学药品是有毒性的，它们进入江河湖泊会毒害或毒死水中生物，引起生态破坏。一些有机化学药品还会积累在水生生物体内，致使人食用后中毒。被有机化学药品污染的水很难得到净化，人类的饮水安全和健康将受到威胁。

3. 磷

含磷洗衣粉，磷氮化肥的大量施用，使得流入水体的生活污水中含有大量的 P、N 等生物生长所必需的营养元素。自然界中，磷元素原本是很少。人类排放的含磷污水进入湖泊之后，会使湖中的藻类获得丰富的营养而急剧增长(称为水体富营养化)，湖中细菌大量繁殖。疯长的藻类在水面越长越厚，终于有一部分被压在了水面之下，因难见阳光而死亡。湖底的细菌以死亡藻类作为营养，迅速增殖，大量增殖的细菌消耗了水中的氧气，导致湖水缺氧，依赖氧气生存的鱼类死亡，随后细菌也会因缺氧而死亡，最终使湖泊老化、死亡。

4. 石油化工洗涤剂

石油化工洗涤剂主要来源于家庭和餐馆大量使用的餐具洗涤剂。这类洗涤剂都是石油化工的产品，难以降解，排入河中不仅会严重污染水体，而且会积累在水产品中，人食用后会出现中毒现象。

5. 重金属

水中重金属(汞，铅，镉，镍，硒，砷，铬，铊，铋，钒，金，铂，银等)含量是水质污染程度的重要指标。水中重金属主要来源于采矿和冶炼过程，工业废弃物，制革废水，纺织厂废水，生活垃圾(如电池，化妆品)。这些污染物的危害随物质的种类、生存的形态、水体的物理化学性质以及生物种类的不同而不同。例如，重金属汞(Hg)排入水体，底泥中的厌氧菌会把汞转化为甲基汞(CH_3Hg^+)，甲基汞易在生物体内聚集，使毒性增强，还可通过水生植物进入食物链，经鱼类等水产品进入人体。用含有重金属的水来灌溉庄稼，可使作物受到重金属污染，致使农产品具有毒性。

6. 酸类

酸类是重要污染物。水中酸主要来源于煤矿，一些金属(铜，铅，锌等)矿山的废弃物，以及向河流中排放酸的工厂。当 pH 小于 6.5 或大于 8.5 时，水中的生物生长会受到抑制，水体自净能力受到阻碍，严重时引起鱼类和其他水中生物死亡。破坏溪流，池塘和湖泊的生态系统。水质 pH 过低，还会对水下金属设备造成严重腐蚀。

7. 悬浮固体物

悬浮固体物是水污染的外观指标，主要来源于土壤流失，以及向河流倾倒的垃圾。水中大量的颗粒沉积物会降低水质，减弱水生生物的光照，影响鱼类的生存；另外现代生活垃圾还有许多难以降解的成分，如塑料类包装材料。它们进入河流后，若被水中生物误食还会导致死亡，死亡生物体的腐败又会进一步加剧水质的恶化。

8. 油类物质

油污染是目前海洋污染中最普遍、最严重的污染物。它主要来自于水上机动交通运输工具、油船或海上采油设备等的意外事故。大量石油漂浮在水面上，形成一层油膜会影响水中溶解氧的补充，破坏水生生物的生态环境，使渔业减产。同时还会污染水产食品，危及人的健康。海洋上油船的泄漏会造成海洋动物(从鱼虾，海鸟至海豹，海狮等)大批死亡。

9.2.2　水体污染的防治

废水排放是引起水体污染的一个主要因素，这些对环境及生态有害的物质有些是可以利用的，不加处理的排放不仅造成对环境的严重污染，而且也是一种资源的极大浪费。减少废水的措施有以下几种。

1. 改进工艺，减少废水排放

工业废水很大一部分来自化工厂和与化工有关的工厂。要从根本上解决工业废水的污染问题，最有效的方法就是在污染前采取防止对策，而不是在污染后采取措施治理，将污染物消除在生产过程之中，实行工业生产全过程控制。20 世纪 70 年代末期以来，不少发达国家的政府和各大企业集团(公司)都纷纷研究开发和采用清洁工艺(少废无废技术)，开辟污染预防的新途径，把推行清洁生产作为经济和环境协调发展的一项战略措施。1992 年联合国在巴西召开的“环境与发展大会”提出了全球环境与经济协调发展的新战略，我国积极响应，于 1994 年提出了“中国 21 世纪议程”，将清洁生产列为“重点项目”之一。

清洁生产是指不断采取改进设计、使用清洁的能源和原料、采用先进的工艺技术与设备、改善管理、综合利用等措施，从源头削减污染，提高资源利用效率，减少或者避免生产、服务和产品使用过程中污染物的产生和排放，以减轻或者消除对人类健康和环境的危害。

2. 发展闭路循环

把污染物封闭在生产系统内，无废水排出。例如，电镀废水主要来源于漂洗水，采用闭路循环工艺是目前处理电镀废水最经济、最有效的方法之一，是治理电镀废水发展的方向。闭路循环工艺是美国电镀协会在1978年第40号计划中首先提出的。镀件从电镀槽取出，放入漂洗槽洗去大部分镀液，再气雾喷淋洗涤，镀件一次气雾喷淋洗涤比二次漂洗槽洗涤的效果还好。当漂洗槽中镀液的浓度大到一定程度，则把漂洗液用泵打入蒸发浓缩器，浓缩后补充到电渡槽里，喷淋洗涤水放入漂洗槽。较大镀件沿用原冲洗法，其冲洗水和溅出、散落的水进入地槽沟，流入工业园区的相应集水池待处理。该工艺的先进之处在于，清洗水可以多次利用，因此能够大幅度减少电镀废水的排放数量，比常规的固定水槽漂洗可节约用水90%以上，从而减少了废水处理的负荷和处理经费，产生较好的经济效益。

3. 进行废水的净化处理

废水最终排放的途径主要是排入自然水体，为了使自然水体不受污染，保护生态环境，排放前必须先将其中有害物质分离除去，或转化为无害而稳定的物质，即进行废水处理。常用的废水处理方法有物理处理法、化学处理法和生物处理法三类。

(1) 物理处理法。通过物理作用分离、回收废水中不溶解的呈悬浮状态的污染物(包括油膜和油珠)的废水处理法。通常采用沉淀、过滤、离心分离、气浮、蒸发结晶、反渗透等方法，将废水中悬浮物、胶体物和油类等污染物分离出来，从而使废水得到初步净化。

(2) 化学处理法。通过化学反应和传质作用来分离、去除废水中呈溶解、胶体状态的污染物或将其转化为无害物质的废水处理法。以投加药剂产生化学反应为基础的处理单元有混凝、中和、氧化还原等；以传质作用为基础的处理单元有萃取、汽提、吹脱、吸附、离子交换以及电渗析和反渗透等。化学处理法有废水臭氧化处理法、废水电解处理法、废水化学沉淀处理法、废水混凝处理法、废水氧化处理法、废水中和处理法等。与生物处理法相比，能较迅速、有效地去除更多的污染物，可作为生物处理后的三级处理措施。此法还具有设备容易操作、容易实现自动检测和控制、便于回收利用等优点。化学处理法能有效地去除废水中多种剧毒和高毒污染物。

(3) 生物处理法。通过微生物的代谢作用，使废水溶液、胶体以及微细悬浮状态的有机物、有毒物等污染物质，转化为稳定、无害的物质的废水处理方法。生物处理法又分为需氧处理和厌氧处理两种方法。需氧处理法目前常用的有活性污泥法、生物滤池和氧化塘等。厌氧处理法，又称生物还原处理法，主要用于处理高浓度有机废水和污泥，使用处理设备，主要为消化池等。

上述诸法各有优点及适用范围，在实际应用中往往是几种方法综合使用，取长补短，互为补充以达到良好的治理效果。

9.3 土壤污染及其防治

土壤是由固体、液体和气体三类物质组成的。固体物质包括土壤矿物质、有机质和微生物等。液体物质主要指土壤水分。气体是存在于土壤孔隙中的空气。土壤中这三类物质构成了一个矛盾的统一体。它们互相联系，互相制约，为植物提供必需的生活条件，是土壤肥力的物质基础。通常土壤具有很强的自净能力，土壤中的许多腐食动物和腐食微生物，能把进入土壤的污染物分解为无毒无害物质，也可以通过化学沉淀、配位和螯合作用、氧化还原作用变为不溶性化合物，或为土壤胶体牢固地吸附，植物难以利用而暂时退出生物小循环，脱离食物链或排出土壤。但是，当土壤中的有害物质过多，超过土壤的自净能力，就会引起土壤的组成、结构和功能发生变化，微生物活动受到抑制，有害物质或其分解产物在土壤中逐渐积累，通过"土壤→植物→人体"，或通过"土壤→水→人体"间接被人体吸收，达到危害人体健康的程度，就造成土壤污染。

9.3.1　土壤的主要污染物

土壤污染物可分为病原体，有毒化学物质和放射性物质三类。下面分别介绍。

1. 病原体

病原体，包括肠道致病菌、肠道寄生虫(蠕虫卵)、破伤风杆菌、真菌和病毒等。它们主要来自肥料的人畜粪便和垃圾，或灌溉农田的生活污水。因土壤污染而传播的寄生虫病(蠕虫病)有蛔虫病和钩虫病等。人与土壤直接接触，或生吃被污染的蔬菜、瓜果，就容易感染这些蠕虫病。土壤对传播这些蠕虫病起着特殊的作用，因为在这些蠕虫的生活史中，有一个阶段必须在土壤中度过。例如，蛔虫卵一定要在土壤中发育成熟，钩虫卵一定要在土壤中孵出钩蚴才有感染性等。

结核病人的痰液含有大量结核杆菌，如果随地吐痰，就会污染土壤；水分蒸发后，结核杆菌在干燥而细小的土壤颗粒上还能生存很长时间。这些带菌的土壤颗粒随风进入空气，人通过呼吸，就会感染结核病。

有些人畜共患的传染病或与动物有关的疾病，也可通过土壤传染给人。例如，患钩端螺旋体病的牛、羊、猪、马等，可通过粪尿中的病原体污染土壤。这些钩端螺旋体在中性或弱碱性的土壤中能存活几个星期，并可通过黏膜、伤口或被浸软的皮肤侵入人体，使人致病。此外，被有机废弃物污染的土壤，是蚊蝇孳生和鼠类繁殖的场所，而蚊、蝇和鼠类又是许多传染病的媒介。这些病原体能在土壤中生存较长时间，如痢疾杆菌能在土壤中生存 22～142d，结核杆菌能生存一年左右，蛔虫卵能生存 315～420d，沙门氏菌能生存 35～70d。因此，被有机废弃物污染的土壤，在流行病学上被视为特别危险的物质。

2. 有毒化学物质

有毒化学物质(如镉、铅等重金属以及有机氯农药等)主要来自工业生产过程中排放的废水、废气、废渣以及农业上大量施用的农药和化肥。

据报道，目前我国受镉、砷、铬、铅等重金属污染的耕地面积近 2000 万公顷，约占总耕地面积的 1/5，其中工业"三废"污染耕地 1000 万公顷，污水灌溉的农田面积已达 330 多万公顷，而且污染趋势仍在加重。

污水灌溉也已对农田造成大面积的土壤污染。例如，沈阳张士灌区用污水灌溉 20 多年后，污染耕地 2500 多公顷，造成了严重的镉污染，稻田含镉 5～7mg/kg。天津近郊因污水灌溉导致 2.3 万公顷农田受到污染。广州近郊因为污水灌溉而污染农田 2700 公顷，因施用含污染物的底泥造成 1333 公顷的土壤被污染，污染面积占郊区耕地面积的 46%。20 世纪 80 年代中期对北京某污灌区进行的抽样调查表明，大约 60%的土壤和 36%的糙米存在污染问题。

另一方面，土壤的有机污染作为影响土壤环境的主要污染物已成为国际上关注的热点，有毒、有害的有机化合物在环境中不断积累，到一定时间或在一定条件下有可能给整个生态系统带来灾难性的后果，即所谓的"化学定时炸弹"。目前我国土壤的有机污染十分严重，且对农产品和人体健康的影响已开始显现。例如，我国从 1959 年起在长江中下游地区用五氯酚钠防治血吸虫病，其中的杂质二噁英已造成区域性二噁英类污染，洞庭湖、鄱阳湖底泥中的二噁英含量很高。有机氯农药已禁用了近 20 年，土壤中的残留量已大大降低，但检出率仍很高。广州蔬菜土壤中六六六的检出率为 99%，滴滴涕检出率为 100%。太湖流域农田土壤中六六六、滴滴涕检出率仍达 100%，一些地区最高残留量仍在 $1mg \cdot kg^{-1}$以上。

除耕地污染之外，我国的工矿区、城市也还存在土壤(或土地)污染问题。

随着汽车的增加和含铅汽油的大量使用，汽车排铅正成为城市铅污染的主要来源，从 1985～1995 年的 10 年间，我国累计有 15813t 铅排入大气、水体等自然环境中，并且主要集中在大城市。调查显示，大气中的铅 80%来自于汽车尾气。汽车尾气中的烷基铅则来自于汽油添加剂——四乙基铅。汽油中加入四乙基铅后不仅提高了汽油的抗爆指数，还降低了生产成本。汽车行驶中有 25%～75%的四乙基铅排人空气，通常汽车尾气中，含铅量达 $20\sim50g \cdot m^{-3}$，最高可达到 $100g \cdot m^{-3}$。铅除通过大气被人体吸收外，还能污染水源、土壤，通过饮水、进食的途径进入人体。铅进入人体后，除部分通过粪便、汗液、头发排泄外，大部分沉淀于骨髓，溶化到血液中，损害骨髓造血系统，大脑神经系统和泌尿系统及生殖器官等。铅能阻碍血液的合成，导致贫血，出现头痛、眩晕、乏力、困倦、便秘和肢体酸痛等症状。另外动脉硬化、消化道溃疡和眼底出血等也与铅污染有关。儿童的智力发育障碍，注意力不集中、多动而兴奋、行为异常、智力低下和学习成绩差等是由于铅进入人体后通过血液侵入大脑神经组织，使营养物质和氧气供应不足，造成脑组织损伤所致，严重者还可能会导致终身残疾。

汽车尾气已经成为人类健康的一大公害。20 世纪 70 年代以后，世界各国尤其是工业化国家越来越严格地限制使用含铅汽油，被誉为汽车"绿色食品"的无铅汽油开始得到广泛应用。

废旧电池也是重金属污染的来源。例如，废弃电池中的铅、汞、镉等重金属一旦进入土壤或水源，就会通过各种途径进入人的食物链，在人体内长期积蓄难以排除，损害神经系统、造血功能和骨骼，甚至可以致癌。铅会造成神经系统(神经衰弱、手足麻木)、消化系统(消化不良、腹部绞痛)、血液中毒和其他的病变。精神状态改变是汞中毒的一大症状，如脉搏加快、肌肉颤动、口腔和消化系统病变。镉、锰主要对神经系统造成危害。

3. 放射性物质

放射性物质主要来自核爆炸的大气散落物，工业、科研和医疗机构产生的液体或固体放射性废弃物。它们释放出来的放射性物质进入土壤，能在土壤中积累，形成潜在的威胁。由核裂变产生的两个重要的长半衰期放射性元素是 90 锶（半衰期为 28 年）和 137 铯（半衰期为 30 年）。锶对人体产生的是放射性伤害。空气中的放射性 90 锶可被雨水带入土壤中。因此，土壤中含 90 锶的浓度常与当地降雨量成正比。

9.3.2　土壤污染的防治

1. 病原体污染的防治

病原体污染的防治一方面可以依靠土壤的自净能力，如采用轮作法延长土壤自净过程的时间，来消除土壤中有害细菌和病毒；另一方面可以通过土壤管理措施如深翻、中耕等，促进那些抑制病原微生物的有机体的发展，以控制植物病原微生物。另外对粪便、垃圾和生活污水进行无害化处理，也是防治病原体污染的好方法。例如，采用高温沼气发酵法，将粪便集中到几个大型密闭的地下发酵池里，通过加热和利用培养的高温甲烷菌使粪便发酵，杀死粪便中的虫卵和致病菌。高温甲烷菌还能分解粪便中的有机物质而产生大量的沼气，这样即消灭了病原菌，减少了粪便对环境和水源的污染，还能使处理后的粪便肥效有了较大的提高；粪便发酵产生的沼气除解决本身所需的热能外，还可供照明、燃烧使用。

2. 有毒化学物质的防治

土壤中有毒化学物质污染已成为急需解决的重要环境问题之一，国内外针对土壤的重金属和有机污染已经发展出一系列的修复技术。修复重金属污染土壤的方法主要有物理、化学、植物和微生物等方法。

重金属污染土壤修复的物理方法主要有换土法、热处理法等。换土法是将污染土壤通过深翻到土壤底层、或在污染土壤上覆盖新土、或将污染土壤挖走换上未被污染的土壤的方法。这种方法能够有效地减少污染土壤对环境的影响。但是工程量大，费用高，只适宜用在小面积的、土壤污染严重的状况；热处理是通过加热的方式，使土壤中的挥发性重金属（如汞、砷等）挥发并收集起来进行回收或处理。该法工艺简单，但能耗大，操作费用高，且只适用于易挥发的重金属。化学修复法是一种利用重金属与改良剂之间的化学反应从而对土壤中的重金属进行固定、分离提取等的方法。该技术关键在于选择经济有效的改良剂，常用的改良剂有石灰、沸石、碳酸钙、磷酸盐和促进还原作用的有机物质等。

而近年来得到特别重视，并取得显著进展的植物和微生物修复法是一种较经济、有效且非破坏性的修复技术。植物修复法主要是利用自然生长或遗传培育植物对土壤中的污染物进行固定和吸收。根据其作用过程和机理，重金属污染土壤的植物修复技术可分为植物提取、植物挥发和植物稳定三种类型。目前利用植物修复比较成功的是杨树、柳树和紫花苜蓿等。微生物对被重金属污染的土壤方面具有独特的修复作用，虽然它不能降解和破坏重金属，但可以降低土壤中重金属的毒性、吸附积累重金属、改变根际微环境，从而提高植物对重金属的吸收，挥发或固定效率。

除此之外，对工业废水、废气、废渣的治理和综合利用；合理使用农药和化肥，积极发展高效、低毒、低残留的农药；积极慎重地推广污水灌溉，对灌溉农田的污水，进行严格的监测和控制，也是防治有毒化学物质污染的重要措施。

近年来，我国在"三废"处理、污灌控制、低毒新农药应用等方面做出了显著的成绩。但是近期内的土壤污染，尤其是在城郊和乡镇企业密集区和化肥、农药用量较大的地区仍将呈逐渐加重的趋势。因此，人们逐渐认识到，仅靠"三废"处理来实现环境的根本改善是不够的，应该着眼于产品和生产过程对环境的影响，依靠改进生产工艺和加强管理措施来减少污染，消除污染，即采用清洁生产工艺。

清洁生产不包括末端治理技术，如空气污染控制、废水处理、固体废弃物焚烧或填埋。清洁生产是通过应用专门技术，改进工艺技术和改变管理态度从源头上减少或消除废弃物的产生，实践证明这种方法优于治理。总之，环境保护是一个需全社会高度重视的问题，为了人类社会的可持续发展，为了人类美好的明天，环境保护任重而道远。

思考题与习题

1. 什么是环境？其包括哪些主要因素？
2. 什么是生态平衡？环境污染对生态系统会产生怎样的影响？
3. 目前，最主要的环境污染物来自于哪些环节？
4. 大气中的主要污染物有哪些？会造成哪些危害？
5. 什么是二次污染？请举例说明其危害。
6. 防治大气污染有哪些措施？
7. 水体中主要污染物有哪些？会造成什么危害？
8. 防治水体污染有哪些措施？
9. 试说明土壤的主要污染物和防治措施。

第 10 章　危险化学品的管理与消防

危险化学品是指具有爆炸、易燃、毒害、腐蚀、放射性等性质，在运输、装卸和储存保管过程中，易造成人身伤亡和财产损毁而需要特别防护的物品。危险化学品一方面在发展生产、改变环境和改善生活中发挥着不可替代的积极作用；另一方面，当我们违背科学规律、疏于管理时，其固有的危险性将对人类生命、物质财产和生态环境的安全构成极大威胁。危险化学品的破坏力和危害性，已经引起世界各国、国际组织的高度重视和密切关注。为防止和减少各类危险化学品事故的发生，保障人民群众生命、财产和环境安全，本章的目的是普及危险化学品知识，提高安全意识，搞好科学防范，坚持化害为利，提高相关从业人员的技术业务素质，对加强危险化学品的安全管理、防止和减少危险化学品事故的发生，起到应有的指导和推动作用。

10.1　危险化学品安全管理基础知识

10.1.1　危险化学品的分类与特性

由于危险化学品的品种繁多，性质各异，危险性大小不一，而且一种危险品并不是只有单一的一种危险性，常常具有多重危险性。例如，二硝基苯酚，同时具有爆炸性、易燃性和毒害性；一氧化碳既有易燃性又有毒害性。但是，对每一种危险化学品来说，在其多重危险性中必有一种是主要危险性，也就是对人类危害最大的危险性。因此，在对危险化学品分类时，因遵循“择重归类”的原则，即根据该危险化学品的主要危险性来进行分类。

国家质量监督检验检疫总局于 1986 年、1990 年先后发布了国家标准《危险货物分类和品名编号》(GB 6944—1986)及《危险货物品名表》(GB 12268—1990)，把危险化学品分为九类，分别是：①爆炸品；②压缩气体和液化气体；③易燃液体；④易燃固体；自燃物品和遇湿易燃物；⑤氧化剂和有机过氧化物；⑥毒害品和感染性物品；⑦放射性物品；⑧腐蚀品；⑨杂类。下面分别介绍主要类别的化学危险品。

1. 爆炸品

爆炸品是指在外界作用下(如受热、受压、撞击等)，能发生剧烈的化学反应，瞬时产生大量的气体和热量，使周围压力急剧上升，发生爆炸，对周围环境造成破坏的物品。也包括无整体爆炸危险，但具有着火、抛射及较小爆炸危险，或仅产生热、光、声响或烟雾等一种或几种作用的烟火物品。不包括与空气混合才能形成爆炸性气体、蒸气和粉尘的物质。

爆炸品实际是炸药、爆炸性药品及其制品的总称。爆炸品反应迅速并在瞬间放出大量的热量，爆炸性强，如黑火药爆炸时火焰温度高达 2100℃；大多爆炸品敏感度高，外界条件很易使其爆炸，如雷汞在 165℃就会爆炸；很多爆炸品具有毒性，如 TNT、硝化甘油等。根据爆炸品的危险性大小，可将爆炸品分为以下六类：①具有整体爆炸危险的物质和物品，如雷汞、硝化甘油、火药等；②具有抛射危险，但无整体爆炸危险的物质和物品，如烟幕弹、催泪弹、火箭弹头等；③具有着火危险和较小爆炸或较小抛射危险，或两者兼有但无整体爆炸危险的物质和物品，如点火管、礼花弹、二硝基苯等；④无重大爆炸危险的物质和物品，如导火索、烟花爆竹等；⑤有整体爆炸危险但极不敏感的物质，如 B 型、E 型爆破用炸药；⑥没有整体爆炸危险的极不敏感的物品。

2. 压缩气体和液化气体

压缩气体和液化气体是指在温度小于 50℃时，包装容器内蒸气压力大于 300kPa 或在标准大气压 101.3kPa、温度 20℃时，在包装容器内完全处于气态的物质。列入危险品管理的包装气体主要包括压缩气体、液化气体、冷冻液化气体和溶解气体四种。生产上，为了便于储运和使用，常将气体用降温加压法压缩或液化后储存于钢瓶内。根据气体理化性质可分为易燃气体、不燃气体和有毒气体，在储运和使用时要特别注意以下两点：

(1) 储于钢瓶内的压缩气体、液化气体或加压溶解气体易受热膨胀，压力升高，能使钢瓶爆裂。特别是液化气体装得太满时尤其危险，应严禁超量灌装，并防止钢瓶受热。

(2) 压缩气体和液化气体易泄漏。凡内容物为禁忌物的钢瓶应分别存放，其原因在于除有些气体有毒、易燃外，还因有些气体相互接触后会发生化学反应引起燃烧爆炸。例如，氧气和氯气、氢气和氯气、乙炔和氧气均能发生爆炸。

3. 易燃液体

易燃液体是指闭杯试验温度(闪点)不大于 61℃时，能够放出易燃蒸气的液体、液体混合物或含有处于悬浮状态的固体混合物的液体；或液体的闪点大于 61℃，但运输温度不小于液体的闪点和液体在加温条件下运输时会放出易燃蒸气的液体，以及退敏爆炸品液体等，但不包括由于存在其他危险性已列入其他类项管理的液体。闪杯闪点指在标准规定的实验条件下，在闭杯中试样的蒸气与空气的混合气体接触火焰时，能产生闪燃的最低温度。退敏爆炸品液体指溶于或悬浮于水或其他液体中，且形成均一的液体混合物，并被抑制了爆炸性的液态物质。

易燃液体一般根据其闪点和初沸点的高低可分为以下三类。①低闪点液体，指闪点小于－18℃或初沸点小于 35℃的液体，如汽油、环戊烷、丙酮、二硫化碳等；②中闪点液体，指闪点不小于－18℃或初沸点大于 35℃，闪点小于 23℃的液体或液体混合物，如石油醚、苯、香蕉水、封口胶等；③高闪点液体，指闪点大于 23℃或初沸点大于 35℃，闪点小于 61℃的液体或液体混合物，以及闪点大于 61℃但储运温度大于其闪点的液体物质，如煤油、樟脑油、松节油、医用碘酒等。

4. 易燃固体、自燃物品和遇湿易燃物

易燃固体指燃点低，对热、撞击、摩擦敏感，易被外部火源点燃，燃烧迅速并可能散发出有毒烟雾或有毒气体的物质，如红磷、硫磺、镁片、棉花、亚麻等。

自燃物品是指在空气中易于发生氧化还原反应，放出热量而自行燃烧的物品。属于该类别的物品有黄磷、铝粉、烷基铝、油纸、棉籽等。

遇湿易燃物品是指遇水或受潮时可发生剧烈的化学反应，并放出大量的易燃气体和热量的物品。该项物品是以实验结果为依据的。其特点是遇水、酸、碱、潮湿发生剧烈的化学反应，放出可燃气体和热量，当热量达到可燃气体的自燃点或接触外来火源时，会立即着火或爆炸。此类常见物品有碱金属、碱土金属、钠汞齐、金属氢化物、金属碳化物等。

5. 氧化性物品

氧化性物品是指具有较强的氧化性能，分解温度较低，遇酸碱、潮湿、强热、摩擦、冲击或与易燃物、还原剂接触能发生分解反应，并引起着火或爆炸的物质。氧化性物品的危险性是由于其他物质作用或自身发生化学变化的结果表现出来的，其中有机过氧化物较其他氧化性物品具有更大的危险性，因此，这类物品按其典型的分子结构分为氧化剂和有机过氧化物两类。

氧化剂指处于高氧化态，具有强氧化性，易于分解并放出氧和热量的物质，包括含有过氧基的无机物。其特点是本身不一定可燃，但能导致可燃物的燃烧。常见的氧化剂有过氧化氢溶液、过氧化钠、高锰酸钾、漂白粉等。

有机过氧化物是指分子组成中含有过氧基的有机物。有机过氧化物是一种含有 2 价的—O—O—结构的有机物质，也可能是过氧化氢的衍生物。常见的有机过氧化物有过氧乙酸、过氧化甲乙酮、过蚁酸等。

6. 毒害品

毒害品指进入人体后累积达到一定的量，能与体液组织发生生物化学作用或生物物理学变化，扰乱或破坏肌体的正常生理功能，引起暂时性或持久性的病理状态，甚至危及生命安全的物品。

毒害品引起人体及其他动物中毒的主要途径是呼吸道、消化道和皮肤三个方面。常见的毒害品有氰化钠、氰化氢、二硝基甲苯等。

7. 放射性物品

放射性物品是指含有放射性核素，并且其活度和比活度均高于国家规定的豁免值的物品。通俗地讲，放射性物品就是含有放射性核素，并且物品中的总放射性含量和单位质量的放射性含量均超过免于监管的限值的物品。放射性物品危害主要表现在对造血系统的破坏。

8. 腐蚀品

本类化学品系指能灼伤人体组织并对金属等物品造成损坏的固体或液体。它是与皮肤接触在 4h 内出现可见坏死现象，或温度在 55℃时，对 20 号钢的表面均匀年腐蚀率超过 $6.25mm \cdot a^{-1}$的固体或液体。

腐蚀品有强烈的腐蚀性，对人体有腐蚀作用，造成化学灼伤。开始时往往不太痛，待发觉时，部分组织已经灼伤坏死，所以较难治愈。对金属有腐蚀作用，腐蚀品中的酸和碱甚至盐类都能引起金属不同程度的腐蚀。对有机物质和建筑物有腐蚀作用。

酸、碱、卤素及部分有机物（如苯酚）都有较强的腐蚀性。

10.1.2 危险化学品的储存和运输

由于危险化学品在对周围的人、畜及建筑物都有极大的威胁，因此对危险化学品的储存和运输必须高度重视，严格要求。一般来说应掌握以下原则：

（1）危险化学品仓库必须选择在人烟稀少的空旷地带，与周围的居民住宅及工厂企业等建筑物必须有一定的安全距离。库房应为单层建筑，周围须装设避雷针。库房要阴凉通风，远离火种、热源，防止阳光直射，一般库温控制在 15～30℃为宜，相对湿度一般控制在 65%～75%，库房内部照明应采用防爆型灯具，开关应设在库房外面。物资储存期限应掌握先进先出原则，防止变质失效。

（2）堆放各种危险化学品时，要求做到牢固、稳妥、整齐、防止倒垛，不同危险化学品间应分开一定的距离，要有利于通风、防潮、降温。

（3）为确保危险化学品储存和运输的安全，必须根据各种危险化学品的性能或敏感程度严格分类，专库储存、专人保管、专车运输。

（4）一切危险化学品严禁与氧化剂、自燃物品、酸类、碱类、盐类、易燃可燃物、金属粉末和钢铁材料器具等混储混运。

10.2 危险化学品事故的预防和事故处理

除了储存和运输危险化学品要按规定操作外，接触危险化学品的工作场所也有一整套规章制度，以预防危险化学品事故的发生及规范发生事故后的处理。

10.2.1 操作时的预防

1. 隔离

密闭，生产自动化，这是解决危险化学品危害的根本途径。将产生危害的全部加工过程进行封闭是一种隔离方式，以便限制有毒气体扩散到工作区，同时也隔离了来自于明火或燃料的热源。最理想的加工工艺是让工人最大限度地减少接触所使用的有害化学品的机会。例如，屏蔽整个机器，封闭加工过程中的扬尘点等。

遥控隔离是隔离方法的进一步发展。有些机器已经可用来代替工人进行一些简单的操作，在某些情况下，这些机器是由远离危险环境的工人运用遥控器进行控制的。

通过安全储存有害化学品和严格限制有害化学品在工作场所的存放量(满足一天或一个班次工作所需的量即可)也可以获得相同的隔离效果。

2. 消除或替代

减小化学危害的最有效方法是不使用有毒、有害化学品，不使用易燃、易爆化学物质，或尽量使用比较安全的化学品。然而到底使用哪种化学品才能安全？这种选择要参照相关工艺过程的性质，对于现有的工艺过程，尽量寻找更安全的物质或加工过程替代。

替代有毒化学品的例子很多。例如，用水基涂料或水基黏结剂替代有机溶剂基的涂料或黏结剂；用水性洗涤剂代替溶剂型洗涤剂；用三氯甲烷脱脂剂替代三氯乙烯脱脂剂；使用高闪点化学品而不使用低闪点化学品。取代工艺过程的例子也很多。例如，改喷涂为电涂或浸涂，改手工分批装料为机械连续装料，改干法破碎为湿法破碎等。

3. 通风

对于化学物质产生的飘尘，除了替代和隔离方法以外，通风是最有效的控制方法。借助于有效的通风和相关的除尘装置，直接捕集了生产过程中所释放出的飘尘污染物，防止了这些有害物质进入工人的呼吸区，通过管道将收集到的污染物送到收集器中，也不会污染外部的环境。

使用局部通风时，吸尘罩应尽可能接近污染源，确保通风系统的高效率；全面通风也称稀释通风，其原理是向作业场所提供新鲜空气，以达到冲稀污染物或易燃气体浓度的作用。提供新鲜空气的方式主要有自然通风和机械通风。因为全面通风的目标不是消除污染物，而是将污染物分散稀释，从而降低其浓度，所以全面通风仅适用于低毒性、无腐蚀性污染物存在的场所。

4. 使用个体防护用品

在无法将工作场所中的有害化学品降低到可接受的标准时，工人就必须使用防护用品以获得保护。个体防护用品并不能降低或排除工作场所的有害物质，它只是一道阻止有害物质进入人体的最后屏障。防护用品本身的失效意味着屏障的立即失效。因此，个体防护用品不能被视为控制危险的主要手段，只是作为对其他控制手段的补充。

(1) 呼吸防护器。呼吸防护器的形式是覆盖口和鼻子，其作用是防止有害化学物质通过呼吸道进入人体。呼吸防护器主要分为自吸过滤式和送风隔离式两种类型。自吸过滤式净化空气的原理是吸附或过滤空气，使空气通过而空气中的有害物(尘、毒气)不能通过呼吸防护器，保证进入呼吸系统的空气是净化的。送风隔离式防护器是使人的呼吸道与被污染的作业环境中的空气隔离，用空气压缩机通过导气管将干净场所的新鲜空气送进呼吸防护器，或通过导管将便携式气瓶内的压缩空气或液化空气或氧气送入呼吸防护器，对使用者能够提供更高水平的防护。

(2) 其他个体防护用品。为了防止由于化学物质的溅射，以及尘、烟、雾、蒸气等所导致的眼和皮肤伤害，也需要使用适当的防护用品或护具。

眼面护具主要有安全眼镜、护目镜以及用于防护腐蚀性液体、固体及蒸气对面部产生伤害的面罩。用抗渗透材料制作的防护手套、围裙、鞋和工作服，能够消除由于接触化学品而对皮肤产生的伤害。

护肤霜、护肤液也是一类皮肤防护用品，它们的功效各种各样，选择适当也能起一定的作用。

5. 个人卫生

保持个人卫生是为了保持身体洁净，防止有害物质附在皮肤上，避免有害物质通过皮肤渗透到体内。防止有害物质经皮肤吸收与有害物质经呼吸道和食道吸收同等重要。

10.2.2 常用危险化学品事故处置

危险化学品事故应急救援是指危险化学品由于各种原因造成或可能造成众多人员伤亡及其他较大社会危害时，为了及时控制危险源，抢救受害人员，指导人们防护和组织撤离，清除危害后果的救援活动。

1) 事故报警

在发生化学品事故的过程中，时间是非常宝贵的，任何贻误时机的行为都可能带来灾难性后果。当发生危险化学品事故时，火灾探测报警系统监视、检测和识别出灾害特征时就会报警或同时启动灭火系统。现场人员在保护好自身安全的情况下，及时检查事故部位，按照应急分级原则报告有关人员，按制定的预案采取积极有效的抑制措施，同时向“119”报警。

2) 紧急疏散

根据化学品泄漏性质、风速、风向等确定扩散情况或火焰辐射热所涉及的范围，建立警戒区。迅速将警戒区及污染区内与事故应急处理无关人员撤离，并将相邻的危险化学品疏散到安全地点，以减少不必要的人员伤亡和财产损失。

3) 泄漏处理

易燃化学品的泄漏处理不当，随时都有可能转化为火灾爆炸事故，而火灾爆炸事故又常因泄漏事故蔓延而扩大。因此，要成功地控制化学品泄漏，必须事先进行计划，并且对化学品的化学性质有充分的了解。

(1) 泄漏控制。在统一调度下，通过关闭有关阀门、停止作业或采取改变工艺流程、物料走副线等方法控制泄漏；对容器发生泄漏，应采取措施修补和堵塞裂口，制止化学品的进一步泄漏。

(2) 对泄漏的处理。泄露被控制后，要及时将现场泄漏物进行覆盖、收拢、稀释、处理，使泄漏物得到安全可靠的处置，防止二次事故的发生。

4) 现场急救

在事故现场，化学品对人体可能造成的伤害有中毒、窒息、冻伤、化学灼伤、烧伤等，在未来得及送医院前，对伤害人员应进行现场急救。

(1) 急性中毒。吸入化学品中毒者，应迅速脱离中毒现场，向上风向转移，至空气新鲜处；化学毒物沾染皮肤时，应迅速脱去被污染的衣服、鞋袜等，用大量流动清水冲洗 15～30min，头部面部受污染时，首先注意眼睛的冲洗；口服中毒者，如为非腐蚀性物质，应立即用催吐方法使毒物吐出，若服用强酸、强碱，可服用牛奶、蛋清等。

对中毒引起呼吸、心跳停止者，应进行心肺复苏术，主要方法有口对口人工呼吸和胸外心脏按压术。

(2) 危险化学品灼伤或烧伤。危险化学品灼伤或烧伤，立即用大量流动自来水或清水冲洗创面 15～30min。新鲜创伤面上不要任意涂油膏或红药水，不用脏布包裹。应根据不同的化学灼伤用不同的方法处理，如强酸灼伤一般用碳酸氢钠洗涤液中和；若溴灼伤，可用 10%硫代硫酸钠洗涤并及时送医院；若化学性眼烧伤，迅速在现场用流动清水冲洗。

10.3　危险化学品的消防

10.3.1　燃烧的条件

燃烧是有条件的，它必须有可燃物质、助燃物质和点火源同时存在，并且相互作用才能发生。从定量的角度说，就是一定浓度或数量的可燃物、一定浓度或数量的助燃物与一定温度和热量的火源同时存在并相互作用，燃烧才能发生，才会形成火灾源。

此外，根据链式反应理论对燃烧机理的解释，在可燃物质中存在一些活性极强的自由基，它在少量外能作用下被激发，开始引发可燃物质的链式反应。通过这种形式的反应传递，直至全部物质燃完或中途受到抑制而终止燃烧。

1. 可燃物

根据物质可燃情况，可把物质分为可燃物质、难燃物质和不可燃物质三类。可燃物质是指在火源作用下能被点燃，并且当火源移去后能维持继续燃烧，直至燃尽，凡是能与空气、氧气或其他氧化剂发生剧烈氧化反应的物质，都是可燃物质。难燃物质是指在火源作用下能被点燃并阴燃，当火源移走后不能维持继续燃烧；不可燃物质是指在正常情况下不能被点燃。

可燃物质是火灾与爆炸的主要预防对象。它种类繁多，按可燃程度可分为七大类。例如，硝化甘油属爆炸性物质，瓦斯气、苯蒸气属可燃气体，黄磷属自燃性物质，汽油属易燃与可燃液体。可燃物质按其状态可分为气态、液态和固态三类。

2. 助燃物

凡是具有较强的氧化能力，能与可燃物质发生化学反应并引起燃烧的物质称为助燃剂或氧化剂，如空气、氧气、氯气、氟和溴等。

3. 点火源

具有一定温度和热量的能源，或者说能引起可燃物质着火的能源称为点火源。化工企业中常见的点火源有明火、化学反应热、化工原料的分解自燃、热辐射、高温表面、摩擦与撞击、绝热压缩、电气设备及线路的过热和火花、静电放电、雷击和日光照射等。

10.3.2 危险化学品火灾防治措施

根据燃烧的条件，只要阻断其中一个条件，就能使燃烧不发生。

1. 控制可燃物的措施

控制可燃物，就是使可燃物达不到着火或爆炸所需要的数量、浓度，或者使可燃物难燃化或用不燃材料取而代之，从而消除发生火灾的物质基础。这主要通过下面所列举的措施来实现。

(1) 利用爆炸极限、相对密度等特性控制气态可燃物。当容器或设备中装有可燃气体或蒸气时，根据生产工艺要求，可增加可燃气体浓度或用可燃气体置换容器或设备中的原有空气，使其中的可燃气体浓度高于爆炸上限。散发可燃气体或蒸气的车间或仓库，加强通风换气，使可燃气体浓度低于爆炸下限。

盛装可燃液体的容器需要直接动火检修时，一般需排空液体、清洗容器、惰性气体置换，并用可燃气体测爆仪检测容器中可燃蒸气浓度是否符合相关动火标准，在确认无爆炸危险时才能动火进行检修，绝不可盲目动火。

(2) 利用闪点、自燃点等特性控制液态可燃物。根据需要和可能，用不燃液体或闪点较高的液体代替闪点较低的液体。例如，用三氯乙烯、四氯化碳等不燃液体代替乙醇、汽油等易燃液体作溶剂。用不燃化学混合物代替汽油、煤油作金属零部件的脱脂剂等。

利用不燃液体稀释可燃液体，会使混合液体的闪点、自燃点提高，从而减小火灾危险性。例如，用水稀释乙醇，便会起到这一作用。

(3) 利用燃点、自燃点等特性控制一般的固态可燃物选用砖石等不燃材料代替竹木材等可燃材料作为建筑材料，可以提高建筑物的耐火极限。选用燃点或自燃点较高的可燃材料或难燃材料代替易燃材料或可燃材料。例如，用醋酸纤维素代替硝酸纤维素制造胶片，燃点则由 180℃提高到 475℃；用防火涂料或阻燃剂浸涂木材、纸张、织物、塑料、纤维板、金属构件等可燃材料，可以提高这些材料的耐燃性和耐火极限。

2. 控制助燃物的措施

控制助燃物就是使可燃性气体、液体、固体、粉末物料不与空气、氧气或其他氧化剂接触，或者将它们分离开来，即使有点火源作用，也因为没有助燃物掺杂而不致发生燃烧、爆炸。

（1）密闭设备系统。把可燃性气体、液体或粉体物料放在密闭设备或容器中储存或操作，可以避免它们与外界空气接触而形成燃爆体系。

（2）惰性气体保护。这里惰性气体是指那些化学活泼性差、没有燃爆危险的气体，如氮气、二氧化碳、水蒸气、烟道气等，其中使用最多的是氮气。它们的作用是隔绝空气，降低氧含量（因氧含量低于 15%就无法支持燃烧），缩小以至消除可燃物与助燃物形成的燃爆浓度。

（3）隔离储运与酸、碱、氧化剂等助燃物接触能够燃烧的可燃物和还原剂。对氧化剂和有机过氧化物的生产、储存、运输和使用，应严格按照国务院第 344 号令《危险化学品安全管理条例》的有关规定执行。由于各种危险化学品的性质不同，因此它们的储存条件也不相同。为防止不同性质物品在储存中相接触而引起火灾和爆炸事故，应根据各种危险化学品储存的危险性及储存原则隔离储存、隔开储存或分离储存。

3. 控制点火源的措施

在多数场合，可燃物和助燃物的存在是不可避免的，因此，消除或控制火源就成为防火防爆的关键。

（1）消除和控制明火源。在有火灾爆炸危险的场所，应有醒目的“禁止烟火”标志，严禁动火吸烟。进入危险区的机动车，其废气排气管应戴防火帽；生产用明火、加热炉宜集中布置在厂区的边缘且下风向；使用气焊、电焊、喷灯进行安装和维修时，必须按危险等级办理动火批准手续，领取动火证。

（2）防止撞击火星和控制摩擦热。对机械轴承等转动部位及时加油，保持良好润滑，防止摩擦生热；对易摩擦或撞击产生火花的两部分金属，应采用不同的金属制造，在有爆炸危险的甲、乙类生产厂房内；禁止穿带钉子的鞋，以免撞击地面产生火花；倾倒或抽取可燃液体时，由于铁制容器或工具与铁盖（口）相碰能迸发火星引起可燃蒸气燃爆，因此，应用铜锡合金或青铜合金等不易发火的材料将容易磨碰的部位覆盖起来。

（3）防止静电。在经常摩擦的硬表面，应经常喷涂抗静电剂，在倾倒或抽取可燃液体时，液体与容器由于摩擦会产生静电，可用导线与金属容器连接并接地，以消除静电。

10.3.3 灭火方法与灭火剂

不同的化学品以及在不同情况下发生火灾时，其扑救方法差异很大，若处置不当，不仅不能有效扑灭火灾，反而会使灾情进一步扩大。必须根据着火物质的性质、灭火物质的性质等因素来选择正确的灭火方法、灭火剂来安全地控制火灾。例如，水（包括泡沫灭火剂）不能用于扑灭带电设备的火灾、遇水燃烧爆炸的物质的火灾。

1. 灭火方法

采取措施破坏燃烧的三个基本条件中的任何一个，燃烧就不能继续，这是防火也是灭火技术的基本原理。据此，常用的灭火方法有隔离、冷却、窒息和化学抑制法等。

（1）隔离法。隔离法就是将可燃物与着火源（火场）隔离开来，燃烧会因而停止。

例如，装盛可燃气体、可燃液体的容器与管道发生着火事故，或容器管道周围着火时，应立即：①设法关闭容器与管道的阀门，使可燃物与火源隔离，阻止可燃物进入着火区；②将可燃物从着火区搬走，或在火场及其邻近的可燃物之间形成一道“水墙”加以隔离；③采取措施阻拦正在流散的可燃液体进入火场，拆除与火源毗连的易燃建筑物；④使用泡沫灭火剂产生相对密度低、黏着力强的泡沫，在可燃烧物表面形成气密性覆盖层，阻止可燃物热气向燃烧区蒸发，将可燃物与燃烧区隔离，并阻断燃烧区向可燃物传热。在生产加工过程中，火源通常是一种必要的热能源，故需科学地对待火源，既要保证安全地利用有益于生产的火源，又要设法消除能够引起火灾爆炸的火源。在石油化工企业中能够引起火灾爆炸事故的点火源主要有明火源、冲擦与撞击、高温物体、电气火花、光线照射、化学反应热等。

(2) 冷却法。冷却法就是将燃烧物的温度降至着火点(燃点)以下，使燃烧停止，或者将邻近着火场的可燃物温度降低，避免扩大形成新的燃烧条件。例如，常用水(包括泡沫灭火剂中的水)、干冰(二氧化碳)进行降温灭火。水或干冰汽化时会大量吸收燃烧物的热量，使燃烧物冷却。

(3) 窒息法。窒息法是消除燃烧的条件之一，即必须降低具有维持燃烧所需的助燃物(空气、氧气或其他氧化剂)浓度，使燃烧停止。其主要是采取措施阻止助燃物进入燃烧区，或者用惰性介质和阻燃性物质冲淡稀释助燃物，使燃烧得不到足够的氧化剂而熄火。例如，当空气中含氧量低于 15%时，木材燃烧即行停止。采取窒息法的常用措施有：将灭火剂如四氯化碳、二氧化碳、泡沫灭火剂等不燃气体或液体喷洒覆盖在燃烧物表面上，使之不与助燃物接触；用惰性介质或水蒸气充满容器设备，将正在着火的容器设备封严密闭；用不燃或难燃材料覆盖燃烧物等。

(4) 化学抑制法。使用含氟(F)、氯(Cl)、溴(Br)的卤族化学灭火剂或干粉灭火剂喷向火焰，让灭火剂参与燃烧反应，并在燃烧中放出某种离子，与自由基(O·、H·、OH·)碰撞，使活化分子惰性化，燃烧中的链锁反应中断，直至燃烧完全停止。

在上述四种灭火方法中，最重要与应用最多的是冷却法和隔离法，单纯的窒息法或化学抑制法，因受自然条件或受灭火剂本身作用的限制，在火势较大时，不能根本消除火灾，一般仅仅用于火灾初起时，或与其他灭火方法联合。化学抑制法的灭火效率高，但缺乏冷却作用。

2. 灭火剂

灭火剂是用来在燃烧区域破坏燃烧条件的物质。凡是能够灭火的物质，均可称为灭火剂。目前，广泛应用的灭火剂主要有水、泡沫、二氧化碳、干粉、卤代烷、惰性气体等。

(1) 水。水是最常用的灭火剂，取用方便，资源丰富。因此，在火灾现场获得了广泛的应用。水可以扑救一般建筑物火灾和木材等可燃固体火灾，还可以扑救闪点在120℃以上，常温下呈半凝固状态的重油火灾。水不能扑救相对密度小于水和不溶于水的易燃液体，没有切断电源的情况下的高压电气装置火灾，碱金属(钠、钾等)、碳化碱金属、氢化碱金属引起的火灾等。

(2) 不燃性气体。利用不燃性气体将可燃物周围的氧气浓度降低到一定程度即可达到灭火的目的，通常称为稀释灭火。常用的不燃性气体有 N_2、CO_2、Ar 等。但在使用这些惰性气体时周围的氧气浓度逐渐被稀释，所以需谨防周围生物窒息。

(3) 卤化碳氢化合物灭火剂。碳氢化合物结构中一部分或全部的氢以卤原子置换时可得到易蒸发的液体灭火剂，俗称哈龙(Halon)。主要灭火对象是可燃性液体火灾及电气火灾。该系灭火剂不导电且易蒸发，其灭火作用属于抑制自由基、冷却及稀释作用。在使用过程中易产生卤素及光气等有毒气体，故应避免在狭小的室内使用。

(4) 泡沫灭火剂。泡沫中所含水分既有冷却效果又可覆盖于燃料表面的泡沫层能遮断可燃物与空气中的氧作用(即遮断效果)，此种灭火剂对扑救可燃性液体火灾最为有效。泡沫灭火剂根据发泡机构可分为化学泡沫与空气泡沫(也称为机械泡沫)。空气泡沫根据蛋白质水解液的不同可分为普通蛋白泡沫、氟蛋白泡沫、水成膜泡沫、抗溶性泡沫、高倍数泡沫等。

(5) 干粉。依据火灾的种类选择适当种类的干粉灭火剂，其灭火原理以火焰的抑制作用为主。干粉灭火剂的优点是操作方便，但粉末易吸湿而结块，当以管道如同流体的方式注入现场时流动性不易控制。主要的干粉灭火剂有碳酸氢钠、碳酸氢钾、磷酸二氢铵等。

(6) 其他固体灭火物质。固体灭火物质，除化学干粉外，还有砂、土、石粉、碳酸钙、石棉被、石棉毯等。其中以黄沙使用最为普遍，它可用来扑灭小量易燃液体和某些不宜用水扑救的化学物品火灾，但不能用来扑救点燃的爆炸物，以免引起爆炸。黄沙也不能用来扑救大量的镁合金火灾。因为黄沙的主要成分是二氧化硅，二氧化硅与燃烧的镁反应能放出大量的热，反而促进镁继续燃烧。

3. 常用灭火器

灭火器按充装灭火剂的类型可分为清水灭火器、酸碱灭火器、化学泡沫灭火器、空气泡沫灭火器、二氧化碳灭火器和卤代烷灭火器。

(1) 清水灭火器。这类灭火器内充入的灭火剂主要是清洁水。有些加入适量的防冻剂，以降低水的冰点，有些加入适量的润湿剂、阻燃剂、增稠剂等，以增强灭火能力。

(2) 酸碱灭火剂。这类灭火剂内冲入的灭火剂是工业硫酸或碳酸氢钠水溶液。

(3) 化学泡沫灭火器。这类灭火器内冲入的灭火剂是硫酸铝水溶液和碳酸氢钠水溶液，再加入适量的蛋白泡沫液。有的灭火器再加入少量氟表面活性剂，可增强泡沫的流动性，提高了灭火能力，称为高效化学泡沫灭火器。

(4) 空气泡沫灭火器。这类灭火器内充装的灭火剂是空气泡沫液与水的混合物。空气泡沫的发泡是由空气泡沫混合液与空气借助机械搅拌混合生成的，又称空气机械泡沫。空气泡沫灭火剂有许多种，如蛋白泡沫、氟蛋白泡沫、轻水泡沫、抗溶泡沫、聚合物泡沫等。

(5) 二氧化碳灭火器。这类灭火器内充入的灭火剂是液化二氧化碳气体。

（6）干粉灭火器。这类灭火器内充入的灭火剂是干粉。干粉灭火器的品种较多，因此干粉灭火器根据内部充入的不同干粉灭火剂的名称加以区别，如碳酸氢钠干粉灭火器、磷酸铵盐干粉灭火器、氨基干粉灭火器等。

（7）卤代烷灭火器。这类灭火器内充装的灭火剂是卤代烷。

思考题与习题

1. 什么是危险化学品？危险化学品如何分类？
2. 危险化学品在储存和运输过程中应该注意哪些事项？
3. 危险化学品事故的预防措施主要有哪些？
4. 常用危险化学品事故处置方法和流程有哪些？
5. 物质燃烧的条件有哪些？
6. 哪些措施可控制可燃物的燃烧？
7. 简述控制助燃物和点火源的措施。
8. 常用的灭火方法有哪些？
9. 常用灭火剂和灭火器有哪几种？

参考文献

宾月景，黄蕾，赵福群，等. 2008. 20年来三代可记录光盘记录材料的研究概况. 化学进展，20(11)：1816-1826

陈贻瑞. 1994. 基础材料与新材料. 天津：天津大学出版社

邓启刚，席慧智，刘爱东. 1999. 材料化学导论. 哈尔滨：哈尔滨工业大学出版社

郭秀盈，颜秀茹，宋宽秀，等. 2004. γ-Fe_2O_3 及其复合磁粉的研究进展. 化学工业与工程，21(2)：129-134

洪定海. 1998. 混凝土中钢筋的腐蚀与防护. 北京：中国铁道出版社

贾朝霞. 2009. 工程化学. 北京：化学工业出版社

蒋军成，虞汉华. 2005. 危险化学品安全技术与管理. 北京：化学工业出版社

蒋元驹. 1996. 混凝土工程病害与修补加固技术. 北京：海洋出版社

马良，杨守生. 2005. 危险化学品消防. 北京：化学工业出版社

史继诚. 2006. 高分子材料的老化及防老化研究. 合成材料老化与应用，35(1)：27-30

孙吉民，褚花. 2009. 工业建筑中钢筋混凝土的腐蚀与防护技术. 包钢科技，35：91-94

唐福培. 1997. 在化学介质作用下高分子材料的老化. 合成材料老化与应用，2：20-37

田莳. 2007. 材料物理性能. 2版. 北京：北京航空航天大学出版社

王恩信. 1997. 材料化学原理. 南京：东南大学出版社

王汝霖. 1994. 润滑剂摩擦化学. 北京：中国石化出版社

谢希文，过梅丽. 1991. 材料科学与工程导论. 北京：北京航空航天大学出版社

徐光宪. 2003. 21世纪是信息科学、合成化学和生命科学共同繁荣的世纪. 化学通报，1：3-11

徐甲强，张全法，范福玲. 2004. 传感器技术. 哈尔滨：哈尔滨工业大学出版社

杨帅，吕托. 2009. 化工建筑钢结构表面腐蚀的防护. 河南化工，7：55-56

张洁，郝晓东. 2004. 塑料光纤的研究概况. 四川化工，5：13-17

赵文元. 1996. 功能高分子材料化学. 北京：化学工业出版社

智卫. 1999. 现代通信传输方式——光导纤维(二). 电视技术论坛，1：1-9

周祖新. 2009. 工程化学. 北京：化学工业出版社

朱荆璞. 1989. 金属表面强化技术——金属表面工程学. 北京：机械工业出版社

附　　录

附表 1　一些常见弱酸、弱碱的标准解离常数(298.15K)

物质	解离平衡	解离常数 $K^{\ominus}_{a,b}$
CH_3COOH	$CH_3COOH \rightleftharpoons CH_3COO^- + H^+$	1.75×10^{-5}
HClO	$HClO \rightleftharpoons ClO^- + H^+$	2.90×10^{-8}
H_2S	$H_2S \rightleftharpoons HS^- + H^+$	$8.91\times10^{-8}(K_{a1})$
	$HS^- \rightleftharpoons S^{2-} + H^+$	$1.0\times10^{-19}(K_{a2})$
HF	$HF \rightleftharpoons F^- + H^+$	6.31×10^{-4}
HCOOH	$HCOOH \rightleftharpoons HCOO^- + H^+$	$1.78\times10^{-4}(K_{a2})$
HSO_4^-	$HSO_4^- \rightleftharpoons SO_4^{2-} + H^+$	$1.02\times10^{-2}(K_{a2})$
H_2SO_3	$H_2SO_3 \rightleftharpoons HSO_3^- + H^+$	$1.41\times10^{-2}(K_{a1})$
	$HSO_3^- \rightleftharpoons SO_3^{2-} + H^+$	$6.31\times10^{-8}(K_{a2})$
HNO_2	$HNO_2 \rightleftharpoons NO_2^- + H^+$	5.62×10^{-4}
HCN	$HCN \rightleftharpoons CN^- + H^+$	6.17×10^{-10}
H_2CO_3	$H_2CO_3 \rightleftharpoons HCO_3^- + H^+$	$4.47\times10^{-7}(K_{a1})$
	$HCO_3^- \rightleftharpoons CO_3^{2-} + H^+$	$4.68\times10^{-11}(K_{a2})$
H_3PO_4	$H_3PO_4 \rightleftharpoons H^+ + H_2PO_4^-$	$6.92\times10^{-3}(K_{a1})$
	$H_2PO_4^- \rightleftharpoons H^+ + HPO_4^{2-}$	$6.17\times10^{-8}(K_{a2})$
	$HPO_4^{2-} \rightleftharpoons H^+ + PO_4^{3-}$	$4.79\times10^{-13}(K_{a3})$
$NH_3\cdot H_2O$	$NH_3\cdot H_2O \rightleftharpoons NH_4^+ + OH^-$	$1.78\times10^{-5}(K_b)$

附表 2　水溶液中的标准电极电势(298.15K)

电对	电极反应	$E^{\ominus}/V$
	酸性溶液($c_{H^+}=1mol\cdot L^{-1}$)	
Li^+/Li	$Li^+ + e^- = Li$	−3.0401
K^+/K	$K^+ + e^- = K$	−2.931
Ca^{2+}/Ca	$Ca^{2+} + 2e^- = Ca$	−2.868
Na^+/Na	$Na^+ + e^- = Na$	−2.71
Mg^{2+}/Mg	$Mg^{2+} + 2e^- = Mg$	−2.372

续表

电对	电极反应	$E^{\ominus}$/V
酸性溶液(c_{H^+}=1mol·L^{-1})		
Al^{3+}/Al	$Al^{3+}+3e^-=Al$	−1.662
Mn^{2+}/Mn	$Mn^{2+}+2e^-=Mn$	−1.185
Zn^{2+}/Zn	$Zn^{2+}+2e^-=Zn$	−0.7618
Cr^{3+}/Cr	$Cr^{3+}+3e^-=Cr$	−0.744
Fe^{2+}/Fe	$Fe^{2+}+2e^-=Fe$	−0.447
Cd^{2+}/Cd	$Cd^{2+}+2e^-=Cd$	−0.4030
$PbSO_4/Pb$	$PbSO_4+2e^-=Pb+SO_4^{2-}$	−0.3588
Co^{2+}/Co	$Co^{2+}+2e^-=Co$	−0.28
Ni^{2+}/Ni	$Ni^{2+}+2e^-=Ni$	−0.257
AgI/Ag	$AgI+e^-=Ag+I^-$	−0.15224
Sn^{2+}/Sn	$Sn^{2+}+2e^-=Sn$	−0.1375
Pb^{2+}/Pb	$Pb^{2+}+2e^-=Pb$	−0.1262
H^+/H_2	$2H^++2e^-=H_2$	0
S/H_2S	$S+2H^++2e^-=H_2S$	0.144
Sn^{4+}/Sn^{2+}	$Sn^{4+}+2e^-=Sn^{2+}$	0.151
Cu^{2+}/Cu^+	$Cu^{2+}+e^-=Cu^+$	0.153
$AgCl/Ag$	$AgCl+e^-=Ag+Cl^-$	0.22233
Cu^{2+}/Cu	$Cu^{2+}+2e^-=Cu$	0.3419
Cu^+/Cu	$Cu^++e^-=Cu$	0.521
I_3/I^-	$I_3^-+2e^-=3I^-$	0.5355
O_2/H_2O_2	$O_2+2H^++2e^-=H_2O_2$	0.695
Fe^{3+}/Fe^{2+}	$Fe^{3+}+e^-=Fe^{2+}$	0.771
Ag^+/Ag	$Ag^++e^-=Ag$	0.7996
NO_3^-/NO	$NO_3^-+4H^++3e^-=NO+2H_2O$	0.957
Br_2/Br^-	$Br_2+2e^-=2Br^-$	1.066
O_2/H_2O	$O_2+4H^++4e^-=2H_2O$	1.229
Cl_2/Cl^-	$Cl_2+2e^-=2Cl^-$	1.35827
$Cr_2O_7^{2-}/Cr^{3+}$	$Cr_2O_7^{2-}+14H^++6e^-=2Cr^{3+}+7H_2O$	1.36
MnO_4^-/Mn^{2+}	$MnO_4^-+8H^++5e^-=Mn^{2+}+4H_2O$	1.507
H_2O_2/H_2O	$H_2O_2+2H^++2e^-=2H_2O$	1.776
F_2/F^-	$F_2(g)+2e^-=2F^-$	2.866
碱性溶液(c_{OH^-}=1mol·L^{-1})		
SO_4^{2-}/SO_3^{2-}	$SO_4^{2-}+H_2O+2e^-=SO_3^{2-}+2OH^-$	−0.93
H_2O/H_2	$2H_2O+2e^-=H_2+2OH^-$	−0.8277

续表

电对	电极反应	$E^{\ominus}$/V
	碱性溶液(c_{OH^-}=1mol·L^{-1})	
S/S^{2-}	$S+2e^- = S^{2-}$	−0.47627
O_2/HO_2^-	$O_2+H_2O+e^- = HO_2^-+OH$	−0.076
O_2/OH^-	$O_2+2H_2O+4e^- = 4OH^-$	0.401
MnO_4^-/MnO_2	$MnO_4^-+2H_2O+3e^- = MnO_2+4OH^-$	0.595

附表3 一些物质的溶度积常数(298.15K)

物质	$K_{sp}^{\ominus}$	物质	$K_{sp}^{\ominus}$
AgCl	1.77×10^{-10}	$Co(OH)_2$(粉红色)	1.09×10^{-15}
AgBr	5.35×10^{-13}	$Co(OH)_2$(蓝色)	5.92×10^{-15}
AgI	8.52×10^{-17}	$Cr(OH)_3$	6.3×10^{-31}
Ag_2S	6.3×10^{-50}	CuBr	6.27×10^{-9}
AgOH	2.0×10^{-8}	CuCl	1.72×10^{-7}
$Ag_2C_2O_4$	5.4×10^{-12}	CuI	1.27×10^{-12}
Ag_2CrO_4	1.12×10^{-12}	CuS	6.3×10^{-36}
Ag_2SO_4	1.20×10^{-5}	$CuCO_3$	1.4×10^{-10}
$Al(OH)_3$(无定形)	1.3×10^{-33}	$Cu(OH)_2$	2.2×10^{-20}
BaC_2O_4	1.6×10^{-7}	Cu_2S	2×10^{-48}
$BaCO_3$	2.58×10^{-9}	$Fe(OH)_2$	4.87×10^{-17}
$BaCrO_4$	1.17×10^{-10}	$Fe(OH)_3$	2.79×10^{-39}
BaF_2	1.84×10^{-7}	FeS	6.3×10^{-18}
$BaSO_4$	1.08×10^{-10}	Hg_2Cl_2	1.43×10^{-18}
$Be(OH)_2$	6.92×10^{-22}	Hg_2I_2	5.2×10^{-29}
$CaSO_4$	4.93×10^{-5}	HgI_2	2.9×10^{-29}
CaC_2O_4	2.32×10^{-9}	$MgCO_3$	6.82×10^{-6}
$CaCrO_4$	7.1×10^{-4}	$Mg(OH)_2$	5.61×10^{-12}
$CaCO_3$	3.36×10^{-9}	$Mn(OH)_2$	1.9×10^{-13}
CaF_2	3.45×10^{-11}	MnS	2.5×10^{-13}
CdS	8.0×10^{-27}	$Ni(OH)_2$	5.48×10^{-16}
$Cd(OH)_2$	7.2×10^{-15}	$Zn(OH)_2$	3×10^{-17}
$CdCO_3$	1.0×10^{-12}	$ZnCO_3$	1.46×10^{-10}

附表 4　一些常见配离子的稳定常数 $K^{\ominus}_{稳}$

配离子	$K^{\ominus}_{稳}$	配离子	$K^{\ominus}_{稳}$
$[Ag(CN)_2]^-$	1.0×10^{21}	$[Cu(CN)_2]^-$	9.98×10^{23}
$[AgCl_2]^-$	1.74×10^{5}	$[Cu(NH_3)_2]^+$	7.24×10^{10}
$[AgBr_2]^-$	1.93×10^{7}	$[Cu(NH_3)_4]^{2+}$	1.4×10^{13}
$[AgI_2]^-$	5.5×10^{11}	$[Fe(CNS)_2]^+$	2.29×10^{3}
$[Ag(NH_3)_2]^+$	1.7×10^{7}	$[Fe(CN)_6]^{4-}$	1×10^{35}
$[Ag(S_2O_3)_2]^{3-}$	1×10^{13}	$[Fe(CN)_6]^{3-}$	1×10^{42}
$[AlF_6]^{3-}$	6×10^{19}	$[FeF_6]^{3-}$	1×10^{16}
$[Al\text{-}EDTA]^-$	1.29×10^{16}	$[HgCl_4]^{2-}$	1.7×10^{16}
$[Mg\text{-}EDTA]^{2-}$	5.0×10^{8}	$[HgI_4]^{2-}$	2.0×10^{30}
$[Ca\text{-}EDTA]^{2-}$	1.0×10^{11}	$[Ni(en)_3]^{2+}$	2.14×10^{18}
$[Cd(CN)_4]^{2-}$	7.1×10^{16}	$[Ni(CN)_4]^{2-}$	2.0×10^{31}
$[Cd(NH_3)_4]^{2+}$	4.0×10^{6}	$[Ni(NH_3)_6]^{2+}$	4.8×10^{7}
$[Co(NH_3)_6]^{3+}$	1.58×10^{35}	$[Zn(en)_2]^{2+}$	6.76×10^{10}
$[Co(CNS)_4]^{2-}$	1×10^{3}	$[Zn(NH_3)_4]^{2+}$	3.8×10^{9}
$[Co(NH_3)_6]^{2+}$	7.7×10^{4}	$[Zn(CN)_4]^{2-}$	5×10^{16}

附表 5　一些物质的热力学函数值(298.15K)

物质	状态	$\Delta_f H^{\ominus}_m$ /(kJ · mol^{-1})	$\Delta_f G^{\ominus}_m$ /(kJ · mol^{-1})	$S^{\ominus}_m$ /(J · mol^{-1} · K^{-1})
Ag	s	0	0	42.6
AgBr	s	−100.4	−96.9	107.1
AgCl	s	−127.0	−109.8	96.3
AgI	s	−61.8	−66.2	115.5
Al	s	0	0	28.3
$AlCl_3$	s	−704.2	−628.8	109.3
Al_2O_3(α,刚玉)	s	−1675.7	−1582.3	50.9
$BaCO_3$	s	−1216.3	−1137.6	112.1
Br_2	l	0	0	152.2
C(金刚石)	s	1.9	2.9	2.4
C(石墨)	s	0	0	5.7

续表

物质	状态	$\Delta_f H_m^\ominus$ /(kJ · mol^{-1})	$\Delta_f G_m^\ominus$ /(kJ · mol^{-1})	$S_m^\ominus$ /(J · mol^{-1} · K^{-1})
CO	g	−110.5	−137.2	197.7
CO_2	g	−393.5	−394.4	213.8
$CaCO_3$(方解石)	s	−1207.6	−1129.1	91.7
CaO	s	−634.9	−603.3	38.1
$Ca(OH)_2$	s	−985.2	−897.5	83.4
$CaSO_4$	s	−1434.5	−1322.0	106.5
Cl_2	g	0	0	223.0
Cr	s	0	0	23.8
Cr_2O_3	s	−1139.7	−1058.1	81.2
Cu	s	0	0	33.2
CuO	s	−157.3	−129.7	42.6
Cu_2O	s	−168.6	−146.0	93.1
F_2	g	0	0	202.8
Fe	s	0	0	27.3
FeO	s	−272.0	−244.0	59.4
Fe_2O_3	s	−824.2	−742.2	87.4
Fe_3O_4	s	−1118.4	−1015.4	146.4
H_2	g	0	0	130.7
HBr	g	−36.3	−53.4	198.7
HCl	g	−92.3	−95.3	186.9
HF	g	−273.3	−273.2	173.8
HI	g	26.5	1.7	206.6
HNO_3	l	−174.1	−80.7	155.6
H_2O	l	−285.8	−237.1	70.0
	g	−241.8	−228.6	188.8
H_2O_2	l	−187.8	−120.4	109.6
H_2S	g	−20.6	−33.4	205.8
H_2SO_4	l	−814.0	−690.0	156.9
Hg	l	0	0	75.9
	g	61.4	31.8	175.0
$HgCl_2$	s	−224.3	−178.6	146.0
Hg_2Cl_2	s	−265.4	−210.7	191.6
HgI_2	s	−105.4	−101.7	180.0

续表

物质	状态	$\Delta_f H_m^\ominus$ /(kJ·mol^{-1})	$\Delta_f G_m^\ominus$ /(kJ·mol^{-1})	$S_m^\ominus$ /(J·mol^{-1}·K^{-1})
Hg_2I_2	s	−121.3	−111.0	233.5
HgO	s	−90.8	−58.5	70.3
HgS	s	−58.2	−50.6	82.4
I_2	s	0	0	116.1
	g	62.4	19.3	260.7
K	s	0	0	64.7
KCl	s	−436.5	−408.5	82.6
Mg	s	0	0	32.7
$MgCl_2$	s	−641.3	−591.8	89.6
$MgCO_3$	s	−1095.8	−1012.1	65.7
MgO	s	−601.6	−569.3	27.0
$Mg(OH)_2$	s	−924.5	−833.5	63.2
Mn	s	0	0	32.0
$MnCO_3$	s	−894.1	−816.7	85.8
MnO_2	s	−520.0	−465.1	53.1
N_2	g	0	0	191.6
NH_3	g	−45.9	−16.4	192.8
NH_4Cl	s	−314.4	−202.9	94.6
NH_4NO_3	s	−365.6	−183.9	151.1
N_2H_4	l	50.6	149.3	121.2
NO_2	g	33.2	51.3	240.1
NO	g	91.3	87.6	210.8
N_2O	g	81.6	103.7	220.0
Na	s	0	0	51.3
NaCl	s	−411.2	−384.1	72.1
NaOH	s	−425.6	−379.5	64.5
Na_2O	s	−414.2	−375.5	75.1
Na_2O_2	s	−510.9	−447.7	95.0
Ni	s	0	0	29.9
$Ni(OH)_2$	s	−529.7	−447.2	88.0
O_2	g	0	0	205.2
O_3	g	142.7	163.2	238.9
P(白)	s	0	0	41.1

续表

物质	状态	$\Delta_f H_m^\ominus$ /(kJ·mol^{-1})	$\Delta_f G_m^\ominus$ /(kJ·mol^{-1})	$S_m^\ominus$ /(J·mol^{-1}·K^{-1})
P(红)	s	−17.6	—	22.8
PCl_3	g	−287.0	−267.8	311.8
PCl_5	g	−374.9	−305.0	364.6
Pb	s	0	0	64.8
$PbCl_2$	s	−359.4	−314.1	136.0
$PbCO_3$	s	−699.1	−625.5	131.0
PbO(黄)	s	−217.3	−187.9	68.7
PbO_2	s	−277.4	−217.3	68.6
$PbSO_4$	s	−920.0	−813.0	148.5
S(正交晶体)	s	0	0	32.1
SO_2	g	−296.8	−300.1	248.2
SO_3	g	−395.7	−371.1	256.8
Si	s	0	0	18.8
SiO_2(α,石英)	s	−910.7	−856.3	41.5
Sn(白)	s	0	0	51.2
$SnCl_2$	s	−325.1	—	—
$SnCl_4$	l	−511.3	−440.1	258.6
SnO_2	s	−577.6	−515.8	49.0
Ti	s	0	0	30.7
TiO_2	s	−944.0	888.8	50.6
Zn	s	0	0	41.6
$ZnCO_3$	s	−812.8	−731.5	82.4
ZnO	s	−350.5	−320.5	43.7